DAS BUCH

Der französische Sozial- und Mentalitätshistoriker Le Goff bietet eine spannende tour de force durch die Geschichte der Geschichtsschreibung und damit auch eine Einführung in die essentiellen Fragestellungen der gegenwärtigen Geschichtswissenschaft. Er erklärt die Arbeit des Historikers anhand der Beziehung zwischen zentralen Kategorien historischer Reflexion: dem »Gedächtnis« und den Gegensatzpaaren »antik/modern« wie »Vergangenheit/Gegenwart«. Dabei geht es ihm um die Suche nach den Kontinuitäten und Ähnlichkeiten des historischen Bewußtseins von der Antike bis zur Gegenwart. In der kritischen Auseinandersetzung mit der Mentalitätsgeschichte und der historischen Anthropologie entwirft er schließlich eigene geschichtstheoretische Überlegungen. Sein Buch ist ein unersetzliches Kompendium für jeden Geschichtsinteressierten.

DER AUTOR

Jacques Le Goff, geboren 1924, ist ein führender Vertreter der *Nouvelle Histoire* und einer der renommiertesten Sozial- und Mentalitätshistoriker. Er ist Präsident der *École des Hautes Études en Science Sociales* in Paris. Seine wissenschaftlichen Leistungen wurden international mit zahlreichen Auszeichnungen gewürdigt.

Auf deutsch erschienen von ihm u.a.: *Die Geburt des Fegefeuers. Vom Wandel des Weltbildes im Mittelalter* (1981), *Die Intellektuellen im Mittelalter* (1984) und *Phantasie und Realität des Mittelalters* (1985).

JACQUES LE GOFF

GESCHICHTE UND GEDÄCHTNIS

AUS DEM FRANZÖSISCHEN VON
ELISABETH HARTFELDER

ULLSTEIN

Ullstein Buchverlage GmbH & Co. KG, Berlin
Taschenbuchnummer: 26552
Die Originalausgabe erschien unter dem Titel
Storia e memoria 1977 bei Giulio Einaudi, Turin;
die französische Ausgabe 1986 unter dem Titel
Histoire et mémoire bei Gallimard Paris

Durchgesehene Ausgabe
April 1999

Umschlaggestaltung: Theodor Bayer-Eynck

Printed in Germany 1999

Satz: lithotronic creative repro gmbh,
Frankfurt/Main
Druck und Bindung: Ebner, Ulm

ISBN 3 548 26552 9

Gedruckt auf alterungsbeständigem Papier mit
chlorfrei gebleichtem Zellstoff

Die Deutsche Bibliothek – CIP-Einheitsaufnahme

LeGoff, Jacques:
Geschichte und Gedächtnis / Jaques LeGoff.
Aus dem Franz. von Elisabeth Hartfelder. –
Ungekürzte Ausg. – Berlin: Ullstein, 1999
(Ullstein-Buch; Nr. 26552)
Einheitssacht.: Storia e memoria <dt.>
ISBN 3-548-26552-9

INHALT

VORWORT ZUR DEUTSCHEN AUSGABE VON 1991

Drei Jahre nach dem Erscheinen der französischen Ausgabe ist diese deutsche Übersetzung, die für mich eine Ehre und ein Vergnügen bedeuten, auch als bescheidener Beitrag zur Reflexion gedacht, derer die Europäer bedürfen und die die Geschichte betrifft – ihre Geschichte, welche aus dem gemeinsamen Erbe besteht, das es zu finden gilt, und aus den Konflikten, die zu bewältigen sind, deren Wurzeln und deren Sinn gesucht werden müssen, damit sie aus der Welt geschafft werden können, ohne sie zu vertuschen oder zu ignorieren.

Die Beziehungen, die eine Nation zu ihrer Vergangenheit unterhält, die historischen Traumata, die sie erlitten hat, die Eigentümlichkeiten ihrer Historiographie sind wesentliche Bestandteile ihrer kollektiven Identität. Der eigenen Geschichte ins Angesicht zu blicken ist eine Pflicht sowohl für Nationen als auch für Individuen. Amnesie ist eine Tragödie, freiwillige Amnesie ein schweres Vergehen.

Wenn diese Untersuchung, die den Anspruch hat, objektiv zu sein, meinen Lesern helfen könnte, sich des Interesses, Geschichte zu denken, besser bewußt zu werden, sich der Verbindungen besser bewußt zu werden, die in beiden Richtungen zwischen Vergangenheit und Gegenwart, zwischen Erinnerung und Geschichte bestehen, sich davon zu überzeugen, daß Geschichte ein Sprungbrett ist, wenn man sich der Zukunft nähern will, dann würde sie auch eines ihrer verborgenen Ziele erreichen, das ich um so deutlicher sehe, je näher das Europa von 1993 rückt, unsere gemeinsame Hoffnung für das 21. Jahrhundert. Nach dem Zusammenbruch der Ideologien muß unser Streben dem Aufbau eines Europas gewidmet sein, zu dem die Geschichte lediglich das Material geliefert hat.

Auf dem Gebiet der historischen Methodenlehre haben sich die Richtungen, die ich vor drei Jahren aufzeigte, weiter ausgeprägt und entwickelt. Die Methodenlehre war französischen Historikern stets wichtiger als die Geschichtsphilosophie, welche den Philosophen, nicht den Historiker erkennen läßt, und die deutsche Geschichtsschreibung verstand es nicht immer, eine Grenze zwischen historischem Erkenntnisinteresse und Geschichtsphilosophie zu ziehen. Die »Rückkehr« im Bereich verschiedener Methoden hat meine Besorgnis noch verstärkt: die erzählende Geschichte, das Ereignis, die Chronologie, die politische Geschichte, die Biographie sind wieder in ihr altes Gleis geraten und haben es nicht verstanden, neue Wege zu finden. Über die erzählende Geschichte ist in meinen Augen das Urteil gesprochen. Sie hat lediglich in einem begrenzten pädagogischen Feld Daseinsberechtigung. Das Ereignis kann nur als Spitze des Eisbergs von Interesse sein, der es erklärt. Die politische Geschichte muß eine Geschichte der Macht sein, die die Herrschaftsbereiche des Symbolischen und des Imaginären mit einschließt. Die Biographie muß erneuert werden, sich der besonderen Art von Dauer, die ein Menschenleben darstellt, bewußt werden und bestrebt sein, über die Individualität einer Person innerhalb ihrer historischen Gruppe auf dem Wege über die Erforschung des Alltäglichen und der Mentalitäten hinauszukommen. Die notwendige Rückkehr zur Chronologie muß an Tiefe gewinnen durch Reflexion über die vielfältigen Formen von historischer Dauer (die zahlreicher und fließender sind als die drei Formen von Dauer bei Fernand Braudel: lange Dauer, Konjunktur, Ereignis) und durch eine Erneuerung der Periodisierungen.

Die französische Zeitschrift *Annales*, die der lebendigen Reflexion über Geschichte immer noch Impulse verleiht, leitete eine »kritische Wende« ein, als sie sich selbst in Frage stellte und sich über ihre Fragestellungen Gedanken machte, die bisweilen zu Automatismen, wenn nicht gar zur Manie geworden sind. Auch wenn der *Mikrogeschichte*, die vor allem in Italien anregend wirkte, in der zeitgenössischen Geschichtsschreibung kein wirklicher Durchbruch gelungen ist, so hat sie den Historikern doch beigebracht, welche Bedeutung den Entwicklungsstufen historischer Phänomene in Zeit und Raum beizumessen sind. Die allgemeine Krise der Sozialwissenschaften und die Krise des Begriffs der Gesellschaft zwingen den Historiker dazu, neue Beziehungen zu den anderen Sozialwissenschaften und vielleicht auch zu den Wissenschaften des Lebens zu suchen. Ebenso lädt die ökologische Bewegung dazu ein, eine Geschichte zu konstituieren, die aus einem Zusammenspiel von Humanwissenschaften und Naturbetrachtung hervorgeht. Der Aufbau Europas und die weltumspannende Reichweite von Beziehungen und Problemen drängen mehr denn je dazu, sich mit vergleichender Geschichte zu befassen, die gleichwohl noch in den Kinderschuhen steckt.

Denn das letztliche Ziel der Seiten, die Sie jetzt lesen werden, ist jenseits von der Reflexion über Historiographie, jenseits vom Bemühen, »Geschichte zu denken«, eine Aufforderung, »Geschichte zu machen« *. Jede Nation muß sich hier engagieren und auf ihren eigenen historiographischen Überlieferungen aufbauen, jedoch ohne diejenigen der anderen Nationen, der anderen Gesellschaften zu ignorieren oder sie zu verachten. Historiographie muß pluralistisch bleiben oder es werden.

* »Faire de l'histoire« = »Geschichte machen«, auch im Sinne von »sich mit Geschichte befassen«, »Geschichte erforschen«, »Geschichte formulieren«, »Geschichte aufbauen«, Anm. d. Ü.

VORWORT ZUR FRANZÖSISCHEN AUSGABE VON 1988

Die vorliegenden Artikel sind bereits in italienischer Sprache in verschiedenen Bänden der *Enzyklopaedie* erschienen, die das Turiner Verlagshaus Giulio Einaudi zwischen 1977 und 1982 herausgab. Es handelt sich um die wichtigsten Aufsätze aus einer Reihe, die in dieser Enzyklopaedie veröffentlicht wurde. Die Themen sind: *Geschichte, Erinnerung, antik/modern, Vergangenheit/Gegenwart.* Sie wurden begleitet von den Artikeln *Fortschritt/Reaktion, Mythische Zeitalter, Eschatologie, Kalender, Quelle/Überrest.* Diese zehn Beiträge erschienen 1986 als Sammelband, gleichfalls auf italienisch, bei Einaudi in Turin unter dem Titel *Storia e Memoria.*

Die vier Artikel, die hier vorliegen *(Geschichte, Erinnerung, antik/modern, Vergangenheit/Gegenwart)* stellen eine Reflexion über Geschichte aus der Gesamtschau dar. Ihr Ziel ist zunächst, wie es sich für eine Enzyklopädie gehört, Information zu vermitteln. In einem ersten Schritt geht es um die Geschichte der Geschichte, oder genauer um die Geschichte historischer Vorgehensweisen, um historische Mentalitäten und um den Beruf des Historikers. Um dies zu vertiefen, habe ich über die Beziehungen nachgedacht, die zwischen der »objektiven« Geschichte und der historischen Disziplin, um nicht zu sagen Wissenschaft, bestehen. Erstere wird von Menschen gelebt, gleich ob sie sie »machen« oder ob sie sie erleiden, mit Hilfe der zweiten versuchen die Professionellen (und in geringerem Maße auch die Amateure), die Historiker, diese gelebte Geschichte zu meistern, um sie zu denken und zu erklären.

Zu Beginn der Untersuchung ging es zunächst um die Beziehungen zwischen *Geschichte* und *Erinnerung.* Naive Tendenzen der jüngsten Zeit scheinen beinahe das eine mit dem anderen gleichzusetzen, ja, in gewisser Weise sogar der Erinnerung den Vorzug zu geben, weil sie angeblich authentischer und »wahrer« ist als die Geschichte, die künstlich sei und vor allem eine Manipulation der Erinnerung darstelle. Es ist richtig, daß Geschichte als ein

Arrangement der Vergangenheit von den sozialen, ideologischen und politischen Strukturen abhängt, in denen die Historiker leben und arbeiten. Es ist richtig, daß Geschichte hier und da in der Welt bewußten Manipulationen ausgesetzt war und es immer noch ist von seiten politischer Regime, die etwas gegen die Wahrheit haben. Nationalismus und Vorurteile aller Art lasten auf der Art und Weise, wie Geschichte erarbeitet wird, und das Gebiet der Geschichte (die kritische und weiter entwickelte Form der traditionellen Historiographie), das sich gerade in voller Entwicklung befindet, baut zum Teil auf das Bewußtwerden und die Untersuchung der Verbindungen zwischen historischer Produktion und dem Kontext der betreffenden Epoche sowie aufeinanderfolgender Epochen, die ihre Bedeutung verändern. Doch die historische Disziplin, die den Wandel der Historiographie erkannt hat, muß nichtsdestoweniger nach Objektivität streben und auf dem Glauben an eine historische »Wahrheit« begründet bleiben. Erinnerung ist ein Rohstoff der Geschichte. In Geist, Wort oder Schrift stellt sie den Vorrat dar, aus dem die Historiker schöpfen. Da ihr Wirken meist unbewußt bleibt, ist sie in Wirklichkeit weit gefährlicheren Manipulationen durch die Zeit und durch die Gesellschaften, die denken, ausgesetzt als die historische Disziplin selbst. Im übrigen speist die Disziplin ihrerseits die Erinnerung und tritt damit in den großen dialektischen Prozeß von Erinnern und Vergessen ein, den Individuen und Gesellschaften durchleben. Der Historiker ist dazu da, um über dies Erinnern und Vergessen Rechenschaft abzulegen, um es in denkbaren Stoff umzuwandeln, um es zu einem Gegenstand des Wissens zu machen. Der Erinnerung einseitig den Vorzug zu geben hieße, in den unbeherrschbaren Strom der Zeit einzutauchen.

Ferner habe ich die Bedeutung von begrifflichen Gegensatzpaaren untersucht, die im Zentrum der Arbeit des Historikers stehen. Dasjenige von *Vergangenheit/Gegenwart* ist grundlegend, denn das Wirken von Erinnerung und Geschichte gründet sich auf diese Unterscheidung, die in der Geschichte des kollektiven Wissens auftaucht wie – auf anderen Grundlagen und in anderen Formen – in der Psychologie des Kindes. Dies ist ein grundlegendes Begriffspaar, denn das Wirken von Geschichte vollzieht sich in einem fortwährenden Hin und Her zwischen Gegenwart und Vergangenheit, zwischen Vergangenheit und Gegenwart. Der Historiker hat die Aufgabe, die besonderen Regeln dieses Spiels zu erfassen, zu sagen, unter welchen Bedingungen die »regressive« Methode, die Marc Bloch so teuer war, legitim und fruchtbar ist, die Distanz und die Zeit bewußt zu halten, die uns von der Vergangenheit trennen, selbst und gerade dann, wenn wir mit Croce der Ansicht sind, daß »Geschichte immer Zeitgeschichte ist«. Auch gilt es aufzupassen, daß der Zufall erklärt, aber nicht begründet. Gerade die Geschichte der Geschichte muß, wie mein Freund Girolamo Arnaldi sagt, die »Befreiung von der Vergangenheit« bedeuten, nicht die »Last der Geschichte«, von der Hegel spricht.

Die Unterscheidung, die sowohl das allgemeine Bewußtsein als auch der Historiker zwischen Vergangenheit und Gegenwart treffen, ist fast nie neutral. Für die einen stellt die Vergangenheit ein Goldenes Zeitalter dar, eine exemplarische Zeit der Unschuld und der Tugend, die Zeit der großen Vorfahren; für die anderen verkörpert die Vergangenheit Barbarei und Archaismus, eine Ansammlung von wertlosem und veraltetem Zeug, eine Zeit physischer und geistiger Zwerge. Entsprechend ist die Gegenwart entweder die glückselige Zeit des Fortschritts, der Schaffenskraft und der Zivilisation oder die gefährliche Zeit unbedachter Neuerungen, die beklagenswerte Zeit des Niedergangs. Dies sind Positionen, aufgrund derer die Vertreter dieser oder jener Meinung die Argumente in Geschichte und Gegenwart finden, um ihre jeweilige Behauptung zu untermauern. Gewiß, die westliche Welt ist im Begriff, aus einer langen Phase der Ideologie des Fortschritts herauszutreten, die während zweier Jahrhunderte, des 17. und 18., die Dialektik von alt und modern zum Stillstand gebracht zu haben scheint. Doch selbst diese Jahrhunderte, die im Zeichen des Fortschritts gelebt und gedacht wurden, kannten traditionalistische, »antirevolutionäre« oder »reaktionäre« Gegenpositionen, und es wäre wichtig, diese Kette aufeinanderfolgender Modernen, diese immer wieder aufflammenden Auseinandersetzungen von Alten und der Modernen zu untersuchen, die die historische Mentalität des Abendlands geprägt haben.

Ich habe diese Untersuchung, wohlgemerkt, in erster Linie in bezug auf die historische Produktion und das historische Denken in Europa geführt, die ich etwas weniger unzureichend als diejenigen der anderen Zivilisationen kenne und die empfänglicher für die Bewegung der Geschichte gewesen sind. Doch habe ich versucht – aus zweiter Hand –, auch einen Blick auf die Einstellungen zur Geschichte in anderen Gesellschaften zu werfen, einschließlich der »geschichtslosen« Gesellschaften, die die Historiker so lange den Ethnologen und Anthropologen überlassen haben. Es war um so wichtiger, über Europa hinaus zu blicken, als die Wechselfälle unserer Zeit uns für Unterschiede, für Pluralismus und für den anderen sensibel gemacht haben.

In den großen Perspektiven, die ich für die Geschichtswissenschaft sehe und die ganz offensichtlich an die Entwicklung der »objektiven« Geschichte der Menschheit gebunden sind, mache ich zwei wesentliche Aufgaben aus, die einen langen Atem erfordern und doch noch in den Kinderschuhen stekken. Die erste ist eine vergleichende Geschichte, die es als einzige vermag, den äußerlich widersprüchlichen Erfordernissen des historischen Denkens einen schlüssigen inneren Zusammenhang zu verleihen: Das Streben nach Globalität einerseits und die Achtung vor der jeweiligen Einzigartigkeit andererseits, das Erkennen von Regelmäßigkeiten einerseits, die Aufmerksamkeit für das Spiel des Zufalls und das Wirken des Rationalen andererseits, das Formulieren von Konzeptionen und Geschichten. Auf diesem Wege soll, wie Michel Foucault es sich wünschte, das ehrgeizige – und noch ferne – Projekt einer umfassenden Geschichte Gestalt annehmen.

Auch wenn es mein vordringliches Bestreben war, als ich diese Artikel schrieb, über die Entwicklung historischen Arbeitens und die Entwicklung des Berufs des Historikers zu informieren, vermag der Leser hier zu ahnen, daß hier doch auch meine Erfahrungen, die Traditionen, in denen ich stehe, und meine Präferenzen mit eingeflossen sind. Ich hatte das Glück, in dem Kreis nachzudenken, zu arbeiten und zu lehren, der in unseremJahrhundert wahrscheinlich am meisten zur Erneuerung der Geschichte beigetragen hat, in demjenigen, der »Schule der Annales« genannt wird, nach der Zeitschrift, die 1929 von Marc Bloch und Lucien Febvre gegründet wurde und dann von 1956 bis 1969 unter der Leitung von Fernand Braudel stand. Auch hatte ich das Privileg, von Pierre Nora aufgefordert zu werden, mit ihm die drei Bände von *Faire de l'histoire* (1974) zu bearbeiten, welche, dank der Beiträge zahlreicher Historiker, die nicht nur aus dem Kreis der Annales kamen, für eine Erweiterung des Feldes der Geschichte die Ausgangspunkte markiert und die Wege vorgezeichnet haben.

Es ist hier nicht der Ort, daran zu erinnern, was dieses Abenteuer bedeutet hat, und auch nicht die Gelegenheit, zur Krise der Sozialwissenschaften, der Geschichte und der Schule der »Annales« Stellung zu nehmen, von der hier und da mit mehr oder weniger Sachkenntnis, gutem Glauben und Kompetenz gesprochen wurde. Ich nehme bei anderer Gelegenheit Stellung, entweder für mich persönlich oder mit meinen Freunden von den *Annales*, die nächstes Jahr ihren sechzigsten Geburtstag feiern werden. Hier möchte ich einfach sagen, daß diese Artikel auf Geschichte als *historische Anthropologie* zielen, wobei sich die Geschichte der Methoden der Anthropologie bedient, um noch tiefer in die materielle, mentale und politische historische Realität vorzudringen und dabei zugleich die strukturierte Einheit der Menschheit und des Wissens zu wahren.[1]

Natürlich sind die Artikel, die jetzt folgen werden, vom Kontext geprägt, in dem sie geschrieben wurden. Die Krise des Fortschritts traf das europäische historische Denken. Fortschritt als Begriff geriet durch die Auswüchse des 20. Jahrhunderts, welche durch die Medien, eine neue Quelle historischer Dokumentation, genauer bekannt wurden, in Mißkredit. Seit dem Archipel Gulag und den Konzentrationslagern der Nazis, seit Apartheid und Rassismus, seit den Schrecken des Krieges und denjenigen des Hungers mußte man auf den Stolz eines linearen, kontinuierlichen und globalen Fortschritts, verkörpert insbesondere durch die spektakulären Errungenschaften in Wissenschaft und Technik, verzichten.

Auf dem weniger dramatischen Feld der historischen Methodenlehre wurde man einerseits Zeuge dessen, wie Geschichte zu einer »Geschichte in Bruchstücken« zerfiel, und andererseits Zeuge der »Rückkehr« zu traditionellen Formen der Geschichte: die Rückkehr zur »erzählenden Geschichte«, die Rückkehr zum »Ereignis«, die Rückkehr zur »Chronologie«, die Rückkehr zur »politischen Geschichte«, die Rückkehr zur »Biographie«. Hier möchte ich lediglich sagen, daß, wenn Selbstkritik und Revisionen im Territorium der Historiker notwendig sind, damit dieses aufs neue fruchtbar werde, eine legitime »Rückkehr« nicht derjenigen der Emigranten nach der Französischen Revolution gleichen darf, die »nichts vergessen und nichts dazugelernt« hatten. Geschichte bedarf des Wandels, nicht der Reaktion. Um ihn dort zu vollenden, wo er notwendig ist und ihm dort zu widerstehen, wo er einen Rückschritt bedeuten würde, müssen sich die Historiker mit Scharfsinn, Wachsamkeit und Mut wappnen.

An der Spitze der Geschichte – trotz aller Fortschritte des Konsenses – herrscht noch immer Streit. Ein Streit der Ideen – um besser »Geschichte zu machen«.

[1] Vgl. A. Burguière, »Anthropologie historique«, in: ders. (Hg.), *Dictionnaire des sciences historiques*, Paris 1986 S. 52–60.

VORWORT ZUR ITALIENISCHEN AUSGABE VON 1986

Die Konzeption der Geschichte konfrontiert uns heute mit sechs verschiedenen Problemstellungen:

1. Welche Beziehungen bestehen zwischen der gelebten Geschichte, der »natürlichen«, wenn nicht »objektiven« Geschichte der menschlichen Gesellschaften und dem wissenschaftlichen Bestreben, diese Entwicklung zu beschreiben, zu denken und zu erklären: der Geschichtswissenschaft? Gerade dieser Unterschied gibt einer zweideutigen Disziplin ihre Daseinsberechtigung: der Geschichtsphilosophie. Seit dem Beginn dieses Jahrhunderts, und insbesondere seit etwa zwanzig Jahren, entwickelt sich ein Zweig der Geschichtswissenschaft, der deren Entwicklung im Rahmen der allgemeinen historischen Entwicklung untersucht: die Historiographie oder Geschichte der Geschichte.

2. Welche Beziehungen bestehen zwischen Geschichte und Zeit, zwischen Geschichte und Dauer, ob es sich nun um die »natürliche« Zeit des Klimas und der Jahreszeiten oder um die von Individuen und Gesellschaften gelebte und entsprechend registrierte Zeit handelt? Zum einen erfanden die einzelnen Gesellschaften und Kulturen ein grundlegendes Instrument, das zugleich eine wesentliche Voraussetzung für Geschichte darstellt, den Kalender; zum anderen interessieren sich die Historiker von heute immer stärker für die Beziehungen zwischen Geschichte und Erinnerung.

3. Die Dialektik der Geschichte scheint im Gegensatz oder Dialog Vergangenheit/Gegenwart (und/oder Gegenwart/Vergangenheit) zusammengefaßt. Dieser Gegensatz ist im allgemeinen nicht neutral, sondern enthält implizit oder explizit ein Wertsystem, wie z.B. in den Gegensatzpaaren antik/modern oder Fortschritt/Reaktion. Von der Antike bis zum 18.Jh. entwickelte sich um

den Begriff der Dekadenz eine pessimistische Geschichtsauffassung, die in bestimmten Geschichtsideologien des 20. Jh. zum Ausdruck kommen sollte. Mit der Aufklärung gewann dann in der Gegenrichtung eine optimistische Vision von Geschichte die Oberhand, die auf der Idee des Fortschritts beruht und in der zweiten Hälfte des 20. Jh. eine Krise erlebt. Hat Geschichte nun einen Sinn? Gibt es einen Sinn, eine Richtung der Geschichte?

4. Geschichte ist außerstande, die Zukunft vorauszusehen und sie vorherzusagen. Wie steht sie also zur neuen »Wissenschaft« der Futurologie? In Wirklichkeit hört Geschichte auf, wissenschaftlich zu sein, wo es um Anfang und Ende der Weltgeschichte und der Geschichte der Menschheit geht. Was die Anfänge angeht, so kommen sie im Mythos zum Ausdruck: die Schöpfung, das Goldene Zeitalter, die mythischen Zeiten, oder, mit wissenschaftlichem Anstrich, die jüngere Theorie des *Urknalls.* Was das Ende angeht, so macht Geschichte den Religionen Platz, insbesondere den Heilsreligionen, die eine »Lehre von den letzten Dingen«, die Eschatologie, konstruiert haben, oder den Fortschrittsutopien, deren wichtigste der Marxismus ist, welcher eine Ideologie von Sinn und Ziel der Geschichte (Kommunismus, klassenlose Gesellschaft, Internationale) hinzufügt. Doch aus der Praxis der Historiker heraus entwickelt sich Kritik an der Konzeption der Anfänge, und der Begriff der Genese ersetzt zunehmend die Vorstellung der Anfänge.

5. Angeregt von den anderen Sozialwissenschaften, unterscheidet der Historiker von heute häufig zwischen verschiedenen Arten von historischer Dauer. Das Interesse am Ereignis erlebt eine Renaissance, doch umgekehrt zieht insbesondere die Perspektive der *longue durée,* der langen Dauer, die Aufmerksamkeit auf sich. Letztere bringt bestimmte Historiker entweder über den Begriff der Struktur oder über den Dialog mit der Anthropologie dahin, die Hypothese zu formulieren, daß es eine »beinahe unbewegliche« Geschichte gibt. Aber kann es eine unbewegliche Geschichte geben und welches sind die Beziehungen zwischen Geschichte und Strukturalismus (oder den Formen des Strukturalismus)? Gibt es nicht vielleicht auch eine viel größere Bewegung, diejenige der »Verweigerung der Geschichte«?

6. An die Stelle der Auffassung von Geschichte als Geschichte des Menschen ist die Auffassung von Geschichte als Wissenschaft von den Menschen in der Gesellschaft getreten, aber gibt es, kann es ausschließlich eine Geschichte des

Menschen geben? Eine Geschichte des Klimas hat sich bereits entwickelt, müßte nicht auch eine Geschichte der Natur erarbeitet werden?

*

1. Seit der Entstehung der europäischen Gesellschaften – die traditionellerweise im antiken Griechenland (Herodot im 5. Jh. v. Chr. sei, wenn schon nicht der erste Historiker, so doch der »Vater der Geschichte«) angesiedelt wird, die jedoch tatsächlich in die weiter entfernte Vergangenheit der Reiche des Nahen und Fernen Ostens zurückgeht – bestimmt sich Geschichte hinsichtlich einer Wirklichkeit. Diese wird weder konstruiert noch beobachtet wie in der Mathematik, in den Naturwissenschaften und in den Wissenschaften vom Leben, sondern über sie werden die Nachforschungen angestellt, oder es wird von ihr Zeugnis abgelegt. Dies ist die Bedeutung des griechischen Terminus *historie* und seiner indo-europäischen Wurzel *wid* – *weid* – (sehen). Geschichte hat also als Erzählung begonnen, die Erzählung desjenigen, der sagen kann: »Ich habe gesehen, ich habe sagen hören.« Dieser Aspekt der Geschichte als Erzählung, der Geschichte als Zeugnis, hat auch mit der Entwicklung der Geschichtswissenschaft nie aufgehört zu existieren. Paradoxerweise erleben wir heute die Kritik an dieser Art von Geschichte aus dem Wunsch heraus, zu erklären statt zu erzählen. Doch geht damit zugleich auch eine Renaissance der Geschichte als Zeugnis einher, vermittelt über die »Rückkehr zum Ereignis« (Nora), das durch die neuen *Medien*, durch das Auftauchen der Journalisten unter den Historikern und die Entwicklung der »unmittelbaren Geschichte« bedingt ist.

Doch seit der Antike überwand die Geschichtswissenschaft dadurch, daß sie *schriftliche Quellen* sammelte und sie in Zeugnisse umwandelte, die Grenze des halben oder ganzen Jahrhunderts, an die die Historiker stießen, die Augen- oder Ohrenzeugen waren, und an der die mündliche Überlieferung der Vergangenheit haltmachte. Die Einrichtung von Bibliotheken und Archiven sorgte für das Material der Geschichte. *Wissenschaftliche* Methoden der Kritik wurden erarbeitet und der Geschichte damit einer der Aspekte ihrer *Wissenschaftlichkeit* verliehen, zunächst mit einigen unsicheren Schritten im Mittelalter (Guenée), dann insbesondere seit dem Ende des 17. Jh. mit Du Cange, Mabillon und den Benediktinern von Saint Maur, Muratori usw. Tatsächlich gibt es keine Geschichte ohne *Gelehrsamkeit*. Doch ebenso wie im 20. Jh. der Begriff des historischen Faktums kritisiert wurde, das nicht einfach gegeben ist, da es auf einer Konstruktion des Historikers beruht, wird heute der Begriff der Quelle kritisiert, die kein reines Material darstellt, das objektiv und unschuldig ist. Vielmehr kommt in ihr die Macht einer vergangenen Gesellschaft über Erinnerung und Zukunft zum Ausdruck: Die Quelle (frz. document) ist Überrest (frz. monument) (Foucault, Le Goff). Zugleich hat sich das Gebiet der Quellen ausgedehnt. Die traditionelle Geschichte reduzierte es auf schriftliche Quellen und auf die Funde einer Archäologie, die nur allzu oft von der Geschichte losgelöst war. Heute umfassen Quellen auch Wort, Bild und Gesten. *Archive mündlicher Überlieferung* entstehen, Ethnotexte werden gesammelt. Selbst die Archivierung von Quellen wurde durch den Einsatz des Computers revolutioniert. Die *quantitative Geschichte,* von der Demographiegeschichte über die Wirtschaftsgeschichte bis hin zur Kulturgeschichte, ist an die Fortschritte von statistischen Methoden und Informatik gebunden, wie sie in den Sozialwissenschaften angewandt wird.

Der Unterschied zwischen »historischer Realität« und Geschichtswissenschaft hat es den Philosophen und Historikern von der Antike bis in unsere Tage gestattet, globale Erklärungsmuster für die Geschichte anzubieten (für das 20. Jh. und in sehr unterschiedlichem Sinne sei hier an Spengler, Weber, Croce, Gramsci, Toynbee, Aron etc. erinnert). Der größere Teil der Historiker zeigt ein mehr oder weniger deutliches Mißtrauen gegenüber der Geschichtsphilosophie, doch wenden sie sich vom Positivismus ab, der die deutsche (Ranke) oder französische (Langlois und Seignobos) Historiographie am Ende des 19. und zu Beginn des 20. Jh. beherrschte. Zwischen Ideologie und Pragmatismus siedeln sich die Anhänger einer problemorientierten Geschichte an (Febvre).

Um die Entwicklung der Geschichte zu erfassen und sie zum Gegenstand echter Wissenschaft zu machen, waren Historiker und Philosophen seit der Antike bestrebt, Gesetze der Geschichte zu finden und zu definieren. Die Versuche, die am weitesten vorangetrieben wurden und die die vergleichsweise größte Niederlage erlebten, sind die alten christlichen Theorien des Providentialismus (Bossuet) und der Vulgärmarxismus, der sich hartnäckig bemüht – obwohl bei Marx (im Gegensatz zu Lenin) nicht von Gesetzen der Geschichte die Rede ist –, aus dem historischen Materialismus eine Pseudo- Wissenschaft des historischen Determinismus zu machen, die jeden Tag mehr von den Fakten und der historischen Reflexion widerlegt wird.

Dafür können wir dank der Möglichkeit einer rationalen Lektüre der Geschichte a posteriori, dank des Erkennens gewisser Regelmäßigkeiten im

Laufe der Geschichte (auf der Grundlage eines historischen *Komparatismus* der verschiedenen Gesellschaften und der verschiedenen Strukturen) sowie dank der Entwicklung von *Modellen*, die sich nicht auf einen einzelnen Typ festlegen läßt (die Ausweitung der Geschichte auf die ganze Welt in ihrer Komplexität, der Einfluß der Ethnologie, die Sensibilität für Unterschiede und die Achtung vor dem anderen tragen zu dieser Tendenz bei), die Rückkehr der Geschichte zur reinen Erzählung ausschließen.

Die Bedingungen, unter denen der Historiker arbeitet, erklären unter anderem, warum sich das Problem der *Objektivität* des Historikers stellte und stellt. Das Bewußtwerden, daß das historische Faktum eine Konstruktion ist und daß die Quellen nicht unschuldig sind, hat die Prozesse der Manipulation ins Licht gerückt, die auf allen Ebenen der Konstruktion historischen Wissens offenbar werden. Doch darf diese Feststellung nicht zur grundlegenden Skepsis gegenüber historischer Objektivität und auch nicht zur Aufgabe des Begriffs der *Wahrheit* in der Geschichte führen. Im Gegenteil erlauben die fortwährenden Fortschritte bei der Entlarvung und Aufdeckung von Mystifizierungen und Verfälschungen der Geschichte in dieser Hinsicht einen gewissen Optimismus.

Trotzdem darf das Streben nach Objektivität, welches den Historiker leiten muß, die Tatsache nicht verschleiern, daß Geschichte *auch* soziale Praxis ist (de Certeau). Es ist legitim festzustellen – auch wenn Stimmen aus dem Lager des Vulgärmarxismus oder einer Reaktion, die ebenso vulgär ist, Geschichtswissenschaft und politisches Engagement vermengen –, daß die Lesweise der Weltgeschichte vom Willen geprägt ist, sie umzuformen (z.T. in der revolutionären marxistischen Tradition, aber auch aus anderer Perspektive wie derjenigen der Erben Tocquevilles und Webers, die historische Analyse und politischen Liberalismus in enge Verbindung setzen).

Die Kritik des Begriffs des historischen Faktums führte unter anderem dazu, daß »historische Realitäten« anerkannt wurden, die die Historiker lange Zeit ignoriert hatten. Neben der politischen Geschichte, der Wirtschafts- und Sozialgeschichte, der Kulturgeschichte entstand eine Geschichte der *Vorstellungen*. Diese hat verschiedene Formen angenommen: die Geschichte globaler Vorstellungen von der Gesellschaft oder Geschichte der *Ideologien;* die Geschichte der mentalen Strukturen, die einer sozialen Gruppe, einer Gesellschaft in einer Epoche gemeinsam sind, oder *Mentalitätsgeschichte;* die Geschichte der geistigen Produktion, die weder an Text, Wort noch Geste gebunden ist, sondern an das Bild, oder die Geschichte des *Imaginären*, welche es gestattet, das literarische oder künstlerische Dokument als historische Quellen im ganzen zu behandeln unter der Bedingung, daß ihre Eigentümlichkeit berücksichtigt wird; die Geschichte von Verhaltensweisen, Praktiken und Ritualen, die eine verborgene, unterschwellige Realität aufdeckt, oder die Geschichte des *Symbolischen*, welche eines Tages vielleicht zu einer *psychoanalytischen* Geschichte führen wird, für deren wissenschaftlichen Status es bislang nicht hinreichende Beweise gibt. Schließlich hat sich die Geschichtswissenschaft selbst mit der Entwicklung der *Historiographie* oder der *Geschichte der Geschichte* in eine historische Perspektive gerückt.

All diese neuen Gebiete der Geschichte bedeuten eine bemerkenswerte Bereicherung, vorausgesetzt, daß keine Fehler gemacht werden. Anstatt die Realitäten der Geschichte der Vorstellungen anderen Realitäten unterzuordnen, denen man als einzigen den Status einer ersten Ursache (materielle und wirtschaftliche Realitäten) zugesteht, gilt es, von der falschen Fragestellung nach Basis und Überbau abzukommen. Doch dürfen auch die neuen Realitäten nicht bevorzugt werden und ihrerseits die Rolle eines Motors der Geschichte übernehmen. Eine gute historische Erklärung muß die Existenz des Symbolischen im Kern jeglicher historischer Realität (einschließlich der wirtschaftlichen) anerkennen, aber auch die historischen Vorstellungen den Realitäten gegenüberstellen, die sie wiedergeben und die der Historiker mit anderen Quellen und anderen Methoden erfaßt. Z.B. lassen sich politische Ideologie und politische Praxis und Ereignisse gegenüberstellen. Alle Geschichte muß *Sozialgeschichte* sein.

Schließlich haben der *einzigartige* Charakter der historischen Ereignisse und die Notwendigkeit für den Historiker, Erzählung und Erklärung zu verbinden, Geschichte zur literarischen Gattung gemacht, sie im gleichen Maße zur Kunst wie zur Wissenschaft werden lassen. Wenn dies von der Antike bis zum 19. Jh., von Thukydides bis zu Michelet galt, so gilt dies weniger für das 20. Jh. Die zunehmende Technisierung der Geschichtswissenschaft hat es dem Historiker schwerer gemacht, zugleich Schriftsteller zu sein. Aber es gibt immer noch eine Kunst der *Geschichtsschreibung*, die mehr ist als der persönliche Stil des Historikers.

2. Das grundlegende Material der Geschichte ist die Zeit. So spielt die Chronologie seit langem eine wesentliche Rolle als Leitfaden und Hilfsmittel der Geschichte. Das wichtigste Instrument der Chronologie ist der Kalender, der weit über das Gebiet des Historikers hinausgreift, denn er ist der grundlegende zeitliche Rahmen für das Funktionieren von Gesellschaften. Der Ka-

lender offenbart die Anstrengung, die die menschlichen Gesellschaften unternehmen, um die »natürliche« Zeit zu zähmen, die natürliche Bewegung des Mondes oder der Sonne, den Kreislauf der Jahreszeiten, den Wechsel von Tag und Nacht. Doch ihre wirksamsten Ausdrucksformen, die Stunde und die Woche, sind an die Kultur, nicht an die Natur gebunden. Der Kalender ist Produkt und Ausdruck von Geschichte, er ist an die mythischen und religiösen Ursprünge der Menschheit gebunden (Fest), an technologische und wissenschaftliche Fortschritte (Zeitmessung), an die wirtschaftliche, soziale und kulturelle Entwicklung (Arbeitszeit und Mußezeit). Er zeigt die Anstrengung, die die menschlichen Gesellschaften unternehmen, um die zyklische Zeit der Natur und der Mythen, der ewigen Wiederkehr, in eine lineare Zeit zu verwandeln, die in Gruppen von Jahren untergliedert ist: Lustrum, Olympiade, Jahrhundert, Ära usw. Mit der Geschichte sind zwei wesentliche Errungenschaften aufs engste verbunden: Die Bestimmung des Ausgangspunkts der Chronologie (die Gründung Roms, das christliche Zeitalter, die Hedschra usw.) und das Bemühen um eine *Periodisierung*, d.h. die Schaffung von gleichen und meßbaren Zeiteinheiten: der Tag zu 24 Stunden, das Jahrhundert usw. Heute bringt es die historische Untersuchung von Gegebenheiten der Philosophie, der Wissenschaft, der persönlichen und kollektiven Erfahrung mit sich, daß neben den Rahmen meßbarer historischer Zeit der Begriff der Dauer, der gelebten Zeit, der multiplen und relativen Zeiten, der subjektiven und symbolischen Zeiten tritt. Die historische Zeit hat auf einem sehr elaborierten Niveau mit der alten Zeit der Erinnerung zu tun, die über die Geschichte hinausgreift und sie speist.

3./4. Der Gegensatz Vergangenheit/Gegenwart ist wesentlich für den Erwerb des Bewußtseins von Zeit. Für das Kind bedeutet »die Zeit zu verstehen, sich von der Gegenwart zu befreien« (Piaget). Doch die Zeit der Geschichte ist weder diejenige des Psychologen noch diejenige des Linguisten. Indes bestätigt die Untersuchung der Zeitlichkeit in diesen beiden Wissenschaften die Tatsache, daß der Gegensatz Vergangenheit/Gegenwart keine natürliche Gegebenheit, sondern ein Konstrukt ist. Andererseits hat die Feststellung, daß die Art und Weise, wie ein und dieselbe Vergangenheit gesehen wird, sich mit den Epochen wandelt und daß der Historiker der Zeit, in der er lebt, unterworfen ist, den Glauben an die Möglichkeit, die Vergangenheit zu kennen, erschüttert oder zum Bestreben geführt, jedweden Bezug zur Gegenwart zu eliminieren (Illusion der romantischen Geschichte nach Art Michelets – »die vollkommene Auferstehung der Vergangenheit« – oder der positivistischen

Geschichte Rankes – »wie es wirklich gewesen«). Tatsächlich besteht das Interesse an der Vergangenheit darin, die Gegenwart zu erhellen. Der Zugang zur Vergangenheit besteht von der Gegenwart aus (die regressive Methode Marc Blochs). Bis zur Renaissance und selbst bis zum 18. Jh. haben die europäischen Gesellschaften Vergangenheit als Wert angesehen, als Zeit der Anfänge und der Vorfahren, die ihnen wie eine Zeit der Unschuld und des Glücks erschien. Sie haben sich mythische Zeitalter vorgestellt, das Goldene Zeitalter, das Paradies auf Erden. Die Weltgeschichte, die Geschichte der Menschheit erschien ihnen als eine lange Dekadenz. Die Idee der Dekadenz wurde wieder aufgenommen, um die letzte Phase in der Geschichte der Gesellschaften und Zivilisationen zu beschreiben. Sie fügt sich in ein mehr oder weniger zyklisches Geschichtsdenken ein (Vico, Montesquieu, Gibbon, Spengler, Toynbee), und sie ist im allgemeinen das Produkt einer reaktionären Geschichtsphilosophie, eine Konzeption von geringem Nutzen für die Geschichtswissenschaft. Im Europa vom Ende des 17. Jh. und der ersten Hälfte des 18. Jh. trug die Polemik, die sich am Gegensatz antik/modern im Rahmen von Wissenschaft, Literatur und Kunst entzündete, dazu bei, die Bewertung der Vergangenheit zu verkehren. Antik wurde synonym mit überholt, modern mit fortschrittlich. Tatsächlich hat die Idee des Fortschritts mit der Aufklärung triumphiert und sich im 19. und 20. Jh. insbesondere in Hinblick auf den wissenschaftlichen und technologischen Fortschritt entwickelt. Nach der Französischen Revolution stellten sich der Fortschrittsideologie reaktionäre Bestrebungen entgegen, die vor allem politisch formuliert wurden, sich jedoch auf eine »reaktionäre« Lesweise der Geschichte gründeten. In der Mitte des 20. Jh. führten das Versagen des Marxismus, die Enthüllungen der stalinistischen Welt und des Archipel Gulag, die Schrecken des Faschismus, insbesondere des Nationalsozialismus und der Konzentrationslager, die Toten und die Zerstörungen des Zweiten Weltkrieges, die Atombombe – die erste »objektive« Inkarnation einer möglichen Apokalypse –, die Entdeckung von Kulturen, die von der europäischen verschieden sind, zu einer Kritik des Fortschrittsgedankens (verwiesen sei auf *La crise du progrès* von Friedmann, seit 1936). Den Glauben an einen linearen, kontinuierlichen, irreversiblen Fortschritt, der sich in allen Gesellschaften nach dem selben Muster entwickelt, gibt es praktisch nicht mehr. Die Geschichte, die die Zukunft nicht beherrscht, sieht sich Glaubensvorstellungen gegenüber, die heute wieder großen Aufschwung erleben: Prophezeihungen, meist katastrophale Endzeitvisionen oder, auf der anderen Seite, erleuchtete Revolutionen, wie diejenigen, die die

Millenaristen, sei es in europäischen Sekten, sei es in bestimmten Gesellschaften der Dritten Welt, beschwören. Wir erleben die Rückkehr zur Eschatologie.

Doch die Naturwissenschaften, insbesondere die Biologie, erhalten eine positive, wenn auch eingeschränkte Auffassung von Entwicklung als Fortschritt aufrecht. Diese Sicht läßt sich auf die Sozialwissenschaften und die Geschichte übertragen. So tendiert die Genetik dazu, die Vorstellung von Entwicklung und Fortschritt wieder aufzunehmen, wobei sie zugleich dem Ereignis und den Katastrophen mehr Raum läßt (Thom). Für die Geschichte ist es von großem Interesse, in ihren Fragestellungen die passive Idee der Ursprünge, die schon Marc Bloch kritisierte, durch die dynamische Idee der Genese zu ersetzen.

5. In der aktuellen Erneuerung der Geschichtswissenschaft, die sich zumindest in Hinblick auf ihre Diffusion beschleunigt (der erste Impuls kam von der Zeitschrift »Annales«, die Bloch und Febvre 1929 gründeten), nimmt eine neue Konzeption historischer Zeit breiten Raum ein. Ihrzufolge entwickelt sich Geschichte nach unterschiedlichen Rhythmen, und die Aufgabe des Historikers ist es vor allem, die Rhythmen zu erkennen. Hier ist nicht die oberflächliche Schicht, die schnelle Zeit der Ereignisse, das Wichtigste, sondern eine tiefere Ebene von Wirklichkeiten, die sich langsam ändern (Geographie, Sachkultur, Mentalitäten, ganz allgemein *Strukturen).* Es geht um die Ebene der »longue durée«, der langen Dauer (Braudel). Der Dialog der Historiker der langen Dauer mit den übrigen Sozialwissenschaften, mit den Naturwissenschaften und mit den Wissenschaften des Lebens – gestern mit der Wirtschaft und der Geographie, heute mit der Anthropologie, der Demographie und der Biologie – hat einige von ihnen zur Vorstellung einer »beinahe unbeweglichen« Geschichte gebracht (Braudel, Le Roy Ladurie). Es wurde sogar die Hypothese einer unbeweglichen Geschichte aufgestellt. Doch im Gegensatz dazu geht die *historische Anthropologie* von der Vorstellung aus, daß sich Bewegung und Entwicklung in allem finden, was die Sozialwissenschaften erforschen, da ihr gemeinsamer Gegenstand die menschlichen Gesellschaften sind (Soziologie, Wirtschaft, aber auch Anthropologie). Was die Geschichte betrifft, so kann sie nur eine Wissenschaft des Wandels und der Erklärung des Wandels sein. Mit den verschiedenen Formen des Strukturalismus kann die Geschichte unter zwei Bedingungen in fruchtbarem Austausch stehen: a) sie darf nicht vergessen, daß die Strukturen, die sie untersucht, dynamisch sind, b) bestimmte strukturalistische Methoden lassen sich auf die Untersuchung von historischen Quel-

len anwenden, auf die Analyse von Texten (im weitesten Sinne), nicht auf die eigentliche historische Erklärung. Man kann sich jedoch fragen, ob der Strukturalismus als Mode nicht auf einer Art Verweigerung von Geschichte beruht, die als Diktatur der Vergangenheit aufgefaßt wird, als Rechtfertigung der »Reproduktion« (Bourdieu), als Macht der Repression, doch selbst bei der extremen Linken wurde erkannt, daß es gefährlich wäre, »tabula rasa mit der Vergangenheit« zu machen (Chesneaux). Die »Last der Geschichte« im objektiven Sinne des Wortes (Hegel) kann und muß in der Geschichtswissenschaft als »Mittel zur Befreiung von der Vergangenheit« (Arnaldi) ein Gegengewicht finden.

6. Als sie die Geschichte ihrer Städte, ihrer Völker, ihrer Reiche schrieben, vermeinten die Historiker der Antike, die Historiker der Renaissance und die Historiker der Aufklärung (obwohl sie die Verschiedenartigkeit der »Sitten« anerkannten), die Geschichte der Menschen zu schreiben. Die modernen Historiker gehen davon aus, daß Geschichte die Wissenschaft von der Entwicklung der menschlichen Gesellschaften ist. Die Entwicklung der Wissenschaften hat zu der Wissensfrage geführt, ob es nicht eine Geschichte gäbe, die von derjenigen des Menschen verschieden ist. Es hat sich bereits eine Geschichte des Klimas entwickelt, dessen, was in der Natur am bewegtesten ist; sie ist im Grunde jedoch nur von bedingtem Interesse für die Geschichte, dort nämlich, wo sie bestimmte Aspekte der Geschichte menschlicher Gesellschaften erhellt (Veränderungen von Kulturen, Veränderungen der Behausung usw.). Es wird jetzt an eine *Geschichte der Natur* (Romano) gedacht, doch wird diese zweifelsohne den »kulturellen«, mithin historischen Charakter des Naturbegriffs bestätigen. So wird Geschichte bei aller Ausweitung ihres Territoriums immer an das Umfeld des Menschen gebunden sein.

Das Paradoxe an der Geschichtswissenschaft heute ist, daß während sie sich in unterschiedlicher Form (einschließlich des historischen Romans) in den europäischen Gesellschaften unvergleichlicher Beliebtheit erfreut und während die Nationen der Dritten Welt vor allem damit beschäftigt sind, sich ihre Geschichte zu suchen – was möglicherweise zur Entstehung von Formen von Geschichte führt, die sehr verschieden sind von dem, was die Europäer dafür halten, während also Geschichte zu einem wesentlichen Element des individuellen und kollektiven Bedürfnisses nach Identität geworden ist, erlebt gerade heute die Geschichtswissenschaft eine (Wachstums-)Krise. In ihrem Dialog mit den übrigen Sozialwissenschaften, in der beträchtlichen Ausweitung ihrer Problemstellungen, ihrer Methoden und ihrer Gegenstände, steht sie vor der Frage, ob sie nicht im Begriff ist, sich zu verlieren.

KAPITEL I
VERGANGENHEIT/GEGENWART

Die Unterscheidung von Vergangenheit und Gegenwart ist wesentlich in der Vorstellung von Zeit. Das heißt, sie ist grundlegend für Geschichtsbewußtsein und Geschichtswissenschaft. Da sich die Gegenwart nicht auf einen Augenblick bzw. auf einen Punkt beschränken kann, ist die Definition der Gegenwartsdauer ein vorrangiges, entweder bewußtes oder nicht bewußtes Problem beim historischen Arbeiten. Dafür, wie historische Gegenwart definiert wird, bieten die Lehrpläne des Faches Geschichte und die Art und Weise, wie in ihnen die Phase der *Zeitgeschichte* festgesetzt ist, anschauliche Beispiele. Bei den Franzosen offenbaren sie die Rolle der Französischen Revolution für das nationale Bewußtsein, denn die *Zeitgeschichte* beginnt in Frankreich offiziell mit dem Jahr 1789. Es läßt sich ahnen, welche bewußten oder unbewußten Anstrengungen die Festlegung der Zäsur auf kollektiver Ebene voraussetzt. Man trifft bei den meisten Völkern und Nationen auf ideologische Zäsuren dieser Art. So erlebte Italien zwei Ausgangspunkte für die »Gegenwart«, deren *teleskopische* Zusammenziehung ein wichtiges Element des historischen Bewußtseins der italienischen Bevölkerung von heute darstellt: Die Einigungsbewegung (Risorgimento) und das Ende des Faschismus. Doch diese Definition von Gegenwart, die in Wirklichkeit ein Programm, ein ideologisches *Projekt* ist, kollidiert häufig mit einer wesentlich komplexeren Vergangenheit. Gramsci schreibt über die Ursprünge der Einigungsbewegung: »Bei den Italienern legt die Tradition römischer und mittelalterlicher Universalität der Entwicklung nationaler (bürgerlicher) Kräfte jenseits des rein wirtschaftlichen oder munizipalen Bereichs Fesseln an, das heißt, daß die nationalen ›Kräfte‹ erst zur nationalen ›Kraft‹ wurden, nachdem die Position des Papsttums in Europa durch die Französische Revolution verändert worden war …« Damit wird die Französische Revolution (wie die Bekehrung Konstantins, die Hedschra oder die Oktoberrevolution) zu einem Grenzstein zwischen Vergangenheit und Gegenwart und mithin auch zwischen einem »Vorher« und einem »Nachher«. Gramscis Bemerkung zeigt, daß die Beziehung zur Vergangenheit, die Hegel »die Last der Geschichte« nannte, für einige Völker schwerer wiegt als für andere. Doch kann eine fehlende *bekannte* und *anerkannte* Vergangenheit, die Kürze der Vergangenheit, zu großen Problemen im Bereich von Mentalität und kollektiver Identität führen, wie sich im Fall der jungen, insbesondere der afrikanischen Nationen zeigt (Assorodobraj, 1967). Einen komplexen Fall stellen die Vereinigten Staaten dar, wo verschiedene Faktoren zusammentreffen: das Fehlen einer alten Vergangenheit, die unterschiedlichen und teils gegensätzlichen Beiträge voramerikanischer (meist europäischer) Traditionen verschiedener ethnischer Gruppen, aus denen sich die nordamerikanische Bevölkerung zusammensetzt, sowie die Überbewertung relativ junger Ereignisse aus der amerikanischen Geschichte (Unabhängigkeitskrieg, Sezessionskrieg usw.), die in eine mythisierte Vergangenheit entrückt und als Mythos immer präsent sind (Nora, 1966).

Die Neigung zur historischen Periodenbildung führt dazu, daß *Revolutionen, Kriege,* Wechsel in der *politischen* Herrschaft, d.h. die *Ereignis*geschichte den Vorzug erhält. Dieses Problem findet sich im Zusammenhang mit den neuartigen Beziehungen zwischen Gegenwart und Vergangenheit wieder, die die sogenannte »neue« Geschichte heute zu etablieren bemüht ist. Andererseits zwingt die offizielle, an den Universitäten und Schulen gebräuchliche Definition von Zeitgeschichte in einigen Ländern wie in Frankreich dazu, von einer *Gegenwartsgeschichte* zu sprechen, um die jüngste Vergangenheit, d.h. die historische Gegenwart zu bezeichnen (Nora, 1974).

Die Unterscheidung Vergangenheit/Gegenwart, die uns hier beschäftigt, ist diejenige, die im kollektiven Bewußtsein, genauer im historischen sozialen Bewußtsein existiert. Es ist jedoch notwendig, zunächst einen Blick auf den Zusammenhang zu werfen, in dem das Gegensatzpaar Gegenwart/Vergangenheit steht und es aus anderen Perspektiven als derjenigen der kollektiven Erinnerung und der Geschichte zu betrachten.

Genaugenommen beschränkt sich die Wahrnehmung und Aufgliederung von Zeit in ein Vorher und Nachher in Wirklichkeit weder individuell noch kollektiv auf den Gegensatz Gegenwart/Vergangenheit. Es ist notwendig, eine dritte Dimension hinzuzufügen: die Zukunft. Augustinus hat dieses System der drei zeitlichen Perspektiven auf den Begriff gebracht, als er sagte, daß wir zwar nur in der Gegenwart leben, daß diese Gegenwart jedoch mehrere Dimensionen hat: »die Gegenwart vergangener Dinge, die Gegenwart gegenwärtiger Dinge, die Gegenwart zukünftiger Dinge«.

Bevor man nun den Gegensatz Vergangenheit/Gegenwart unter dem Aspekt der kollektiven Erinnerung betrachtet, ist außerdem seine Bedeutung in anderen Disziplinen wichtig: in der Psychologie, insbesondere in der Kinderpsychologie, und in der Linguistik.

1. Der Gegensatz Vergangenheit/Gegenwart in der Psychologie

Es wäre falsch, die Vorgaben der Individualpsychologie auf den Bereich des kollektiven Bewußtseins zu übertragen. Es wäre noch abwegiger, die Art und Weise, wie ein Kind lernt, die Zeit zu beherrschen, mit der Entwicklung der Zeitvorstellung im Laufe der Geschichte zu vergleichen. Gleichwohl finden wir in diesen Disziplinen eine Reihe von Hinweisen (meist metaphorischer Art), die den Gegensatz Vergangenheit/Gegenwart auf historischer oder kollektiver Ebene erhellen.

Für das Kind »bedeutet die Zeit zu verstehen, sich von der Gegenwart zu befreien: d.h. nicht nur die Zukunft als Folge von Regelmäßigkeiten vorwegzunehmen, die sich unbewußt in der Vergangenheit herausgebildet haben, sondern auch eine Folge von Zuständen zu entwickeln, von denen keiner dem anderen gleicht und deren Verbindung sich lediglich durch eine schrittweise Bewegung ohne Halt und Pause konstituieren kann« (Piaget, 1946, S. 274). Die Zeit zu verstehen »heißt im wesentlichen, ihre Umkehrbarkeit zu realisieren«. Auf gesellschaftlicher Ebene impliziert die Unterscheidung von Gegenwart, Vergangenheit (und Zukunft) ebenfalls den Rückgriff auf die Erinnerung, diese Befreiung der Gegenwart, welche eine bestimmte Erziehung, die Konstituierung von kollektiver Erinnerung voraussetzt. Diese ist jenseits der individuellen Erinnerung angesiedelt und geht über sie hinaus. Der große Unterschied besteht freilich darin, daß das Kind – trotz äußerer Einflüsse – seine Erinnerung weitgehend selbst konstituiert, während das historische Gedächtnis einer Gesellschaft seine Vorgaben aus Tradition und Unterricht bezieht. Aber als ein geordnetes Konstrukt (vgl. das Kapitel Erinnerung) nähert sich die individuelle an die kollektive Erinnerung an. »Das Zusammenwirken dieser Konstrukte hat zur Folge, daß unser Zeithorizont sich weit über die Dauer unseres eigenen Lebens ausdehnt. Wir gehen mit den Ereignissen, die uns die Geschichte unserer sozialen Gruppe bietet, genau so um, wie wir mit unserer eigenen Geschichte umgehen. Die beiden vermischen sich übrigens: Die Geschichte unserer Kindheit z.B. ist diejenige unserer frühesten Erinnerungen, aber auch jene der Erinnerungen unserer Eltern, und ausgehend von beiden entwickelt sich dieser Teil unserer zeitlichen Sehweise« (Fraisse, 1967, S. 170).

Schließlich beginnt das Kind zugleich, Begebenheiten in der Vergangenheit und in der Zukunft anzusiedeln (Malrieu, 1953). Dies läßt sich zwar nicht automatisch auf das Gebiet der kollektiven Erinnerung übertragen, zeigt aber deutlich, daß die Gliederung der Zeit durch den Menschen ein System mit drei und nicht nur mit zwei Perspektiven ist.

Die Pathologie individueller Einstellungen gegenüber der Zeit zeigt, daß der Normalfall ein Gleichgewicht zwischen dem Bewußtsein der Vergangenheit, der Gegenwart und der Zukunft ist, wobei die Ausrichtung an der gefürchteten oder herbeigesehnten Zukunft eine gewisse Dominanz aufweist. Die Ausrichtung auf die Gegenwart, die charakteristisch für das ganz kleine Kind ist, das selbst »die Vergangenheit als Ableitung von seiner Gegenwart rekonstituiert« (Piaget), trifft man häufig bei Debilen, Geisteskranken und ehemaligen deportierten Menschen mit erschütterter Persönlichkeit an, bei Greisen sowie bei gewissen Leuten mit Verfolgungswahn, die Angst vor der Zukunft haben. Das berühmteste Beispiel hierfür ist J.-J. Rousseau, der in den *Confessions* feststellt, daß ihn seine »angsterfüllte Phantasie«, die ihn nur »entsetzliche Ereignisse voraussehen« ließ, dazu trieb, sich in die Gegenwart zu flüchten: »Mein Herz, das sich ausschließlich mit der Gegenwart befaßt, ist ganz und gar von ihr erfüllt.«

Der Gegensatz zwischen Ausrichtung an der Gegenwart und Ausrichtung an der Vergangenheit bildet eine der großen Scheidelinien in der Charakterlehre von Heymans und Le Senne, die die *Vorrangigkeit* des ersteren und die *Nachordnung* des letzteren zu den Strukturen des menschlichen Charakters rechnen (Fraisse, 1967, S. 199).

Bei anderen Kranken drückt sich die Angst vor der Zeit entweder in der *Flucht in die Zukunft* oder im *Rückzug in die Vergangenheit* aus. Ein Beispiel für den zweiten Fall ist in der Literatur Marcel Prousts zu finden.

2. Vergangenheit/Gegenwart aus der Sicht der Linguistik

Sprachuntersuchungen erbringen weitere Belege für die wichtige Rolle, die die Unterscheidung Vergangenheit/Gegenwart (Zukunft) insbesondere bei den Verben spielt. Sie zeigen auch, daß das Phänomen Sprache in zweifacher

Hinsicht die kollektive Geschichte veranschaulicht: Es entwickelt sich im Laufe der Zeiten, drückt das Verhältnis zwischen den Zeiten aus und ist auf das engste mit dem Bewußtwerden nationaler Identität in der Vergangenheit verbunden. »Die Geschichte Frankreichs«, schreibt Michelet, »beginnt mit der französischen Sprache.«

Erste Feststellung: Die Unterscheidung Vergangenheit/Gegenwart (Zukunft), die natürlich scheint, ist in der Linguistik bei weitem nicht universell. Dies bemerkte schon Ferdinand de Saussure (1906 - II, S. 162). »Die Unterscheidung zwischen verschiedenen Zeiten, die uns so vertraut ist, ist gewissen Sprachen fremd: Die Geschichte kennt nicht einmal diejenige zwischen Vergangenheit, Gegenwart und Zukunft, obgleich diese Unterscheidung grundlegend ist. Das Althochdeutsche hat keine eigene Form für die Zukunft ... Die slawischen Sprachen unterscheiden normalerweise zwei Aspekte des Verbs: Das Perfekt stellt eine Handlung in ihrer Gesamtheit wie einen Punkt jenseits von allem Werden dar; das Imperfekt zeigt sie, wie sie sich im Laufe der Zeit entwickelt ...« Die moderne Linguistik nimmt diese Feststellung wieder auf: »Die Unterscheidung Vergangenheit/Gegenwart/Zukunft ist kein universeller Zug« (Lyons, 1968).

Einige Linguisten legen das Schwergewicht auf die Konstruktion von Zeit in der gesprochenen Sprache und kommen auf diese Weise über die Aspekte des Verbs hinaus auf diejenigen des Vokabulars, des Satzes und des Stils. Daher spricht man gelegentlich von *Chronogenese* (Guillaume, 1929).

Die grundlegende Vorstellung von Vergangenheit und Gegenwart findet sich in Gestalt einer Konstruktion oder logischen Ordnung nicht als nackte Tatsache. Joseph Vendryès hat immer wieder darauf hingewiesen, wie unzureichend die grammatikalische Kategorie der Zeit ist und wie inkonsequent jede Sprache mit dem Gebrauch der Zeit umgeht. Ihm fällt z.B. auf, daß »Sprache generell die Neigung hat, das Präsens in der Bedeutung des Futurs zu verwenden[1] ... Auch kann die Vergangenheit z.B. in Erzählungen durch den Gebrauch des Präsens ausgedrückt werden; ein Phänomen, das als historisches Präsens umschrieben wird[2] ... Umgekehrt kann die Vergangenheit dazu dienen, das Präsens zu bezeichnen[3] ... Im Französischen kann das Konditional der Vergangenheit verwendet werden, wenn man von der Zukunft spricht: ‚Wenn

[1] Ich gehe dorthin = Ich werde dorthin gehen.

[2] Es gibt auch ein historisches Futur = Im Jahre 410 werden (sollten) die Barbaren Rom plündern.

[3] Dies ist der Fall beim Aorist im Altgriechischen = der gnomische Aorist.

man mir diese Angelegenheit übertrüge, würde ich sie bald erledigt haben« (Vendryès, 1921, S. 118–21). Die Unterscheidung Vergangenheit/Gegenwart ist formbar und zahlreichen Manipulationen unterworfen.

Die Verwendung der Zeit in der Erzählung ist ein besonders interessantes Beobachtungsfeld. Harald Weinrich hat unterstrichen, wie wichtig es ist, diese oder jene Zeit in der Erzählung *hervortreten zu lassen.* Ausgehend von der Arbeit E. de Felices über mittelalterliche Texte, weist er auf den *attaco di raconto* (den »Angriff der Erzählung«) hin, wobei er z.B. zwischen einem Anfang der Erzählung mit *fuit* (es war)* und mit *erat* (es war)** unterscheidet. Die Vergangenheit ist also nicht einfach Vergangenheit. Sie ist, dank ihrer Funktion im Text, vor allem Trägerin von religiösen, moralischen, bürgerlichen usw. Werten. Dies ist die sagenhafte Zeit der Vergangenheit im Märchen: »*Es war einmal ...*« oder »*Zu dieser Zeit ...*« oder die sakrale Vergangenheit der Evangelien »*In illo tempore ...*«.

André Miquel (1977) hat, gestützt auf die Ideen Weinrichs, untersucht, wie in einem Märchen aus Tausendundeiner Nacht Zeit ausgedrückt wird. Dabei hat er entdeckt, daß eine Zeit im Arabischen, *mudi* genannt, hervorgehoben wird, welche die Vergangenheit, das Perfekt, das Vollendete ausdrückt. Das Präsens (oder Imperfekt) dagegen wird durch eine untergeordnete Zeit, *murdardi* genannt, ausgedrückt, die die Zeit der Gleichzeitigkeit, der Gewohnheit benennt. Da die Vergangenheit eine Autorität darstellt, kann André Miquel vermittels dieser Analyse zeigen, daß das Märchen das Ziel oder die Funktion hat, unterlegenen Arabern die Geschichte siegreicher Araber zu erzählen. Das Märchen führt ihnen eine Vergangenheit vor Augen, die als Quelle, Fundament und Garantie für die Ewigkeit begriffen wird.

Die historische Grammatik belegt ebenfalls, daß die Entwicklung in der Verwendung der Zeiten des Verbs oder der linguistischen Ausdrucksweisen von Zeit offenbart, wie sich kollektive Einstellungen gegenüber der Zeit als sozialem und historischem Faktum entwickeln. z.B. hat Brunot (1905) darauf hingewiesen, daß es im Altfranzösischen (9.–13. Jh.) eine relativ starke Vermengung der Zeiten, eine gewisse Unschärfe zwischen Vergangenheit/Gegenwart (Zukunft) gab. Die Zeit vom 11.–13. Jh. erlebte ein Vordringen des Imperfekt während das *Mittelfranzösische* (14./15. Jh.) eine viel kla-

* Zeitpunkt, Anm. d. Ü.
** Zeitraum, Anm. d. Ü.

rere Bestimmung der exakten Funktion von Zeiten kannte. Auch Paul Imbs (1956) unterstreicht, daß die Sprache im Laufe des Mittelalters zumindest in Frankreich immer klarer und differenzierter wird, um zeitliches Zusammentreffen, Gleichzeitigkeit, Nachzeitigkeit oder Vorzeitigkeit usw. auszudrücken. Zudem findet er verschiedene Formen, die Beziehung Vergangenheit/Gegenwart je nach sozialer Zugehörigkeit wahrzunehmen und auszudrücken: Die Zeit der Philosophen, der Theologen und der Dichter schwankt zwischen der Faszination durch die Vergangenheit und der Hingabe an das zukünftige Heil, zwischen der Zeit der Vergänglichkeit und der Zeit der Hoffnung. Die Zeit des Ritters ist die Zeit der Geschwindigkeit, die sich jedoch schnell im Kreise dreht und die Zeiten verwechselt; die Zeit des Bauern ist die Zeit der Regelmäßigkeit und der Geduld, die Zeit einer Vergangenheit, in der man versucht, die Gegenwart zu erhalten. Währenddessen ist die Zeit des Bürgers wohlgemerkt diejenige, die immer stärker zwischen Gegenwart/Vergangenheit/Zukunft unterscheidet und sich immer bewußter an der Zukunft orientiert.

Schließlich trifft Emile Benveniste (1966) eine wichtige Unterscheidung zwischen 1. der physikalischen Zeit, die kontinuierlich, gleichförmig, unendlich, linear und nach Belieben unterteilbar ist, 2. der chronikalischen Zeit oder Zeit der Ereignisse, die in ihrer sozialisierten Form die Zeit des Kalenders ist, 3. der linguistischen Zeit, deren Mittelpunkt die Gegenwart des Wortes ist, die Zeit des Sprechers. »Die einzige Zeit, die der Sprache wirklich innewohnt, ist das Präsens, das konstitutiv für den Diskurs ist. Es bestimmt zwei weitere zeitliche Bezüge. Diese sind notwendigerweise in einem Signifikant zum Ausdruck gebracht und lassen ihrerseits das Präsens als eine Trennungslinie zwischen dem, was nicht mehr gegenwärtig ist, und dem, was es sein wird, erscheinen. Diese beiden Bezüge führen nicht zur Zeit zurück, sondern zu Sehweisen der Zeit, die von einem gegenwärtigen Zeitpunkt aus zurück- und vorprojeziert werden.«

Die historische Zeit nun drückt sich meistens in der Form der *Erzählung* aus, sowohl beim Historiker als auch in der kollektiven Erinnerung. Sie beharrt auf der Gegenwart und konzentriert sich implizit auf sie. Dies trifft offensichtlich vor allem auf die traditionelle Geschichte zu, die lange Zeit in erster Linie eine berichtende Geschichte, eine Erzählung gewesen ist. Daher rührt die Doppeldeutigkeit selbst bei historischen Diskursen, die der Vergangenheit den Vorzug zu geben scheinen, wie etwa das Programm Michelets: Geschichte als »umfassende Auferstehung der Vergangenheit«.

3. Vergangenheit/Gegenwart im wilden Denken

Die Unterscheidung Vergangenheit/Gegenwart ist in den »kalten« Gesellschaften – um in der Terminologie Claude Lévi-Strauss' zu sprechen – zugleich schwächer und anders als in den »heißen« Gesellschaften. Schwächer, weil der wesentliche Bezug zur Vergangenheit derjenige auf eine mythische Zeit, eine Schöpfung, ein Goldenes Zeitalter ist und weil die Zeit, die zwischen dieser Schöpfung und der Gegenwart als verflossen gilt, im allgemeinen sehr »abgeflacht« ist. Anders ist diese Unterscheidung, weil »es dem wilden Denken eigentümlich ist, zeitlos zu sein; es will die Welt zugleich als synchronische und diachronische Totalität erfassen« (Lévi-Strauss, 1962, S. 348, dt. 1968, S. 302f.*).

Durch Mythen und Rituale stellt das wilde Denken eine besondere Beziehung zwischen Vergangenheit und Gegenwart her: »Die mythische Geschichte ist paradoxerweise von der Gegenwart zugleich losgelöst und mit ihr verbunden … Dank dem Ritual verbindet sich die ›losgelöste‹ Vergangenheit des Mythos einerseits mit der periodischen Wiederkehr des biologischen Zyklus und der Jahreszeiten, andererseits mit der ›verbundenen‹ Vergangenheit, die über Generationen hinweg die Toten mit den Lebenden verbindet.« (Lévi-Strauss, 1962, S. 313, dt. 1968, S. 273.) Australische Stämme unterscheiden historische oder Gedächtnisriten, die »die geheiligte und glückbringende Atmosphäre mythischer Zeiten wiederbringen – das Zeitalter des ›Traumes‹ nennen es die Australier –, deren Helden und große Taten sie gleichsam wiederspiegeln« und die »die Vergangenheit in die Gegenwart versetzen«, von Trauerriten. Diese entsprechen einem umgekehrten Verfahren: Statt lebenden Menschen die Rolle ferner Vorfahren zu übertragen, stellen diese Riten sicher, daß Menschen, die aufgehört haben zu leben, zu Ahnen werden«, womit sie »die Gegenwart in die Vergangenheit überführen« (Lévi-Strauss, 1968, S. 314, dt. 1968, S. 273f.).

Bei den Samo in Obevsolta (heute Burkina Faso) verraten Todesriten, die den Tod durch Opfer hinauszuzögern suchen, »eine gewisse Konzeption von immanenter Zeit« oder eher »relativer Zeitlichkeit, welche den Regeln chronologischer Untergliederung nicht unterworfen ist« (Héritier, 1977). Bei den Nuer wie bei vielen »Primitiven« gliedert sich die Vergangenheit in Altersklassen. Eine erste Vergangenheit, die kleine Gruppen betrifft, verliert sich

* Die hier gegebene Übersetzung weicht in der Regel von der zitierten deutschen Ausgabe ab. Anm. d. Ü.

schnell in den »geheimnisvollen Weiten des Einst«; eine zweite Vergangenheit konstituiert »historische Zeit als Folge von Ereignissen, die für einen Stamm bemerkenswert und wichtig sind« (Überschwemmungen, Seuchen, Hungersnöte, Kriege). Sie geht weiter zurück als die historische Zeit der kleinen Gruppen, ist jedoch zweifelsohne auf etwa 50 Jahre begrenzt; dann kommt »ein Feld von Traditionen«, wo die Geschichte in einem Komplex von Mythen Gestalt annimmt; jenseits davon erstreckt sich die Weite des reinen Mythos, wo »Welt, Völker und Zivilisationen verschmelzen«, die »alle zugleich seit derselben unsterblichen Vergangenheit existieren«. Für die Nuer »ist die zeitliche Dimension nicht sehr tief. Was sich an Geschichte erfahren läßt, endet nach etwa 100 Jahren, und die Tradition führt uns, großzügig bemessen, nur etwa 10 oder 12 Generationen in die Struktur des Familienstammbaums (lineage) zurück ... Wie wenig die Zeit der Nuer in die Tiefe geht, läßt sich beurteilen, wenn man weiß, daß der Baum, unter dem die Menschheit das Leben empfing, noch vor wenigen Jahren im Westen des Nuer-Landes stand!« (Evans-Pritchard, 1940, S. 128–133).

Doch das Gefühl für historische Vergangenheit verbirgt sich im Kern des wilden Denkens, das dennoch zutiefst synchronisch ist. Lévi-Strauss (1962, S. 316–321, dt. 1968, S. 275–279) meint, es bei den Aranda in Mittelaustralien an den *charinga* erkennen zu können: »Objekte aus Stein oder Holz von beinahe ovaler Form mit spitzen oder abgerundeten Enden, in die häufig symbolische Zeichen geritzt sind ...« In diesen sieht er erstaunliche Parallelen zu den Dokumenten unserer Archive. »Die Charinga sind greifbare Zeugen der mythischen Zeit ... so wäre, wenn wir unsere Archive verlören, unsere Vergangenheit dennoch nicht vollkommen zerstört: Sie wäre durchzogen von dem, was man gerne ihren diachronischen Beigeschmack nennen würde, doch sie wäre nur in Reproduktionen, Büchern, Institutionen oder selbst in einer Situation bewahrt, die allesamt zeitgenössisch oder nur von geringem Alter wären. Dadurch wäre auch diese Vergangenheit in der Gegenwart angesiedelt.« Bei bestimmten Völkern der Elfenbeinküste ist das Bewußtsein einer historischen Vergangenheit bereits entwickelt, Seite an Seite mit einer Vielzahl anderer Zeiten. So scheinen die Guere fünf verschiedene Arten von Zeitkategorien zu haben: 1) die Zeit der mythischen Ahnen, die mythische Zeit, von der eine Vergangenheit ausgeht, die bis zum ersten wirklichen Ahn reicht; 2) die historische Zeit, die eine Art Epos des Klans ist; 3) die genealogische Zeit, die eine Tiefe von mehr als zehn Generationen erreichen kann; 4) die gelebte Zeit, die sich unterteilt in alte Zeit, sehr alte Zeit, Zeit von Stammeskriegen, von Hungersnöten, von Mangel, Zeit der Kolonisation, die zugleich befreit und unterwirft; Zeit der Unabhängigkeit, die paradoxerweise durch die Modernisierungspolitik als Zeit der Unterdrückung empfunden wird; 5) die projizierte Zeit, die Zeit der Zukunftsvorstellungen (Schwartz, 1959, S. 60f.).

4. Allgemeine Überlegungen betreffend Vergangenheit/Gegenwart im historischen Bewusstsein

Eric Hobsbawm (1972) hat sich vor einiger Zeit mit dem Problem der »sozialen Funktion von Vergangenheit« auseinandergesetzt, wobei Vergangenheit als diejenige Periode definiert ist, die vor den Ereignissen liegt, an die ein Individuum sich direkt erinnert. Die meisten Gesellschaften betrachteten die Vergangenheit als Modell für die Gegenwart. Doch diese Verehrung der Vergangenheit läßt an einigen Stellen Neuerung und Wandel zu.

Welches Maß an Neuerung akzeptieren Gesellschaften in ihrer Verbundenheit mit der Vergangenheit? Nur einige Sekten gehen so weit in die Isolation, um gänzlich dem Wandel zu widerstehen. Die sogenannten traditionellen Gesellschaften, insbesondere die bäuerlichen, sind keineswegs statisch, wie immer angenommen wird. Doch auch wenn die Verbundenheit zur Vergangenheit Neuerungen und Wandel Raum geben mag, so ist doch meist die Richtung der tatsächlichen Entwicklung von Verfall und Niedergang gekennzeichnet. Neuerung in einer Gesellschaft stellt sich als Rückkehr zur Vergangenheit dar: Das ist der Leitgedanke der »Renaissancen«.

Viele revolutionäre Bewegungen hatten die Rückkehr zur Vergangenheit zum Leitspruch und Ziel, so etwa der Versuch Zapatas, in Mexiko die bäuerliche Gesellschaft von Morelos in dem Zustand wiederherzustellen, in dem sie sich 40 Jahre zuvor befand. Zapata eliminierte die Epoche des Porfirio Díaz und kehrte zum *status quo ante* zurück. Zu denken ist auch an symbolische Wiederherstellung, wie etwa an den Wiederaufbau der Altstadt von Warschau in den Zustand, in dem sie sich vor den Zerstörungen des Zweiten Weltkrieges befand. Die Forderung, zur Vergangenheit zurückzukehren, kann ganz neue Unternehmungen rechtfertigen: Der Name »Ghana« überträgt die Geschichte eines Teils von Afrika auf einen anderen, der geographisch gesehen weit entfernt und historisch vollkommen verschieden ist. Die zionistische Bewegung hat nicht etwa zur Wiederherstellung des alten jüdischen Palästina geführt, sondern zu einem ganz neuen Staat: Israel. Nationalistische Bewegungen bis hin zum Nationalsozialismus und zum Faschismus, die eine ganz neue »Ordnung« anstreben, geben sich archaisierend und traditionalistisch. Die Vergangenheit wird nur dann verworfen, wenn Erneuerung zugleich als unvermeidlich und sozial wünschenswert erachtet wird. Wann und wie sind die Worte »neu« und »revolutionär« gleichbedeutend mit »besser« und »erstrebenswerter« geworden? Vergangenheit als Genealogie und Vergangenheit als Chronologie stellen zwei besondere Problemkreise dar. Die Individuen, die zusammen eine Gesellschaft bilden, zeigen fast immer das Bedürfnis, Ahnen zu haben – das ist eine der Rollen der großen Männer. Alte Sitten und eine Vorliebe für die Vergangenheit in der Kunst werden häufig von Revolutionären gepflegt und nachgeahmt. Die Chronologie bleibt wesentlich für die moderne, historische Bedeutung von Vergangenheit, denn Geschichte ist ein gerichteter Wandel. Historische und nicht-historische Chronologien bestehen nebeneinander, und die Dauerhaftigkeit verschiedener Formen von Vergangenheit ist nicht zu leugnen. Wir schwimmen in der Vergangenheit wie Fische im Wasser und können ihr nicht entkommen (Hobsbawm). François Châtelet (1962) hat versucht, zunächst die charakteristischen Züge des »historisch denkenden Geistes« zu definieren, als er die Entstehung der Geschichte im antiken Griechenland untersuchte. Zunächst stellt er Vergangenheit und Gegenwart als Kategorien dar, die zugleich identisch und verschieden sind.

a) »Der historisch denkende Geist glaubt an die *Wirklichkeit* der Vergangenheit und ist der Ansicht, daß die Vergangenheit in ihrem Wesen und bis zu einem gewissen Grade auch in ihrem Inhalt nicht grundlegend von der Gegenwart verschieden ist. Damit, daß er das Vergangene als *gewesen* anerkennt, gibt er zu, daß es existiert, zeitlich und räumlich stattgefunden hat, genauso wie das Ereignis existiert, das ich gerade vor Augen habe ... Das heißt vor allem, daß das Gewesene auf keinen Fall als fiktiv oder irreal anzusehen ist und daß die fehlende Aktualität des Vergangenen (und des Zukünftigen) mit fehlender Realität keineswegs gleichgesetzt werden darf.« (Châtelet, 1962, S. 10f.)

b) Doch Vergangenheit und Gegenwart unterscheiden sich außerdem auch und bilden sogar einen Gegensatz: »Wenn Vergangenheit und Gegenwart der Sphäre des *Gleichen* angehören, befinden sie sich darüber hinaus auch in der Sphäre der Andersartigkeit. Wenn es stimmt, daß das vergangene Ereignis fern ist und daß diese Dimension es im wesentlichen konstituiert, so stimmt es auch, daß seine Eigenschaft des ›Vergangenseins‹ es von jedem anderen Ereignis unterscheidet, das ihm ähnlich sein könnte. Die Vorstellung, daß sich Geschichte wiederholt, ... daß ›es nichts Neues unter der Sonne gibt‹, selbst die Vorstellung, der zufolge die Geschichte lehrt, können nur für eine nicht historisch denkende Mentalität Sinn haben.« (Châtelet, 1962, S. 12)

c) Schließlich muß sich die Geschichte als Wissenschaft von der Vergangenheit wissenschaftlicher Methoden bedienen, um die Vergangenheit zu erforschen. »Es ist unerläßlich, daß die Vergangenheit, die als wirklich und entscheidend angesehen wird, ernsthaft erforscht wird. Diese Erforschung muß in dem Maße erfolgen, in dem vergangene Zeiten als bemerkenswert angesehen werden, in dem ihnen eine Struktur zugeschrieben wird, in dem der Vergangenheit aktuelle Züge verliehen werden. Es ist notwendig, daß jeder mündliche Diskurs über die Vergangenheit klar begründen kann, warum – aufgrund welcher schriftlichen Quellen oder materiellen Zeugnisse – eine bestimmte Folge der Ereignisse und diese Version eher als jene gewählt wird. Besonders sinnvoll ist es, große Sorgfalt auf Datierung und Lokalisierung des Ereignisses zu verwenden, denn letzteres gewinnt seinen historischen Charakter ausschließlich durch derartige Festlegungen.« (Châtelet, 1962, S. 21 f.)

Nun »erscheint das Bemühen um Genauigkeit bei der Erforschung dessen, was einst geschehen ist, deutlich erst zu Beginn des vorigen Jahrhunderts«, und »der entscheidende Impuls« geht von Leopold von Ranke (1795–1886) aus, Professor an der Universität Berlin von 1825–1871 (Châtelet, 1962, S. 22).

5. Die Entwicklung der Beziehung Vergangenheit/Gegenwart im europäischen Denken von der griechischen Antike bis zum 19. Jahrhundert[4]

Schematisch gesehen haben sich die kollektiven Einstellungen gegenüber der Vergangenheit, der Gegenwart (und der Zukunft) folgendermaßen verändert: In der vorchristlichen Antike herrschte die Wertschätzung der Vergangenheit und die Vorstellung von einer dekadenten Gegenwart vor; im Mittelalter ist die Gegenwart zwischen dem Gewicht der Vergangenheit und der Hoffnung auf eine eschatologische Zukunft eingezwängt; im Gegensatz dazu

[4] An dieser Stelle werden Einstellungen gegenüber Vergangenheit und Gegenwart nur schematisch umrissen. Weitere Einzelheiten finden sich in den anderen Kapiteln dieses Bandes.

legt die Renaissance das Schwergewicht auf die Gegenwart, und vom 17. bis zum 19. Jh. führt die Fortschrittsideologie dazu, daß die Wertschätzung der Zeit in Richtung Zukunft verkehrt wird.

In der griechischen Kultur wendet sich das Zeitgefühl entweder dem Mythos vom Goldenen Zeitalter oder der Erinnerung an die Zeit der Heroen zu. Selbst ein Thukydides sieht in der Gegenwart nichts anderes als eine zukünftige Vergangenheit (de Romilly, 1966) und schließt die Zukunft vollkommen aus, und zwar selbst dort, wo er sie anerkennt, um auf den vergangenen Augenblick einzugehen (Finley, 1966). Die römische Historiographie ist von der Vorstellung der Tugend der Alten beherrscht, und so ist der römische Historiker in mehr oder weniger großem Maße immer ein *laudator temporis acti*, ein Lobredner der Vergangenheit, wie Horaz es ausdrückt.

Livius z.B., der vor dem Hintergrund der »Restauration« schreibt, die Augustus schuf, »verherrlicht die fernste Vergangenheit« und macht im *Vorwort* seines Werkes die Dekadenz von der Vergangenheit hin zur Gegenwart zum Leitfaden: »... Man möge nur im Geiste verfolgen, wie mit dem unmerklichen Nachlassen der Disziplin die Tugend sozusagen zunächst Risse bekommt, allmählich abbröckelt und schließlich schnell zerfällt, um bei unserer Zeit anzulangen ...«

Pierre Gibert (1979, S. 391) hat die Bibel in Hinblick auf die Entstehung von Geschichte untersucht und eine Bedingung dafür hervorgehoben, wie aus der kollektiven Erinnerung an die Vergangenheit Geschichte wird: der Sinn für Kontinuität, den er in der Institution des Königtums zu erkennen meint (Saul, David, Salomon): »Der Institution des Königtums ist der Sinn zuzuschreiben, den Israel für diese Kontinuität in dem Wissen um die eigene Vergangenheit erwarb; denn selbst wenn das Corpus seiner Legenden schon vorher ein gewisses Streben nach Genauigkeit erkennen läßt, erscheint erst mit dem Königtum der Sinn für eine bruchlose Kontinuität.« Doch durch die Bibel steht die jüdische Geschichte einerseits im Banne ihrer Anfänge (Schöpfung, dann Bund Jahves mit seinem Volk) und ist andererseits auf eine gleichermaßen geheiligte Zukunft ausgerichtet: Die Ankunft des Messias und des himmlischen Jerusalem, das sich nach Jesaja allen Völkern öffnet.

Das Christentum ist bestrebt, die Aufmerksamkeit auf die Gegenwart zwischen den Anfängen, auf denen wegen des Sündenfalls und der Vertreibung aus dem Paradies dunkle Schatten liegen, und dem »Ende der Welt«, der Wiederkehr Christi, deren Erwartung die Christen nicht zu erschüttern braucht, zu konzentrieren. Von Paulus bis hin zu Augustinus und den großen Theologen des Mittelalters wird die christliche Kirche bestrebt sein, den Geist der Christen auf eine Gegenwart zu lenken, die mit der Inkarnation Christi zum Angelpunkt der Geschichte geworden ist und die den Anfang des Endes der Zeiten bildet. Mircea Eliade (1978) zeigt an verschiedenen paulinischen Texten (I Thess 4:16–17; Röm 13:11,12; II Thess 3:8–10; Röm 13:1–7), wie doppeldeutig diese Hervorhebung der Gegenwart ist: »Die Folgen dieser doppeldeutigen Bewertung der Gegenwart (während man auf die Wiederkehr Christi wartet, geht die Geschichte weiter und muß respektiert werden) werden bald spürbar. Trotz unzähliger Lösungsvorschläge, die seit dem Ende des ersten Jahrhunderts gemacht wurden, spukt das Problem der historischen Gegenwart immer noch durch das zeitgenössische christliche Denken.«

Tatsächlich zwängt das Mittelalter die Gegenwart zwischen der Rückorientierung auf die Vergangenheit und einer Überbetonung der Zukunft ein, ein Vorgehen, das besonders stark unter Millenaristen anzutreffen ist. Während die Kirche die Millenaristische Bewegung *zügelte* oder verdammte, förderte sie ein besonderes Interesse an der Vergangenheit, das durch die Theorie der sechs Weltalter untermauert wurde. Dieser Theorie zufolge war die Welt in das sechste und letzte Zeitalter eingetreten, in dasjenige des Verfalls und des Alters. Wilhelm von Conches erklärt im 12. Jh.: »Wir sind nur Kommentatoren der Alten, wir erfinden nichts Neues.« Der Terminus »Antike« *(antiquitas)* ist gleichbedeutend mit Autorität *(auctoritas)*, Gewichtigkeit *(gravitas)*, Größe, Herrlichkeit *(maiestas)*.

Stelling-Michaud (1959) hat hervorgehoben, daß die Menschen des Mittelalters, hin- und hergerissen zwischen Vergangenheit und Zukunft, versuchten, die Gegenwart außerhalb der Zeitlichkeit zu leben, und zwar als einen Augenblick, den sie als Bruchteil der Ewigkeit verstanden. Augustinus hielt den Christen in *Confessiones* und *Civitas Dei* (XII, 12) dazu an: »Wer wird ihn anhalten, diesen Gedanken (der auf den Wellen von Vergangenheit und Zukunft treibt), wer wird ihn zum Stehen bringen, um ihm etwas Halt zu geben, um ihn zu öffnen für eine Vorahnung vom Glanz der Ewigkeit, die immer unbeweglich ist?« *(Conf.* XI, II) Und weiter: »Eure Jahre sind wie ein einziger Tag … und dieses Heute weicht nicht einem Morgen, so wenig wie es einem Gestern folgt. Euer Heute ist die Ewigkeit …« *(Conf.* XI, 13). Und in der *Civitas Dei:* »Verglichen mit einem Augenblick der Ewigkeit ist die längste Dauer nichts.« Dante sollte diesen Gedanken mit dem Bild vom *Augenblick* als Aufleuchten der Ewigkeit großartig ausdrücken:

> Ein einziger Augenblick hat mich mehr zur Ruhe gebracht als die fünfundzwanzig Jahrhunderte, welche verflossen, seit dem Gruß, der Neptun erstaunte, als er den Schatten der Argo sah.
>
> (Paradies XXXIII, 94-96)

Ebenso haben die Künstler des Mittelalters versucht, im Spannungsfeld zwischen der Anziehungskraft der Vergangenheit, der mythischen Zeit des Paradieses und der Suche nach dem begnadeten Augenblick, der auf die Zukunft blicken läßt, welche ihrerseits Heil oder Verdammnis bedeutet, vor allem das Zeitlose darzustellen. Getrieben von der »Sehnsucht nach der Ewigkeit«, haben sie häufig auf das Symbol zurückgegriffen, welches die Vergangenheit, die Gegenwart und die Zukunft in Verbindung treten läßt. Das Christentum ist eine Religion der Fürbitte (vgl. J.S. Morgan, 1966).

Die Gegenwart wird vom mittelalterlichen Menschen noch mit Zurückhaltung angenommen; beständig aktualisiert er die Vergangenheit, insbesondere die biblische Vergangenheit. Der mittelalterliche Mensch lebt in einem beständigen Anachronismus, kennt kein Lokalkolorit und stülpt Personen der Antike mittelalterliche Gewänder, Gefühle und Verhaltensweisen über. Die Kreuzfahrer meinten, in Jerusalem die wirklichen Henker Christi zu bestrafen. Aber kann man sagen: »Die Vergangenheit wird nicht als Vergangenheit betrachtet, sie wird wieder zum Leben erweckt, in die Gegenwart hineingeholt« (Rousset, 1951, S. 631)? Wird nicht eher die Gegenwart von der Vergangenheit verschlungen, denn nur diese gibt der Gegenwart ihren Sinn und ihre Bedeutung?

Am Ende des Mittelalters jedoch wird die Vergangenheit in wachsendem Maße durch die Zeit der Chroniken, der Fortschritte beim Datieren, der mechanischen Uhren erfaßt. »Gegenwart und Vergangenheit unterscheiden sich im Bewußtsein des Spätmittelalters nicht nur durch ihren verschiedenen historischen Aspekt, sondern der Riß zwischen dem, was war, und dem, was ist, wird dem Gemüt schmerzlich bewußt« (Glasser, 1936, S. 95). Der Dichter Villon empfindet in tragischer Weise diese Flucht der Zeit, diese unüberbrückbare Ferne der Vergangenheit.

Die Renaissance scheint im Spannungsfeld zweier widersprüchlicher Tendenzen zu stehen. Einerseits ermöglichen die Fortschritte im Bereich der Zeitmessung, der Datierung und der Chronologie, die Vergangenheit in eine historische Perspektive zu rücken (Burke, 1969). Andererseits kann das tragische Empfinden von Leben und Tod (Tenenti, 1957) zum Epikuräertum und zum Genuß der Gegenwart führen, wie ihn die Dichter von Lorenzo dem Prächtigen bis zu Ronsard besingen:

> Edle Damen, schöne junge Herren,
> Die Ihr diesen Ort mit Euren Liedern erfüllt,
> Genießt freudig Eure Tage,
> Denn die Jugend vergeht allmählich.

Die wissenschaftliche Entwicklung seit Kopernikus und vor allem seit Kepler, Galilei und Descartes begründet den Optimismus der Aufklärung, der dazu führt, daß die Überlegenheit der Modernen über die Alten gefestigt wird[5]; der Fortschritt wird zum Leitfaden der Geschichte, die sich nun der Zukunft zuwendet.

Das 19. Jh. ist zwischen dem wirtschaftlichen Optimismus der Anhänger des materiellen Fortschritts und der Desillusionierung der Geister in der Folgezeit der Revolution und des Kaiserreichs gespalten. Gerne wendet sich die Romantik der Vergangenheit zu. Die Vorromantik des 18. Jhs. hatte sich für die Ruinen der Antike interessiert. Ihr großer Meister war Winckelmann (1717-1768), ein deutscher Historiker und Archäologe, der die griechisch-römische Kunst zum Inbegriff »der« Vollendung erklärte *(Geschichte der Kunst des Altertums,* 1764) und eine berühmte archäologische Sammlung, *»Alte Denkmäler der Kunst«,* anlegte, die 1767 in Rom publiziert wurde. Dies war das Zeitalter der ersten Funde in Herculaneum und Pompeji. Die Französische Revolution heiligte die Vorliebe für die Antike. Châteaubriand mit seinem *Génie du christianisme* (1892), Walter Scott mit seinen historischen Romanen *(Ivanhoe,* 1819; *Quentin Durward,* 1823), Novalis mit seinem Aufsatz *Die Christenheit oder Europa* (1826) tragen dazu bei, die Vorliebe für die Vergangenheit auf das Mittelalter zu lenken. Die *Troubadour-Mode* erlebt eine Woge der Beliebtheit, sei es beim Theater, sei es in der Malerei, in Radierung, Holzschnitt und Lithographie. Während dieser Zeit präsentiert sich Frankreich in seinen künstlerischen Produkten als regelrechte »Manufaktur der Vergangenheit« (Haskell, 1971). 1792 eröffnete der Archäologe Alexandre Lenoir in einem Augustinerkloster (in Paris) ein Museum, das 1796 zum *Musée des Monuments Français* wird und bei vielen Zeitgenossen einen tiefen Eindruck hinterläßt, so z.B. bei Michelet, der hier die Vergangenheit Frankreichs entdeckt. Dann verlieh Napoleon der Hi-

[5] Vgl. das folgende Kapitel.

storienmalerei, die der Geschichte Frankreichs gewidmet war, starke Impulse. In den Salons von 1801 und 1802 gab es nur zwei Gemälde, die die Geschichte Frankreichs darstellten, 1814 waren es 86. Schließlich beschloß Louis- Philippe im Jahre 1833, Versailles zu restaurieren und daraus ein Museum zu machen, das »dem höchsten Ruhme Frankreichs« gewidmet sein sollte. Die romantische Vorliebe für die Vergangenheit, die den nationalen Bewegungen im Europa des 19. Jhs. Nahrung gab und ihrerseits vom Nationalismus weiterentwickelt wurde, dehnte sich auch auf rechtliche und philologische Altertümer und auf die Kultur des Volkes aus. Das beste Beispiel für diese Entwicklung ist zweifelsohne das Werk der Brüder Jakob (1785–1863) und Wilhelm (1786–1859) Grimm, die sich sowohl als Autoren der berühmten *Kinder- und Hausmärchen* (1812) als auch einer *Geschichte der deutschen Sprache* (1848) und eines *Deutschen Wörterbuchs* (1852–1858) hervortaten.

6. Das 20. Jahrhundert zwischen dem Spuk der Vergangenheit, der Geschichte der Gegenwart und der Faszination der Zukunft

Im Europa des 20. Jhs. gehört der Millenarismus noch keineswegs der Vergangenheit an. Er verbirgt sich selbst im Kern des marxistischen Denkens, das sich als wissenschaftliches versteht, und des positivistischen Denkens: Als Auguste Comte in seiner *Sommaire appréciation de 1'ensemble du passé moderne* (1820) den Untergang eines theologischen und militärischen Systems und den Aufstieg des neuen wissenschaftlichen und industriellen Systems ankündigt, erweist er sich als neuer Joachim von Fiore. Außerdem fährt das 19. Jh. als das Jahrhundert der Geschichte auch jenseits der Romantik fort, die mittelalterliche Vergangenheit wieder aufleben zu lassen (Graus, 1975).

Doch zu Beginn des 20. Jhs. bringt die Krise des Fortschritts, die sich nun abzuzeichnen beginnt, neue Einstellungen gegenüber Vergangenheit, Gegenwart und Zukunft mit sich. Zunächst nimmt die Hinwendung zur Vergangenheit angespannte, reaktionäre Formen an, während die zweite Hälfte des 20. Jhs., die zwischen Atomangst und Euphorie des wissenschaftlichen und technologischen Fortschritts gefangen ist, sich zugleich der Vergangenheit mit Nostalgie und der Zukunft mit Furcht oder Hoffnung zuwendet. Doch im Gefolge von Marx bemühen sich Historiker, neue Beziehungen zwischen Gegenwart und Vergangenheit zu etablieren.

Marx hatte aufgezeigt, welch lähmendes Gewicht die Vergangenheit für die Völker darstellt – eine Vergangenheit, die auf das Feiern »großer Erinnerungen« reduziert war, z.B. bei den Franzosen: »Das Unglück der Franzosen, sogar der Arbeiter, sind die großen Erinnerungen. Es wäre notwendig, daß die Ereignisse diesem reaktionären Kult der Vergangenheit ein für allemal ein Ende machen« (Brief an Cesar de Paepe, 14. September 1870). Dieser Kult der Vergangenheit bildete am Ende des 19. Jhs. und zu Beginn des 20. Jhs. eines der wesentlichen Elemente rechter Ideologien und eine Komponente der faschistischen und der nationalsozialistischen Ideologie. Noch heute geht dieser Vergangenheitskult mit dem Sozialkonservatismus einher. Pierre Bourdieu (1979, S. 530) macht ihn vor allem in solchen sozialen Gruppen aus, die sich im Niedergang befinden: »Eine Klasse oder der Teil einer Klasse ist im Abstieg begriffen, mithin der Vergangenheit zugewandt, wenn sie mit all ihrem Besitz nicht mehr in der Lage ist, Kondition und Position zu reproduzieren ...«

Andererseits bringt die Beschleunigung der Geschichte die Massen in den Industrienationen dazu, sich nostalgisch an ihre Wurzeln zu klammern; daher die *Nostalgie*-Mode, der Gefallen an Geschichte und Archäologie, das Interesse an Folklore, die Beliebtheit der Ethnologie, die Begeisterung für die Fotografie, die Erinnerung und Andenken schafft, die Ausstrahlungskraft des Begriffs des Erbes *(patrimoine)*.

In anderen Bereichen wurde die Aufmerksamkeit, die der Vergangenheit und der Dauer zugewandt war, immer wichtiger: mit Proust und Joyce in der Literatur, mit Bergson in der Philosophie und schließlich in einer neuen Wissenschaft, der Psychoanalyse. Die Psyche wird hier tatsächlich dargestellt als beherrscht von unbewußten Erinnerungen, von der vergessenen Geschichte des Individuums und vor allem von der entferntesten Vergangenheit, derjenigen der frühesten Kindheit. Dennoch wurde die Bedeutung, die die Psychoanalyse der Vergangenheit beimaß, bestritten, z.B. von Marie Bonaparte (1939, S. 73), die dabei Freud zitierte: »Die Prozesse des Unbewußten sind zeitlos, d.h., daß sie nicht zeitlich geordnet sind, daß sie durch die Zeit, die vergeht, nicht verändert werden, daß sie kurz gesagt, überhaupt keinen Bezug zur Zeit haben. Die Beziehung zur Zeit ist gebunden an die Arbeit des Bewußten.«

Jean Piaget (nach Bringuier, 1977, S. 181) kritisiert die Freudsche Schule von einer anderen Seite her. Die Vergangenheit, die die psychoanalytische Praxis erfaßt, ist keine echte Vergangenheit, sondern eine rekonstruierte:

> «Was wir auf diesem Wege erfahren, ist die aktuelle Wahrnehmung des Subjekts von seiner Vergangenheit; wir lernen diese Vergangenheit nicht direkt kennen ... Und wie auch Erikson, der kein orthodoxer Psychoanalytiker ist, von dem ich aber vollkommen überzeugt bin, sagte, so wird die Vergangenheit in Funktion der Gegenwart rekonstruiert und zwar in dem Maße, in dem die Gegenwart mit der Vergangenheit erklärt wird. Hier besteht also eine Interaktion, während in der orthodoxen Freudschen Schule die Vergangenheit das gegenwärtige Verhalten des Erwachsenen determiniert. Sie können dies an Erinnerungen erkennen, die selbst aus einem Kontext, dem Kontext der Gegenwart, rekonstituiert werden und in Funktion zu dieser Gegenwart stehen.«

Letztendlich geht die Freudsche Psychoanalyse in einer großen anti-historischen Bewegung auf, die dazu neigt, die Bedeutung der Beziehung Vergangenheit/Gegenwart zu leugnen und die paradoxerweise ihre Wurzeln im Positivismus hat. Die positivistische Geschichte schien durch immer wissenschaftlichere Methoden der Datierung und der Quellenkritik eine gründliche Untersuchung der Vergangenheit zu ermöglichen, doch schloß sie nur die Geschichte im Ereignis ein und eliminierte die Dauer. In England kam die Geschichtswissenschaft in Oxford auf anderem Wege zu demselben Ergebnis. Der Aphorismus Freemans »Geschichte ist die Politik der Vergangenheit und Politik ist die Geschichte der Gegenwart« kehrte den Bezug Vergangenheit/Gegenwart um. Gardiner (1829–1902) bewegte sich in dieselbe Richtung, als er sagte: »Derjenige, der die Gesellschaft der Vergangenheit untersucht, wird der gegenwärtigen Gesellschaft einen um so größeren Dienst erweisen, je mehr er sie außer acht läßt« (Marwick, 1970, S. 47 f.). Entweder haben diese Äußerungen zum Ziel, vor Anachronismen zu warnen und sind von großer Banalität oder aber sie brechen jede rationale Verbindung zwischen Gegenwart und Vergangenheit ab. Der Positivismus kannte insbesondere in Frankreich noch eine andere Einstellung, die faktisch dazu führte, daß man die Vergangenheit leugnete, die man zu verehren vorgab. Es ist die »Sehnsucht nach der Ewigkeit«, die in weltlicher Form wieder auftaucht. Im 12. Jh. hatte Otto von Freising angenommen, daß die Geschichte mit der Verwirklichung des Feudalsystems unter der Kontrolle der Kirche an ihr Ziel gelangt und zum Stillstand gekommen wäre . Die positivistischen Historiker waren der Ansicht, daß die Geschichte, insbesondere die Geschichte Frankreichs, mit der Revolution und später mit der Republik den höchsten Grad des Fortschritts erreicht hätte. Wie Alphonse Dupront so treffend sagte, gab es jenseits von 1789 und 1870 nichts als die Ewigkeit, »in solchem Maße heiligte die Form der Republik für immer den revolutionären Geist Frankreichs«. Schulbücher scheinen die Ansicht zu vertreten, daß die Geschichte hinfort ihr Ziel erreicht und für immer zur Ruhe gekommen ist: »Republik und Frankreich, dies sind, meine Kinder, zwei Worte, die für immer unauslöschlich in eure Herzen geschrieben sein müssen. Mögen sie Gegenstand eurer unerschütterlichen Liebe und ewigen Dankbarkeit sein.« Und Alphonse Dupront (1972, S. 1466) fügt hinzu: »Hinfort steht Frankreich im Zeichen der Ewigkeit.«

Auf eine andere Art und Weise drängen neue Schritte in der Wissenschaft auf dem Gebiet der Psychologie, der Soziologie, des Strukturalismus dazu, das Zeitlose zu erforschen und die Vergangenheit auszuschließen. Philip Abrams (1972) hat sehr schön gezeigt, daß Soziologen (und Anthropologen) dann, wenn sie die Vergangenheit beschworen, tatsächlich sehr ahistorische Dinge im Sinn hatten: »Im wesentlichen ging es nicht darum, die Vergangenheit zu kennen, sondern darum, eine Vorstellung von der Vergangenheit zu vermitteln, derer man sich als Vergleichsbasis bedienen konnte, um die Gegenwart zu verstehen.« Forscher aus den Humanwissenschaften wenden sich heute gegen diese Ausschaltung der Vergangenheit. Der HistorikerJean Chesneaux z.B. stellt sich die Frage: Sollen wir mit der Geschichte tabula rasa machen? Dieser Versuchung sehen sich viele Revolutionäre oder auch einfach nur junge Leute gegenüber, die bestrebt sind, sich von allen Zwängen inklusive der Vergangenheit zu befreien. Jean Chesneaux (1976, S . 32) ist sich der Manipulation von Geschichte durch die herrschenden Klassen vollkommen bewußt. Daher meint er, daß die Völker, insbesondere diejenigen der Dritten Welt, »die Vergangenheit befreien« müssen, doch ist sie nicht zu verwerfen, sondern vielmehr in den Dienst der sozialen und nationalen Kämpfe zu stellen: »Wenn die Vergangenheit für die Volksmassen etwas bedeutet, dann auf der Kehrseite des Soziallebens, indem sie direkt in die Kämpfe eingeht.« Doch führt die Rekrutierung der Vergangenheit für den revolutionären und sozialen Kampf zur Vermengung der beiden Positionen, die ein Historiker gegenüber der Vergangenheit einnehmen kann, die er jedoch nicht verwechseln darf: seine wissenschaftliche Einstellung als Fachmann und sein politisches Engagement als Mensch und Bürger.

Auch der Anthropologe Marc Augé (1979) geht von der Feststellung aus, daß Erinnerung und Geschichte einen repressiven Aspekt haben, daß die Vergangenheit oder auch die Zukunft zur Ordnung rufen: Es ist die »Vergangenheit als Zwang«. Was die Zukunft betrifft: »Auch Heilserwartungen und Prophezeiungen üben einen Zwang auf die vorhergehende Zukunft aus, indem sie das Erscheinen von Zeichen erwarten, die im geeigneten Moment eine Notwendigkeit anzeigen, welche in der Vergangenheit begründet liegt« (ebd. S. 149). Doch »daß Geschichte einen Sinn haben soll, ist die Forderung jeder gegenwärtigen Gesellschaft ... in allen Fällen wird die Forderung nach Sinn über eine Vorstellung von der Vergangenheit vermittelt« (ebd. S. 151f.). Daher ist es nötig, die Vergangenheit als Funktion der Gegenwart immer wieder zu studieren, um sie so immer wieder in Frage stellen zu können.

Dieses Infragestellen der Vergangenheit, das von der Gegenwart ausgeht, nennt Jean Chesneaux »den Bezug Vergangenheit/Gegenwart umkehren«; die Ursprünge sieht er bei Marx. In seinen *Grundrissen* versichert Marx: »Die bürgerliche Gesellschaft ist die historische Organisation der Produktion, die am weitesten entwickelt und diversifiziert ist. Die Kategorien, die die Beziehungen dieser Gesellschaft ausdrücken und das Verständnis ihrer Struktur ermöglichen, erlauben uns gleichzeitig, Struktur und Beziehungen der Produktion in vergangenen Gesellschaften zu erfassen.« Darauf bezogen betonte Henri Lefebvre (1970): »Marx zeigt ganz klar die Vorgehensweise historischen Denkens auf. Der Historiker geht von der Gegenwart aus ... sein Vorgehen ist zunächst rekursiv. Er geht von der Gegenwart zur Vergangenheit. Sodann kommt er zum Gegenwärtigen zurück, das hinfort analysiert und bekannt ist, anstatt eine wirre Gesamtheit der Analyse zu unterziehen.«

Auch Marc Bloch (1974, S. 47) hat dem Historiker einen Doppelschritt als Methode vermacht: Die Vergangenheit durch die Gegenwart zu verstehen. »Die Verständnislosigkeit für die Gegenwart entsteht fatalerweise aus Unkenntnis der Vergangenheit. Doch ist es vielleicht nicht weniger vergeblich, sich abzumühen, die Vergangenheit zu verstehen, wenn man nichts von der Gegenwart weiß«. Daher die Bedeutung der rückschreitenden Methode für die Geschichtswissenschaft: »Es wäre in der Tat ein schwerwiegender Irrtum zu glauben, daß die Abfolge, von der die Historiker bei ihren Nachforschungen ausgehen, notwendigerweise diejenige der Ereignisse sein muß. Ungeachtet dessen, daß sie verpflichtet sind, der Geschichte am Ende wieder ihren wirklichen Ablauf zu geben, profitieren sie meist davon, wenn sie sie, wie Maitland sagte, ›gegen den Strich‹ lesen.«

Diese Auffassung der Beziehung Vergangenheit/Gegenwart spielte für die Zeitschrift der *Annales*, die 1929 von Marc Bloch und Lucien Febvre gegründet wurde, eine große Rolle und inspirierte sogar, bis hin zur Namensgebung, die britische Zeitschrift für Geschichtsforschung *Past and Present,* die 1952 in ihrer ersten Nummer erklärte: »Die Geschichtswissenschaft kann logischerweise das Studium der Vergangenheit nicht von demjenigen der Gegenwart und der Zukunft trennen ...«

Mehr denn je zieht die Zukunft zugleich mit der Vergangenheit (vgl. *L'historien entre l'ethnologue et le futurologue)* die Menschen von heute an, die auf der Suche nach ihren Wurzeln und ihrer Identität sind. Doch die alten Apokalypsen, die alten Endzeitvorstellungen erleben eine Wiedergeburt und finden neue Nahrung in der Science Fiction. Die *Futurologie* entsteht; doch Historiker und Biologen leisten zum Vordringen der Geschichte in die Zukunft bemerkenswerte Beiträge. Der Philosoph Gaston Berger (1964, S. 227) hat z.B. Zukunftsvorstellung und prospektive Haltung untersucht. Ausgehend von der Vorstellung, daß »die Menschen sich erst relativ spät der Bedeutung der Zukunft bewußt geworden sind und von dem Satz Paul Valéry's, »Wir treten ein in die Zukunft, indem wir rückwärts schreiten«, empfiehlt er die Verkehrung der Vergangenheit in die Zukunft sowie eine Einstellung zur Vergangenheit, die weder von der Gegenwart noch von der Zukunft ablenkt, sondern im Gegenteil hilft, sie vorauszusehen und vorzubereiten.

Am Ende seines Buches *De la biologie à la culture* (1979) macht sich der Biologe Jacques Ruffié auch Gedanken über die Prospektive und den »Ruf der Zukunft«. Für ihn steht die Menschheit an der Schwelle zu einem »neuen Evolutionsschub« (Ruffié, 1979, S. 569). Vielleicht befinden wir uns am Vorabend einer tiefgreifenden Veränderung der Beziehungen zwischen Vergangenheit und Gegenwart. In jedem Fall hat die Beschleunigung der Geschichte die offizielle Definition von Zeitgeschichte unhaltbar gemacht. Es ist notwendig, eine wirkliche Zeitgeschichte, eine Geschichte der Gegenwart entstehen zu lassen. Diese soll davon ausgehen, daß es keine reine Geschichte der Vergangenheit gibt, daß man Schluß macht mit »einer Geschichte«, die auf einem klaren Schnitt zwischen Gegenwart und Vergangenheit beruht, und daß man darauf verzichtet, »sich von der Gegenwart abzuwenden, bevor man sie kennt, genau in dem Moment, in dem die Gegenwart sich grundlegend ändert und Elemente aufnimmt, deren sich die Wissenschaft bemächtigt, um die Vergangenheit kennenzulernen« (Nora, 1978, S. 468).

KAPITEL II
ANTIK (ALT)/MODERN

1. Ein Paar – europäisch und doppeldeutig

Obwohl sich in anderen Zivilisationen und Historiographien Äquivalente finden lassen, ist das Paar »antik-modern« an die Geschichte des Abendlandes gebunden. Während der vorindustriellen Zeit vom 5. Jh. bis zum 19. Jh. unterstreicht es einen kulturellen Gegensatz, der am Ende des Mittelalters und zur Zeit der Aufklärung die intellektuelle Szene in ihren vordersten Reihen erschütterte. In der Mitte des 19. Jhs. wandelt es sich mit dem Auftauchen des Konzepts der *Modernität,* welches eine doppeldeutige Reaktion der Kultur auf die Aggression der industriellen Welt darstellt. In der zweiten Hälfte des 20. Jhs. erfährt es im Abendland eine Verallgemeinerung, während es sich an anderen Orten, vor allem in der Dritten Welt, im Sinne der Idee der *Modernisierung* einführt, die aus dem Kontakt mit Europa hervorgegangen ist.

Der Gegensatz »antik-modern« hat sich in einem zweideutigen und komplexen Zusammenhang entwickelt. Zum einen standen die Begriffe und Konzepte nicht immer im Gegensatz zueinander. *Antik* ließ sich gegen *alt* oder *traditionell* austauschen, *modern* gegen *jungst* oder *neu.* Zum anderen konnten beide von lobenden, abwertenden oder neutralen Konnotationen begleitet sein. Als *modern* im Spätlateinischen auftaucht, hat es lediglich die Bedeutung von *jüngst,* die es im Mittelalter noch lange behält: *Antik* kann »zur Vergangenheit gehörig« bedeuten, genauer zu jener Epoche der Geschichte, die im Abendland seit dem 16. Jh. *Antike* genannt wird. Diese Epoche geht dem Siegeszug des Christentums in der griechisch-römischen Welt und der großen demographischen, wirtschaftlichen und kulturellen Regression des Frühmittelalters voraus, welche durch einen Rückgang der Sklaverei und ein starkes Vordringen des ländlichen Bereiches gekennzeichnet ist.

Seitdem im 16. Jh. die herrschende Geschichtsschreibung im Abendland – diejenige der Gelehrten und später der Universitätsleute – die Geschichte in drei Epochen unterteilt (antike*, mittelalterliche und moderne**), bezieht sich jedes Adjektiv häufig nur auf eine chronologische Periode, und *modern* steht eher im Gegensatz zu *mittelalterlich* als zu *antik*. Schließlich entspricht dieser Leitfaden zur Vergangenheit nicht immer dem, was die Menschen von dieser Vergangenheit dachten. Stefan Swiezawski (1974) spricht vom Schema »via antiqua - via moderna«, das seit dem 19. Jh. die historische Analyse des spätmittelalterlichen Denkens beherrscht, und er meint, daß das Modell »für die dogmatische Geschichtsschreibung dieser Zeit ohne zahlreiche Vorbehalte und Einschränkungen nicht brauchbar ist«. Er fügt hinzu: »Das Schema ist weder in zeitlicher noch in räumlicher Hinsicht allgemein; das Konzept des Fortschritts und der Vitalität, das damals Geltung hatte, korrespondiert nicht immer mit dem, was eine Epoche für neu hält, und das Begriffspaar ›modern-alt‹ umfaßt seitdem Doppeldeutigkeiten, die den Historiker perplex machen.«

Schließlich kann sich Modernität vermummen oder im Gewande der Vergangenheit hervortreten, u.a. auch der Antike. Dies ist eigentümlich für die *Renaissancen* und in ganz besonderem Maße für die *Große Rennissance des 16. Jhs.* Heute ist die *Nostalgie*-Mode einer der Bestandteile von Modernität.

2. Bei diesem Paar liegt das Hauptproblem auf Seiten des Modernen

Wenn das Wort *antik* die Lage kompliziert macht, weil es sich außer der Bedeutung von alt auch noch die besondere Referenz auf die Epoche der Antike zugelegt hat, so ist es das Wort *modern*, das in diesem Paar das Spiel beherrscht. Dabei geht es um den Gegensatz *antik/modern*, d.h. um die Einstellung von Individuen, Gesellschaften und Epochen in Hinblick auf die Vergangenheit, auf ihre Vergangenheit. In den sogenannten traditionellen Gesellschaften ist das Alter ein gesicherter Wert - die Alten sind tonangebend, da sie über die kollektive Erinnerung verfügen und Garanten von Authentizität und Eigentum sind. Die Gesellschaften wenden sich einem Rat der Alten, einem Senat zu, der Gerontokratie, die durch die Anrufung der Kokospalme gemäßigt wird. Bei den Alladjan der Elfenbeinküste war vor der Kolonisierung der ober-

* im Deutschen „alte“, Anm. d. Ü.

** im Deutschen „neuere“, Anm. d. Ü.

ste Häuptling der Stammesgruppe der Nanan der Älteste der ältesten Altersklasse, und die *Akoubéoté*, die Häuptlinge der Dörfer, wurden wahrscheinlich automatisch aufgrund ihres Alters designiert. Im Mittelalter bildet in den Ländern mit Gewohnheitsrecht das Alter eines Rechts, das von den ältesten Mitgliedern einer Gemeinschaft bezeugt wird, ein gewichtiges juristisches Argument.

Dennoch sollte man nicht glauben, daß das Altern in den antiken und archaischen Gesellschaften nicht auch eine düstere Seite gehabt hätte: Neben dem Respekt vor dem Alter findet sich die Verachtung für den Verfall. Der falschen Etymologie, die das griechische Wort *géron*, Greis, in die Nähe von *géras*, Ehre, rückte, ist Gerechtigkeit widerfahren. Émile Benveniste (1969, Bd. 2, S. 48f.) hat daran erinnert, daß *géron* zum Sanskrit *jarati*, »verfallen sein«, in Verbindung gesetzt werden muß, und fügt hinzu: »Sicherlich ist das Alter von Respekt umgeben. Greise bilden den Rat der Alten, den Senat; aber niemals wurden ihnen königliche Ehren verliehen, niemals erhält ein Greis ein königliches Privileg, ein *géras* im eigentlichen Sinn des Wortes.« In den Krieger-Gesellschaften wird der Erwachsene im Gegensatz zum Kind und zum Greis gefeiert. Ebenso ist es im alten Griechenland, wie es bei Hesiod überliefert ist: Das Goldene und das Silberne Zeitalter sind die Altersstufen der Lebenskraft, das Bronzene Zeitalter und das Zeitalter der Heroen sind die Altersstufen der Lebenskraft, Altersstufen, die weder Jugend noch Greisenalter kennen, während das Eiserne Zeitalter dasjenige des Greisenalters ist. Das letztgenannte Zeitalter endet, wenn es sich der Hybris überläßt, mit dem Tode, der diejenigen Menschen ereilt, die alt und mit weißen Schläfen geboren wurden. So ist *antik* durch die Metapher der Lebensalter beeinflußt, von der Doppeldeutigkeit einer Vorstellung, die zwischen Weisheit und Senilität angesiedelt ist.

Doch ist es das Wort *modern*, das das Paar und sein dialektisches Spiel hervorbringt. Tatsächlich geht das Bewußtsein der Modernität von dem Gefühl aus, mit der Vergangenheit gebrochen zu haben. Ist es legitim, wenn ein Historiker Modernes dort erkennt, wo die Menschen der Vergangenheit nichts davon verspürten? Tatsächlich haben historische Gesellschaften, selbst wenn sie die Tragweite der erlebten Veränderungen nicht wahrgenommen haben, Gefühl für das Moderne bewiesen und das Vokabular der Modernität an den großen Wendepunkten ihrer Geschichte mitgeprägt. Das Wort *modern* taucht auf, als das Römische Reich im 5. Jh. zerfällt. Die Periodisierung der Geschichte in antike, mittelalterliche und moderne etabliert sich in jenem 16. Jh., dessen »Modernität« Henri Hauser unterstrichen hat. Theophile Gautier und Baudelaire lancieren das Konzept der Modernität im Frankreich des Zweiten Kaiserreichs, als sich die Industrielle Revolution zu festigen beginnt. Ökonomen, Soziologen und Politologen verbreiten und diskutieren die Idee der Modernisierung unmittelbar nach dem Zweiten Weltkrieg in Zusammenhang mit der Dekolonisierung und dem Auftauchen der Dritten Welt. Die Untersuchung des Wortpaars *antik (alt)/modern* läuft über die Analyse eines historischen Moments, der die Idee der *Modernität* hervorbringt und zugleich eine *Antike* schafft, sei es, um sie zu verdüstern, sei es, um sie zu vergolden, oder sei es einfach, um sie zu unterscheiden und zu entrücken. Denn Modernität wird hervorgehoben, sowohl um sie zu begrüßen als auch, um sie anzuprangern.

3. Die Doppeldeutigkeit des Antiken (Alten): Die griechisch-römische Antike und die anderen

Selbst wenn sich das Wesentliche im Bereich des *Modernen* abspielt, so hat doch der historische Gehalt, den das *Antike (Alte)* in der Welt der abendländischen Kultur erworben hat, schwer gelastet auf dem Aufstieg von *modern.* Sicherlich, so wie modern die neutrale Bedeutung von jüngst haben konnte, so konnte *antik* die neutrale Bedeutung von alt haben oder auf eine andere Periode als die griechisch-römische Antike verweisen, die bald überhöht, bald verachtet wurde.

So sprechen das Mittelalter und die Renaissance von der *alten Schlange (antiquus serpens),* wenn sie den Teufel meinen, und von der *alten Mutter (antiqua mater)* statt der Erde. Die Bedeutung ist offensichtlich neutral und verweist einfach auf die Anfänge der Menschheit, jedoch mit einem pejorativen Unterton in ersterem Fall, da das Alter des Bösen (des Teufels) seine Bosheit und Tölpelhaftigkeit nur noch unterstreicht, während dasjenige der Erde ihr im Gegenteil besondere Tugend verleiht.

Für das Christentum erklärt sich das *Alte Testament, das alte Gesetz* (hier steht *alt* übrigens im Gegensatz zu *neu,* nicht zu *modern)* daraus, daß es dem Neuen Testament vorausgeht, doch ist es ambivalent besetzt. Auf den ersten Blick ist das *alte Gesetz* dem *neuen Gesetz* unterlegen, weil das neue Gesetz das alte abgelöst hat und Liebe *(caritas)* an die Stelle der Gerechtigkeit getreten ist, der die Liebe überlegen ist. Aber das alte Gesetz wird auch durch das Prestige der Anciennität und der Ursprünge geziert. Die Riesen des Alten Testaments überragen die Menschen des Neuen, selbst wenn man sie nicht auf die Größe von Zwergen reduziert, wie es ein neuer *Topos* des 12 .Jhs. tut. Diesen schreibt Johann von Salisbury Bernhard, dem Scholastikus von Chartres, zu («wir sind Zwerge, die auf den Schultern von Riesen stehen ...«) und ein Glasfenster der Kathedrale von Chartres veranschaulicht diesen Topos, indem es kleine Evangelisten auf den Schultern von riesigen Propheten zeigt.

Zur selben Zeit, da *antik* endgültig die griechisch-römische Antike bezeichnet und alle Werte in sich aufnimmt, die ihr die Menschen der Renaissance zusprechen, wird von den Humanisten die sogenannte *karolingische Minuskel* des 10. und 11. Jhs. als *antike* Schrift bezeichnet. Salutati z.B. bemüht sich, Handschriften von Abaelard »*en antica*« zu erhalten. Ebenso hat im 16.Jh. Robert Estienne zufolge »*à l'antique*« im Französischen eine pejorative Bedeutung, weil es sich auf die »ungehobelte« Antike, d.h. auf die *gotische* Antike, auf das Mittelalter bezieht.

Doch im allgemeinen verweist seit der Renaissance und besonders in Italien der Terminus *antik (antico)* auf eine ferne, exemplarische Epoche, die leider vergangen ist. Das *Grande Dizionario della Lingua Italiana* (Kapitel *antico)* führt charakteristische Zitate auf, von Petrarca: »Virtù contra favore/prendrà l'arme, e fia l'combater certo/che *l'antico* valore/ne il 'italici cor n'e ancor morto«[1], von Ariost: »Oh, gran bontà de cavallieri *antiqui!*«[2], von Vasari: »E di bellissima architettura in tutte le parti, per avere assai imitato l'*antico*«[3]; von Leopardi: »Quella dignità che s'ammira in tutte quelle prose che sanno d'*antico*«[4]. Tatsächlich hat sich *antik* in den meisten europäischen Sprachen von allen benachbarten Begriffen entfernt, die in der Lage waren, Alter positiv zu besetzen, insbesondere von *alt**, das sich im Gegenteil zum Negativen gewendet hat. Es wurde sogar im Frankreich des 16. Jhs. eine seltsame Zahlenhierarchie in Hinblick auf *antique, ancien* und *vieux* aufgestellt, so Lacurne de Saint Palaye in seinem *Dictionnaire historique de l'ancien langage français:* »*Antique* steht über *ancien* und dieses wiederum über *vieux*. Um als *antique* zu gelten muß etwas 1000 Jahre alt sein, für *ancien* 200, für *vieil*** mehr als 100 Jahre.«

1 Tugend wird die Waffen gegen Gunst erheben, und ihr Kampf wird zeigen, daß weder die alte *(antike)* Kraft noch das italische Herz tot sind.

2 Oh, große Kraft der alten *(antiken)* Ritter!

3 Eine sehr schöne Architektur, in allen Teilen, denn sie hat die alte *(antike)* vortrefflich nachgeahmt.

4 Diese Würde, die man in aller alten Prosa bewundert.

* franz. *vieux*, Anm. d. Ü.

** = vieux, Anm. d. Ü.

Der konzeptionelle Gehalt, den *antik/modern* umfaßt, hat sich, genauer gesagt, gewandelt, als *antik* sich in der Renaissance dahingehend entwickelte, daß es in erster Linie die griechisch-römische Antike bezeichnete, eine Antike, die die Humanisten für das Vorbild schlechthin hielten. Schon Petrarca (1554, S. 1187) ruft aus: »Was ist denn die ganze Geschichte anderes als ein Lob Roms?« («Quid est enim aliud omnis historia quam Romana laus?«)

Wenn seitdem der Konflikt *modern/antik* den Charakter eines beinahe frevelhaften Kampfes gewinnt, so deshalb, weil *antik* eine Zeit und eine Zivilisation bezeichnet, die nicht nur das Prestige der Vergangenheit trägt, sondern auch den von der Renaissance verliehenen Heiligenschein, für die es Idol und Instrument zugleich war. Der Kampf zwischen *antik* und *modern* ist weniger der Kampf zwischen Vergangenheit und Gegenwart, zwischen Tradition und Neuerung, als derjenige zwischen zwei Arten von Fortschritt: Auf der einen Seite steht der Fortschritt, der auf der Rückkehr zu den Ursprüngen und auf ewiger Wiederkehr beruht, d.h. der zirkuläre Fortschritt, der die Antike oben auf das Rad setzt, auf der anderen der Fortschritt, der aus einer gradlinigen Entwicklung hervorgeht. Das ist der lineare Fortschritt, der diejenigen Dinge positiv beurteilt, die sich von der Antike entfernen. Gerade auf das Antike haben sich Renaissance und Humanismus gestützt, um die »Modernität« des 16. Jhs. zu schaffen, die sich vor dem Streben des Modernen erheben wird. Das Moderne sollte sich als »anti-humanistisch« ausgeben, da eine Quasi-Gleichsetzung von Humanismus und Liebe zur einzig wahren Antike, der griechisch-römischen, vorgegeben ist. Ebenso verbündet sich das Moderne in seinem Kampf gegen das Antike mit den anderen Antiken, die die griechisch-römische ersetzt, zerstört oder verurteilt hatte, und zwar mit denjenigen der Primitiven* und der Barbaren**. Aber während *antik* bereits früh und mühelos im semantischen Feld des Alters über seine Nachbarn triumphiert, bleibt *modern* lange Zeit in Auseinandersetzungen mit seinen Konkurrenten befangen: der Neuheit und dem Fortschritt.

* Die Ureinwohner außereuropäischer Länder, Anm. d. Ü.

** Die europäischen Ureinwohner vor der römischen Kolonisierung, z.B. Kelten, Iberer etc. Anm. d. Ü.

4. Das Moderne und seine Konkurrenten: Modern und Neuheit, modern und Fortschntt

Auch wenn *modern* das Bewußtwerden eines Bruchs mit der Vergangenheit kennzeichnet, so ist es doch nicht mit so viel Bedeutung wie seine Nachbarn *neu* und *Fortschritt* angereichert. *Neu* impliziert eine Geburt, einen Beginn, der im Christentum den beinahe heiligen Charakter von Taufe annimmt. Das *Neue* Testament, die *Vita Nova* eines Dante gehen aus der Liebe hervor. *Neu* bezeichnet das Vergessen, das Auslöschen, die Abwesenheit des Vergangenen mehr noch als einen Bruch mit der Vergangenheit. Gewiß, das Wort kann beinahe pejorative Bedeutung annehmen, im antiken Rom z.B., wo die *homines novi*, Menschen ohne Vergangenheit und Unbekannte in der sozialen Hierarchie, Parvenus waren. Das mittelalterliche, christliche Latein verdeutlicht in einigen Wendungen diese Bedeutung frevelhafter Neuheit, die nicht mehr auf den Grundwerten des Ursprünglichen beruht. Die »neuen Apostel« *(novi apostoli)*, von denen im 12. Jh. Abaelard in seiner berühmten *Historia Calumitatum* spricht, sind Eremiten, Wanderprediger, Chorherren und Reformatoren des monastischen Lebens. In den Augen des von Lektüre und Erinnerungen durchdrungenen Intellektuellen stellen sie wilde, ungebildete Karikaturen der echten Aposteln der Vergangenheit und der wahren Ursprünge dar. Seit der Antike hat der Superlativ von *novus, novissimus*, die Bedeutung von Endzeit, von Katastrophalem angenommen. Das Christentum spitzt diesen Superlativ auf das Weltende zu. Die Abhandlung des Pariser Magisters Wilhelm von Saint Amour, die in der Mitte des 13. Jhs. entstand, handelt von den Gefahren und Bedrängnissen dieser letzten Zeit *(De periculis novissimorum temporum)* und spielt mit der doppelten Bedeutung von *novissimus*, das zugleich die größte Aktualität und das Weltende bezeichnet. Aber *neu (novus)* hat vor allem den Zauber des gerade Erblühten, des Neugeborenen, des Reinen.

Ebenso ist *modern* mit all dem konfrontiert, was zum Umfeld von *Fortschritt* gehört. In dem Maße, in dem sich dieser Terminus, der sich in den romanischen Sprachen erst im 16. Jh. zögernd vom Lateinischen löst, auf ein Substantiv beschränkt, führt er *modern* mehr oder weniger in seinem Kielwasser mit. So nimmt *jüngst*, das im Gegensatz zur Vergangenheit steht, seinen Platz auf der Linie positiver Entwicklung ein. Aber als das Substantiv *Fortschritt* im 19. Jh. ein Adjektiv *(progressiv)* und ein Verb* hervorbringt, fin-

* Im Deutschen hat sich kein dem Französischen *progresser* entsprechendes Verb gebildet. Anm. d. Ü.

det *modern* sich gewissermaßen frei im Raum schwebend und abseits von der Entwicklung der Werte wieder.

So erreicht *modern* die Zeit der Industriellen Revoution eingezwängt zwischen *neu,* dessen Frische und Unschuld es entbehrt, und *progressiv,* dessen Dynamik es nicht hat. Gegenüber *antico* findet es sich eines Teils seiner Trümpfe beraubt. Aber bevor wir die Flucht nach vorn von *modern* zur *Moderne* betrachten, wollen wir nachsehen, was die Geschichte aus dem Gegensatz *antik (alt)/modern* gemacht hat, und den *Modernismus* vor der *Modernität* untersuchen.

5. Antik (alt)/modern und die Geschichte: «Querelles des Anciens et des Modernes«* im vorindustriellen Europa (6.-18. Jh.)

Generationskonflikte, bei denen sich »Moderne« gegen »Antike« erhoben, sind schon in der Antike vorgekommen. Horaz *(Epistolae II,* 1, 76-89) und Ovid *(Liebeskunst III,* 121) hatten sich über das Ansehen beklagt, das die alten Autoren, die »antiqui«, genossen und es begrüßt, in ihrer Zeit zu leben. Aber sie hatten kein Wort für »modern«, da sie *novus* nicht im Gegensatz zu *antiques* gebrauchten. Im 6. Jh. erscheint dann die Neuschöpfung *modernus,* die aus *modo* («eben«) genauso wie *hodiernus* («von heute«) aus *hodie* («heute«) gebildet wird. Cassiodor spricht vom »antiquorum diligentissimus imitator, *modernorum* nobilissimus institutor« (*Variae IV,* 51). Einer treffenden Wendung von Curtius (1967, S. 259) zufolge ist *modernus* »eines der letzten Vermächtnisse der spätlateinischen Sprache«. Es ist ein Zeichen der Karolingischen Renaissance, daß einigen ihrer Repräsentanten der »Modernismus« bewußt wird, so z.B. Walahfried Strabo, der die Zeit Karls des Großen »*Saeculum modernum«* («modernes Jahrhundert«) nennt. Für einen anderen Autor des 9. Jhs. verläuft die Grenze nicht zwischen der Antike und dem christlichen Zeitalter, sondern zwischen den alten Autoren *(«veteres«)* - das sind sowohl die heidnischen der Antike als auch die christlichen der ersten Jahrhunderte, insbesondere die Kirchenväter- und denjenigen seiner eigenen Zeit.

* „Streit der Alten und der Modernen", insbesondere in der französischen literarischen und philosophischen Diskussion. Anm. d. Ü.

Im Mittelalter gibt es zwischen dem 12. und 15. Jh. zwei große Konflikte zwischen Alten und Modernen. Der erste entsteht im 12. Jh.: Wie Curtius (1967) bemerkte, gibt es in der lateinischen Dichtung nach 1170 eine echte »Querelle des anciens et des modernes«. Alanus von Lille verurteilt die »moderne Rohheit« *(modernorum ruditatem)*, wobei er auf den Ausspruch Bernhards von Chartres über die Zwerge verweist, die auf die Schultern der Riesen gestiegen sind.

Zwei Texte von Autoren, die kennzeichnend für die zweite Hälfte des 12. Jhs. sind, zeigen, wie heftig dieser erste Streit zwischen Antiken und Modernen ist. Beide heben den Modernismus ihrer Zeit hervor – der eine, um ihn zu beklagen, der andere, um ihn zu begrüßen. Johann von Salisbury ruft: »So wurde alles neu, man erneuerte die Grammatik, man stellte die Dialektik auf den Kopf, man verachtete die Rhetorik und bahnte neue Wege für das ganze Quadrivium, indem man sich der Regeln der Alten entledigte.« Doch der Gegensatz liegt zwischen *nova* (den »Neuheiten« – mit dem Unterton von schädlich) und *priores* («den vorhergehenden Meistern«). Walter Map wiederum besteht in seinem *De nugis curialium* (zwischen 1180 und 1192) auf einer »Modernität«, die das Ergebnis eines säkularen Fortschritts ist: »Mit dieser Modernität benenne ich unsere Epoche, d.h. den Zeitraum von 100 Jahren, dessen Ende noch andauert, dessen frische und deutliche Erinnerung alles Bemerkenswerte bewahrt ... Die vergangenen hundert Jahre sind unsere ›Modernität‹.« Und wir finden hier den Begriff der *modernitas*, der das 19. Jh. abwarten sollte, um in den Volkssprachen aufzutauchen.

Der Gegensatz, um nicht zu sagen der Konflikt, hält in der Scholastik des 13. Jhs. an. Thomas von Aquin und Albertus Magnus sehen die Magister als alt an, die vor ein oder zwei Generationen, d.h. bis etwa 1220–1230, an der Universität von Paris lehrten, um dann durch die intellektuelle Revolution des Aristotelismus von den *moderni* abgelöst zu werden, zu denen erstere sich zählen.

Jedoch im 14.–15. Jh. erscheinen im selben intellektuellen Klima, wenn nicht gar in direkter Verbindung miteinander, mehrere Bewegungen, die Neuheit oder Modernität offen für sich in Anspruch nehmen und sich explizit oder implizit früheren, alten Ideen oder Vorgehensweisen entgegenstellen. Zunächst triumphiert im Bereich der Musik die *ars nova* mit Guillaume de Machaut, Philippe de Vitry (Autor der Abhandlung *Ars Nova)* und Marchetto di Padua. Jacques Chailley (1969, S. 143) sagt von dieser neuen Kunst, daß sie »eine Konzeption von reiner Musik« ist, »bei der die Worte nur ein Vorwand« sind. In der Theologie und in der Philosophie bestätigt sich die *via moderna* im Gegensatz zur *via antica.* Dieser Weg wird von sehr unterschiedlichen Geistern beschritten, doch folgen sie alle der Richtung, die Duns Scotus einschlug, als er mit der aristotelischen Scholastik des 12. Jhs. brach. Sie sind - mehr oder weniger - alle Nominalisten oder liebäugeln mit dem Nominalismus. Die berühmtesten und charakteristischsten unter diesen »*logici moderni*« oder »*theologi moderni*« oder »*moderniores*« sind Ockham, Buridan, Bradwardine, Gregor von Rimini und Wyclif. Einen besonderen Platz nimmt Marsilins von Padua ein, den man zum Vorläufer der modernen Politökonomie gemacht hat. Er war der erste Theoretiker einer Trennung von Kirche und Staat, von Laisierung, und in seinem *Defensor Pacis* (1324) neigt er dazu, *modernus* die Bedeutung von *erneuernd* zu verleihen. Dies ist auch die Zeit Giottos, in dem man im 16. Jh. den ersten »modernen« Künstler gesehen hat. Vasari macht aus ihm »che risuscito la moderna e buona arte della pittura«[5], und Cennino Cennini bescheinigt ihm im *Libro dell'arte* »die Malkunst vom Griechischen zum Römischen« verändert und sich »an das Moderne angepaßt«, d.h., die Konvention zugunsten der »Natur« verlassen und eine neue anschauliche Ausdrucksweise erfunden zu haben. Schließlich festigt sich im 15. Jh. im religiösen Bereich die *devotio moderna,* die einen Bruch mit der Scholastik darstellt, mit der Religion des Mittelalters, die von »Aberglauben« durchdrungen ist. Sie kehrt zu den Kirchenvätern und zur frühen monastischen Askese zurück, reinigt die religiöse Praxis und das religiöse Empfinden und stellt eine individuelle und mystische Religion in den Vordergrund.

Die Renaissance unterbricht dieses periodische Aufkommen von *modern* im Gegensatz zu *antik (alt).* Sie ist es, die die *Antike* endgültig mit heidnischer, griechisch-römischer Kultur gleichsetzt und dieser Kultur den Vorzug gibt. Das *Moderne* ist nur dann gut, wenn es das *Alte* nachahmt. Dies ist die Bedeutung der berühmten Passage von Rabelais, die das Wiedererstehen der klassischen Studien feiert: »Jetzt sind alle Disziplinen wiederhergestelt...« Das Moderne erhöht sich durch das Alte.

Doch die Renaissance begründet eine wesentliche Periodenbildung: die Unterteilung in antikes Zeitalter und modernes Zeitalter. Petrarca unterscheidet seit 1341 zwischen *storia antica* und *storia nova (alte* Geschichte und *neue* Geschichte). Die Sprachen sollen sich später bald für *modern (storia moderna* im Italienischen), bald für *neu* («neuere Geschichte« im Deutschen) entscheiden. In jedem Fall kommt die Verständigung zwischen antik

[5] Derjenige, der die moderne und gute Kunst der Malerei wieder zum Leben erweckt hat.

und modern auf dem Rücken des Mittelalters zustande. Petrarca stellt zwischen die *storia antica* und die *storia nova* die Finsternis *(tenebras)*, die sich zwischen dem Ende des Römischen Reiches und seiner eigenen Zeit erstreckt. Vasari unterscheidet in der Entwicklung der abendländischen Kunst eine »*maniera antica*« und eine »*maniera moderna*«, die mit der *rinascita*, der Renaissance, seit der Mitte des 13. Jhs. beginnt. Diese findet in Giotto ihren Höhepunkt, den seine »*maniera vecchia*« *(«alte Manier«)* zu einem Sonderfall macht.

Doch regen sich Proteste gegen die Überlegenheit, die dem Alten zugeschrieben wird. Gerne greift man auf das Bild von den »Zwergen auf den Schultern der Riesen« zurück, jedoch um zu betonen – wie es übrigens auch Bernhard von Chartres im 12. Jh. tat, daß die modernen Zwerge gegenüber den antiken Riesen zumindest den Vorteil der längeren Erfahrung haben. So protestierte der spanische Humanist Luis Vives bereits in der ersten Hälfte des 16. Jhs., daß die Menschen seiner Zeit genausowenig Zwerge wären wie diejenigen der Antike Riesen und daß seine Zeitgenossen dank der Alten zumindest höher stünden als jene *(De causis corruptarum artium*, I, 5). Ein Jahrhundert später erklärt Gassendi, daß die Natur mit den Menschen seiner Zeit nicht geiziger verfahren sei als mit den Menschen der Antike, daß man aber Eifer und Konkurrenzgeist hinzuziehen müsse. Und er nimmt den Gedanken wieder auf, daß die Modernen weiter hinauf gelangen können als die antiken Riesen *(Exercitationes paradoxicae adversus Aristoteleos, lib. I, exercitatio* II, 13).

Die zweite und berühmteste *Querelle des Anciens et des Modernes* bricht am Ende des 17. Jhs. und zu Beginn des 18. Jhs. aus. Sie durchzieht praktisch die gesamte Zeit der Aufklärung und führt bis in die Romantik. Sie sieht die Modernen mit *Racine et Shakespeare* von Stendhal und der *Préface de Cromwell* von Victor Hugo (1827) triumphieren, wobei der Gegensatz Romantiker – Klassiker nichts anderes als der alte Konflikt von Modernen und Alten in neuem Gewande ist. Dabei sind die Karten in chronologischer Hinsicht durcheinander geraten, denn der Held der Modernen, Shakespeare, liegt zeitlich vor den Klassikern des 17. Jhs.

Gewiß war seit dem Ende des 16. Jhs. die Überlegenheit der wirklichen Alten, der Menschen der Antike, hier und da ins Wanken geraten. Secondo Lancelotti z.B. gründet in Italien zu Beginn des 17. Jhs. die Sekte der Lobredner der Gegenwart, die *Hoggidi*, und bringt 1623 *L'Hoggidi overo gli ingegni moderni non inferlori ai passati*[6] heraus. Doch spitzt der Kampf sich gegen Ende des

[6] Die Heutigen haben moderne Kunstfertigkeiten, die den antiken nicht nachstehen.

17. Jhs. vor allem in England und Frankreich zu. Während von Thomas Burnet und William Temple jeweils die *Panegyric of Modern Learning in Comparison of the Ancient*[7] und *An Essay upon the Ancient and Modern Learning*[8] erscheinen, schreibt Fontelle seine *Digression sur les Anciens et les Modernes* (1687) und Charles Perrault, nachdem er am 27. Januar 1687 *Le siècle de Louis le Grand* der Académie française vorgelegt hatte, an dem sich der Funken entzündete, schlägt zurück mit den *Parallèles des Anciens et des Modernes* (1688).

Angesichts der Anhänger der *Alten*, die bei den Modernen nichts als Dekadenz sehen, proklamieren die Anhänger von letzteren die Gleichheit beider Epochen. Eine weitere Möglichkeit besteht darin, daß sie die Modernen von der bloßen Akkumulation des Wissens und der Erfahrungen profitieren lassen oder aber die Vorstellung eines wahren, qualitativen Fortschritts beschwören.

Erste Position: Perrault in *Le Siècle de Louis XIV.*

Die schöne Antike war immer verehrungswürdig.
Doch glaubte ich nie, daß sie anbetungswürdig wäre.
Ich sehe die Alten, ohne die Knie zu beugen,
Sie sind groß, das ist wahr, aber Menschen wie wir.
Und man kann, ohne zu befürchten, ungerecht zu sein,
Das Jahrhundert Ludwigs mit dem schönen Jahrhundert Augustus' vergleichen.

Zweite Position: Malebranche schrieb um 1674/75 in *La recherche de la vérité:* »Die Welt ist älter als 2000 Jahre und ist erfahrener als in der Zeit von Aristoteles und Platon.« Oder auch Abt Terasson in *La philosophie applicable à tous les objets de l'esprit et de la raison* (Paris 1754): »Im allgemeinen sind die Modernen den Alten überlegen. Diese Vorstellung auszusprechen ist kühn, doch ist sie bescheiden im Kern. Sie ist kühn insofern, als sie ein altes Vorurteil angreift; sie ist bescheiden insofern, als sie uns zu erkennen gibt, daß wir unsere Überlegenheit keineswegs unserer eigenen Geistesgröße verdanken, sondern daß wir sie aufgrund des Beispiels und der Überlegungen jener erlangt haben, die uns vorausgegangen sind.«

7 Panegyricum der modernen Gelehrsamkeit im Vergleich zur antiken.
8 Aufsatz über antike und moderne Gelehrsamkeit.

Dennoch blieb selbst den Anhängern der Moderne die Vorstellung des Alters und der Dekadenz als historisches Erklärungsmodell. Perrault schreibt in den *Parallèles:* »Ist es nicht so, daß die Dauer der Welt gemeinhin mit dem Leben eines Menschen verglichen wird, daß sie ihre Kindheit, ihre Jugend und die Zeit der Vollkommenheit durchlebt hat und sich gegenwärtig im Alter befindet?«

Es sollte erst der Vorabend der Französischen Revolution anbrechen, bis sich die Aufklärung die Idee des Fortschritts ohne Einschränkung zu eigen machte. Tocqueville setzt die entscheidende Wende 1780 an. Doch schrieb der junge Turgot bereits 1749 seine *Réflexions sur l'histoire des progrès de l'esprit humain.* 1781 aber erscheint Servans *Discours sur le progrès des connaissances humaines,* und das Hauptwerk des uneingeschränkten Fortschrittsglaubens wird von Condorcet kurz vor seinem Tode geschrieben: *Esquisse d'un tubleau des progrès de l'esprit humain* (1794). Erst dann ersetzen die Menschen der Aufklärung die zyklische Zeitvorstellung, die die Überlegenheit der Alten über die Modernen vergänglich macht, durch eine lineare Fortschrittsidee, die dem Modernen zu jeder Zeit den Vorzug gibt.

6. Antik (alt)/modern und die Geschichte: Modernismus, Modernisierung, Modernität (19.-20. Jh.)

Mit dem historischen Erbe der *Querelle des Anciens et des Modernes* sollte die Industrielle Revolution den Gegensatz *antik (alt)/modern* in der zweiten Hälfte des 19. Jhs. und im 20. Jh. grundlegend verändern. Drei neue Schwerpunkte der Entwicklung und des Konflikts bilden sich um die Wende vom 19. zum 20. Jh.: Bewegungen literarischer, künstlerischer oder religiöser Art nennen sich *Modernismus* oder werden ihm zugeordnet. Dieser Terminus zeigt, daß sich bis dahin diffuse moderne Tendenzen zur Doktrin erhärtet haben. Die Begegnung von entwickelten und rückständigen Ländern verlagert die Probleme der *Modernisierung,* die sich mit der Dekolonisierung nach dem Zweiten Weltkrieg zuspitzen, nach außerhalb von Europa und den Vereinigten Staaten. Dort, wo sich Geschichte im Bereich abendländischer Kultur am stärksten beschleunigt, erscheint ein neues Konzept als Triebkraft und Reaktion zugleich. Dieses Konzept verbreitet sich im Gebiet der ästhetischen Produktion, der Mentalität und der Sitten: die *Moderne.*

6.1 Modernismus

Drei äußerst unterschiedliche Bewegungen haben sich zu Beginn des 19. Jhs. unter dieser Überschrift eingefunden - die eine in der Offensive, die beiden anderen in der Defensive: eine literarische Bewegung, die auf den Bereich der spanischen Kultur beschränkt blieb, ferner bestimmte künstlerische Tendenzen, deren häufigste Benennung *Modern Style* war, sowie verschiedene Bestrebungen in der Forschung zur christlichen Dogmatik insbesondere im Katholizimus.

1. Modernismo

Dieser Begriff »bezeichnet ganz besonders seit etwa 1890 eine Gruppe spanischsprachiger Schriftsteller, die diesen Namen wählten, um ihr gemeinsames Bemühen um eine thematische und formale Neuerung zum Ausdruck zu bringen« (Berveiller, 1971, S. 138). Vor allem Dichter gehörten dieser Gruppe an; besonderen Aufschwung erlebte sie in Lateinamerika. Der wichtigste Vertreter des Modernismo ist der Nicaraguaner Ruben Dario. In bezug auf die allgemeine Problemstellung des Wortpaares *antik (alt)/modern* sind hier die äußerst kontrastreichen Aspekte der Reaktion auf die historische Entwicklung interessant. Der Modernismo stellt eine Reaktion auf die aufkommende Macht des Geldes, der materialistischen Ideale und des Bürgertums dar (als »idealistische« Bewegung). Er bildet eine Reaktion auf den Einbruch der Massen in die Geschichte, ist eine »aristokratische« und ästhetische Bewegung («Ich bin kein Dichter für die Massen«, sagt Ruben Dario in seinem Vorwort zu den *Cantos de viday esperanza).* Aber in Abwendung von der Kultur der klassischen Antike sucht er seine Vorbilder in der Weltliteratur des 19. Jhs., mit einer Vorliebe für die französischen Dichter, insbesondere aus der zweiten Hälfte des 19.Jhs. Ruben Dario beteuert: »Verlaine bedeutet mir mehr als Sokrates«. Als Reaktion auf den Krieg Amerikas gegen Spanien 1898 und auf die Enttäuschung nach der spanischen Niederlage stellt der Modernismo auch eine Reaktion auf den aufkommenden amerikanischen Imperialismus dar und nährt die »reaktionären« Tendenzen der »Generation von 98« in Spanien und des lateinischen Panamerikanismus.

2. Modernismus

Strenggenommen ist der Modernismus eine Bewegung innerhalb der Katholischen Kirche in den ersten Jahren des 20. Jhs. Der Begriff taucht 1904 in Italien auf, seine Verwendung gipfelt 1907 in der Enzyklika *Pascendi* Papst Pius' X., der ihn verurteilt. Doch ist die Bewegung in Zusammenhang mit langfristigen Spannungen zu sehen, die das Christentum, insbesondere die Katholische Kirche, seit der Französischen Revolution bis in unsere Tage umtreiben. Dabei stellt das Zweite Vatikanische Konzil eine wichtige Etappe dar, jedoch keinesfalls das Ende dieser Spannungen. Hier ist es der katholische Aspekt des Konflikts *antik (alt)/modern*, der zur Konfrontation der konservativen Kirche mit der abendländischen Gesellschaft der Industriellen Revolution geworden ist. *Modern* wird im 19. Jh. zu einem pejorativen Begriff, den die Oberhäupter der Kirche und ihre traditionalistischen Elemente auf die Ideologie anwenden, die aus der Französischen Revolution hevorging, und auf progressive Bewegungen im Europa des 19. Jh. (Liberalismus, dann Sozialismus und Naturalismus). Die dritte und in den Augen der Kirchenoberhäupter schlimmste Anwendung des Begriffs bezieht sich auf die Katholiken, die von diesen Ideen verführt wurden oder einfach zu gemäßigt sind, um sich ihnen entgegenzustellen (z.B. Lamennais). Die offizielle Kirche des 19. Jhs. ist erklärtermaßen *anti-modern*. Der *Syllabus* von Pius IX. verschreibt sich dieser Haltung. Die Forderung: »Der römische Pontifex kann und muß sich mit dem Fortschritt, dem Liberalismus und der modernen Zivilisation aussöhnen und sich auf sie einstellen«, verurteilt er als neuesten »Irrtum«. Zwar wird hier *modern* noch im eher neutralen Sinn von »jüngst« gebraucht, doch überschreitet es die Grenze zum Pejorativen hin. Aber am Ende des 19. und zu Beginn des 20. Jhs. kommt neue Bewegung in die Auseinandersetzung zwischen *antico* und *moderno* innerhalb des Katholizismus. Sie konzentriert und verschärft sich um zwei Problemkreise, und zwar um das Dogma, insbesondere die Bibelexegese, und um die soziale und politische Entwicklung.

Während der zweideutige Sozialkatholizismus, der seit der Enzyklika Leos XIII. (*Rerum novarum*, 1891) eine ebenfalls zweideutige, jedoch offenere Doktrin erhalten hat, sich nicht in offenem Gegensatz zur offiziellen Kirche stellt, befindet sich die theologische und exegetische Bewegung im Zentrum der Krise des *Modernismus*. Die Krise kommt »vom Rückstand der Kirchenwissenschaft, wie man sagte, in Hinblick auf die Laienkultur und die wissenschaftlichen Entdeckungen ... Der Anlaß war das harte Aufeinandertreffen von traditioneller Kirchenlehre und jungen Religionswissenschaften. Diese hatten sich fernab von der Kontrolle der Dogmen und häufig gegen sie entwickelt, ausgehend von einem revolutionären Prinzip: der Anwendung positivistischer Methoden auf ein Gebiet, auf Texte, die bisher als außerhalb ihrer Reichweite galten« (Poulat, 1971, S. 135f.).

Verbunden mit den Problemen der Freiheit der Lehre an den Universitäten (Gesetz von 1875) und der Schaffung von fünf Katholischen Instituten, führte der Modernismus zu einer Krise, die in Frankreich besonders schwer war. Sie machte sich insbesondere an der Person Alfred Loisys fest, eines Schülers von Mgr. Duchesne, der schließlich 1902 exkommuniziert wurde.

Drei Phänomene, die die Entwicklung des Konflikts *antik (alt)/modern* betreffen, sind in Zusammenhang mit diesem Modernismus festzustellen: In Italien wird die modernistische Bewegung zu einer Massenbewegung, zu einem Propagandafeldzug, der schließlich den rückwärts gewandten Einfluß der Kirche auf das politische, intellektuelle Leben sowie auf das Alltagsleben in Frage stellt. Drei Priester veranschaulichen die unterschiedlichen Tendenzen dieser Bewegung zu Beginn des 20. Jhs.: Pater Giovanni Semeria (1867-1931), Romolo Murri (1870-1944), der Begründer der Democrazia Christiana, und der Historiker Ernesto Bonaiuti (1881-1946); von diesen dreien wurde der erste ins Exil geschickt und die beiden anderen exkommuniziert. So stellt der Modernismus in Italien die Katholische Kirche als Haupthindernis für eine Modernisierung der Gesellschaft in Frage.

Andererseits erweitert der Modernismus das Aktionsfeld von *modern*, indem es sich stärker *traditionell* und dem in religiöser Hinsicht genaueren *integristisch* gegenüberstellt als *alt*, vor allem jedoch, indem es eine Reihe von Kombinationen und Nuancen möglich macht: So spricht man z.B. von asketischem Modernismus, von militärischem *Semimodernismus* und von *Modernisantisme**.

Émile Poulat hat die ganze Tragweite des Modernismus deutlich herausgearbeitet: Innerhalb des Katholizismus und jenseits davon in allen abendländischen Kreisen, in denen sein Einfluß mehr oder weniger zu spüren war, schränkt er den Bereich dessen, was zu glauben ist, ein und erweitert den Bereich dessen, was sich wissen läßt. So wird *modern* zum Prüfstein einer grundlegenden Umbildung im Bereich des Wissens.

3. Modern Style

Es läßt sich – übrigens auf einer so bedeutenden Ebene wie dem Vokabular – darüber streiten, ob sich eine ganze Gruppe von ästhetischen Bewegungen, die sich um 1900 in Europa und den Vereinigten Staaten verschiedene Namen gaben oder sie erhielten, aber nur in Frankreich *Modern Style* genannt

* „Moderntümelei“, Anm. d. Ü.

wurden, dem Bereich des *Modernen* zuzurechnen sind. Doch bei den meisten ihrer Namen klingt das Moderne mit an: *Jugendstil, arte joven, nieuwe Kunst* – vermittelt durch Jugend oder Neuheit, oder der Bruch, den sie implizieren: *Sezessionsstil, style Liberty.* Schließlich stellen diese Bewegungen eine endgültige Abkehr von akademischen Traditionen dar, einen Abschied vom antiken (griechisch-römischen) Vorbild in der Kunst. Sie beenden in gewisser Weise das Gezeitenspiel *antik/modern* in der Kunst. Was sich ihnen in Zukunft entgegenstellt, wird nicht mehr die Rückkehr zur Antike suchen.

Guerrand (1965) sieht den *Modern Style* und seine verwandten Bewegungen in der zweiten Hälfte des 19. Jhs. aus zwei Strömungen hervorgehen: dem Kampf gegen den Akademismus und dem Thema der Kunst für alle. So ist er eng mit drei ideologischen Aspekten der Industriellen Revolution verbunden: dem Liberalismus, dem Naturalismus und der Demokratie.

In diesem Kapitel, das keine Erörterung zur Kunst und ihrer Geschichte darstellt, sondern zu den Wandlungen und Bedeutungen des Gegensatzes *antik (alt)/modern,* sollen nur einige bezeichnende Episoden, Figuren und Prinzipien festgehalten werden. Da das Antike das Feindbild darstellt, welches das Künstliche und das Meisterwerk hervorbrachte und sich an eine Elite wendet, ist der moderne Stil im Gegensatz dazu naturalistisch und läßt sich von einer Natur inspirieren, in der die geschwungenen Linien die geraden oder einfachen Linien verdrängen. Er hat zum Ziel, Gegenstände hervorzubringen, in das Alltagsleben einzudringen und damit die Schranke zwischen hohen Künsten und niederen Künsten zu durchbrechen. Kurz, er wendet sich nicht an eine Elite, sondern an alle, d.h. an das Volk, und versteht sich als sozial.

In England entsteht er mit William Morris (1834–1896), einem Schüler von Ruskin, der das Aussehen des *home* verändern möchte. Morris bringt eine »dekorative Revolution« ins Rollen, gründet in London das erste Geschäft für dekorative Ausstattung und steht am Anfang des *design.* In Belgien sammelt sich die Bewegung im Zeichen des Modernen mit der Gründung der Zeitschrift *L'Art Moderne* 1881. Hier manifestiert sich am frühesten die Verbindung von moderner Kunst und Sozialpolitik. Ein Mitbegründer der Vereinigung *La Libre Esthétique,* die sich die Förderung der neuen Richtung zum Ziel gemacht hat, ist der Chefredakteur des *Peuple,* des Organs der belgischen Arbeiterpartei. Victor Horta (1861–1947), der Eisen als Werkstoff in all seinen Möglichkeiten ausschöpft und Gebäude schafft, die er zugleich möbliert und dekoriert, ist ein Pionier des *art social* und baut das Haus des Volkes in Brüssel. In Belgien findet die moderne Kunst ihren Architekten und Gestalter in Henry van de Velde (1863 - 1957). In der Schule, die er in Weimar leitet und in der ihm Gropius folgen wird, bereitet er die große architektonische Kunst des 20. Jhs. vor, das *Bauhaus*. In den Niederlanden verwendet die *Nieuwe Kunst* Materialien aller Art (Holz, Porzellan, Silber) und verhilft den neuen Linien in der Buchillustration, beim Kalender und auf dem Plakat zum Sieg.

In Frankreich ist die Hauptstadt des *Modern Style* zunächst Nancy mit den Glasmachern Gallé (1816 - 1904) und den Brüdern Dareux sowie mit dem Architekten Victor Prouvé (1858 - 1943), der alle Künste ausübt. Dann geht der *Modern Style* mit Hector Guimard (1867 - 1942), dem »Wüstling der Architektur«, der aus den Pariser Metrostationen Tempel der modernen Kunst macht, zusammen mit dem Plakatkünstler Alphonse Mucha (1860 - 1939) auf die Straße, während sich das Moderne des Schmucks und der Goldschmiedekunst mit René Lalique (1860 - 1945) bemächtigt und mit Samuel Bing (1838 - 1905) ein Geschäft eröffnet, um Objekte des *Modern Style* unter die Leute zu bringen.

In Deutschland verbindet sich die moderne Kunst im Zeichen der Jugend *(Jugendstil)* mit Pazifismus und Antiklerikalismus, besonders in München. In Spanien, genauer gesagt in Katalonien, bringt die moderne Kunst das Genie der naturalistischen Architektur hervor: Gaudí (1820 - 1920). In Italien triumphiert der *Liberty*-Stil, so benannt nach einem englischen Kaufmann, der in London 1875 ein Dekorationsgeschäft gegründet hatte, auf der ersten internationalen Ausstellung für modernes Kunstgewerbe (Turin 1904). In den Vereinigten Staaten ist Tiffany (1848 - 1933) das Idealbeispiel, dessen »Kunstwerkstatt« in New York in allen sogenannten »niederen« Künsten Hervorragendes leistet und einen wachsenden Umsatz an mundgeblasenem Glas sicherstellt, indem es damit die alltäglichste der modernen Erfindungen schmückt: das elektrische Licht.

Der *Modern-Style*, eine flüchtige Erscheinung, die zwischen 1890 und 1910 kaum 20 Jahre währt, wird von einer Bewegung in den Schatten gestellt, die aus der Ablehnung des Dekorativen, des Geschwungenen, der floralen Elemente hervorgeht. Diese Bewegung bildet sich in Deutschland in Darmstadt und feiert mit Adolph Loos (1870 - 1933) in Österreich Triumphe. Loos macht sich auf den Ruinen des Ornaments zum Propheten eines »neuen Jahrhunderts«, das ein Jahrhundert »großer, vollkommen weißer Mauern« sein wird, ein Jahrhundert der Herrschaft des Betons.

Dennoch steigt der *Modern Style* seit 1970 nach langer Zeit wieder aus dem Fegefeuer auf, um im Gefolge der *Moderne* dank seiner charakteristischen

Eigenschaften neue Konturen zu gewinnen. Diese Eigenschaften wurden von Delevoy (1965) so treffend analysiert: der *Kitsch,* »die Dimension der Belanglosigkeit«, ein System von Objekten, Strukturen einer Atmosphäre, eine Sprache der Zweideutigkeit. Tatsächlich ist hier das Entscheidende, daß das Wesen von *antik* sich mit Helden, Meisterwerken und großen Taten verband, während das Wesen von *modern* von jetzt an aus dem Alltäglichen, dem Schwerfälligen und dem Diffusen gespeist wird.

6.2 Modernisierung

Das erste grundlegende Aufeinandertreffen von Antikem und Modernem war vielleicht dasjenige der indianischen Bevölkerung in Amerika mit den auftauchenden Europäern. Aber das Ergebnis war klar: Die indianische Bevölkerung wurde besiegt, erobert, verdrängt oder absorbiert. Die verschiedenen Formen von Imperialismus und Kolonialismus im 19. Jh. und zu Beginn des 20. Jhs. hatten selten so durchschlagende Auswirkungen. Die Nationen, derer sich der europäische Kolonialismus bemächtigte, nachdem sie ihre Unabhängigkeit mehr oder weniger bewahrt hatten, sahen sich mit dem Problem ihrer Rückständigkeit in bestimmten Gebieten konfrontiert. Die Dekolonisierung nach dem Zweiten Weltkrieg erlaubte den neuen Nationen, dieses Problem nun ihrerseits anzugehen.

Fast überall sahen sich die rückständigen Nationen der Gleichung: Modernisierung = Europäisierung gegenüber, und das Problem des Modernen wurde mit dem Problem der nationalen Identität konfrontiert. Auch wurde fast überall die soziale und kulturelle Modernisierung von ihrer technologischen, ökonomischen und materiellen Seite unterschieden.

Auch hier sollen nur einige Beispiele aufgeführt werden, um die Metamorphosen des Paars *antik (alt)/modern* zu erhellen.

Es lassen sich drei Typen von Modernisierung unterscheiden, wobei der relativ willkürliche Charakter dieser Unterscheidung nicht bestritten wird. 1) Eine ausgewogene Modernisierung oder ein erfolgreicher Durchbruch des *Modernen,* der die Werte von *antik (alt)* nicht zerstört. 2) Eine konfliktreiche Modernisierung, bei der schwere Konflikte mit den alten Traditionen entstehen, da nur ein Teil der Gesellschaft von der Entwicklung zum *Modernen* erfaßt wird. 3) Eine vorsichtige Modernisierung, die in unterschiedlichen Formen versucht, *modern und antik (alt)* miteinander auszusöhnen und zwar nicht durch ein neues, allgemeines Gleichgewicht, sondern in ausgewählten Bereichen.

Das Vorbild für eine *ausgewogene Modernisierung* ist Japan. Die Modernisierung der Meiji-Zeit (ab 1867) wurde in einer hierarchisch gegliederten Gesellschaft in einem Moment von oben beschlossen, da die Industrielle Revolution und die Entdeckungen des 19. Jhs. in der Diffusion begriffen waren. Dies ermöglichte Japan einen schnellen Anschluß an den Stand der modernen Staaten. Die Modernisierung war charakterisiert durch »die Rezeption europäischer Techniken und die Bewahrung der eigenen Werte«. Aber das autokratisch-militaristische System, das daraus hervorging, erfuhr die Prüfung der Niederlage von 1945, die in gewisser Weise eine der Hauptkrisen im Modernisierungsprozeß Japans war. Noch heute, durchlebt die japanische Gesellschaft trotz ihrer Fortschritte auf dem Wege zu einer politischen Demokratie die Spannungen, die einem angespannten Gleichgewicht zwischen *antik (alt)* und *modern* innewohnen, auf gefährliche Weise.

Möglicherweise stellt auch Israel auf eine andere Weise und ausgehend von viel komplexeren Voraussetzungen ein aktuelles Beispiel für eine ausgewogene Modernisierung dar. Doch liegen hier die Spannungen innerhalb der geographischen und kulturellen Komponenten des neuen israelischen Volkes sowie zwischen diesen Komponenten. Und ganz allgemein herrschen Spannungen zwischen den jüdischen Traditionen (und ihrem religiösen Fundament) und der Notwendigkeit einer Modernisierung, die für den neuen Staat eine der wesentlichen Garantien für seine Existenz ist. Um des Überlebens willen muß Israel um jeden Preis sein *antik (alt)* und sein *modern* gleichermaßen bewahren.

Als Beispiel für eine konfliktreiche Modernisierung kann man den größten Teil der Länder in der islamischen Welt nehmen. Hier ist die Modernisierung meist nicht durch freien Entschluß, sondern durch eine militärische oder nicht-militärische Invasion gekommen und in jedem Fall durch einen Anstoß von außen. Fast überall hat die Modernisierung die Form der Europäisierung angenommen, was ein grundlegendes Problem wieder erweckt oder neu geschaffen hat: Okzident oder Orient? Als historischer Beobachter kann man drei Formen dieses Konfliktes unterscheiden, ohne ihn im Detail zu analysieren. Im 19. Jh. als Reaktion auf den europäischen Imperialismus, sei er nun in Form des Kolonialismus aufgetreten oder nicht; nach dem Zweiten Weltkrieg im Rahmen der Dekolonisierung und des Hervortretens der Dritten Welt; in den 70er Jahren des 20. Jhs. mit dem Erdöl-Boom.

Trotz der großen Vielfalt der islamischen Fälle hat die Modernisierung im ganzen gesehen bis heute nur einige Bereiche der Wirtschaft und des oberflächlichen Daseins der Staaten und Nationen berührt. Lediglich die herrschenden Gruppen und sozialen Schichten hat diese Modernisierung zu sich hinübergezogen, die gewissen »bürgerlichen« Kategorien zuzuordnen sind. Sie hat den Nationalismus zugespitzt, die Kluft zwischen den Klassen vertieft und die Kultur krank gemacht.

Jacques Berque und Gustav von Grünebaum haben, wie auch andere, diese Krankheit treffend analysiert. Letzterem zufolge stellt sich für die islamischen Völker und Nationen mit der Modernisierung das zentrale Problem ihrer kulturellen Identität. Jacques Berque (1974, S. 290) hat in den »Langages arabes du présent« den Bruch zwischen »modernem Bereich«/«traditionellem Bereich« aufgespürt, den die Ökonomen in ihrem Gebiet beklagen. Er untersucht die modernen Formen von Literatur und Kunst in der arabischen Welt, die vor hundert Jahren »weder Malerei, noch Skulptur und nicht einmal Literatur in dem Sinne kannte, den die modernen Zeiten diesen Worten verleihen«. Er zeigt, welche Widersprüche im Essai, im Roman, in der Musik, im Theater und paradoxerweise auch im Film (der Kunst ohne Vergangenheit) wirken und in gewisser Weise die Kultur lähmen. In dieser Welt, wo »das Normale den Bezug zum Alten beschwört« und wo »die Ausnahme direkt oder indirekt aus dem Fremden hervorgeht«, wirkt Modernität nicht als Schöpfung, sondern »als Akkulturation oder Transaktion zwischen Archaischem und Importiertem« (ebd. S. 292f.).

Die schwarzafrikanische Welt läßt sich als Versuchsfeld einer vorsichtigen Modernisierung ansehen. Wie groß hier auch immer die Vielfalt des Erbes und der Orientierungen sein mag, zwei Grundvoraussetzungen beherrschen das Problem *antik (alt)/modern:* 1) Die Unabhängigkeit ist noch sehr jung, die von den Kolonisatoren mitgebrachten Elemente von Modernismus sind schwach, unzusammenhängend und den tatsächlichen Bedürfnissen der Völker und Nationen schlecht angepaßt – kurz, *modern* ist sehr jung; 2) Dafür ist die historische Verzögerung groß, *antik (alt)* wiegt sehr schwer.

Daher rühren trotz unterschiedlicher, ja gegensätzlicher politischer und ideologischer Formeln zwei allgemeine Bestrebungen, und zwar a) herauszufinden, was an *Modernem* für Afrika günstig ist, und eine selektive, partielle, unvollständige und empirische Modernisierung zu betreiben; b) ein typisch afrikanisches Gleichgewicht zwischen Tradition und Modernisierung zu suchen.

Trotz unbestreitbarer Erfolge und beträchtlicher Anstrengungen hat man manchmal den Eindruck, daß die Modernisierung in Schwarzafrika noch häufig im Stadium ergreifender Beschwörungen begriffen bleibt und daß Afrika sich nicht nur vorsichtig weitertastet, sondern sogar zögert, die Sache anders als mit einer Mischung von Empirie und Rhetorik anzugehen (aber vielleicht hat es recht, so vorzugehen, vielleicht handelt es sich um eine spezifische und wirkungsvolle Art der Modernisierung). Z.B. erklärte Amadou Hampaté Bâ (1965) der damalige Direktor des Instituts für Humanwissenschaften in Mali:

> «Wer ›Tradition‹ sagt, bezeichnet zugleich ein Erbe, das von einem Volk im Verlauf von Millionen Jahren zusammengetragen wurde, und wer ›Modernismus‹ sagt, bezeichnet zugleich den Gefallen am Gegenwärtigen, der manchmal sogar zur Manie wird. Ich glaube nicht, daß alles, was modern ist, auch immer einen absoluten Fortschritt in bezug auf die Gebräuche darstellt, die von Generation zu Generation bis auf uns überliefert wurden. Der Modernismus kann ein moralischer, administrativer oder technischer Fortschritt in Hinblick auf einen gegebenen Punkt sein oder ein Rückschritt in Hinblick auf den selben Punkt.« (Ebd. S. 31) Und weiter: »Die Tradition stellt sich dem Fortschritt nicht entgegen; sie sucht ihn, sie verlangt ihn, sie erbittet ihn von Gott, und sie ist im Begriff, ihn selbst vom Teufel zu erbitten.« (Ebd. S. 45)

Bleibt noch ein Fall, der in Hinblick auf das Problem der Modernisierung vielleicht eine Ausnahme bildet. Wenn man Louis Dumont (1964, S. 36) glaubt, ist dem Zeitgefühl und Geschichtsbewußtsein in Indien bis heute der Begriff des Fortschritts unbekannt. Man »diskutierte (dort) die jeweiligen Verdienste der Alten und der Modernen«, aber in gewisser Weise ohne räumliche Tiefe, denn man verglich die einen mit den anderen, ohne daß die leiseste Vorstellung von Fortschritt (oder Rückschritt) dabei vorgekommen wäre. »Geschichte war lediglich eine Ansammlung von großen Taten, von Vorbildern für das Verhalten und von Beispielen.« Einige von ihnen lagen ferner und andere näher. Sie hätten genausogut zur Linken wie zur Rechten, im Norden wie im Süden in einer topologisch nicht geordneten Welt liegen können.

Darüber hinaus haben die Randbedingungen der Unabhängigkeit, Louis Dumont (ebd. S. 72f.) zufolge, die Problemstellung der Modernisierung komplizierter gemacht, anstatt sie zu vereinfachen: »Die Anpassung an die moderne Welt verlangt der indischen Bevölkerung beträchtliche Anstrengungen ab. Dabei hat die Unabhängigkeit ein Mißverständnis erzeugt, denn mit ihr haben sich die Inder im Kreise der Nationen als Gleichgestellte anerkannt gesehen. Sie konnten glauben, die Anpassung sei im wesentlichen erreicht, der Erfolg ihrer Anstrengungen sei gewürdigt, der Rest sei lediglich eine Frage der Organisation. Doch das Gegenteil war der Fall ... Denn Indien ist es gelungen, sich von der Fremdherrschaft zu befreien, indem es *ein Minimum an Modernisierung verwirklicht hat.* Zweifelsohne ein bemerkenswerter Erfolg, der zu einem großen Teil dem Genie Gandhis zu verdanken bleibt, dessen Politik in dieser Formel zusammengefaßt ist.«

Will man Louis Dumont Glauben schenken, gibt es hier einen bedeutenden Teil der Menschheit, dem bis heute die dynamische Dialektik des Wortpaars *antik (alt)/modern* entgangen ist?

6.3 Modernität (Moderne)

Der Begriff der *Modernität* wurde von Baudelaire mit seinem Artikel *Le peintre de la vie moderne* in Umlauf gebracht, der im wesentlichen 1860 entstand und 1863 erschien. Der Begrifferlebte einen ersten Erfolg, der allerdings in der zweiten Hälfte des 19. Jhs. auf Literaten- und Künstlerkreise beschränkt blieb, sich jedoch nach dem Zweiten Weltkrieg erneuerte und weite Verbreitung fand.

Baudelaire – und das ist neu – rechtfertigt den Wert der Gegenwart – und mithin des Modernen – nur aus sich selbst heraus. »Das Vergnügen, das wir aus der Vorstellung der Gegenwart beziehen«, schreibt er, »beruht nicht nur auf der Schönheit, die sie vielleicht umgibt, sondern auch auf ihrer wesentlichen Qualität als Gegenwart.« Das Schöne besitzt einen unsterblichen Teil, aber die »akademischen Köpfe« (gemeint sind die Sektierer der Antike) sehen nicht, daß es notwendigerweise auch einen Teil gibt, der an »die Epoche, die Mode, die Moral und die Leidenschaft gebunden ist«. Das Schöne muß zumindest teilweise modern sein. Was ist Modernität? Sie ist das »Poetische im Historischen«, das »Ewige im Vergänglichen«. Modernität ist von »Mode« abzuleiten. So spricht Baudelaire in seinen Beispielen von der Damenmode, von der Betrachtung des Soldaten, des Dandys, selbst des Tiers, sei es Hund oder Pferd. Er rückt die Bedeutung von modern in die Nähe von Verhaltensweisen, Sitten, Dekor. Jede Epoche, sagt er, hat »ihre Haltung, ihren Blick, ihre Gestik«. Man darf sich für »das Antike« ausschließlich wegen »der Kunst als solcher, der Logik und der allgemeinen Methode« interessieren. Im übrigen muß man »die Gegenwart in Erinnerung behalten« und sorgfältig all das studieren, »was das äußere Leben eines Jahrhunderts ausmacht«.

So ist Modernität mit der Mode, dem Dandytum und dem Snobismus verbunden. Baudelaire unterstreicht: »Die Mode muß als Symptom für den Gefallen am Idealen angesehen werden, das im Kopf der Menschen über allem schwebt, was das normale Leben dort an Grobem, Irdischem, Obszönen angesammelt hat ...« Man begreift den Erfolg des Wortes bei solchen Dandys der Kultur wie den Brüdern Goncourt; diese schreiben in ihrem *Journal* (1889, S. 901): »Im Grunde läßt sich der Bildhauer Rodin zu sehr von der Altertümelei verstaubter Dichtung einnehmen und zeigt keine natürliche Neigung zum Modernen wie Carpeaux.«

Und in unseren Tagen schreibt Roland Barthes, einer der Streiter für die Moderne, der zugleich groß in Mode ist, z.B. über Michelet: »Er war vielleicht der erste der Autoren der Moderne, da er nicht anders konnte, als ein unmögliches Wort zu singen.« Modernität wird hier von Grenzen eingeschlossen, ist ein Abenteuer im Abseits. Modernität ist nicht mehr konform mit der Norm, nicht mehr Zuflucht der Autorität und keine Sammlung im Zentrum, wie es der Kult des *Antiken* verheißt.

Mit dem Philosophen Henri Lefebvre und seiner *Introduction à la modernité* (1962) hat die Moderne ihren Theoretiker gebunden. Lefebvre (ebd. S. 10, Vgl. dt. 1978, S. 10) unterscheidet zwischen *Modernität* und *Modernismus:* »Modernität unterscheidet sich vom Modernismus, wie ein innerhalb einer Gesellschaft sich gerade formulierender Begriff von den sozialen Phänomenen und wie die Reflexion sich von den Fakten unterscheidet ... Die erste Tendenz – Gewißheit und Arroganz – entspricht dem Modernismus; die zweite – Hinterfragen und bereits kritische Reflexion – der Modernität. Beide sind untrennbar miteinander verbunden und bilden zwei Aspekte der modernen Welt.«

Damit wendet sich die Modernität dem Unvollendeten, dem Umrißhaften, dem Ironischen zu und beginnt in der zweiten Hälfte des 20. Jhs., auf der Schwelle zur postindustriellen Gesellschaft, das Programm zu verwirklichen, das die Romantik skizziert hatte. So findet sich der Konflikt *antik (alt)/modern* in der Langzeitentwicklung wieder, wobei die Ablösung des konjunkturbedingten Gegensatzes klassisch/romantisch in der europäischen Kultur akzeptiert wird.

Modernität ist das ideologische Ergebnis des Modernismus. Als Ideologie des Unvollendeten, des Zweifels und der Kritik ist Modernität jedoch zugleich der Impuls zur *Schöpfung*; sie ist der erklärte Bruch mit allen Ideologien und Theorien der *Imitation*, deren Grundlage der Bezug auf die Antike und die Neigung zum Akademismus ist. Raymond Aron (1969, S. 287) geht noch weiter, wenn er sagt, daß das Ideal der Modernität »das prometheische Streben« ist, das ist »das Streben, um diesen Ausdruck zu wiederholen, Herr und Besitzer der Natur vermittels Wissenschaft und Technik zu werden«. Seine Einstellung bedeutet jedoch, von der Modernität lediglich die siegreiche Seite zu sehen und ihr möglicherweise das zuzuschreiben, was dem Modernismus vorbehalten ist. In jedem Fall heißt es zu versuchen, sich über die Doppeldeutigkeiten der Modernität klar zu werden, wie wir es zum Abschluß tun wollen.

7. Spezifische Gebiete des Modernismus

Die ältesten Formen der Konfrontation *antik (alt)/modern* waren die *Querelles des Anciens et des Modernes*, d. h. die Konfrontation fand im wesentlichen auf literarischem Boden oder im erweiterten kulturellen Bereich statt. Bis zu den jüngsten Auseinandersetzungen um Modernität (d. h. um die Wende vom 19. zum 20. Jh.) ging es in diesen Diskussionen und Auseinandersetzungen vor allem um Literatur, Philosophie, Theologie und Kunst (und nicht zu vergessen um Musik: So gibt es seit dem 16. Jh. die *ars nova*, und im 18. Jh. schreibt Jean-Jacques Rousseau beispielsweise eine »Untersuchung der modernen Musik«). Doch trifft dies vor allem für Antike, Mittelalter und Renaissance zu.

Seit dem Ende des Mittelalters gerät ein viel globalerer Komplex in das Konfliktfeld, wenngleich er im wesentlichen immer noch dem Lager der Kleriker und Intellektuellen zuzurechnen ist: die Religion. Gewiß, die »*devotio moderna*« erschüttert nicht die Grundlagen des Christentums, die Reformation des 16. Jhs. versteht sich selber nicht als »moderne« Bewegung (eher ist mit ihrer Bezugnahme auf das Alte Testament, auf die Urkirche usw. das Gegenteil der Fall). Die »modernistische« Bewegung zu Beginn des 20. Jhs. wäre von beschränkter Reichweite geblieben, wenn höchste Autoritäten der Katholischen Kirche ihr nicht eine Bedeutung verliehen hätten, die über ihre Ziele hinausging. Doch mit der Einbeziehung des Religiösen in die Konfrontation *antik/modern* wird die Diskussion erweitert.

Bisher wurde noch nicht genug beachtet, daß sich die Diskussion seit dem 16. und 18. Jh. nach dem Empfinden der Zeitgenossen auf zwei wesentliche

Bereiche ausdehnt. Der erste ist die Geschichte. Es ist bekannt, daß die Renaissance die Konzeption des Mittelalters hervorbringt. Doch diese wird nur deshalb notwendig, weil man die Kluft zwischen zwei positiven, ereignisreichen und bedeutungsvollen Perioden der Geschichte, also zwischen antiker und moderner Geschichte, überbrücken möchte. Das wirklich Neue, aus dem alles andere hervorgeht, ist die Idee der »modernen« Geschichte.

Der zweite ist die Wissenschaft. Die Fortschritte der »modernen« Wissenschaft erreichen zunächst lediglich eine intellektuelle Elite. Am Ende des 18. Jhs. und vor allem im 19. Jh. sind alle Erfindungen den Massen bekannt und werden von ihnen aufgenommen. Aber Kopernikus, Kepler, Galilei und dann Newton überzeugen einen Teil der gelehrten Welt, daß Archimedes oder Ptolemäus von den modernen Gelehrten entthront werden, auch wenn Homer, Platon und Vergil unübertroffen bleiben. Die Engländer bemerken dies als erste. Im Vorwort zur *Histoire de l'Académie des Sciences, depuis 1666 jusqu' en 1699* stellt Fontenelle »die Erneuerung der Mathematik und Physik« an erste Stelle, was den Fortschritt des modernen Geistes betrifft, zu dessen Vorreitern er gehört. Er präzisiert: »Descartes und andere große Männer haben so erfolgreich an dieser Gattung der Literatur gearbeitet, daß sich in ihr alles gewandelt hat«. Für ihn ist das wichtigste, daß sich der Fortschritt in diesen Wissenschaften auf den menschlichen Geist als ganzen ausgewirkt hat: »Die Autorität hat nicht mehr größeres Gewicht als die Vernunft ... In dem Maße, in dem diese Wissenschaften an Reichweite gewonnen haben, sind ihre Methoden einfacher und leichter geworden. Schließlich hat die Mathematik seit einiger Zeit nicht nur eine Unzahl von Erkenntnissen bezüglich ihrer eigenen Disziplin hervorgebracht, sondern ganz allgemein zu einer Genauigkeit im Denken geführt, die vielleicht viel wertvoller ist als alle diese Erkenntnisse.«

Die Revolution im Bereich des Modernen findet im 20. Jh. statt. Modernität, die bis dahin vor allem zum »Überbau« zu rechnen war, läßt sich jetzt auf allen Ebenen ausmachen, in den Bereichen, die den Menschen des 20. Jhs. als die wichtigsten erscheinen: in Wirtschaft, Politik, Alltagsleben und Mentalität.

Wir haben gesehen, daß das ökonomische Kriterium den Vorrang erlangte, als Modernität in die Dritte Welt vordrang. Und im Bereich der modernen Wirtschaft ist die Mechanisierung und mehr noch die Industrialisierung zum Prüfstein geworden. Aber wie Fontenelle im Fortschritt bestimmter Wissenschaften einen Fortschritt des menschlichen Geistes erblickte, so wird das ökonomische Kriterium der Modernität vor allem als Fortschritt der Mentalität verstanden. Und auch hier ist es wieder die *Rationalisierung* der Produktion, die als das wesentliche Zeichen von Modernität erachtet wird. Die großen Geister des 19. Jhs. hatten dies bereits festgestellt, wie Raymond Aron (1969, S. 299) bemerkt: »Auguste Comte hielt die rationelle Ausbeutung von Rohstoffvorkommen für das wichtigste Unterfangen der modernen Gesellschaft, und Marx hat die permanente Dynamik, die konstitutiv für die kapitalistische Gesellschaft ist, in einer noch heute gültigen Weise interpretiert.« Gino Germani (1968, S. 354) sagt in der überarbeiteten Fassung einer Arbeit, die 1960 in Rio de Janeiro erschien *(Resistencia a Mudança)* etwa dasselbe: »In der Wirtschaft bedeutet der Prozeß der Säkularisierung vor allem eine Differenzierung der *spezifisch wirtschaftlichen Einrichtungen*, welche instrumentelle Rationalität als grundlegendes Handlungsprinzip und die Institutionalisierung des Wandels in sich vereinigten.«

Diese »intellektuelle« Auffassung von wirtschaftlicher Modernität brachte eine Gruppe von Sozialwissenschaftlern dazu, sich mit dem Problem der Beziehungen zwischen protestantischer Moral und wirtschaftlicher Entwicklung auseinanderzusetzen. So übertrugen sie die Thesen, die Max Weber und R.H. Tawney für das 16. und 17. Jh. aufgestellt hatten, auf die zeitgenössischen außereuropäischen Länder (Eisenstadt, 1968). Diese Thesen, die ich für falsch halte, haben das Verdienst, sich mit dem Problem der Beziehungen zwischen Religion und Modernität auf einer breiteren Grundlage als den Disputen von Exegeten oder Theologen auseinanderzusetzen. In derselben Weise kann Modernität heute von der Demographie her untersucht werden. Ausgehend von der Familie, sieht Gino Germani z.B. in ihrer »Säkularisierung« (Scheidung, Geburtenkontrolle usw.) einen wichtigen Aspekt des Modernisierungsprozesses und verknüpft die »moderne« Familie mit der Industrialisierung, wie sich seiner Ansicht nach im Falle Japans zeigt. Henri Lefebvre (1962, S. 152–158, dt. 1978, S. 175–183) zählt zu den hervorstechenden Merkmalen von Modernität das Auftauchen der »modernen Frau«.

Mit dem Primat der Wirtschaft und der Definition von Modernität auf dem Wege der Abstraktion kommen zwei neue Vorstellungen im Gegensatz *antik (alt)/modern* ins Spiel (ebd.). Zunächst wird über die Wirtschaft *modern* nicht mit *Fortschritt* im allgemeinen, sondern mit *Entwicklung* in Beziehung gebracht, oder im engeren Sinne und bestimmten liberalen Ökonomen zufolge, mit *Wachstum.* Andererseits ist das Gegenteil von *modern* nicht mehr *antik,* sondern *primitiv.*

Auf dem Gebiet der Religion stellt van der Leeuw (1940, S. 163ff.) der »primitiven Mentalität«, welche außerstande ist zu objektivieren, die »moderne Mentalität« gegenüber, die durch die Fähigkeit zur Abstraktion bestimmt ist (Leeuw, 1940).

Doch das 20. Jh. hat *Modernität* auch über gewisse politische Einstellungen definiert. Pierre Kende schreibt: »Es ist banal festzustellen, daß die Strukturen des modernen Lebens das direkte Produkt zweier Serien von Revolutionen sind: diejenige, die in die Sphäre der *Produktion* eingegriffen hat (der Übergang vom Handwerk zur Industrie), und diejenige, die in der *politischen* Sphäre stattgefunden hat (Ablösung der Monarchie durch die Demokratie).« Er fügt hinzu: »Nun verlangt produktiver Einsatz rationales Kalkül, das wiederum ein Aspekt des laisierten und wissenschaftlichen Denkens ist.« Bereits in seinem Artikel von 1844 *Zur Kritik der Hegelschen Rechtsphilosophie* schrieb Marx: »Die Abstraktion des Staates an sich gehört erst den modernen Zeiten an, die Abstraktion des politischen Staates ist ein modernes Produkt. Das Mittelalter ist der reale Dualismus, die modernen Zeiten sind der abstrakte Dualismus.«

Raymond Aron (1969, S. 298) setzt sich grundlegend mit dem Problem der *»sozialen Ordnung der Moderne«* auseinander; er geht dabei vom *wirtschaftlichen Faktum*, genauer von der *Produktivität der Arbeit* aus. Damit scheint er, wie wir gesehen haben, zur Idee des *prometheischen Strebens* zu gelangen, das auf Wissenschaft und Technik als *»Quelle der Modernität«* begründet ist. Schließlich definiert er die *»moderne Zivilisation«* über drei Werte, deren politische Wirkung klar umrissen ist, *»Gleichheit, Persönlichkeit, Universalität«* (ebd. S. 287).

Christian Vieyra untersucht »traditionelle politische Strukturen und moderne politische Strukturen« in Schwarzafrika und stellt fest, daß, auch wenn die meisten jungen afrikanischen Staaten sich mit politischen Einrichtungen europäischer Art (allgemeine, gleiche und direkte Wahlen, Gewaltenteilung) ausgestattet haben, die Modernisierung dieser Staaten dennoch nicht immer einen »circulus vitiosus« durchbrechen konnte: Die Umwandlung dieser Staaten in moderne Länder setzte die nationale Einheit voraus, und diese beruhte auf Strukturen (Ethnien und Häuptlinge), die der Tradition verbunden und gegen die Modernisierung eingestellt waren.

Seit Marx definiert sich der moderne Staat mehr oder weniger über den Kapitalismus. So erstaunt es nicht, daß für viele – und manchmal in ganz naiver Weise – die Vereinigten Staaten der Inbegriff der Modernismen sind, insbesondere für den politischen Modernismus. So hat Kenneth S. Sherrill (1969), ausgehend von einer Umfrage, die in den Vereinigten Staaten durchgeführt wurde, eine Definition des »politically modern man« (politisch modernen Menschen) entwickelt, die vor allem deshalb von Interesse ist, weil sie möglicherweise die Außenpolitik der Vereinigten Staaten beeinflußt (oder widerspiegelt):

1 Der politisch moderne Mensch identifiziert sich mit der nationalen politischen Gemeinschaft.
1a Der politisch moderne Mensch weiß zwischen der privaten Sphäre und der politischen Sphäre zu unterscheiden.
2 Der politisch moderne Mensch hat ein starkes *ego.*
3 Der politisch moderne Mensch hat gefestigte Ansichten.
4 Der politisch moderne Mensch ist offen für den anderen.
4a Der politisch moderne Mensch steht unter starkem Einfluß der *Massenmedien.*
Daraus folgt:
5 Der politisch moderne Mensch ist grundsätzlich optimistisch.
5a Der politisch moderne Mensch glaubt an das Volk.
6 Der politisch moderne Mensch hat das Bedürfnis, sich anderen anzuschließen.
7 Der politisch moderne Mensch möchte teilnehmen.
8 Der politisch moderne Mensch interessiert sich für politische Ereignisse, ohne von ihnen besessen oder betroffen zu sein.
8a Der politisch moderne Mensch ist ein Partisan, aber ein »offener Partisan«.
9 Der politisch moderne Mensch hat das Gefühl, auf die Entscheidungen der staatlichen Mächte Einfluß nehmen zu können.
10 Für den politisch modernen Menschen ist ein allgemeiner Glaube an die Regierung charakteristisch.

Ganz allgemein wird der Amerikaner oft als Prototyp des modernen Menschen dargestellt, als »neuer Mensch«.

Schließlich hat sich die Moderne unlängst über ihren bodenständigen Charakter definiert: eine Kultur des Alltagslebens, eine Massenkultur. Trotz seiner elitären Definition hatte Baudelaire Modernität seit Beginn an dem ausgerichtet, was Henri Lefebvre, selber Philosoph der Modernität und des Alltagslebens, »die Blume des Alltäglichen« nannte. Die künstlerische Bewegung des Jugendstils brachte um die Wende vom 19. zum 20. Jh. Modernität gleichermaßen in Gebrauchsgegenständen wie in Kunstwerken zum Ausdruck; Modernität führt zum *design* und zum *gadget.* Pierre Kende sieht ein Charakteristikum der Moderne und einen Grund für ihre Beschleunigung in »der anhaltenden Diffusion von Ideen«, »in der Massenkommunikation«. Auch wenn McLuhan sich täuschte, als er die Auflösung der Galaxis Gutenberg voraussagte, so hat er doch vortrefflich die Rolle des Audiovisuellen für die Modernität hervorgehoben, genau wie Leo Bogart in *The Age of Television* (1968).

Zweifelsohne ist es Edgar Morin (1962, S. 119ff.) am besten gelungen, die Moderne als »Massenkultur« zu beschreiben und zu erklären. Ihm zufolge entsteht sie in den Vereinigten Staaten in den 50er Jahren des 20. Jhs. und breitet sich anschließend in den europäischen Gesellschaften aus. Er definiert sie folgendermaßen: »Die Volksmassen in den Städten und in einem Teil der ländlichen Regionen erlangen einen neuen Lebensstandard: Sie haben in wachsendem Maße teil an der Welt des Wohlergehens, der Muße, des Konsums, die bis dahin den bürgerlichen Klassen vorbehalten war. Die quantitativen Veränderungen (Steigerung der Kaufkraft, zunehmender Einsatz von Maschinen statt Körperkraft, längere Mußezeit) bewirken einen allmählichen qualitativen Wandel: Es stellt sich das Problem des individuellen und privaten Lebens, das Problem, ein persönliches Leben zu gestalten, in Zukunft und mit Nachdruck nicht mehr allein für die bürgerlichen Klassen, sondern auch für die neue große Schicht der Gehaltsempfänger, die sich überall entwickelt.«

Die wichtigste Neuerung sieht er in der eigentümlichen Wirkung, die die Massenkultur auf die Beziehung von Reellem und Imaginärem hat. Diese Kultur, »die in großem Maßstab Mythen bereitstellt« (Liebe, Glück Wohlergehen, Muße usw.), wirkt nicht nur vom Reellen auf das Imaginäre, sondern auch umgekehrt. »Sie bedeutet nicht nur *Evasion,* sondern gleichzeitig und widersprüchlicherweise auch *Integration.«*

Schließlich projizierte das 20. Jh. Modernität in die Vergangenheit, in Epochen, die kein Bewußtsein von Modernität hatten oder ihre Modernität anders definierten. Das 16. Jh. hatte die Alten gepriesen und bezeichnete sich lediglich in Kunst, Philologie und Geschichte – und im Verhältnis zum Mittelalter – als modern. Diesem 16. Jh. sprach ein bedeutender französischer Historiker, Henri Hauser, im Jahre 1930 fünffache Modernität zu: eine »intellektuelle Revolution«, eine »religiöse Revolution«, eine »moralische Revolution«, eine »neue Politik« und eine »neue Wirtschaft«. Und er zog den Schluß:

»Wie auch immer man es betrachtet, das 16.Jh. erscheint uns als Vorläufer unserer Zeit. Die moralische, individuelle und soziale Auffassung von Welt und Wissenschaft, das Gefühl für Gewissensfreiheit, Innenpolitik und internationale Politik, das Aufkommen des Kapitalismus und die Entstehung des Proletariats, es ließe sich noch die Entstehung der Volkswirtschaft hinzufügen – in all diesen Bereichen hat die Renaissance Neuerungen von einzigartiger Fruchtbarkeit gebracht, selbst wenn sie gefährlich waren …«

Aber kann man dort von Modernität sprechen, wo die angeblichen Modernen sich dessen nicht bewußt sind oder es nicht sagen?

8. Historische Bedingungen für das Bewusstwerden von Modernismus

Es geht hier nicht darum zu versuchen, die Gründe für einen beschleunigten gesellschaftlichen Wandel im Laufe der Geschichte zu erklären, und auch nicht darum, die schwierige Geschichte der Veränderungen kollektiver Mentalitäten zu erforschen. Es geht vielmehr um den Versuch, das Bewußtwerden von Brüchen mit der Vergangenheit und das kollektive Bestreben, sie zu akzeptieren, Modernismus oder Modernität genannt, zu erhellen.

Wir wollen vier Elemente festhalten, die bei diesem Bewußtwerden oft einzeln oder gemeinsam ins Spiel kommen. Das erste ist die Wahrnehmung dessen, was in bestimmten Epochen banalerweise als Beschleunigung der Geschichte bezeichnet wird. Doch damit es einen Konflikt zwischen Modernen und Alten gibt, muß es durch diese Beschleunigung zu einem Generationskonflikt kommen. Dies ist der Fall beim Streit zwischen Nominalisten und Aristotelikern, zwischen Humanisten und Scholastikern (erinnern wir uns an dieser Stelle an die Ironie des Schicksals, die die Anhänger der Antike zu Modernen werden läßt), zwischen Romantik und Klassik, zwischen den Anhängern des Jugendstils und den Verfechtern des Akademismus usw. Der Gegensatz *antik (alt)/modern* ist einer der Konflikte, vermittels derer Gesellschaften die widersprüchlichen Beziehungen zu ihrer Vergangenheit ausleben. Er spitzt sich zu, wenn es für die Modernen darum geht, gegen eine gegenwärtige Vergangenheit, also gegen eine Gegenwart, die als Vergangenheit empfunden wird, zu kämpfen. Und er spitzt sich zu, wenn im Streit zwischen Alten und Modernen Rechnungen zwischen Vätern und Söhnen beglichen werden.

Das zweite Element ist der Druck, den materieller Fortschritt auf Mentalitäten ausübt und damit dazu beiträgt, sie zu verändern. Gewiß, mentale Veränderungen sind selten abrupt und finden in erster Linie im Bereich der Mentalitäten selber statt. Was sich ändert, ist die mentale Ausstattung. Das Bewußtwerden von Modernität wird meist durch das Betonen der Vernunft – oder der Rationalität – gegenüber der Autorität oder der Tradition ausgedrückt. Dieses Bewußtwerden findet sich in der Forderung der »modernen« Denker des Mittelalters gegenüber den »Autoritäten«, der Männer der Aufklärung von Fontenelle bis Condorcet, der modernistischen Katholiken gegenüber den Traditionalisten zu Beginn des 20. Jhs. Doch kann Modernität auch, wie bei einem Ruysbroek oder einem Gérard Groote, einem Baudelaire oder einem Roland Barthes, dem Mystischen oder Kontemplativen gegenüber dem Intellektuellen und dem Vergänglichen, Flüchtigen, Beliebigen gegenüber »dem Ewigen und Unbeweglichen« (Baudelaire) den Vorzug geben. Henri Lefebvre fügt das »Ungewisse« als Charakteristikum der Moderne hinzu. Doch die technologische und wirtschaftliche »Revolution« des 12. und 13. Jhs., die Wissenschaft des 17. Jhs., die Erfindungen und die Industrielle Revolution des 19. Jhs. und die atomare Revolution in der zweiten Hälfte des 20. Jhs. stimulieren das Bewußtwerden von Modernität in einer Weise, die im einzelnen zu untersuchen wäre.

In bestimmten Fällen fördert ein äußerer Anstoß das Bewußtwerden: Die griechische Philosophie und die Schriften der arabischen Denker haben die »modernistische« Bewußtseinsbildung bei den mittelalterlichen Scholastikern wenn nicht entfesselt, so doch genährt; westliche Technik und westliches Denken haben den Konflikt zwischen Alten und Modernen in den außereuropäischen Gesellschaften hervorgebracht; die japanische und die afrikanische Kunst haben eine bestimmte Rolle für die Herausbildung des europäischen Jugendstils um 1900 gespielt.

Schließlich ist die Ausprägung von Moderne in erster Linie die Angelegenheit eines begrenzten Kreises, nämlich der Intellektuellen und der Technokraten, selbst wenn sie über den kulturellen Bereich hinausreicht. Auch wenn Modernität als Phänomen eines Bewußtwerdens von Fortschritt häufig mit einer Demokratisierung des sozialen und politischen Lebens einhergeht, so bleibt sie doch, zumindest was ihre Ausformung betrifft, die Angelegenheit einer »Elite«, von Gruppen, von Anhängerschaften. Selbst wenn Modernität die Tendenz hat, wie von Edgar Morin demonstriert, heute in der Massenkultur Gestalt anzunehmen, so stellen doch diejenigen, die diese Kultur im Fernsehen, durch das Plakat, das Design, den Zeichentrickfilm usw. entwickeln, ein begrenztes intellektuelles Milieu dar. Und das ist nur eine von den Doppeldeutigkeiten der Moderne.

9. Die Doppeldeutigkeit des Modernen

Das Moderne hat zunächst die Tendenz, sich selbst zu *verleugnen* und zu *zerstören.*

Vom Mittelalter bis zum 18. Jh. war eines der Argumente der Modernen, daß die Alten in ihrer Zeit modern gewesen wären. Fontenelle z.B. weist darauf hin, daß die Römer im Verhältnis zu den Griechen modern gewesen seien. Indem man das Moderne als das Gegenwärtige definiert, macht man es zu einer vergangenen *Zukunft.* Nicht mehr der Inhalt, sondern das zerbrechliche Behältnis werden als Wert angesehen.

Baudelaire trieb diese Bedeutung von modern in seinem Konzept der Modernität auf die Spitze und bezog sich auf die Mode, um Modernität zu definieren, womit er das Moderne zum potentiell Unmodernen verurteilte. »Das Vergnügen, das wir aus der Vorstellung der Gegenwart beziehen, beruht nicht nur auf der Schönheit, die sie vielleicht umgibt, sondern auch auf ihrer wesentlichen Qualität als Gegenwart.«

So ist das Moderne nicht nur an die Mode gebunden («Mode und modern verbinden sich mit Zeit und Augenblick, die geheimnisvoll an das Ewige zurückgebunden sind, bewegliche Bilder einer unbeweglichen Ewigkeit«, kommentiert Henri Lefebvre [1962, S. 172, dt. 1978, S. 201] Baudelaire), sondern es kann auch dem Snobismus kaum entgehen. Es hat die Neigung, das Neue um seiner selbst willen hochzuhalten und dabei den Inhalt eines Werkes, eines Gegenstandes, einer Idee außer acht zu lassen. H. Rosenberg (1959, S. 37) schreibt: »Da das einzige, was für die moderne Kunst von Interesse ist, darin besteht, daß ein Werk neu ist und da seine Neuheit nicht über eine Analyse, sondern über soziale Macht und pädagogische Wirkung bestimmt wird, übt der Maler der Avantgarde seine Tätigkeit in einer Umgebung aus, die dem Inhalt seines Werkes vollkommen indifferent gegenübersteht.«

Im Grenzfall kann modern alles und jedes bezeichnen, wohlgemerkt auch Altes. H. Rosenberg schreibt weiter: »Jeder weiß, daß das Etikett *Moderne Kunst* keinerlei Beziehung mehr zu den Worten hat, aus denen es sich zusammensetzt. Um moderne Kunst zu sein, braucht ein Werk weder modern, noch Kunst zu sein, nicht einmal ein Werk. Eine südpazifische Maske, die 3000 Jahre alt ist, entspricht der Definition von modern, und ein Stück Holz, das man am Strand findet, wird zur Kunst.« (Ebd. S. 35)

Das Moderne ist von einem ungebremsten Beschleunigungsprozeß erfaßt. Es muß immer noch moderner sein, und es ist in den schwindelerregenden Strudel der Modernität geraten. Paradox – oder doppeldeutig – ist auch, daß das »Moderne« sich vor dem Abgrund der Gegenwart wieder der Vergangenheit zuwendet. Wenn es das Alte ablehnt, flüchtet es sich meist in die Geschichte. Moderne und Nostalgie gehören zusammen. »Diese Zeit, die vollkommen neu sein will und sich auch so nennt, ist besessen von der Vergangenheit: Erinnerung, Geschichte.«

Ebenso hat Jeanne Favret am Beispiel der Lokalpolitik im ländlichen Algerien deutlich gezeigt, daß man »durch übertriebene Modernität in den Traditionalismus« verfallen kann. Insbesondere bei den Kabylen hat das Vordringen der Industriellen Revolution traditionelle Strukturen zerstört. Doch 100 Jahre später taucht der Traditionalismus wieder auf, aber nicht um seine alten Funktionen zu erfüllen, die keine Grundlage mehr haben, sondern um eine neue Funktion anzunehmen, nämlich zur Modernisierung aufzurufen.

Die Doppeldeutigkeit der Moderne tritt besonders in Zusammenhang mit Revolutionen hervor. Wie Henri Lefebvre so treffend sagte, ist Modernität »der Schatten der Revolution, ihr Zerfall in Stücke und manchmal sogar ihre Karikatur«.

Doch kann jener Bruch von Individuen und Gesellschaften mit ihrer Vergangenheit, jene Lesart der Geschichte, die nicht revolutionär, sondern respektlos ist, paradoxerweise dank ihrer Verknüpfung mit kulturellem Leben und Alltagsleben zu einem Instrument der Anpassung an den Wandel, ein Instrument der Integration werden, um eine Wendung von Edgar Morin aufzugreifen.

KAPITEL III
ERINNERUNG[1]

Im Begriff der Erinnerung kreuzen sich verschiedene Begriffe. Obwohl dieser Aufsatz ausschließlich der Erinnerung in den Humanwissenschaften – im wesentlichen in Geschichte und Anthropologie – gewidmet sein soll und sich daher eher mit kollektiver Erinnerung als mit individueller Erinnerung befaßt, ist es wichtig, diese nebulöse Erinnerung im Rahmen des gesamten wissenschaftlichen Terrains kurz zu umreißen.

Erinnerung ist die Fähigkeit, bestimmte Informationen zu bewahren; sie verweist zunächst auf eine Gruppe psychischer Funktionen, dank derer der Mensch sich vergangene Eindrücke oder Informationen, die er sich als vergangen vorstellt, wieder vergegenwärtigen kann. Von diesem Gesichtspunkt her tangiert die Erforschung der Erinnerung die Psychologie, die Psychophysiologie, die Neurophysiologie, die Biologie und, bezüglich der Erinnerungsstörungen, deren wichtigste die Amnesie ist, die Psychiatrie (Flores). Bestimmte Aspekte, die bei einer Untersuchung der Erinnerung seitens der einen oder anderen dieser Wissenschaften relevant werden, können auf metaphorische oder konkrete Weise bestimmte Charakteristika und Probleme der historischen Erinnerung und der sozialen Erinnerung hervortreten lassen (Morin/ Piattelli-Palmarini, 1974).

Der Begriff des Lernens, der für die Phase des Erwerbs von Erinnerung wichtig ist, legt es nahe, sich für die unterschiedlichen Systeme des Erwerbs

[1] In der deutschsprachigen wissenschaftlichen Diskussion und auch in der gehobenen Umgangssprache wird entsprechend zu *mémoire* ebenso das Wort „Gedächtnis“ verwendet. *Mémoire* umfaßt Gedächtnis und Erinnerung gleichermaßen, doch gibt es im Deutschen jeweils nur die Entsprechung für den einen oder den anderen Aspekt. Gedächtnis betrifft stärker die technische Seite, das Festhalten des Erlebten oder Erfahrenen, oder aber das andächtige Zurückerinnern, das Gedenken. Erinnerung hingegen bezeichnet das Weiterleben des im Gedächtnis Festgehaltenen in seiner individuellen und sozialen Dimension und in seinem historischen Wandel. Daher wurde im folgenden zur Übersetzung von *mémoire* das breiter angelegte und Le Goffs Zielrichtung stärker entsprechende „Erinnerung“ ausgewählt. (Anm. d. Ü.)

von Erinnerung in verschiedenen Gesellschaften und zu unterschiedlichen Zeiten zu interessieren: für die Mnemotechniken.

Alle Theorien, die bis zu einem gewissen Grade die Vorstellung einer mehr oder weniger mechanischen Aktualisierung von mnemonischen *Eindrücken* begünstigen, sind zugunsten von komplexeren Konzeptionen der mnemonischen Arbeit von Gehirn und Nervensystem verworfen worden: »Der Prozeß der Erinnerung beim Menschen bewirkt nicht nur, daß Eindrücke hinterlassen werden, sondern auch, daß diese Eindrücke wieder aktualisiert werden.« Und »die Prozesse der Aktualisierung können äußerst komplexe Nervenzentren und einen großen Teil der Großhirnrinde miteinbeziehen«, selbst wenn es »eine gewisse Anzahl von zerebralen Zentren« gibt, »die auf das Fixieren von mnemonischen Eindrücken spezialisiert sind« (Changeux, 1974, S. 356).

Eine Untersuchung des Erwerbs von Erinnerung, insbesondere bei Kindern, hat gezeigt, welch große Rolle der Verstand in diesem Zusammenhang spielt (Piaget und Inhelder, 1968). Im Sinne dieser These erklärt Scandia de Schonen (1974, S. 294): »Das Charakteristische am perzeptiv-kognitiven Verhalten, das grundlegend scheint, ist der aktive, konstruktive Aspekt dieses Verhaltens«, und sie fügt hinzu: »Daher ist abschließend zu wünschen, daß sich Folgeuntersuchungen entwickeln, die sich mit dem Problem des Erinnerungsprozesses befassen und es im Rahmen der Gesamtheit perzeptiv- kognitiver Prozesse sehen, also im Rahmen der Gesamtheit jener Prozesse, die entweder zum Ziel haben, sich in der gleichen Situation neu zu organisieren oder sich an neue Situationen anzupassen. Vielleicht ist es nur auf diesem Wege möglich, eines Tages die Natur der menschlichen Erinnerung zu verstehen, die so überraschend unsere Fragestellungen durchkreuzt« (ebd. S. 203).

Daher rühren viele jüngere Konzeptionen von Erinnerung, die die Aspekte der Strukturierung, die Aktivitäten zur Selbstorganisation hervorheben. Die Phänomene der Erinnerung sind sowohl in biologischer als auch in psychologischer Hinsicht nichts anderes als das Ergebnis dynamischer Organisationssysteme und existieren nur »in dem Maße, in dem sie durch Organisation erhalten oder rekonstituiert werden« (Piaget, 1970).

So sind Gelehrte dahin gelangt, sich der Erinnerung von den Phänomenen her anzunähern, die in den Bereich der Human- und der Sozialwissenschaften fallen: Pierre Janet äußert in *L'évolution de la mémoire et la notion de temps* (1922) die Ansicht, »daß der grundlegende mnemonische Akt in der ›Ausführung des Berichts‹ besteht.« Diese Ausführung charakterisiert er in erster Linie über ihre *soziale Funktion,* weil sie die Übermittlung einer Information an einen anderen darstellt, während das Ereignis oder der Gegenstand, die der Anlaß dafür waren, abwesend sind (Flores, S. 12). Hier greift »die Sprache ein, die selbst ein Produkt der Gesellschaft ist« (ebd.). Henri Atlan, der sich selbst organisierende Systeme untersucht, nähert »Sprache und Erinnerung« einander an: »Die Verwendung von gesprochener und sodann geschriebener Sprache bildet faktisch eine ungeheure Ausweitung der Speichermöglichkeiten unserer Erinnerung, die sich infolgedessen aus den physischen Grenzen unseres Körpers lösen kann, um entweder bei anderen oder in Bibliotheken gelagert zu werden. D.h., daß eine gewisse Sprache als eine Form, Information zu lagern, in unserer Erinnerung existiert, noch bevor sie gesprochen oder geschrieben wird« (Morin/Piattelli-Palmarini, 1974, S. 461).

Noch offensichtlicher ist, daß Störungen der Erinnerung, die neben der Amnesie (Ey, 1956; *Psychopathology of Memory,* 1967) auch auf der Ebene der Sprache als Aphasie auftauchen können, in zahlreichen Fällen im Lichte der Sozialwissenschaften betrachtet werden müssen. Ebenso wie auf metaphorischer, aber bedeutsamer Ebene die Amnesie nicht nur eine Störung des Individuums darstellt, sondern mehr oder weniger schwere Erschütterungen der Persönlichkeit mit sich bringt, kann das Fehlen sowie der absichtliche oder unfreiwillige Verlust der kollektiven Erinnerung bei Völkern und Nationen zu schweren Erschütterungen der kollektiven Identität führen.

Die Verbindungen zwischen verschiedenen Formen von Erinnerung können übrigens Charakteristika aufweisen, die keineswegs metaphorisch, sondern real sind. So bemerkt z.B. Jack Goody (1977a, S. 3–5): »In allen Gesellschaften bewahren die Individuen eine große Menge von Informationen in ihrem genetischen Erbe, im Langzeitgedächtnis und zeitweilig in der aktiven Erinnerung.«

André Leroi-Gourhan befaßt sich in *La mémoire et les rythmes,* dem zweiten Teil von *Le geste et la parole,* mit Erinnerung in einem sehr weiten Sinne und unterscheidet dabei zwischen drei Typen von Erinnerung: der *spezifischen* Erinnerung, der *ethnischen* Erinnerung und der *künstlichen* Erinnerung: »Erinnerung wird in dieser Arbeit in einem stark erweiterten Sinne verstanden. Es geht nicht um eine Fähigkeit des Verstandes, sondern um einen Träger, welcher Art auch immer, auf dem Ketten von Handlungen festgehalten werden. In diesem Sinne kann man von einer ›spezifischen Erinnerung‹ sprechen, um die Fixierung von Verhaltensweisen bei den Tierarten zu definieren, von einer ›ethnischen‹ Erinnerung, die die Reproduktion von Verhaltensweisen in menschlichen Gesellschaften sichert, und im selben Sinne von einer ›künstlichen‹ Erinnerung, die in ihrer jüngsten Erscheinungsform elektronisch ist und die, ohne Rückgriff auf Instinkt oder Reflexion, die Reproduktion mechanisch verknüpfter Handlungsketten sichert« (Leroi-Gourhan, 1965, Bd. 2, S. 769, dt. 1980, S. 776 unten).

Erst vor kurzem haben die Entwicklungen in der Kybernetik und der Biologie den Begriff der Erinnerung beträchtlich bereichert, vor allem auf metaphorische Weise in Hinblick auf die bewußte menschliche Erinnerung. Man spricht vom Gedächtnis der Computer, und der genetische Code wird als Gedächtnis der Vererbung dargestellt (s. u. Jacob, 1970, S. 166ff.). Doch diese Ausdehnung der Erinnerung auf die Maschine und paradoxerweise zugleich auf das Leben hat ihre direkte Auswirkung auf die Forschung der Psychologen zur Erinnerung gehabt. So ist sie aus dem überwiegend empirischen Stadium in ein eher theoretisches übergegangen: »Seit 1950 hat sich das Interesse radikal verändert, z.T. unter dem Einfluß neuer Wissenschaften wie der Kybernetik und der Linguistik, um sich deutlich theoretischer auszurichten« (Lieury, 1971, S. 789).

Schließlich haben Psychologen und Psychoanalytiker, sei es im Zusammenhang mit der Erinnerung, sei es im Zusammenhang mit dem Vergessen (insbesondere im Gefolge von Ebbinghaus), mit Nachdruck auf die bewußten oder unbewußten Manipulationen verwiesen, die Interessen, Gefühle, Hemmungen und äußere Zensur an der individuellen Erinnerung vornehmen. Ebenso war die kollektive Erinnerung ein bedeutender Streitpunkt im Kampf der sozialen Kräfte um die Macht. Herr über Erinnern und Vergessen zu werden ist eine der großen Bestrebungen von Klassen, Gruppen und Individuen, die historische Gesellschaften beherrschten oder beherrschen. Das Vergessen, das Schweigen der Geschichte verweist auf diese Mechanismen der Manipulation kollektiver Erinnerung.

Die Untersuchung der sozialen Erinnerung ist einer der grundlegenden Ansätze bei Fragestellungen von Zeit und Geschichte. Ihnen gegenüber bleibt die Erinnerung bald zurück, oder sie ufert aus.

Bei einer historischen Untersuchung der Erinnerung im Laufe der Geschichte muß man dem Unterschied zwischen Gesellschaften mit im wesentlichen mündlicher Erinnerung und Gesellschaften mit im wesentlichen schriftlicher Erinnerung besondere Bedeutung beimessen. Ebenso wichtig sind die Phasen des Übergangs von Mündlichkeit zu Schriftlichkeit, den Jack Goody als »Domestizierung des wilden Denkens« bezeichnet hat.

Wir werden daher nacheinander untersuchen:
1. die ethnische Erinnerung in den Gesellschaften ohne Schriftlichkeit, den sogenannten »wilden« Gesellschaften;
2. den Aufschwung der Erinnerung, von der Mündlichkeit zur Schriftlichkeit, von der Vorgeschichte zur Antike;
3. die mittelalterliche Erinnerung im Gleichgewicht zwischen Mündlichkeit und Schriftlichkeit;
4. den Fortschritt der schriftlichen Erinnerung vom 16. Jh. bis heute;
5. das gegenwärtige Ausufern der Erinnerung.

Dieses Vorgehen orientiert sich an demjenigen von André Leroi-Gourhan (1965, Bd. 2, S. 65, dt. 1980, S. 323). »Die Geschichte der kollektiven Erinnerung kann in fünf Perioden unterteilt werden: diejenige der mündlichen Überlieferung, diejenige der schriftlichen Überlieferung auf der Basis von Übersichten oder Registern, diejenige der einfachen Karteikarten, diejenige der Lochkarten und diejenige der elektronischen Serienbildung.«

Um die Beziehungen zwischen Erinnerung und Geschichte, die die Hauptperspektive dieses Aufsatzes bilden, besser hervortreten zu lassen, habe ich es vorgezogen, die Erinnerung in Gesellschaften ohne Schriftlichkeit, seien sie alt oder modern, gesondert zu behandeln. Bei der Geschichte der Erinnerung von Gesellschaften, die zugleich über mündliche und schriftliche Erinnerung verfügen, unterscheide ich zwischen Antike und Mittelalter: die Antike mit überwiegend mündlicher Erinnerung, wobei die schriftliche oder figurative Erinnerung besondere Funktionen hat, und das Mittelalter mit einem Gleichgewicht zwischen den beiden Arten der Erinnerung und bedeutenden Transformationen in der Funktion der beiden. Ferner behandle ich die moderne Zeit für sich, in der die Erinnerung entscheidende Fortschritte macht, die wiederum an den Buchdruck und an die Alphabetisierung gebunden sind, und fasse statt dessen die Umwälzungen des letzten Jahrhunderts, die Leroi Gourhan »Erinnerung in der Expansion« nennt, zusammen.

1. Ethnische Erinnerung

Im Gegensatz zu Leroi-Gourhan, der diesen Terminus für alle menschlichen Gesellschaften verwendet, bezeichne ich damit ausschließlich die kollektive Erinnerung bei Völkern ohne Schriftlichkeit. Halten wir fest, ohne auf diesem Aspekt zu beharren, aber auch ohne seine Bedeutung zu vernachlässigen, daß das Erinnern jenseits von Schriftlichkeit ein fortwährender Prozeß ist, nicht nur bei den Völkern ohne, sondern auch bei denjenigen mit Schriftlichkeit. Darauf hat Jack Goody (1977a, S. 35) vor kurzem nachdrücklich verwiesen: »Bei den meisten Kulturen ohne Schriftlichkeit und in zahlreichen Bereichen der unsrigen stellt die Ansammlung von Partikeln in der Erinnerung einen Teil des Alltagslebens dar.«

Diese Unterscheidung zwischen mündlichen und schriftlichen Kulturen bezüglich der Aufgaben, die der Erinnerung zugeschrieben werden, scheint mir, wie Jack Goody, auf der Tatsache zu beruhen, daß die Beziehungen zwischen diesen beiden Kulturen auf halbem Wege zwischen zwei Auffassungen angesiedelt sind, die in ihrer Radikalität gleichermaßen abwegig sind, »indem die eine versichert, daß alle Menschen die gleichen Möglichkeiten hätten, während die andere implizit oder explizit einen entscheidenden Unterschied zwischen ›ihnen‹ und ›uns‹ aufbaut« (Goody, 1977a, S. 45). In Wirklichkeit ist die Kultur der Menschen ohne Schriftlichkeit verschieden, jedoch nicht anders.

Der wichtigste Bereich, an dem sich die kollektive Erinnerung von Völkern ohne Schriftlichkeit festmacht, ist derjenige, der den Ethnien und Familien eine Grundlage mit historischem Aussehen verleiht: die Ursprungsmythen.

Georges Balandier verweist auf die historische Erinnerung der Bevölkerung des Kongo und hält fest: »Die Anfänge erscheinen um so bedeutender, je ungenauer sie im Andenken überleben. Der Kongo war noch nie so riesig wie zu Zeiten seiner Geschichte, die im dunkeln liegt.« »Das Ritual betont bestimmte Aspekte der Macht. Es beschwört ihre Anfänge, ihre Verwurzelung in einer zum Mythos gewordenen Geschichte, und es heiligt sie.«

In Zusammenhang mit den Nupe von Nigeria unterscheidet Nadel (1971, S. 127) zwei Arten von Geschichte: Einerseits eine Geschichte, die er »objektive« nennt und die »eine Serie von Fakten« ist, »die wir als Forscher und in Übereinkunft mit bestimmten ›hinsichtlich ihrer Beziehungen und ihrer Abfolge objektiven, universellen‹ Kriterien beschreiben und festlegen«, und andererseits eine Geschichte, die er »ideologische« nennt und »die diese Fakten in Übereinkunft mit bestimmten etablierten Traditionen ordnet« (ebd.). Diese zweite Geschichte ist die der kollektiven Erinnerung, und sie hat die Neigung, Geschichte und Mythos zu vermischen. Und diese »ideologische Geschichte« wendet sich besonders gerne den »frühesten Anfängen des Königreichs« zu, den »Personen des Tsoede oder Egedi, einem kultisch verehrten Helden und mythischen Gründer des Königreichs Nupe«. So wird die Geschichte der Anfänge eine »mythische Charta« der Tradition, um einen Ausdruck Malinowskis aufzugreifen.

Diese kollektive Erinnerung der »wilden« Gesellschaften hat zudem eine besondere Vorliebe für praktische oder technische Kenntnisse, für Fachwissen. Für das Erlernen dieser »technischen Erinnerung spielt die soziale Struktur der Handwerke«, wie André Leroi-Gourhan (1965, Bd. 2, S. 66, dt. 1980, S. 323) feststellt, »eine bedeutende Rolle, ob es sich nun um Schmiede in Afrika oder Asien oder aber auch um unsere Zünfte bis zum 17. Jh. handelt. Das Erlernen und Bewahren von Berufsgeheimnissen kommt in jeder der sozialen Wissenschaften der Ethnie vor.« Georges Condominas (1965) hat bei den Moi in Zentralvietnam dieselbe Polarisierung der kollektiven Erinnerung in bezug auf ihre Anfänge und ihre mythischen Helden gefunden. Diese Anziehungskraft, die die Vergangenheit der Vorfahren auf die »wilde Erinnerung« ausübt, läßt sich anhand der Eigennamen bestätigen. Georges Balandier stellt fest, daß im Kongo der Klan dem Neugeborenen einen ersten Namen, genannt der »Geburtsname«, verleiht. Anschließend wird ihm ein zweiter offiziellerer gegeben, der den ersten ersetzt. Dieser zweite Name »verewigt die Erinnerung an einen Vorfahren, dessen Name auf diese Weise dem Vergessen entrissen wird und der aufgrund der Verehrung, die man dem Vorfahre zollt, ausgewählt wurde«.

In diesen Gesellschaften ohne Schriftlichkeit gibt es Spezialisten für Erinnerung, Erinnerungsmenschen: »Genealogen, Wahrer des Königskodex, Hofhistoriker, Überlieferer von Traditionen«, von denen Georges Balandier (1974, S. 207) sagt, daß sie »das Gedächtnis der Gesellschaft« und zugleich Bewahrer der »objektiven Geschichte« und der »ideologischen Geschichte« sind, um die Terminologie von Nadel zu übernehmen. Nach Leroi-Gourhan (1965, Bd. 2, S. 66, dt. 1980, S. 323) kommt aber auch »alten Familienoberhäuptern, Barden und Priestern innerhalb der traditionellen Menschheit die äußerst bedeutende Rolle zu, für den Zusammenhalt der Gruppe zu sorgen«.

Im Gegensatz zu einer allgemeinen Annahme ist jedoch zu unterstreichen, daß die Erinnerung, die in den Gesellschaften ohne Schriftlichkeit durch Einüben weitergereicht wird, keine »wortwörtliche« Erinnerung ist. Jack Goody hat dies mit seiner Untersuchung über die Sage vom Bagre bewiesen, auf die er bei den Lo Dagaa im Norden von Ghana gestoßen ist. Er hat zahlreiche Varianten in den verschiedenen Versionen des Mythos festgestellt, selbst in ganz stereotypen Bruchteilen. Die Erinnerungsmenschen, hier die betreffenden

Erzähler, spielen nicht dieselbe Rolle wie Schulmeister (und die Schule taucht erst in Zusammenhang mit der Schriftlichkeit auf). Bei ihnen entwickelt sich kein mechanisches, automatisches Lernen. Doch gibt es, nach Jack Goody (1977a, S. 38), in diesen Gesellschaften ohne Schriftlichkeit nicht nur objektive Schwierigkeiten beim integralen Memorieren, »es wird auch nicht für nötig gehalten«. »Das Ergebnis exakten Memorierens« erscheint diesen Gesellschaften »weniger nützlich und weniger wertvoll als das Resultat eines vagen Heraufbeschwörens«. Auch erfährt man selten von der Existenz mnemotechnischer Praktiken in diesen Gesellschaften (einer der seltenen Fälle ist der peruanische Quipu, der zum Klassiker in der ethnologischen Literatur geworden ist). Die kollektive Erinnerung scheint also hier gemäß einer »generativen Rekonstruktion« zu funktionieren und kein mechanisches Memorieren zu sein. So befindet sich nach Goody (1977a, S. 34) der tragende Halt für das Wiedererinnern nicht auf dem oberflächlichen Niveau, auf dem die wortwörtliche Erinnerung vor sich geht, noch auf der Ebene von »tiefen« Strukturen, die zahlreiche Mythologen aufdecken ... Es scheinen im Gegenteil die narrative Dimension und andere Ereignisstrukturen eine wichtige Rolle zu spielen.«

Abgesehen von bestimmten Erinnerungspraktiken, die unabänderlich sein *sollen* und deren wichtigste das Lied ist, gewähren Gesellschaften ohne Schriftlichkeit der Erinnerung größere Freiheit und kreative Möglichkeiten, während die wortwörtliche Reproduktion von Erinnerung an Schriftlichkeit gebunden ist.

Diese Hypothese erklärt vielleicht eine erstaunliche Anmerkung in Caesars *Gallischem Krieg* (VI, 14). Über die gallischen Druiden, zu denen viele junge Leute zum Lernen kommen, schreibt Caesar: »Soweit man hört, lernen sie dort eine große Zahl von Versen auswendig, und einige bleiben zwanzig Jahre an ihrer Schule. Sie meinen, daß es die Religion verbietet, ihren Inhalt der Schrift anzuvertrauen, während sie sich für das übrige, für öffentliche und private Angelegenheiten, des griechischen Alphabeths bedienen. Mir scheint, daß sie diesen Brauch aus zwei Gründen eingeführt haben: Weder wollen sie, daß ihre Lehre gemein gemacht wird, noch, daß ihre Schüler ihr Gedächtnis vernachlässigen, indem sie sich auf die Schrift verlassen. Denn es kommt fast immer so, daß die Stütze der geschriebenen Texte geringere Bemühungen beim Auswendiglernen nach sich zieht und die Erinnerung vermindert wird.«

Sind nicht die Überlieferung von Wissen, das als geheim erachtet wird, und der Wille, eine Erinnerung geschmeidig zu halten, die eher als kreativ denn als reproduktiv angesehen wird, zwei der wichtigsten Gründe für die Vitalität der kollektiven Erinnerung bei den Gesellschaften ohne Schriftlichkeit?

2. Das Aufkommen der Erinnerung, von Mündlichkeit zur Schriftlichkeit, von der Vorgeschichte zur Antike

In Gesellschaften ohne Schriftlichkeit scheint sich kollektive Erinnerung nach drei großen Interessenbereichen zu gliedern: die kollektive Identität der Gruppe, die sich auf Mythen und insbesondere auf Ursprungsmythen gründet, das Ansehen der herrschenden Familien, das in Genealogien zum Ausdruck kommt, und technisches Wissen, das über praktische, stark von religiöser Magie durchdrungene Formeln vermittelt wird.

Das Auftauchen der Schriftlichkeit ist mit einer tiefgreifenden Umwandlung der kollektiven Erinnerung verbunden. Seit dem »paläolithischen Mittelalter« erscheinen Formen, die man als »Mythogramme« zu interpretieren versucht hat, parallel zur »Mythologie«, die sich im mündlichen Bereich entwickelt. Die Schriftlichkeit ermöglicht der kollektiven Erinnerung einen doppelten Fortschritt; zwei Formen von Erinnerung kommen auf. Die erste ist das Gedenken, das Feiern eines denkwürdigen Ereignisses mit Hilfe eines Denkmals. Die Erinnerung nimmt dann als Inschrift Gestalt an und hat in modernen Zeiten eine Hilfswissenschaft der Geschichte auf den Plan gerufen: die Epigraphik. Gewiß, die Welt der Inschriften ist in sich sehr verschieden. Louis Robert (1961, S. 453) hat ihre Heterogenität hevorgehoben: »Die Runen, die türkischen Inschriften von Orchon, phönizische, neupunische, hebräische, aramäische oder persische Inschriften sind voneinander sehr verschieden, ebenso arabische Inschriften oder diejenigen der Khmer.« Im alten Orient z.B. haben Gedenkinschriften eine Vielzahl von Denkmälern hervorgerufen wie Stelen und Obelisken. Mesopotamien war das Land der Stelen, auf denen die Könige ihre Taten mittels figürlicher Darstellungen unsterblich machen wollten. Diese Darstellungen wurden seit dem 3. Jahrtausend v. Chr. von einer Inschrift begleitet, wie es die Geier-Stele bezeugt (Paris, Louvre), auf der König Eanatum von Lagasch um 2470 durch Bilder und Inschriften die Erinnerung an einen Sieg festhalten ließ. Vor allem die akkadischen Könige haben sich dieser Form des Gedenkens bedient, und die berühmteste ihrer Stelen ist diejenige von Naramsin in Susa, auf der der König das Bild eines Sieges verewigen ließ, den er über die Völker des Zagros davontrug (Paris, Louvre). In der assyrischen Zeit wurde die Stele zum Obelisken, wie etwa diejenige von Assurbelkala (Ende des 2. Jhs. v. Chr.) in Ninive (London, Britisches Museum) und der schwarze Obelisk von Salamanassar III., der aus Nimrod stammt und den Sieg des Königs über das Land Musri unsterblich gemacht hat (London, Britisches Museum). Manchmal ist das Denkmal seiner Inschrift beraubt, und seine Bedeutung bleibt im dunkeln, wie etwa im Fall der Obelisken des Obeliskentempels von Byblos (Anfang des 2. Jahrtausends v. Chr.) (Deshayes, 1969, S. 587, 613)[2]. Im alten Ägypten haben Stelen verschiedene Funktionen für das Fortdauern der Erinnerung erfüllt: Grabstelen, die wie in Abydos an die Pilgerfahrt zu einem Familiengrab erinnern oder von Leben und Sterben erzählen wie diejenige von Amenemhet bezüglich Thutmosis III.; an Siege erinnernde Königsstelen, wie diejenige, die »von Israel« genannt wird und unter Minephtah entstand (ca. 1230 v. Chr.). Sie ist die einzige ägyptische Quelle, die Israel erwähnt, wahrscheinlich im Augenblick des Auszugs. Ferner unterscheiden wir Rechtsstelen wie diejenige von Karnak (erinnern wir uns daran, daß die berühmteste dieser antiken Rechtsstelen die Gesetzestafeln des Hammurapi sind, auf die dieser König der ersten babylonischen Dynastie (um 1792-1750 v. Chr.) sein Gesetzeswerk meißeln ließ, und die heute im Louvre aufbewahrt werden) sowie priesterliche Stelen, auf denen die Priester ihre Privilegien festhalten ließen (Daumas, 1965). Doch die große Zeit der Inschriften war diejenige des antiken Griechenlands und des antiken Roms, über die Louis Robert (1961, S. 454) sagt: »Man könnte, was die Länder der griechischen und römischen Welt betrifft, von einer epigraphischen Zivilisation sprechen.« In Tempeln, auf Friedhöfen, auf den Plätzen und Alleen der Städte, entlang der Fernstraßen »und selbst in den Bergen, in der tiefsten Einsamkeit« häuften sich die Inschriften und überfluteten die griechisch-römische Welt mit dem Ausdruck eines außerordentlichen Bestrebens, Angedenken zu bewahren und Erinnerung festzuhalten. Stein, meist Marmor, diente als Träger für ein Übermaß an Erinnerung. Diese »Archive aus Stein« hatten, über ihre Funktion von Archiven im engeren Sinne hinaus, den Charakter beharrlicher Öffentlichkeit, die auf die Pracht und Dauerhaftigkeit dieser steinernen und marmornen Erinnerung setzte.

[2] Siehe außerdem die Arbeiten von Budge/King, 1902; Luckenbill, 1924; und die königlichen Inschriften, ediert von Ebeling/Meissner/Weidner, 1926.

Die andere Form von Erinnerung, die an Schriftlichkeit gebunden ist, stellt das Dokument dar, das auf einen Träger geschrieben wurde, der speziell für die Schrift vorbereitet wurde (nach Versuchen auf Knochen, Stoff, Haut, Asche und Ton- oder Wachstafeln in Mesopotamien, Birkenrinde im alten Rußland, Palmblättern in Indien, Schildkrötenpanzern in China und schließlich Papyrus, Pergament und Papier). Doch ist es wichtig festzuhalten, daß jede schriftliche Quelle zugleich den Charakter eines Überrests hat und daß es keine kollektive Erinnerung »an sich« gibt.

In dieser Art von Dokument hat Schriftlichkeit zwei Hauptfunktionen: »Die eine ist das Speichern von Information, welches erlaubt, über Zeit und Raum hinaus zu kommunizieren und dem Menschen eine Technik an die Hand gibt, um Spuren zu hinterlassen, um sich Dinge in die Erinnerung einzuprägen und zu registrieren«; die andere ist, »daß sie den Übergang vom auditiven zum visuellen Bereich sicherstellt«, daß sie ermöglicht, »etwas anders zu sehen, umzustellen, Sätze und selbst einzelne Wörter zu berichtigen« (Goody, 1977b, S. 145).

Die Entwicklung der Erinnerung ist mit dem Aufkommen und der Diffusion von Schriftlichkeit verbunden, und für André Leroi-Gourhan (1965, Bd. 2, S. 67f., dt. 1980, S. 324f.) hängt diese Entwicklung im wesentlichen von der sozialen Evolution und insbesondere von der Entwicklung der Städte ab: »Die kollektive Erinnerung braucht mit dem Aufkommen der Schriftlichkeit ihre traditionelle Ausrichtung nicht zu ändern, mit der Ausnahme, die Dinge festzuhalten, die in einem entstehenden sozialen System von besonderem Interesse sind. Es ist also kein Zufall, daß Schriftlichkeit das festhält, was normalerweise nicht gemacht oder gesehen wird, nämlich das Knochengerüst einer städtischen Gesellschaft, für die das Zentrum des vegetativen Systems in einem Wirtschaftskreislauf zwischen himmlischen oder menschlichen Produzenten und Herrschenden besteht. Die Neuerung betrifft die Spitze des Systems und erfaßt in Auswahl finanzielle und religiöse Angelegenheiten, Stiftungen, Genealogien, den Kalender, alles das, was sich an den neuen Strukturen der Städte weder über die Erinnerung noch durch eine Abfolge von Gesten, noch in Gegenständen umfassend festhalten läßt.«

Die großen Zivilisationen in Mesopotamien, Ägypten, China oder im präkolumbianischen Amerika haben schriftliche Erinnerung vor allem für den Kalender und für Entfernungen verwendet. »Die Summe der Tatsachen, die auf nachfolgende Generationen übergehen sollen, beschränkt sich auf die Bereiche der Religion, der Geschichte und der Geographie. Das dreifache Problem der Zeit, des Raumes und des Menschen konstituniert den Stoff der Erinnerung.« (Leroi-Gourhan, 1965, Bd. 2, S. 68, dt. 1980, S. 325)

Städtische Erinnerung ist auch königliche Erinnerung. Es wird nicht nur »die Hauptstadt zum Angelpunkt der himmlischen Welt und der von Menschen bewohnten Gefilde« - wir wollen das Zentrum einer Politik der Erinnerung hinzufügen, sondern der König selbst entfaltet im gesamten Bereich, über den er herrscht, ein Programm des Gedenkens, dessen Mittelpunkt er selbst ist.

Die Könige errichten für sich Institutionen der Erinnerung: Archive, Bibliotheken und Museen. Zimri-Lim (um 1782/1759 v. Chr.) macht aus seinem Palast von Mari, in dem unzählige Tontafeln gefunden wurden, ein archivisches Zentrum. In Ras-Shamra in Syrien haben es Funde des Gebäudes der königlichen Archive von Ugarit ermöglicht, drei Archivmagazine im Palast auszumachen: das diplomatische Archiv, das Finanzarchiv und das Verwaltungsarchiv. Im selben Palast gab es im 2. Jahrtausend v. Chr. eine Bibliothek, und im 7. Jh. v. Chr. war die Bibliothek des Assurbanipal in Ninive berühmt. In der hellenistischen Zeit erstrahlen die große Bibliothek von Pergamon, die von Attalos gegründet wurde, und die berühmte Bibliothek von Alexandria – eine Schöpfung der Ptolemäer –, die mit dem sagenhaften Museum verbunden war.

Die Könige lassen *Annalen* erstellen und bisweilen in Stein hauen (zumindest auszugsweise). Sie berichten von ihren Taten und führen uns an die Grenze, wo Erinnerung zu »Geschichte« wird.[3]

Im alten Orient gibt es vor der Mitte des zweiten Jahrtausends v. Chr. lediglich dynastische Listen und sagenhafte Erzählungen von königlichen Helden wie Sargon oder Naramsin. Dann lassen die Herrscher von ihren Schreibern detailliertere Berichte über ihre Regierungszeit abfassen, in denen ihre militärischen Siege, die Wohltaten ihrer Gerechtigkeit und die Fortschritte des Rechts auftauchen, also die drei Bereiche, die es wert sind, für zukünftige Generationen denkwürdige Beispiele abzugeben. Es scheint, daß in Ägypten seit der Erfindung der Schrift kurz vor dem Beginn des dritten Jahrtausends v. Chr. bis zum Ende des ägyptischen Königtums in der römischen Zeit königliche *Annalen* kontinuierlich geführt wurden. Aber das zweifelsohne einzige Exemplar, das auf zerbrechlichem Papyrus festgehalten war, ist ver-

3 Vgl. das Kapitel *Geschichte.*

schwunden. Es sind davon nur noch einige in Stein gehauene Auszüge übriggeblieben (Daumas 1965, S. 579).

In China stammen die alten königlichen Annalen, die auf Bambus geschrieben stehen, zweifelsohne aus dem 9. Jh. v. Chr.; sie enthielten vor allem Fragen und die Antworten der Orakel, die »ein riesiges Nachschlagewerk für Ratschläge zur Regierung« bildeten. »Allmählich wurden die Wahrsager zu Archivaren: Sie waren die Wahrer der denkwürdigen Ereignisse jeder Regierungszeit« (Elisseeff/Elisseeff, 1979, S. 50). Hinzu kommt schließlich die Erinnerung an die Toten, wie sie unter anderem die griechischen Grabstelen und die römischen Sarkophage bezeugen – eine Art der Erinnerung, die eine wichtige Rolle für die Entwicklung des Portraits spielte.

Mit dem Übergang von Mündlichkeit zu Schriftlichkeit wird die kollektive Erinnerung, insbesondere die »künstliche Erinnerung«, einem tiefgreifenden Wandel unterzogen. Jack Goody ist der Ansicht, daß das Auftauchen von mnemotechnischen Praktiken, welche das »wortwörtliche« Einprägen in die Erinnerung ermöglichen, an Schriftlichkeit gebunden ist (s.o. S. 89). Aber er vermutet, daß die Existenz von Schriftlichkeit »auch Veränderungen in der Psyche selbst impliziert« und »daß es sich nicht lediglich um ein neues *technisches Können,* vergleichbar etwa mit einer mnemotechnischen Praktik, sondern um eine neue intellektuelle *Fähigkeit* handelt« (Goody, 1977b, S. 192 f.). In das Zentrum dieser neuen Geistestätigkeit stellt Jack Goody die *Liste,* die Folge von Worten, von Vorstellungen, von Gesten, von Handlungen, die in einer bestimmten *Anordnung* ausgeführt werden muß. Diese Liste ermöglicht es, eine verbale Vorgabe »aus dem Kontext herauszulösen« oder »in den Kontext zurückzustellen«, ähnlich einer »linguistischen Rekodierung«. Zum Beleg für seine These erinnert er an die Bedeutung, die in antiken Zivilisationen lexikalische Listen, Wörterbücher und Traktate der Onomastik hatten und die auf der Vorstellung beruhte, daß benennen gleich kennen ist. Er verweist auf die Verbreitung sumerischer Listen, sogenannter »Proto-Isi«, und sieht darin eines der Instrumente mesopotamischen Einflusses: »Diese Art Erziehungsmethode beruhte auf der Memorierung lexikalischer Listen und war weit über Mesopotamien hinaus verbreitet; sie spielte eine wichtige Rolle für die Verbreitung der mesopotamischen Kultur und den Einfluß, den sie auf die Nachbargebiete ausübte: Persien, Armenien, Kleinasien, Syrien, Palästina und selbst Ägypten zur Zeit des Neuen Reiches.« (Ebd. S. 178)

Wir wollen hinzufügen, daß dieses Modell je nach Gesellschaftstyp und historischem Augenblick differenziert werden muß, in dem sich der Übergang von der einen Art von Erinnerung zur anderen vollzieht. Anders läßt sich das Modell nicht auf den Übergang von Mündlichkeit zu Schriftlichkeit in den antiken Gesellschaften, in den modernen oder zeitgenössischen »wilden« Gesellschaften, in den mittelalterlichen europäischen oder in den islamischen Gesellschaften anwenden. Dale F. Eickelmann (1978) hat gezeigt, daß bis etwa 1930 in der islamischen Welt ein Typ von Erinnerung anzutreffen ist, der darauf beruht, daß eine Kultur, die zugleich mündlich und schriftlich ist, in die Erinnerung eingeprägt wird. Dann verändert sie sich und formt sich entsprechend den grundlegenden Verbindungen von Schule und Erinnerung in allen Gesellschaften.

Die ältesten ägyptischen Traktate der Onomastik, die vielleicht auf sumerische Vorbilder zurückgehen, entstehen erst um das 11. Jh. v. Chr. Dasjenige des Amenope wurde von Maspéro unter dem bezeichnenden Titel »Un mannel de hiérarchie égyptienne« (A.M. Gardiner, 1947, S. 38) veröffentlicht.

In der Tat muß man sich fragen, woran diese Transformation des intellektuellen Prozesses, auf den die geschriebene »künstliche Erinnerung« verweist, ihrerseits gebunden ist. Es wurde die Notwendigkeit vermutet, sich Zahlen in die Erinnerung einzuprägen (regelmäßige Einschnitte, geknotete Schnüre), und an eine Verbindung zur Entwicklung des Handels gedacht. Es ist nötig, noch weiter zurückzugehen und die Verbreitung von *Listen* in Zusammenhang mit der Etablierung der Königsmacht zu sehen. Das Memorieren vermittels eines Inventars, die hierarchisch gegliederte Liste, ist nicht nur ein Neuordnungsprozeß des Wissens, sondern auch Ordnungsaspekt einer neuen Macht.

Auch im antiken Griechenland muß man diese Listen, deren Echo sich in der homerischen Dichtung findet, bis in die Königszeit zurückdatieren. Im zweiten Gesang der *Ilias* finden sich nacheinander eine Aufstellung der Vasallen, sodann eine Aufstellung der besten achaiischen Krieger und Pferde und unmittelbar danach eine Aufstellung des trojanischen Heeres. »Alles zusammen macht etwa die Hälfte des zweiten Gesanges aus, im ganzen um die 400 Verse, die fast ausschließlich aus einer Folge von Eigennamen bestehen, was auf ein regelrechtes Training der Erinnerung schließen läßt« (Vernant, 1965, S. 55-56). Mit den Griechen läßt sich auf eindrucksvolle Weise die Entwicklung der Geschichte der kollektiven Erinnerung fassen. Jean-Pierre Vernant überträgt eine Untersuchung von Ignace Meyerson (1956) von der individuellen Erinnerung auf die kollektive Erinnerung, wie sie im alten Griechenland vorkommt, und betont: »In dem Maße, in dem sich die Erinnerung von der Gewohnheit unterscheidet, stellt sie eine diffizile Schöpfung dar: Der Mensch erobert Schritt für Schritt seine individuelle Vergangenheit in gleicher Weise, wie die Geschichte für eine soziale Gruppe die Eroberung ihrer kollektiven Vergangenheit darstellt« (Vernant, 1965, S. 51). Doch bei den Griechen wird sich die geschriebene Erinnerung mit der mündlichen Erinnerung zusammenfügen – und sie dabei verändern, und die Geschichte wird die kollektive Erinnerung ablösen – und sie dabei verändern, jedoch ohne sie zu zerstören. Funktionen und Entwicklung letzterer lassen sich daran um so besser studieren. Die Sakralisierung, sodann die Laisierung der Erinnerung, das Aufkommen der Mnemotechnik – das ist der vielgestaltige Anblick, den die griechische kollektive Erinnerung zwischen Hesiod und Aristoteles, zwischen dem 8. Jh. und dem 4. Jh. v. Chr. bietet.

Der Übergang von mündlicher Erinnerung zu schriftlicher Erinnerung ist gewiß schwer zu fassen. Doch eine Institution und ein Text können uns möglicherweise helfen zu rekonstruieren, was vermutlich im archaischen Griechenland geschehen ist: Die Institution des Mnemon »ermöglicht es, das Aufkommen einer sozialen Funktion der Erinnerung im Recht zu beobachten« (Gernet, 1947, S. 285). Der Mnemon ist eine Person, die das Andenken an die Vergangenheit bewahrt in Hinblick auf eine gerichtliche Entscheidung. Dies kann eine Person sein, deren Rolle als »Erinnerung« auf eine bestimmte Gelegenheit beschränkt ist. Z. B. weist Theophrast darauf hin, daß nach dem Gesetz des Thurium die drei nächsten Nachbarn des verkauften Grundstücks eine Münze erhalten »zur *Erinnerung* und als *Zeugnis*«. Doch kann sie auch eine Funktion von Dauer haben. Das Auftauchen dieser Beamten der Erinnerung verweist auf Phänomene, von denen bereits die Rede war: die Verbindung zum Mythos und zur Verstädterung. In der Mythologie und der Sage ist der Mnemon der Diener und ständige Begleiter eines Helden, mit der Funktion, diesen an einen göttlichen Auftrag zu erinnern, dessen Vergessen den Tod bedeuten würde. Die Städte gebrauchen *Mnemones* als Verwaltungsbeamte, deren Aufgabe es ist, die Dinge in der Erinnerung zu bewahren, die im religiösen (insbesondere für den Kalender) und rechtlichen Bereich von Nutzen sind. Mit der Entwicklung der Schriftlichkeit verwandeln sich diese »wandelnden Erinnerungen« in Archivare.

Im *Phaidros* (274c–275b) legt Platon andererseits dem Sokrates die Sage in den Mund, nach der der ägyptische Gott Thot, Patron der Schreiber und der gelehrten Beamten, die Zahlen, das Rechnen, die Geometrie und die Astronomie, Brettspiele, Würfel und das Alphabet erfand. Und er unterstreicht, daß der Gott damit die Erinnerung zwar veränderte, doch zweifelsohne mehr dazu beitrug, sie zu schwächen, als sie zu stärken: Das Alphabet »entbindet die Menschen davon, die Erinnerung zu üben und schafft damit Vergessen in der Seele derjenigen, die es beherrschen, insofern als diese, indem sie auf die Schrift vertrauen, außerhalb und durch ihr eigenes Handeln einen Weg suchen, um sich wiederzuerinnern; insofern hast du nicht für die Erinnerung, sondern für den Vorgang des Wiedererinnerns ein Mittel gefunden«. Es wurde vermutet, daß diese Passage sich auf überlebende Traditionen mündlicher Erinnerung bezog (Notopoulos, 1938, S. 476).

Das Bemerkenswerteste ist zweifelsohne »die Sakralisierung der Erinnerung und der Aufbau einer ungeheuren Mythologie des Rückerinnerns im archaischen Griechenland«, wie Jean-Pierre Vernant (1965, S. 51) so treffend sagt, der seine Beobachtung verallgemeinert: »In den verschiedenen Kulturen gibt es zu verschiedenen Zeiten einen Zusammenhang zwischen den praktizierten Techniken des Wiedererinnerns, dem inneren Aufbau der Funktion von Erinnerung, dem Platz der Erinnerung im System des Ich und dem Bild, das die Menschen sich von ihr machen.«

Die Griechen der archaischen Zeit haben aus der Erinnerung eine Göttin gemacht: *Mnemosyne.* Sie ist die Mutter der neun Musen, die sie im Verlauf der neun Nächte, die sie mit Zeus verbrachte, gebar. Sie ruft den Menschen die Helden und ihre großen Taten ins Gedächtnis und steht der Dichtkunst vor (Paulys Real-Enzyklopädie, 1932, Spalte 2265–69). So ist der Dichter besessen von der Erinnerung; der Sänger ist ein Wahrsager der Vergangenheit, so wie es der Wahrsager für die Zukunft ist. Er ist der begnadete Zeuge der »alten Zeit«, des heroischen Zeitalters und jenseits davon der Zeit der Ursprünge.

Die Dichtung, die der Erinnerung zugeordnet wird, macht aus dieser ein Wissen, ja selbst eine Weisheit, eine *sophia.* Der Dichter nimmt unter den »Meistern der Wahrheit« (Detienne, 1967) Platz, und in den Anfängen der griechischen Dichtung ist das Dichterwort eine lebende Inschrift, die sich in die Erinnerung wie in Marmor eingräbt (Svenbro). Es heißt, daß für Homer »dichten bedeutete, sich zu erinnern«. Mnemosyne enthüllt dem Dichter die Geheimnisse der Vergangenheit und führt ihn in die Mysterien des Jenseits ein. Die Erinnerung erscheint hier als Geschenk an die Initiierten und die *anamnesis,* das Rückerinnern, als asketische und mystische Technik. Auch spielt die Erinnerung eine Hauptrolle in den orphischen und pythagoräischen Lehren. Sie ist das Gegenmittel für das Vergessen. In der orphischen Unterwelt muß der Tote die Quelle des Vergessens meiden und darf nicht aus der *Lethe* trinken, sondern muß im Gegenteil den Durst am Brunnen der Erinnerung stillen, die eine Quelle der Unsterblichkeit ist.

Bei den Pythagoräern verbindet sich dieser Glaube mit einer Reinkarnationslehre, und der Weg zur Vollkommenheit hat das Ziel, sich aller vorherigen Leben zu erinnern. Dies brachte es mit sich, das Pythagoras in den Augen der Anhänger dieser Sekte ein Mittelding zwischen Gott und Mensch verkörperte, weil er das Andenken an die Folgen seiner Reinkarnationen bewahrt hatte, insbesondere an sein Dasein während des trojanischen Krieges in Gestalt des Euphorbos, den Menelaos getötet hatte. Auch Empedokles erinnerte sich: »Als Vagabund, ausgestoßen vom Sitz der Götter … war ich früher schon ein Junge und ein Mädchen, ein Busch und ein Vogel, ein stummer Fisch im Meer …«

Auch nehmen in der pythagoreischen Lehrzeit »Erinnerungsübungen« breiten Raum ein. So gelangte Epimenides, Aristoteles zufolge *(Rhetorik* III, 17, 10), in eine Ekstase des Wiedererinnerns.

Doch, wie Vernant (1965, S. 61) so tiefgreifend bemerkt, »verändert die Versetzung der Mnemosyne aus der Kosmologie in die Eschatologie die gesamte Ausrichtung der Mythen der Erinnerung«. Dadurch, daß die Erinnerung aus der Zeit herausgenommen wird, wird sie grundlegend von der Geschichte abgetrennt. Die mystische Heiligung der Vergangenheit verhindert jegliches »Bemühen, die Vergangenheit zu erforschen«, »und den Aufbau einer Architektur der Zeit« (Vernant, 1965, S. 73f.). So kann Erinnerung je nach ihrer Orientierung zur Geschichte hin oder von ihr weg führen. Wenn sie sich in den Dienst der Eschatologie stellt, lebt auch sie von einem regelrechten Haß der Geschichte.

Die griechische Philosophie hat bei ihren größten Denkern kaum vermocht, Erinnerung und Geschichte miteinander auszusöhnen. Wenn Erinnerung bei Platon und Aristoteles auf die Seele verweist, so betrifft dies nicht ihren intellektuellen Aspekt, sondern lediglich die Ebene des Gefühls.

In einer berühmten Passage des *Theaitetos* (191c–d) von Platon spricht Sokrates von einem Block aus Wachs, den es in unserer Seele gebe, der ein »Geschenk der Erinnerung, der Mutter der Musen« sei und der uns erlaube, Eindrücke zu empfangen, als stammten sie von einem Rollsiegel. Die platonische Erinnerung hat den mythischen Aspekt verloren, doch sie versucht nicht, aus der Vergangenheit ein Wissen zu machen, sondern sie will der zeitlichen Erfahrung entfliehen.

Aristoteles unterscheidet zwischen Erinnerung, genauer gesagt, zwischen *mneme*, der schlichten Fähigkeit, die Vergangenheit zu bewahren, und Rückerinnerung, der *anamnesis*, dem freiwilligen Erinnern an diese Vergangenheit. Für ihn ist die entheiligte und laisierte Erinnerung »jetzt eingeschlossen in die Zeit, die sie jedoch für Aristoteles dem Verständnis entzieht« (Vernant, 1965, S. 78). Doch seine Abhandlung wird – ins Lateinische übersetzt als *De memoria et reminiscentia* – den großen Scholastikern des Mittelalters, Albertus Magnus und Thomas von Aquin, als Kunst der Erinnerung gelten, vergleichbar der *Rhetorica ad Herennium*, die Cicero zugeschrieben wird.

Doch gestattet die Laisierung der Erinnerung in Verbindung mit der Erfindung der Schrift den Griechen, neue Techniken der Erinnerung zu schaffen: die Mnemotechnik. Diese Erfindung wird dem Dichter Simonides von Keos (um 556–468 v. Chr.) zugeschrieben. Die *Chronik von Paros*, die um 264 v. Chr. in eine Marmortafel gemeißelt wurde, sagt sogar, daß im Jahre 477 »Simonides von Keos, Sohn des Leoprepes, Erfinder des Systems mnemotechnischer Stützen, in Athen den Preis für Chorgesang gewann«. Simonides war der mythischen und poetischen Erinnerung noch nah, er machte Gesänge zum Lobe siegreicher Helden und Grabgesänge, z.B. zur Erinnerung an die Soldaten, die bei den Thermopylen gefallen waren. Cicero berichtet in *De Oratore* (II, LXXXVI) in Form einer Legende von der Erfindung der Mnemotechnik durch Simonides. Während eines Gastmahls, zu dem ein thessalischer Adliger, Scopa, geladen hatte, trug Simonides einen Gesang zum Lobe von Castor und Pollux vor. Scopa erklärte dem Dichter, daß er ihm nur die Hälfte des vereinbarten Lohnes zahlen würde und daß er die andere Hälfte von den Dioskuren selbst fordern sollte. Wenig später holte man Simonides und sagte ihm, daß zwei junge Männer nach ihm verlangten. Er ging hinaus und sah niemanden. Aber während er draußen war, stürzte das Dach über Scopa und seinen Gästen ein, deren zermalmte Leichen unkenntlich waren. Simonides erinnerte sich, in welcher Ordnung sie gesessen hatten, und identifizierte sie, so daß man sie ihren jeweiligen Angehörigen übergeben konnte (Yates, 1966, S. 13, 39ff.).

Damit beschrieb Simonides zwei Prinzipien der künstlichen Erinnerung, wie sie die Alten sahen: Das Andenken an *Bilder*, das für die Erinnerung notwendig ist, und das Abstützen durch *Organisation*, durch eine *Ordnung*, das wesentlich für eine gute Erinnerung ist. Doch Simonides hatte die Desakralisierung der Erinnerung beschleunigt und ihren technischen und professionellen Charakter betont, indem er das Alphabet vervollkommnete und indem er sich als erster seine Dichtung bezahlen ließ (Vernant, 1965, S. 78, 98).

Auf Simonides soll eine grundlegende Unterscheidung der Mnemotechnik zurückgehen, und zwar die zwischen *Orten der Erinnerung*, an denen sich vermittels Assoziation das Objekt der Erinnerung fixieren läßt (der Tierkreis sollte bald einen solchen Rahmen für die Erinnerung abgeben, während die künstliche Erinnerung sich als Haus konstituierte, das in »Kammern der Erinnerung« unterteilt war), und *Bildern*, Formen, charakteristischen Zügen, Symbolen, die das Zurückrufen in die Erinnerung ermöglichen.

Nach ihm soll eine andere große Unterscheidung der traditionellen Mnemotechnik aufgetaucht sein, diejenige zwischen »Erinnerung durch Dinge« und »Erinnerung durch Worte«, auf die man z.B. in einem Text von ca. 400 v. Chr., der *Dialexeis*, stößt (Yates, 1966, S. 41).

Seltsamerweise ist uns keine mnemotechnische Abhandlung des alten Griechenlands direkt überliefert, zum Beispiel diejenige des Sophisten Hippias, der Platon zufolge *(Hippias minor*, 368b ff.) seinen Schülern enzyklopädisches Wissen beibrachte, dank Techniken des Wiedererinnerns, die rein positiven Charakter hatten. Ebensowenig erreichte uns die Abhandlung des Metrodoros von Skepsis, der im 1. Jh. v. Chr. am Hofe des pontischen Königs Mithridates lebte, der selber über eine sagenhafte Erinnerung verfügte und eine künstliche Erinnerung entwickelte, die auf dem Tierkreis beruhte.

Von der griechischen Mnemotechnik wissen wir vor allem durch drei lateinische Texte, die für Jahrhunderte die klassische Theorie der künstlichen Erinnerung (eine Bezeichnung, die ihnen gebührt: *memoria artificiosa*) formuliert haben: die Rhetorik *Ad Herennium*, welche von einem anonymen Meister in Rom zwischen 86 und 82 v. Chr. kompiliert wurde und die das Mittelalter Cicero zuschrieb, das *De Oratore* von Cicero selbst (55 v. Chr.) und die *Institutio Oratoria* von Quintilian gegen Ende des 1. Jhs. v. Chr.

Diese drei Texte formulieren die griechische Mnemotechnik. Sie legen die Unterscheidung zwischen *Orten* und *Bildern (loci et imagines)* fest, präzisieren den aktiven Charakter dieser Bilder im Prozeß des Wiedererinnerns *(aktive Bilder, imagines agentes)* und formalisieren die Unterteilung in Erinnerung an Dinge *(memoria rerum)* und Erinnerung an Worte *(memoria verborum).*

Vor allem stellen sie die Erinnerung in die großen Zusammenhänge der Rhetorik, die die antike Kultur dominiert, im Mittelalter (12.–13. Jh.) eine Renaissance erlebt und eine neue Existenz zu unserer Zeit bei den Semiotikern und anderen neuen Rhetorikern gründen sollte (Yates, 1955, S. 871–899). Die Erinnerung bildet den fünften Schritt der Rhetorik: nach der *inventio* (herausfinden, was man sagen will), der *dispositio* (was man sagen will, in eine Ordnung bringen), der *elocutio* (Ausschmückungen anbringen), der *actio* (die

Rede wie ein Schauspieler mit Gesten und Betonung proben), schließlich die *memoria* (memoriae mandare, der Erinnerung anvertrauen). Roland Barthes (1970, S. 197) hält fest: »Die ersten drei Schritte sind die wichtigsten ... die letzten zwei *(actio* und *memoria)* sind in dem Moment schnell vernachlässigt, in dem auf der Rhetorik nicht nur die gesprochene (deklamierte) Rede von Anwälten, Politikern und ›Conferenciers‹ (der epischen Art), sondern auch und bald fast ausschließlich (geschriebene) Werke beruhen. Kein Zweifel besteht jedoch daran, daß diese beiden Schritte von großem Interesse sind ... letzterer, weil er eine Ebene von festen Stereotypen, eine Intertextualität fordert, die mechanisch übertragen wird.«

Schließlich darf man nicht vergessen, daß neben dem spektakulären Auftauchen der Erinnerung im Schoße der Rhetorik, d.h. einer Kunst des Wortes, die an die Schrift gebunden ist, die kollektive Erinnerung während der sozialen und politischen Entwicklung der antiken Welt Schritt für Schritt hervortritt. Paul Veyne hat unterstrichen, daß die kollektive Erinnerung von den römischen Kaisern mit Beschlag belegt wurde, insbesondere vermittels des Denkmals und der Inschrift in diesem Delirium der epigraphischen Erinnerung. Doch der römische Senat, der von den Kaisern mißhandelt und bisweilen dezimiert wurde, fand eine Waffe gegen die kaiserliche Tyrannei. Die *damnatio memoriae* läßt den Namen des toten Kaisers aus den Dokumenten der Archive und den Inschriften der Denkmäler verschwinden. Die Zerstörung der Erinnerung ist eine Reaktion auf die Macht durch Erinnerung.

3. Die mittelalterliche Erinnerung in Europa

Während uns die »volkstümliche« oder eher »volkskundliche« Erinnerung fast gänzlich unbekannt ist, wissen wir, daß die kollektive Erinnerung, die von den herrschenden Schichten gebildet wurde, im Mittelalter tiefgreifende Umwandlungen erlebte. Im wesentlichen rührt dies von der Ausbreitung des Christentums als Religion und als herrschender Ideologie und vom Quasi-Monopol der Kirche im intellektuellen Bereich her.

Die charakteristischen Züge der Erinnerung im Mittelalter sind die Christianisierung der Erinnerung und der Mnemotechnik, die Aufteilung der kollektiven Erinnerung in eine liturgische Erinnerung, die sich im Kreise dreht, und eine Laien-Erinnerung, die in Ansätzen von Chronologie durchdrungen ist, die Entwicklung einer Erinnerung an die Toten, die Rolle der Erinnerung in einem Unterricht, der zugleich das Mündliche und das Schriftliche umfaßt, und schließlich das Auftauchen von Abhandlungen über die Erinnerung *(artes memoriae)*.

Obschon die antike Erinnerung stark von Religion durchdrungen war, so fügen Judentum und Christentum etwas Zusätzliches und anderes der Beziehung zwischen Erinnerung und Religion, zwischen Mensch und Gott hinzu (Meier, 1975, S. 193 f.). Judentum und Christentum sind Religionen, die historisch und theologisch in der Geschichte verankert sind, und als Religionen der Erinnerung beschrieben werden konnten (Oexle, 1976, S. 80). Und das geschah in verschiedener Hinsicht, weil »göttliche Akte des Heils, die in der Vergangenheit liegen, den wesentlichen Inhalt des Glaubens und den Gegenstand des Kultus' ausmachen«, aber auch, weil einerseits die Heilige Schrift und andererseits die historische Tradition in wesentlichen Punkten auf der Notwendigkeit des Andenkens als grundlegender religiöser Handlung bestehen.

Im Alten Testament ist es vor allem das *Deuteronomium*, das an die Pflicht des Andenkens und der konstitutiven Erinnerung mahnt: Eine Erinnerung, die zunächst Dank an Jahve ist und die die jüdische Identität begründet: »Hüte dich davor, des Herrn, deines Gottes, zu vergessen und seine Gebote, Vorschriften und Satzungen nicht zu halten ...« (8,II)[4], »dann soll dein Herz nicht übermütig werden und des Herrn, deines Gottes, vergessen, der dich aus dem Ägypterland, aus dem Hause der Knechtschaft hinweggeführt hat ...« (8,14), »... gedenke des Herrn, deines Gottes: Er ist es, der dir Kraft verleiht, Reichtümer zu erwerben, um seinen Bund, den er deinen Vätern geschworen hat, in Wirksamkeit treten zu lassen, wie es heute geschieht. Vergißt du aber den Herrn, deinen Gott, läufst du anderen Göttern nach, dienst ihnen und wirfst dich vor ihnen nieder, so bezeuge ich euch heute feierlich, daß ihr völlig zugrunde gehen werdet« (8,18–19). Erinnerung an den Zorn Jahves: »Denke daran und vergiß es nicht, wie du den Herrn, deinen Gott, in der Wüste erzürntest!« (9,7). »Denk daran, was der Herr, dein Gott, unterwegs der Mirjam widerfahren ließ bei eurem Wegzug aus Ägypten!« (24,9).[5] Erinnerung an das Unrecht, das die Feinde getan haben: »Denke daran, was dir unterwegs bei deinem Wegzug aus Ägypten Amalek angetan hat: Trat er dir doch ohne Gottes

4 Alle Bibelzitate nach der Übersetzung der Heiligen Schrift von U. Hamp/M. Stenzel/J. Kürzinger, Rothenburg 1966.

5 Jahve ließ Mirjam an Lepra erkranken, weil sie gegen Moses gesprochen hatte.

Eurcht auf dem Weg entgegen und überfiel alle ermatteten Nachzügler, als du müde und erschöpft warst! Wenn der Herr, dein Gott, dir Ruhe verschafft hat vor all deinen Feinden ringsum in dem Lande, das der Herr, dein Gott, dir als Erbbesitz verleiht, so vernichte das Andenken Amaleks unter dem Himmel; vergiß es nicht!« (25,17-19).

Und in *Jesaja* (44,21) findet sich der Aufruf zum Andenken und das Versprechen wechselseitiger Erinnerung zwischen Jahve und Israel:

«Daran denke, o Jakob;
und du, Israel! Denn mein Knecht bist du;
ich habe dich gebildet, du bist mein Knecht!
Israel, du wirst von mir nicht vergessen.«

Eine ganze Wortfamilie, deren Grundlage die Wurzel Zâkar (Zacharias: Zkar-yû: »Jahve denkt daran«) bildet, macht aus den Juden Menschen der Tradition, die die Erinnerung und das wechselseitige Versprechen an ihren Gott bindet (Childs, 1962). Das jüdische Volk ist das Volk der Erinnerung par excellence.

Im Neuen Testament begründet das Abendmahl die Erlösung auf dem Angedenken Jesu: »Und er nahm Brot, sprach das Dankgebet, brach es und gab es ihnen mit den Worten: »Das ist mein Leib, der für euch hingegeben wird. Tut dies zu meinem Gedächtnis!« *(Luk.* 22,19). *Johannes* stellt das Angedenken Jesu in eine eschatologische Perspektive: »Der Beistand aber, der Heilige Geist, den der Vater senden wird in meinem Namen, er wird euch alles lehren und euch an alles erinnern, was ich euch gesagt habe« *(Joh.* 14,26). Und Paulus verlängert diese eschatologische Zielrichtung: »Denn sooft ihr dieses Brot eßt und den Kelch trinkt, verkündet ihr den Tod des Herrn, bis er kommt« (1 *Kor.* II,26).

Wie bei den Griechen - und Paulus ist ganz durchdrungen vom Hellenismus - kann sich die Erinnerung somit in der Eschatologie vollenden und zeitliche Erfahrung und Geschichte leugnen. Dies wird einer der Wege christlicher Erinnerung sein.

Doch im Alltag ist der Christ aufgerufen, in Erinnerung der Worte Jesu zu leben: »... eingedenk der Worte des Herrn Jesus, ...« *(Apostelgesch.* 20,35), »Denke an Jesus Christus, der auferweckt wurde von den Toten ...«, (2 *Tim.* 2,8). Diese Erinnerung wird im zukünftigen Leben, im Jenseits, nicht ausgelöscht, wenn man *Lukas* glaubt (16,25), der Abraham zu dem bösen Reichen in der Hölle sagen läßt: »... denk daran, du hast dein Gutes empfangen in deinem Leben ...«.

Historischer gesehen versteht sich die christliche Lehre als die Erinnerung an Jesus, die von der Kette der Apostel und von ihren Nachfolgern übermittelt wird; Paulus schreibt an Timotheus: »Und was du von mir gehört hast von vielen Zeugen, das vertraue zuverlässigen Menschen an, die geeignet sein werden, auch andere zu lehren« (2 *Tim.* 28,2). Die christliche Lehre ist Erinnerung (vgl. Dahl, 1948), der christliche Kultus Gedenken.

Augustinus hinterläßt dem mittelalterlichen Christentum die Vertiefung und christliche Adaptation der antiken Theorie der Rhetorik zur Erinnerung. In den *Confessiones* geht er von der antiken Vorstellung der Orte und der *Bilder der Erinnerung* aus, doch gibt er ihnen außerordentliche Tiefe und psychologische Kraft, wenn er vom »gewaltigen Saal der Erinnerung spricht«:

> «Ich gehe in das Land und die weiten Paläste der Erinnerung, wo sich die Schätze zahlloser Bilder finden, die hier zusammengetragen wurden nach dem, was die Sinne wahrnahmen. Dort sind alle Früchte unseres Denkens gelagert, die entstanden, indem die Sinneswahrnehmungen vergrößert oder verkleinert oder auf diese oder jene Weise verändert wurden. Ich finde dort auch alles, was da gelagert, aufbewahrt und noch nicht vom Vergessen verschlungen oder begraben wurde. Wenn ich dort eintrete, rufe ich andere Bilder herbei, als ich möchte. Einige zeigen sich sofort, andere lassen länger auf sich warten, als ob ich sie aus verborgeneren Behältnissen zöge. Andere kommen in Scharen, und während ich suche und andere verlange, drängen sie sich vor und scheinen zu sagen: ›Bin ich es nicht?‹ Und mit der Hand des Geistes verjage ich sie vom Angesicht des Andenkens, bis dasjenige, das ich suche, sich enthüllt, aus seinem Versteck hervortritt und sich meinen Augen zeigt. Andere kommen folgsam in geordneten Gruppen, in dem Maße, in dem ich sie rufe. Erstere ziehen sich vor letzteren zurück, und wenn sie sich zurückziehen, sind sie meinem Blick verborgen, bereit, zurückzukommen, wenn ich es möchte. All diese Dinge spielen sich ab, wenn ich etwas aus dem Gedächtnis sage.« (*Confessiones* X, 8, zit. n. Yates, 1966, S. 58f.)

Frances Yates erkannte, daß diese christlichen Bilder der Erinnerung ihre Entsprechung in den großen gotischen Kirchen hatten, in denen man vielleicht einen symbolischen Ort der Erinnerung sehen sollte. Da, wo Panofsky von Gotik und Scholastik spricht, muß man vielleicht auch von Architektur und Erinnerung sprechen.

Doch Augustinus, der »in den Feldern und Höhlen, in den unberechenbaren Grotten meiner Erinnerung« *(Confessiones* X, 17) fortschreitet, sucht Gott auf dem Grunde seiner Erinnerung, aber er findet ihn in keinem Bild und an keinem Ort *(Confessiones* X, 25–26). Mit Augustinus dringt die Erinnerung in *den inneren Menschen* vor, in den Schoß jener christlichen Dialektik von innen und außen, aus der die Prüfung des Gewissens, die Introspektion, wenn nicht gar die Psychoanalyse hervorgehen (Evans, 1977).

Doch Augustinus hinterläßt dem mittelalterlichen Christentum auch eine christliche Version der antiken Dreiheit der Seelenkräfte: *memoria, intelligentia, providentia* (Cicero, *De inventione*, II,LIII, 160). In seiner Abhandlung *De trinitate* wird das Dreigespann zu *memoria, intellectus, voluntas,* und diese sind im Menschen die Bilder der Dreifaltigkeit.

Während sich die christliche Erinnerung im wesentlichen im Gedenken Jesu manifestiert, und zwar einerseits im Verlauf des Jahres in der Liturgie, die sein Andenken von Advent bis Pfingsten feiert und die wesentlichen Stationen von Weihnachten, Fasten, Ostern und Himmelfahrt umfaßt, andererseits im Verlauf des Tages mit der Feier der Eucharistie, so macht sie sich auf »volkstümlicherer« Ebene vor allem an den Heiligen und den Toten fest.

Die Märtyrer waren Zeugen. Nach ihrem Tod machte sich an ihrem Andenken die Erinnerung der Christen fest. Sie erschienen in den *Libri Memoriales,* in die die Kirchen diejenigen eintrugen, deren Andenken sie bewahrten und die ihre Gebete auf sich zogen. So im *Liber Memorialis* von Salzburg aus dem 8. Jh. und in demjenigen von Newminster aus dem 11. Jh. (Oexle, 1976, S. 82). Ihr Grab war der Mittelpunkt der Kirchen, wo der Ort neben dem Namen *confessio* oder *martyrium* bezeichnenderweise auch denjenigen der *memoria* erhielt (Leclercq, 1933). Augustinus stellt auf eindrucksvolle Weise das Grab des Apostels Petrus dem heidnischen Tempel des Romulus und so den Ruhm der *memoria Petri* der Abwendung vom *templum Romuli* gegenüber *(Enar. in Ps.*, 44,23). Diese Praxis, die vom antiken Totenkult und von der jüdischen Tradition der Patriarchengräber ausging, erlangte in Afrika besondere Beliebtheit, wo *memoria* gleichbedeutend mit *Reliquien* wurde. Manchmal enthielt die *memoria* nicht einmal ein Grab oder Reliquien wie in der Kirche der Heiligen Apostel in Konstantinopel.

Der Heiligen gedachte man im übrigen am Tag ihres liturgischen Festes (und die größten unter ihnen hatten bisweilen mehrere Feste, wie Petrus, dessen drei Gedenktage Jacobus von Voragine in der *Legenda Aurea* erklärt: denjenigen des *Stubles* Petri, denjenigen des *Sankt Peter zu den Ketten* und denjenigen seines *Martyriums*, die an seine Erhebung zum Bischof von Antiochia, an seine Gefangenschaft und an seinen Tod erinnern), und die einfachen Christen machten es sich zur Gewohnheit, neben ihrem Geburtstag, einem Brauch, der aus der Antike überkommen war, den Tag ihres heiligen Namenspatrons zu feiern (Dürig, 1954).

Das Angedenken der Heiligen wurde im allgemeinen an dem Tag gefeiert, an dem ihr Martyrium stattgefunden hatte, an dem es vermutet wurde oder an ihrem Todestag. Die Verknüpfung von Tod und Erinnerung fand tatsächlich rasch weite Verbreitung im Christentum, das diese Verknüpfung auf der Grundlage des heidnischen Ahnen- und Totenkults entwickelte.

Sehr früh verbreitete sich in der Kirche der Brauch, für die Toten zu beten. Ebenfalls sehr früh beginnen Kirchen und christliche, wie übrigens auch jüdische Gemeinschaften, *Libri Memoriales* zu führen, die erst seit dem 17. Jh. *Nekrologien* oder Totenbücher genannt werden (vgl. Huyghebaert, 1972). In diese Bücher waren die Lebenden und vor allem die Toten eingetragen, meist *Wohltäter* der Gemeinschaft, deren Erinnerung diese bewahren und für die sie beten wollte. Ebenso wurden die *Dyptichen* aus Elfenbein, die die Konsuln am Ende des Römischen Reiches dem Kaiser bei Amtsantritt zu schenken pflegten, christianisiert und dienten seitdem dem Totengedenken. Die Formeln, die die Erinnerung an diejenigen anrufen, die auf den Dyptichen oder in die *Libri Memoriales* eingetragen sind, sagen alle etwa dasselbe: »quorum quarumque recolimus *memoriam*« (diejenigen, deren Erinnerung wir bewahren), »qui in libello memoriali ... *scritti memorantur*« (die im Buch der Erinnerung aufgeschrieben sind, damit man sich ihrer *erinnere*), »quorum nomina *ad memorandum* conscripsimus« (deren Namen wir zur Erinnerung aufgeschrieben haben).

Am Ende des 11. Jhs. wird in der Einleitung zum *Liber Vitae* des Klosters San Benedetto di Polirone z.B. erklärt: »Der Abt hat dieses Buch anfertigen lassen, das auf dem Altar bleiben wird, damit alle Namen unserer Lieben, die darin stehen, immer vor Gottes Augen sind und damit die Erinnerung aller vom ganzen Kloster immer gewahrt werde, sowohl während der Messe, als auch in allen guten Werken...« (Oexle, 1976, S. 77)

Manchmal verraten die *Libri Memoriales* das Versagen dieser Verwalter der Erinnerung. Ein Gebet des *Liber Memorialis* von Reichenau lautet: »Die Namen, die man mich anwies, in dieses Buch zu schreiben, die ich aber aus

Nachlässigkeit vergaß, ich empfehle sie Dir an, Christus, Deiner Mutter und aller himmlischen Macht, damit ihre Erinnerung hienieden und in der Seligkeit des ewigen Lebens gefeiert werde« (Oexle, 1976, S. 85).

Neben dem Vergessen gab es bisweilen für Unwürdige die Löschung aus den Erinnerungsbüchern durch Streichung. Insbesondere die Exkommunikation zog diese christliche »damnatio memoriae« nach sich. Die Synode von Reisbach 798 erklärt bezüglich eines Exkommunizierten, daß »man nach seinem Tod nichts zu seiner Erinnerung aufschreibe« und die zweite Synode von Elne 1027 erläßt bezüglich anderer Verdammter: »und daß ihre Namen nicht am heiligen Altar verlesen werden zusammen mit denjenigen der toten Gläubigen«.

Schon sehr früh waren die Namen denkwürdiger Toter in das Memento des Kanons der Messe einbezogen worden. Im 11. Jh. wurde unter dem Einfluß von Cluny ein jährliches Fest zur Erinnerung an alle toten Gläubigen eingerichtet: der Gedenktag der Verstorbenen *(Allerseelen)* am 2. November. Am Ende des 12. Jhs. entstand ein dritter Ort des Jenseits zwischen Hölle und Paradies, das Fegefeuer, aus dem man die Toten, an denen einem gelegen war, vermittels Messen, Gebeten und Almosen mehr oder weniger schnell wieder herauskommen lassen konnte, so daß sich das Bemühen der Lebenden um die Erinnerung an die Toten noch verstärkte. Jedenfalls wird die Erinnerung in der Umgangssprache stereotypisierter Formeln zum Bestandteil der Umschreibung von betrauerten Toten, die sich »guter Erinnerung« oder »schöner Erinnerung« *(bonae, egregiae memoriae)* erfreuen.

Mit dem Heiligen fand die Frömmigkeit ihren Schwerpunkt im Wunder. *Votivgaben,* die Dankbarkeit in Hinblick auf ein Wunder versprachen oder nach seinem Eintreten davon entbanden und seit der antiken Welt bekannt waren, wurden im Mittelalter sehr beliebt und brachten die Erinnerung an Wunder mit sich (A.M. Bautier, 1977, S. 237–238). Dafür gehen zwischen dem 4. und 11. Jh. die Grabinschriften zurück (Aries, 1977, S. 201ff.).

Die Erinnerung jedoch spielte eine beträchtliche Rolle in der sozialen und in der kulturellen Welt, in der Schulwelt sowie, wohl gemerkt, in den Grundformen der Historiographie.

Das Mittelalter verehrte die Greisen »vor allen Dingen, weil es in ihnen« Erinnerungsmänner von Nutzen und Ansehen erblickte.

Eine Quelle unter anderen, die Marc Bloch (1963, Bd. 1, S. 478) edierte, erzählt: Um 1250, als sich Ludwig der Heilige auf dem Kreuzzug befand, wollten die Chorherren von Notre Dame in Paris eine Abgabe von ihren Leibeigenen in der Grundherrschaft zu Orly erheben. Diese weigerten sich zu bezahlen, und Königin Blanka von Kastilien wurde zur Schiedsrichterin bestellt. Beide Parteien führten alte Männer als Zeugen an, die vorgaben, daß seit Menschengedenken die Leibeigenen zu Orly abgabepflichtig waren oder nicht – je nach dem, zu welchem Lager sie gehörten: »ita usitatum est a tempore a quo non exstat memoria« (so geschieht es seit undenklicher Zeit – die der Erinnerung entzogen ist).

Bernard Guenée bemüht sich, die Bedeutung der mittelalterlichen Wendung »moderne Zeiten« *(tempora moderna)* zu erhellen; nachdem er aufmerksam sowohl die »Erinnerung« des Grafen von Anjou, Fulcos IV. Rechin, studiert hat, der 1096 eine Geschichte seines Hauses schrieb, als auch diejenige Lamberts von Wattrelos, Chorherr zu Cambrai, der 1152 eine Chronik verfaßte, sowie diejenige des Dominikaners Stephan von Bourbon, des Autors einer *Exempla*sammlung zwischen 1250 und 1260, kommt er zu folgendem Schluß: »Im Mittelalter definieren bestimmte Historiker moderne Zeiten als Zeit der Erinnerung. Viele wissen, daß zuverlässige Erinnerung ungefähr hundert Jahre abdecken kann; die Moderne, die modernen Zeiten sind für jeden von ihnen das Jahrhundert, in dessen letzten Jahren er lebt« (Guenée, 1976/77, S. 35).

Übrigens schreibt der Engländer, Walter Map, am Ende des 12. Jhs.: »Dies hat zu unserer Zeit begonnen. Ich verstehe unter ›unserer Zeit‹ die Periode, die für uns modern ist, d.h. den Zeitraum der hundert Jahre, deren Ende wir jetzt sehen und deren bemerkenswerte Ereignisse noch hinreichend frisch und präsent in unserer Erinnerung sind. Dies gilt vor allem, weil einige Hundertjährige noch am Leben sind und auch, weil unzählige Söhne von ihren Vätern und Großvätern äußerst verläßliche Berichte über das besitzen, was sie nicht gesehen haben« (Guenée, 1976/77, S. 35).

Jedoch in diesen Zeiten, da sich die Schriftlichkeit neben der Mündlichkeit entwickelt und da es, zumindest in der Gruppe der Kleriker, der *litterati*, ein Gleichgewicht zwischen mündlicher und schriftlicher Erinnerung gibt, wird der Rückgriff auf Schriftlichkeit als Stütze der Erinnerung intensiver.

Die Grundherren sammeln in ihren *Kopialbüchern* diejenigen Urkunden, die zur Absicherung ihrer Rechte heranzuziehen sind. Dies ist die eine Seite der *feudalen Erinnerung*, die den Boden betrifft, während die andere Seite, die die Menschen betrifft, in den *Genealogien* ihre Grundlage hat. Die Arenga der Urkunde, die Graf Guido von Nevers 1174 den Einwohnern von Tonerre gewährt, erklärt: »Der Gebrauch der Schrift wurde erfunden, um die Erinnerung an Dinge zu bewahren. Das, was wir bewahren und auswendig lernen wollen, lassen wir aufschreiben, damit das, was man nicht ewig in der zerbrechlichen und schwachen Erinnerung behalten kann, durch ein Schriftstück bewahrt wird und durch die Schrift, die immer währt.«

Lange Zeit besaßen die Könige nur bescheidene Archive, die mitgeführt wurden. Philippe Auguste verliert seines im Jahre 1194 anläßlich der Niederlage von Fréteval bei der Gegenüberstellung mit Richard Löwenherz. Das Archiv der königlichen Kanzlei beginnt sich um 1200 herauszubilden. Im 13. Jh. entwickelt sich in Frankreich z.B. das Archiv der Chambre des Comptes* (die königlichen Akten mit finanziellem Betreff sind in den Verzeichnissen bezeichnenderweise unter *mémoriaux* aufgeführt) und die Archive des Parlaments**. *Notariatsarchive* nehmen in Italien seit dem 12. Jh. zu, andernorts seit dem 13. Jh. und vor allem seit dem 14. Jh. (Favier, 1958, S. 13-18).

Mit dem Aufschwung der Städte entstehen Stadtarchive, die von den Bürgerschaften eifersüchtig bewacht werden. Die städtische Erinnerung ist für diese aufkommenden und zugleich bedrohten Institutionen hier durchaus ein Stück kollektiver Identität der Kommune. Genua nimmt in dieser Hinsicht eine Pionierstellung ein: Es gründet sein Archiv 1127 und bewahrt noch heute die Notariatsregister seit der Mitte des 12. Jhs. Das 14. Jh. erlebt die ersten Repertorien in den Archiven (Karl V. in Frankreich, 1366 Papst Urban V. für die päpstlichen Archive, 1381 die englische Monarchie). 1356 befaßt sich zum ersten Mal ein internationaler Vertrag (der Friede von Paris zwischen dem Dauphin und Savoyen) mit dem Schicksal der Archive der beteiligten Länder (R.H. Bautier, 1961).

Im literarischen Bereich besteht die Mündlichkeit lange Zeit neben der Schriftlichkeit fort, und die Erinnerung ist eines der Elemente, die konstitutiv für die mittelalterliche Literatur sind. Dies trifft insbesondere für das 11. und 12. Jh. und die Chanson de Geste*** zu, die nicht nur beim Sänger (Troubadour) und beim Jongleur Praktiken des Memorierens voraussetzt ebenso wie beim Publikum, sondern die zu einem Teil der kollektiven Erinnerung wird, wie Paul Zumthor (1972, S. 324) bezüglich des epischen »Helden« treffend bemerkt hat: »Der ›Held‹ existiert nur im Epos, aber er existiert darum nicht weniger in der kollektiven Erinnerung, an der die Menschen, der Dich-

* Rechnungskammer, Anm. d. Ü.

** höchster königlicher Gerichtshof, Anm. d. Ü.

*** frz. Epos, Anm. d. Ü.

ter und das Publikum teilhaben.« Dieselbe Rolle spielt die Erinnerung in der Schule. Für das Frühmittelalter bestätigt Pierre Riché (1979, S. 218):

> «Der Schüler muß alles in seiner Erinnerung festhalten. Man kann gar nicht genug auf dieser intellektuellen Fähigkeit beharren, die noch lange nicht nur die abendländische Welt, sondern auch den Orient charakterisierte und charakterisieren sollte. Wie der junge Mohammedaner und der junge Jude, so muß auch der christliche Schüler die heiligen Texte auswendig kennen. Zunächst den Psalter, den er mehr oder weniger schnell erlernt – einige benötigen dazu mehrere Jahre – dann, falls er Mönch ist, die benediktinische Ordensregel *(Consultudines von Murhach,* III, 80). In dieser Zeit ist auswendig wissen gleichbedeutend mit wissen. Die Lehrer, die sich auf Ratschläge des Quintilian *(Inst. Orat.* XI, 2) und des Martianus Capella (*De Nuptiis,* Kap. V) stützen, wünschen, daß ihre Schüler sich darin üben, alles Gelesene auch zu behalten (Alkuin, S. 545–548). Sie denken sich verschiedene mnemotechnische Methoden aus und erfinden alphabetische Gedichte (versus memoriales), die es ermöglichen, Grammatik, Komputistik und Geschichte leicht zu behalten.« (Ebd. S. 218)

In dieser Welt, die von Mündlichkeit zu Schriftlichkeit übergeht, häufen sich, in Übereinstimmung mit den Theorien Jack Goodys, Wörterbücher, Lexika und Verzeichnisse von Städten, Bergen, Flüssen und Ozeanen, die es auswendig zu lernen gilt, wie Hrabanus Maurus im 9. Jh. empfiehlt.

Seit dem Ende des 12. Jhs. bleibt im scholastischen System der Universitäten die Erinnerung ein entscheidendes Instrument, das noch stärker auf Mündlichkeit als auf Schriftlichkeit begründet ist. Obwohl die Handschriften für den Gebrauch im Unterricht zunehmen, bleiben das Memorieren von Vorlesungen und mündliche Übungen *(Dispute, Quodlibets,* etc.) das Kernstück studentischen Arbeitens.

Jedoch entwickeln sich Theorien der Erinnerung in Rhetorik und Theologie. In der »Hochzeit Merkurs mit der Philologie« *(De nuptiis Philologiae et Mercurii)* aus dem 5. Jh. greift der heidnische Rhetor Martianus Capella in emphatischen Wendungen die klassische Unterscheidung von *Orten* und *Bildern,* von einer »Erinnerung durch Dinge« und einer »Erinnerung durch Worte« auf. In der Abhandlung Alkuins *Dialogus de Rhetorica et virtutibus* sieht man Karl den Großen, der sich mit den fünf Stufen der Rhetorik auseinandersetzt und zur Erinnerung gelangt.

»– Karl der Große: Und jetzt, was wirst Du über die Erinnerung sagen, die ich für den edelsten Teil der Rhetorik halte?
– Alkuin: Was bleibt mir anderes übrig, als die Worte Marcus Tullius' (Ciceros) zu wiederholen? Die Erinnerung ist die Schatzkammer aller Dinge, und wenn sie sich nicht zur Wahrerin all dessen gemacht hat, was gedacht wurde, werden die übrigen Gaben des Redners, wie hervorragend sie auch sein mögen, zu nichts.
– Karl der Große: Gibt es keine Regeln, die uns lehren, wie man sie erwerben und mehren kann?
– Alkuin: Dafür gibt es keine anderen Regeln als das Auswendiglernen.«

Offensichtlich kannte Alkuin die Rhetorik *Ad Herennium* nicht, die seit dem 12. Jh., da sich die Handschriften mehren, zum großen Klassiker der Gattung wird und dabei Cicero zugeschrieben wird (dessen *De Oratore* ebenso wie die *Institutio Oratoria* von Quintillian praktisch unbekannt sind). Seit dem Ende des 12. Jhs. entwickelt sich aus der klassischen Rhetorik die *ars dictaminis*, eine Technik der Briefkunst zu Verwaltungszwecken, deren großes Zentrum Bologna wird. Dort wurde 1235 die zweite Abhandlung dieser Art geschrieben, die von Boncompagno von Signa verfaßte *Rhetorica novissima*, in der Erinnerung generell folgendermaßen definiert wird: »Was ist Erinnerung? Die Erinnerung ist eine herrliche und bewundernswerte Gabe der Natur, vermittels derer wir uns vergangener Dinge erinnern, die gegenwärtigen erfassen und die zukünftigen bedenken, dank ihrer Ähnlichkeit mit den vergangenen« (Boncompagno, 1841, S. 255). Danach verweist Boncompagno auf die grundlegende Unterscheidung von *natürlicher Erinnerung* und *künstlicher Erinnerung*. Hinsichtlich letzterer macht er eine lange Aufzählung (ebd. S. 277) von »Zeichen der Erinnerung«, die der Bibel entstammen, u.a. das Krähen des Hahnes, das für Petrus ein »mnemonisches Zeichen« ist.

Boncompagno integriert die zentralen Aspekte mittelalterlicher christlicher Moral in die Wissenschaft der Erinnerung: die Tugenden und die Laster, aus denen er *signacula*, »mnemonische Zeichen«, macht (vgl. Yates, 1966, S. 771), und als wichtigstes vielleicht jenseits der künstlichen Erinnerung: das Andenken an Paradies und Hölle als »grundlegende Erinnerungsübung«. Wir können es auch die »Erinnerung an das Paradies« nennen sowie die »Erinnerung an die Regionen des Inferno« zu einer Zeit, da die Unterscheidung zwischen Fegefeuer und Hölle noch nicht ganz vollzogen ist. Dies ist eine wichtige Neuerung, die nach der *Divina Commedia* unzählige Darstellungen der

Hölle, des Fegefeuers und des Paradieses inspirieren wird, die meist als »Orte der Erinnerung« anzusehen sind und deren einzelne Felder an Tugenden und Laster erinnern. Die Fresken Giottos in der Capella dei Scrovegni in Padua und die Darstellungen der guten und der schlechten Herrschaft von Ambrogio Lorenzetti im Palazzo Publico von Siena muß man »mit den Augen der Erinnerung« ansehen (Yates, 1966, S. 105). Das Andenken an Paradies, Fegefeuer und Hölle findet seinen höchsten Ausdruck im *Congestorium actifciosae memoriae* des deutschen Dominikaners Johannes Romberg, das zum ersten Mal 1520 erschien (und dessen wichtigste illustrierte Ausgabe diejenige von Venedig 1533 war). In ihm sind alle antiken Quellen der Erinnerungskunst bekannt, und es stützt sich vor allem auf Thomas von Aquin. Nachdem Romberg das System der *Orte* und *Bilder* auf seinen Höhepunkt geführt hat, entwirft er ein System enzyklopädischer Erinnerung, in dem das im Mittelalter Erreichte im Geiste der Renaissance erstrahlt.

Doch mittlerweile hatte die Theologie die antike Tradition der Erinnerung, die in die Rhetorik eingebunden war, verwandelt. In der Tradition Augustinus‹, greifen der heilige Anselm (gest. 1109) und der Zisterzienser Aelred von Rievaulx‹ (gest. 1167) die Dreiheit *intellectus, voluntas, memoria* auf. Aus ihr macht Anselm die drei »Würden« *(dignitates)* der Seele, aber im *Monologion* wird die Dreiheit zu *memoria, intelligentia, amor.* Erinnerung und Verstand kann es ohne Liebe geben, aber es kann keine Liebe ohne Erinnerung und Verstand geben. Ebenso ist es das Hauptanliegen Aelred von Rievaulx', in seinem *De Anima,* die Erinnerung unter den Eigenschaften der Seele einzuordnen.

Im 13. Jh. sprechen die beiden großen Dominikaner, Albertus Magnus und Thomas von Aquin, der Erinnerung einen wichtigen Stellenwert zu. Zur antiken Rhetorik und zu Augustinus fügen sie vor allem Aristoteles und Avicenna hinzu. Albertus behandelt die Erinnerung in *De bono,* in *De Anima* und in seinem Kommentar zu *De memoria et reminiscentia* von Aristoteles. Dabei geht er von der aristotelischen Unterscheidung zwischen Erinnerung *(memoria)* und Rückerinnerung *(reminiscentia)* aus. Er verfolgt die christliche Auffassungvom »inneren Menschen«, wenn er die Absicht *(intentio)* in das Bild der Erinnerung einbezieht. Er ahnt, welche Rolle die Erinnerung für das Imaginäre spielt, wenn er zugibt, daß die *Fabel,* das *Wunderbare* und die *Gefühle,* die zur Metapher (metaphorica) führen, die Erinnerung unterstützen. Da aber die Erinnerung ein unverzichtbares Hilfsmittel der *Klugheit,* d. h. der Weisheit ist (die man sich als Frau mit drei Augen vorstellt, die Vergangenes, Gegenwärtiges und Zukünftiges sehen kann), besteht Albertus auf der Bedeutung des Erwerbs der Erinnerung, also auf mnemotechnischen Praktiken. Schließlich setzt er als guter »Naturalist« die Erinnerung in Beziehung zu den Temperamenten. Für ihn ist das Temperament, das eine gute Erinnerung am meisten begünstigt, »die trocken-heiße Melancholie, die intellektuelle Melancholie« (Yates, 1966, S. 82). Nimmt Albertus Magnus die »Melancholie« der Renaissance vorweg, lassen sich bei ihm der Gedanke und die Empfindsamkeit für das Andenken erahnen?

Jenseits von allen anderen Fähigkeiten war Thomas von Aquin in besonderer Weise in der Lage, sich mit der Erinnerung auseinanderzusetzen: Seine natürliche Erinnerung scheint phänomenal gewesen zu sein, und seine künstliche Erinnerung war durch den Unterricht Albertus Magnus' in Köln geschult worden. Thomas von Aquin behandelt wie Albertus Magnus in der *Summa Theologiae* die künstliche Erinnerung in Hinblick auf die Tugend der Klugheit.[6] Wie Albertus Magnus schreibt er einen Kommentar zu *De memoria et reminiscentia.* Ausgehend von der klassischen Lehre der *Orte* und der *Bilder,* formulierte er vier mnemonische Regeln:

1. Man muß »Symbole« finden, »die zu den Dingen passen, an die man sich erinnern will«. Frances A. Yates (1966, S. 87) kommentiert: »Nach dieser Methode ist es notwendig, Symbole und Bilder zu erfinden, weil die einfachen und spirituellen *Intentionen* der Seele leicht entgehen. Zumindest ist dies insofern der Fall, als sie sozusagen an körperliche Symbole gebunden sind, und dies sind sie, weil die menschliche Fähigkeit zu erkennen in Hinblick auf die *sensibilia* stärker ausgeprägt ist. Daher ist die Fähigkeit des Erinnerns im sensitiven Teil der Seele angesiedelt.« Erinnerung ist an den Körper gebunden.
2. Anschließend muß man »die Dinge, an die man sich erinnern will, in eine bestimmte Anordnung« bringen, »und zwar so, daß man, ausgehend von einem Punkt, an den man sich erinnert, leicht zum nächsten gelangen kann«. Erinnerung ist Vernunft.
3. Man muß »sich mit Sorgfalt bei den Dingen aufhalten, an die man sich erinnern will, und sich ihnen mit Interesse widmen«. Erinnerung ist an Aufmerksamkeit und Absicht gebunden.

6 *Summa Theologiae,* II,II, Omaestio LXVIII: De partibus Prudentiae; Quaestio XLIX: De singulis prudentiae partibus, articulus 1: utrum memoria sit pars prudentiae.

4. Man muß »über das, woran man sich erinnern will, nachdenken«. Deshalb sagt Aristoteles, daß »Nachdenken die Erinnerung bewahrt«, denn »die Gewohnheit ist wie die Natur«.

Diese Regeln sind so bedeutend wegen des Einflusses, den sie Jahrhunderte hindurch, insbesondere vom 14. Jh. bis zum 17. Jh., auf die Theoretiker der Erinnerung, auf Theologen, Pädagogen und Künstler hatten. Frances A. Yates ist der Ansicht, daß die Fresken aus der zweiten Hälfte des 14. Jhs., die sich im Capellone degli Spagnoli im Dominikanerkloster Santa Maria Novella in Florenz befinden, eine Illustration thomistischer Theorien der Erinnerung darstellen. Bei ihnen würden »körperliche Symbole« verwendet, um die Artes Liberales und die theologisch-philosophischen Disziplinen zu kennzeichnen.

Der Dominikaner Johannes von San Gimignano faßt zu Beginn des 14. Jhs. die thomistischen Regeln in seiner *Summa de exemplis ac similitudinibus rerum* (Buch VI, Kap. 13) in kurze Formeln: »Es gibt vier Dinge, die dem Menschen zu einer guten Erinnerung verhelfen. Das erste ist, die Dinge, an die man sich erinnern will, in eine bestimmte Ordnung zu bringen. Das zweite ist, sich ihnen mit Interesse zu widmen. Das dritte ist, sie auf ungewohnte Symbole zurückzuführen. Das vierte ist, sie zu wiederholen, indem man häufig darüber nachdenkt.«

Wenig später nahm ein weiterer Dominikaner aus dem Pisaner Konvent, Bartholomeus von San Concordio (1262–1347), die thomistischen Regeln der Erinnerung in seine *Ammaestramenti degli antichi* auf. Dieses Werk war das erste, das die Kunst der Erinnerung in der Volkssprache, Italienisch, behandeln sollte, weil es für Laien bestimmt war.

Unter den zahlreichen *Artes Memoriae* des Spätmittelalters, ihrer großen Blütezeit (wie auch der *Artes Moriendi*), ist der *Phoenix sive artificiosa memoria* von Petrus von Ravenna zu erwähnen, dessen erste Ausgabe in Venedig 1491 erschien, gefolgt von einer weiteren in Bologna 1492. Er scheint der verbreitetste dieser Traktate gewesen zu sein, erlebte mehrere Auflagen im 16. Jh. und wurde in verschiedene Sprachen übersetzt, z.B. von Robert Copland in London um 1548 unter dem Titel *The Art of Memory that is otherwise called the Phoenix*.

Erasmus kann sich 1512 in seinem *De ratione studii* nicht für die mnemonische Wissenschaft erwärmen: »Zwar leugne ich nicht, daß Orte und Bilder die Erinnerung zu unterstützen vermögen, doch bleibt die beste Erinnerung nichtsdestoweniger auf drei äußerst wichtige Dinge begründet: Studium, Ordnung und Anwendung« (ders., 1540, Bd. 1, S. 466). Im Grunde sieht Erasmus die Kunst der Erinnerung als ein Beispiel mittelalterlicher und scholastischer intellektueller Barbarei an und warnt insbesondere vor den magischen Praktiken der Erinnerung.

Melanchthon verbietet in seinen *Rhetorica elementa* (Venedig 1534) den Studenten mnemonische Praktiken und »Tricks«. Für ihn verbindet sich Erinnerung mit normalem Wissenserwerb.

Wir können das Mittelalter nicht verlassen, ohne auf einen Theoretiker der Erinnerung zu verweisen, der auch in diesem Gebiet sehr originell ist, auf Ramon Lull. Nachdem er in verschiedenen Abhandlungen auch von der Erinnerung gesprochen hat, verfaßt Ramon Lull (1316 schließlich drei Traktate, *De memoria, De intelligentia* und *De voluntate* (ausgehend von der augustinischen Dreifaltigkeit), wobei wir einen *Liber ad confirmandam memoriam* beiseite lassen. Ganz anders als die dominikanischen *Artes Memoriae* ist die *Ars Memoriae* Ramon Lulls »eine wissenschaftliche Methode, eine Methode logischer Forschung« (Yates, 1966, S. 200), die durch den *Liber septem planetarum* desselben Lull erhellt wird. Die Geheimnisse der *Ars memorandi* sind in den sieben Planeten verborgen. Die neuplatonische Interpretation Lulls im Florenz des 15. Jhs. (Pico della Mirandola) führte dazu, in seiner *Ars Memoriae* eine kabbalistische, astrologische und magische Lehre zu sehen. Sie sollte so einen beträchtlichen Einfluß auf die Renaissance haben.

4. Fortschritte der schriftlichen Erinnerung und der Darstellung von Erinnerung, von der Renaissance bis heute

Der Buchdruck revolutioniert – wenn auch langsam – die europäische Erinnerung. In China revolutioniert er sie noch langsamer, denn obwohl der Buchdruck seit dem 9. Jh. v. Chr. erfunden war, kannte man dort keine beweglichen Lettern, keine Satztechnik. Man gab sich mit dem Holzschnitt und mit Druckstöcken zufrieden, bis im 19. Jh. aus Europa mechanische Verfahren eingeführt wurden. Der Buchdruck konnte daher in China keinen breiten Einfluß ausüben, aber seine Wirkung auf die Erinnerung war – zumindest in den gebildeten Schichten – bedeutend, denn es wurden vor allem wissenschaftliche und technische Abhandlungen gedruckt, die das Memorieren des Wissens beschleunigten und verbreiteten.

Anders war es in Europa. André Leroi-Gourhan (1965, Bd. 2, S. 69f., dt. 1980, S. 326) hat die Revolution, die der Buchdruck für die Erinnerung bedeutet, treffend charakterisiert: »Bis zum Aufkommen des Buchdrucks ... waren mündliche und schriftliche Überlieferung nur schwer voneinander zu trennen. Die Masse des Wissens ist in mündliche Praktiken und Techniken eingelassen; die Spitze des Wissens, die in ihrem Rahmen seit der Antike unverändert blieb, ist in Handschriften fixiert, um auswendig gelernt zu werden... Mit dem Gedruckten wird dem Leser nicht nur eine ungeheure kollektive Erinnerung verfügbar, deren Inhalt er nicht mehr vollständig beherrschen kann, sondern häufig ist er auch noch in die Lage versetzt, neue Schriften auszuwerten. So sind wir Zeugen, wie die individuelle Erinnerung allmählich veräußerlicht wird; die Orientierungsarbeit im Schriftlichen geschieht von außen.«

Doch die Auswirkungen des Buchdrucks werden vollständig erst im 18. Jh. spürbar, als der Fortschritt von Wissenschaft und Philosophie den Inhalt und die Mechanismen der kollektiven Erinnerung veränderten. »Das 18. Jh. in Europa bringt das Ende der antiken Welt durch den Druck und die Technik mit sich... Die soziale Erinnerung wird in Bücher versenkt; in einigen Jahrzehnten ist die ganze Antike, die Geschichte der großen Völker, Geographie und Ethnographie einer Welt, die endgültig sphärisch geworden ist, Philosophie, Recht, Wissenschaft, Kunst und Technik und eine Literatur, die in zwanzig verschiedene Sprachen übersetzt ist, darin verschwunden. Die Flut wächst immer noch an bis heute, aber, im Verhältnis gesehen, hat kein andererAugenblick der menschlichen Geschichte ein so rasches Anwachsen der kollektiven Erinnerung erlebt. Daher finden sich schon im 18. Jh. alle Formeln, derer man sich bedienen kann, um dem Leser eine vorgeformte Erinnerung nahezubringen« (Leroi-Gourhan, 1965, Bd. 2, S. 70, dt. 1980, S. 327).

Diese Periode, die das Ende des Mittelalters und die Anfänge des Buchdrucks vom Beginn des 18. Jhs. trennt, hat Frances A. Yates als lange Agonie der Kunst der Erinnerung bezeichnet. Im 16. Jh. »entfernt sich, so scheint es, die Kunst der Erinnerung aus den großen Nervenzentren der europäischen Tradition, um marginal zu werden« (Yates, 1966, S. 119).

Obwohl nach wie vor Schriften unter dem Titel *Come migliorare la tua memoria* («Wie du deine Erinnerung verbessern kannst«) erschienen (was bis heute geschieht), verschwand die klassische Theorie der Erinnerung, die sich in der griechisch-römischen Antike herausgebildet hatte, von der Scholastik modifiziert worden und für Studium, Literatur (man denke nur an die *Divina*

Commedia) und Kunst des Mittelalters zentral gewesen war, mit dem Humanismus fast ganz. Doch ihr hermetischer Zweig, der von Lull mitbegründet worden war und zu dessen Verbreitung Marsilius Ficinus und Pico della Mirandola entscheidend beigetragen hatten, entwickelte sich noch beträchtlich bis zum Beginn des 17. Jhs.

Zunachst inspiriert er eine seltsame Person, die zu ihrer Zeit in Italien und Frankreich berühmt gewesen war, danach jedoch vergessen wurde, Giulio Camillo Delminio, »den göttlichen Camillo« (Yates, 1966, S. 144–187). Dieser Venetianer, der um 1488 geboren wurde und 1544 in Mailand starb, konstruierte in Venedig und dann in Paris ein Theater aus Holz. Von diesem Theater haben wir keine Beschreibung, können jedoch annehmen, daß es dem idealen Theater glich, das Camillo selbst in *L'Ideal del Teatro* beschrieb, welches nach seinem Tod 1550 in Venedig und Florenz erschien. Nach den Prinzipien der klassischen mnemonischen Wissenschaft konstruiert, stellt dieses Theater tatsächlich das Universum dar, wie es sich aus den Urgründen über die Stationen der Schöpfung entwickelt. Das Theater baut auf den Planeten, den Tierkreiszeichen und den Schriften auf, die Hermes Trismegistos zugeschrieben werden: Der *Asclepius* in der lateinischen Übersetzung, die im Mittelalter bekannt war, und das *Corpus hermeticum* in der lateinischen Übersetzung des Marsilius Ficinus. Das *teatro* von Camillo ist in der frühen venezianischen Renaissance anzusiedeln, und dieses Mal ist »*die Kunst der Erinnerung*« in den Zusammenhängen dieser Renaissance zu sehen, insbesondere von deren Architektur. Wenn Palladio (insbesondere beim olympischen Theater von Vicenza), beeinflußt von Vitruv und wahrscheinlich auch von Camillo, die Theaterarchitektur auf den Grundlagen einer hermetischen Theorie der Erinnerung nicht bis zur letzten Konsequenz verwirklicht hat, so haben diese Theorien in England ihre vielleicht beste Verbreitung gefunden. Von 1617 bis 1619 erschienen in Oppenheim in Deutschland die beiden Bände (Band 1, der Makrokosmos und Band 3, der Mikrokosmos) der *Utriusque Cosmia, maioris scilicet et minoris, metaphysica, physica atque technica Historia* von Robert Fludd, in denen sich die hermetische Theorie des Theaters der Erinnerung wiederfindet, das diesmal vom Rechteck zum Kreis transformiert wurde *(ars rotunda* anstelle der *ars quadrata)* und von dem Yates (1966, S. 367–394) annimmt, daß es vermutlich im berühmten Globe Theatre in London, dem Theater Shakespeares, konkrete Form annahm.

Doch hatten die okkultistischen Theorien der Erinnerung ihren größten Theoretiker in Giordano Bruno (1548–1600) gefunden, und diese Theorien spielten eine entscheidende Rolle für die Verfolgung, die Verurteilung durch die Kirche und die Hinrichtung des berühmten Dominikaners. In dem schönen Buch von Yates kann man die Einzelheiten dieser Theorien nachlesen, die insbesondere in *De umbris idearum* (Paris 1582), *Cantus Cireaus* (1582), *Ars reminiscendi, explicatio triginta sigillorum ad omnium scientiarum et artium inventionem, dispositionem et memoriam* (erschienen in England 1583), *Lampas triginta statuarum* (geschrieben in Wittenberg 1587, erste Ausgabe 1891), *De imaginum, signorum et idearum compositione* (Frankfurt 1591) zum Ausdruck kommen. Wir wollen uns damit begnügen, festzuhalten, daß für Bruno die Mechanismen der Erinnerung aufgrund von Magie funktionierten und daß »eine solche Erinnerung die Erinnerung eines göttlichen Menschen sein mußte, eines Weisen, mit göttlichen Kräften begabt, und zwar dank einer Vorstellungskraft, die mit dem Walten kosmischer Kräfte verknüpft war. Und ein solcher Versuch mußte auf der hermetischen Vorstellung beruhen, daß die menschliche *mens* göttlich ist, daß ihr Ursprung sie mit den Sternenlenkern der Welt verbindet und daß sie in der Lage ist, das Universum zugleich widerzuspiegeln und zu beherrschen« (Yates, 1966, S. 241f.).

Schließlich enthüllte ein gewisser Johannes Paepp 1617 zu Lyon in seinem *Schenkelius detectus, seu memoria artficialis hactenus occultata,* daß sein Lehrer Lambert Schenkel (1547 – ca. 1605) in Wirklichkeit ein heimlicher Anhänger der hermetischen Richtung war. Schenkel hatte zwei Abhandlungen über die Erinnerung veröffentlicht[7], welche dem Anschein nach in Einklang mit den antiken und den scholastischen Theorien der Erinnerung standen. Dies war der Schwanengesang der mnemonischen Hermetik. Die wissenschaftliche Methode, die das 17. Jh. zu entwickeln im Begriff stand, sollte den zweiten Zweig der mittelalterlichen *Ars memoriae* zerstören.

Bereits der französische Protestant Pierre de la Ramée, der 1515 geboren war und 1572 Opfer der Bartholomäusnacht wurde, forderte in seinen *Scholae in liberales artes* (1569), die alten Theorien des Memorierens durch neue zu ersetzen, die auf einer »dialektischen Ordnung« und einer »Methode« begründet sein sollten. Diese Forderung des Verstandes zu Lasten der Erinnerung sollte bis heute fortfahren, eine »Anti-Erinnerungs«-Strömung zu nähren, welche zum Beispiel das Verschwinden oder die Verringerung von »Lern«fächern in den Lehrplänen fordert. Währenddessen haben die Kinderpsychologen gezeigt, so z.B. Jean Piaget, wie wir oben sahen, daß Erinnerung

[7] *De memoria,* Douai 1593, und das *Gazophylaclum,* Straßburg 1610, französische Übersetzung Paris 1623

und Verstand keineswegs im Gegensatz zueinander stehen, sondern sich gegenseitig stärken.

Jedenfalls sagt Francis Bacon seit 1620 im *Novum Organum:* »Auch wurde eine Methode ausgearbeitet und praktiziert, die nicht legitim ist, sondern auf Täuschung beruht. Sie besteht darin, die Kenntnis eines Gegenstandes so zu vermitteln, daß man schnell seine Bildung zur Schau stellen kann und ihrer dabei zugleich ganz verlustig geht. Dies war das Werk Ramon Lulls« (Yates, 1966, S. 402).

Zur gleichen Zeit greift Descartes in seinen *Cogitationes privatae* (1614–1621) den »Unsinn Schenkels« (in dessen Buch *De Arte Memoriae)* an und schlägt verschiedene logische »Methoden« vor, um die Vorstellungskraft zu beherrschen: »Wissen durch das Zurückführen der Dinge auf die Gründe zu erreichen; wenn diese schließlich alle auf einen einzigen zurückgeführt sind, so ist es klar, daß man für keine Wissenschaft der Erinnerung bedarf« (Yates, 1966, S. 400).

Einzig Leibniz hat vielleicht in bisher unedierten, in Hannover aufbewahrten Schriften (Yates, 1966, S. 353) versucht, die *Kunst der Erinnerung* Lulls, die er als »kombinatorisch« einstuft, mit der modernen Wissenschaft zu versöhnen. Die Räder der Erinnerung bei Lull, die Giordano Bruno aufgriff, werden von *Zeichen, Noten, Buchstaben* und *Siegeln* bewegt. Es genügt, so scheint Leibniz zu denken, aus den Noten eine universelle mathematische Sprache zu machen. Diese Mathematisierung der Erinnerung beeindruckt heute als Zwischenschritt zwischen dem mittelalterlichen System Lulls und der modernen Kybernetik.

Für diese Periode der »expandierenden Erinnerung«, wie André Leroi-Gourhan sie genannt hat, wollen wir das Vokabular als Quelle heranziehen. Dies geschieht am Beispiel des Französischen und der beiden semantischen Felder, die aus *mneme* und *memoria* hervorgegangen sind.

Das Mittelalter steuerte das zentrale Wort *mémoire* (Erinnerung) bei, das mit den ersten Sprachzeugnissen im 11. Jh. auftauchte. Im 13. Jh. kommt *mémorial* (Memorial, Merkbuch) hinzu (das, wie wir sahen, die Staatsrechnungen betrifft) und 1320 *mémoire* als Masculinum, das eine Verwaltungsakte bezeichnet. Die Erinnerung wird bürokratisch im Dienste des monarchischen Zentralismus, der sich um diese Zeit herausbildet. Das 15. Jh. erlebt das Erscheinen von *mémorable* (bemerkenswert, der Erinnerung würdig, denkwürdig) in einer Zeit, in der die *Artes Memoriae* ihren Höhepunkt erleben und die antike Literatur ein neues Leben beginnt: die traditionalistische Erinnerung. Im 16. Jh., 1552, erscheinen *mémoires* (Memoiren), die von einer Person meist adliger Herkunft verfaßt sind. In diesem Jahrhundert entsteht die Geschichte und bildet sich das Individuum heraus. Das 18. Jh. trägt 1726 den *mémorialiste* (Chronisten) und 1777 das *Memorandum* bei, die auf dem Umweg über das Englische aus dem Lateinischen entlehnt wurden. Die journalistische und diplomatische Erinnerung ist der Einzug der nationalen und internationalen öffentlichen Meinung, die sich gleichfalls ihre Erinnerung schafft. Die erste Hälfte des 19. Jhs. erlebt eine beachtliche Häufung von Wortschöpfungen: *amnesie* (Amnesie, Gedächtnisstörung, Gedächtnisverlust), das die medizinische »Wissenschaft« 1803 beiträgt, *mnémonique* (mnemonisch, die Erinnerung betreffend oder stützend) (1800), *mnémotechnie* (Mnemotechnik, Gedächtniskunst) (1823), *mnémotechnique* (mnemotechnisch, das Gedächtnis stützend) (1836), *mémorisation* (das Memorieren, Einprägen ins Gedächtnis), eine Wortgruppe, die 1847 von Schweizer Pädagogen geschaffen wurde und die den Fortschritt des Unterrichts und der Pädagogik bezeugt; *aidemémoire* (Gedächtnisstütze, schriftliche), das im Jahre 1853 das Alltagsleben vom Bedarf an Erinnerung durchdrungen zeigt. Schließlich scheint 1907 das zur Schule gehörige *mémoriser* (memorieren) die Errungenschaften der expandierenden Erinnerung zusammenzufassen.

Doch das 18. Jh. spielt, wie André Leroi-Gourhan ankündigt, bei dieser Erweiterung der kollektiven Erinnerung eine entscheidende Rolle: »Die Lexika stoßen an ihre Grenzen in Gestalt von Enzyklopädien aller Arten, die zum Gebrauch von Manufakturen und Bastlern, aber auch von reinen Gelehrten herausgegeben werden. Der erste wirkliche Aufschwung der technischen Literatur findet in der zweiten Hälfte des 18. Jhs. statt ... Das Lexikon stellt eine sehr entwickelte Form von äußerer Erinnerung dar, in der aber die Idee ad infinitum ausgewalzt wird. Die Große Enzyklopädie von 1751 ist eine Abfolge kleiner Lehrbücher, die vom Lexikon umschlossen werden ... Die Enzyklopädie ist eine alphabetisch geordnete, atomisierte Erinnerung, deren einzelne Unterabteilungen jeweils einen aufgerufenen Teil der gesamten Erinnerung enthalten. Zwischen der Spieluhr Vaucansons und der Enzyklopädie, die beide zeitgenössisch sind, besteht dieselbe Beziehung wie zwischen einer elektronisch gesteuerten Maschine und einem Großrechner heute« (Leroi-Gourhan, 1965, Bd. 2, S. 70f., dt. 1980, S. 327).

Die Erinnerung, die sich soeben akkumuliert hatte, sollte in der Revolution von 1789 explodieren. War sie nicht deren gewaltiger Zündstoff?

Während die Lebenden über eine immer vielfältigere technische, wissenschaftliche und intellektuelle Erinnerung verfügen können, scheint sich die Erinnerung von den Toten abzuwenden. Vom Ende des 17. Jhs. zum Ende des

18. Jhs. wird das Totengedenken schwächer, zumindest in dem Frankreich von Philippe Ariès und Michel Vovelle. Die Grabstätten, auch die der Könige, werden sehr schlicht. Die Gräber sind der Natur überlassen, die Friedhöfe öde und schlecht gepflegt. Der Franzose Pierre Mouret findet in seinem *Cérémonies funèbres de toutes les nations* das Vergessen der Toten in England besonders erschütternd und schreibt dies dem Protestantismus zu: »Früher wurde alljährlich der Verstorbenen gedacht. Heute spricht man nicht mehr von ihnen, es würde zu sehr nach Papismus schmecken.« Michel Vovelle meint herauslesen zu können, daß man im Zeitalter der Vernunft »den Tod eliminieren« will.

Unmittelbar nach der Französischen Revolution wird jedoch eine Rückkehr zum Totengedenken in Frankreich wie auch andernorts in Europa manifest. Es beginnt die große Zeit der Friedhöfe mit neuen Typen von Grabdenkmälern und -inschriften sowie dem Ritus des Friedhofbesuchs. Das von der Kirche abgetrennte Grab ist wieder zum Mittelpunkt des Angedenkens geworden. Die Romantik betont die Anziehungskraft der Friedhöfe, die der Erinnerung verbunden sind.

Im 19. Jh. schäumt der Geist des Gedenkens über, und zwar jetzt weniger im Bereich des Wissens wie im 18. Jh., sondern in demjenigen des Gefühls und in der Tat auch der Erziehung.

Gab die Französische Revolution das Beispiel? Mona Ozouf (1976, S. 199) hat den Einsatz des revolutionären Festes im Dienste der Erinnerung präzis beschrieben. »Das Gedenken gehört zum revolutionären Programm: Alle Erfinder von Kalendern und Festen sind sich einig über die Notwendigkeit, durch Feste das Andenken an die Revolution wachzuhalten.« Gleich in ihrem Abschnitt I erklärt die *Constitution* von 1791: »Nationale Feste sollen eingerichtet werden, um das Andenken an die französische Revolution zu bewahren.«

Doch bald tritt die Manipulation der Erinnerung auf den Plan. Nach dem 9. Thermidor* wird man sensibel für die Massaker und Hinrichtungen der

* Thermidor (Hitzemonat, Juli/August) und Vendémaire (Weinlesemonat, September/Oktober) sind neue Monatsnamen im französischen Republikanischen Kalender, der mit der Gründung der Republik am 22. September 1792 begann, jedoch erst am 5. Oktober 1793 offiziell eingeführt wurde. Das Jahr, beginnend jeweils am 22./23. September, bestand aus 12 Monaten zu je 30 Tagen, die in drei Dekaden eingeteilt wurden.
Der 9. Thermidor meint den 28. September 1794, an dem Robespierre gestürzt und hingerichtet wurde, der 1. Vendémaire den 14. Juli 1789, den Tag des Volksaufstandes in Paris und der Erstürmung der Bastille. (Anm. der Red.)

Schreckensherrschaft und beschließt daher, »die Vielzahl der Opfer« der kollektiven Erinnerung zu entziehen. »Die Zensur machte sie der Erinnerung bei den Gedenktagen streitig« (Ozouf, 1976, S. 202). Im übrigen galt es zu wählen. Nur drei Tage der Revolution erschienen den Anhängern des Thermidor des Gedenkens würdig: der 14. Juli, der 1. Vendémaire als der Tag des republikanischen Jahres, den kein einziger Tropfen Blut befleckte, und mit größerem Zögern der 10. August als der Tag, an dem die Monarchie fiel. Hingegen fand das Gedenken an den 21. Januar, den Tag der Hinrichtung Ludwigs XVI., keinen Anklang; dies war ein Fall von »unmöglichem Gedenken«.

Die Romantik, die stärker literarisch als dogmatisch orientiert ist, entdeckt die Verführungen der Erinnerung wieder. In seiner Übersetzung der Abhandlung Vicos *Della antichissima supienza degl'Italiani* (1835) (in: Michelet, Bd. 1, S. 410f.) kann Michelet folgenden Absatz lesen: »Memoria und Phantasia«: »Die Römer nennen die Erinnerung *memoria,* wenn sie die Sinneswahrnehmungen bewahrt und *reminiscentia,* wenn sie sie wiedergibt. Memoria aber nannten sie ebenso die Fähigkeit, vermittels derer wir Bilder formen und die bei den Griechen *phantasia* und bei uns *imaginativa* heißt. Denn das, was wir üblicherweise *sich vorstellen* nennen, hieß bei den Römern *memorare*... Daher sagen die Griechen in ihrer Mythologie, daß die Musen, die Schutzgöttinnen der Vorstellungskraft, Töchter der Erinnerung sind«. So findet Vico die Verbindung zwischen Erinnerung und Vorstellungskraft, zwischen Erinnerung und Poesie.

Doch die Laisierung der Feste und des Kalenders in zahlreichen Ländern trägt dazu bei, daß die Gedenktage sich vervielfachen. In Frankreich wird das Andenken an die Revolution durch die Feiern des 14. Juli versüßt, von dessen Metamorphosen Rosmonde Sanson berichtet. Nachdem das Fest von Napoleon unterdrückt worden war, wurde es auf Vorschlag von Raymond Raspail am 6. Juli 1880 wieder eingeführt. Der Berichterstatter für diese Gesetzesvorlage erklärte: »Die Einrichtung einer Reihe von nationalen Festen, die beim Volk das Andenken wachhält, das sich verbindet mit der bestehenden politischen Institution, ist eine Notwendigkeit, die alle Regierungen erkannt und in die Praxis umgesetzt haben.« Schon Gambetta hatte in »La Republique française« (vom 15. Juli 1872) geschrieben: »Eine freie Nation braucht nationale Feste.« In den Vereinigten Staaten von Amerika beschließen die Nordstaaten unmittelbar nach dem Sezessionskrieg einen Gedenktag, der zum ersten Mal am 30. Mai 1868 begangen wird. 1882 wird diesem Tag der Name *Memorial Day* verliehen.

Wenn schon die Revolutionäre Feste wollen, die das Gedenken an die Revolution hochhalten, so wird das Gedenken vor allem bei den Konservativen und noch stärker bei den Nationalisten zur Manie, für die die Erinnerung Ziel und Instrument von Herrschaft ist. 1881 ruft Paul Déroulède, Gründer der *Ligue des Patriotes* aus:

> Ich kenne Leute, die glauben, daß der Haß sich besänftigt:
> Aber nein! Das vergessen wird keinen Eingang
> in unsere Herzen finden,
> Zuviel Boden fehlt dem Lande Frankreichs,
> Die Eroberer waren zu siegreich.

Dem 14. Juli der Republik ließ das katholische und nationalistische Frankreich die Feier der Jeanne d'Arc hinzufügen. Das Gedenken der Vergangenheit erlebt einen Höhepunkt im nationalsozialistischen Deutschland und im faschistischen Italien.

Das Gedenken bemächtigt sich neuer Träger: Münzen, Medallien und Briefmarken mehren sich. Etwa seit der Mitte des 19. Jhs. gibt es eine neue Welle von Statuen, eine neue Inschriftenkultur (Denkmäler, Plaketten an Straßen, Gedenktafeln an den Häusern berühmter Toter) überflutet die europäischen Nationen. Hier finden wir ein weites Feld, in dem sich Politik, Empfinden und Brauchtum mischen und das noch auf seine historische Erforschung wartet. Für das Frankreich des 19. Jhs. hat Maurice Agulhon (1978) mit seinen Untersuchungen über Statuen-Besessenheit, Bildproduktion und republikanische Symbolik einen Weg gebahnt. Der Aufschwung des Tourismus löst eine ungeahnte Entwicklung des »Andenken«-Geschäfts aus.

Währenddessen beschleunigt sich die wissenschaftliche Bewegung, die dazu bestimmt ist, die kollektive Erinnerung der Nationen mit Monumenten des Andenkens zu versehen. In Frankreich führt die Revolution zum Aufbau der *Archives nationales* (Dekret vom 7. September 1790). Das Dekret vom 25. Juli 1794 setzt die Öffentlichkeit der Archive fest und eröffnet eine neue Phase, in der die Quellen der nationalen Erinnerungen der Öffentlichkeit zur Verfügung gestellt werden.

Im 18. Jh. waren zentrale Archivdepots geschaffen worden (das Haus Savoyen in Turin zu Beginn des Jahrhunderts, Peter der Große 1720 in Petersburg, Maria Theresia in Wien 1749, Polen in Warschau 1765, Venedig 1770, Florenz 1778 usw.). Nach Frankreich baut England 1838 das *Public Record*

Office auf: Papst Leo XIII. öffnet das 1611 gegründete *Archivo segreto vaticano* für die Öffentlichkeit.

Besondere Institutionen werden geschaffen, um Spezialisten zur Erforschung der Bestände auszubilden. Die *École des Chartes* in Paris 1821 (Neuordnung 1829), das Institut für Österreichische Geschichtsforschung durch Th. von Sickel in Wien 1854, die Scuola di Paleografia e Diplomatica in Florenz durch Bonaini 1857.

Dasselbe gilt für die Museen. Nach den vorsichtigen Versuchen des 18. Jhs., sich dem Publikum zu öffnen (der Louvre zwischen 1750 und 1774, das Museum Fridericianum in Kassel, das 1779 vom Landgrafen von Hessen eingerichtet wurde) und der Unterbringung von großen Sammlungen in Spezialgebäuden (die Eremitage in Petersburg unter Katharina II. 1764, das Museo Clementino im Vatikan 1773, der Prado in Madrid 1785), begann schließlich die Zeit der Öffentlichen Museen und der Nationalmuseen. Die Große Galerie des Louvre wurde am 10. August 1793 eingeweiht, die Convention schafft ein technisches Museum mit dem bezeichnenden Namen eines Konservatoriums für Kunst und Gewerbe. Louis-Philippe begründet 1833 das Museum von Versailles, das dem höchsten Ruhme Frankreichs gewidmet ist. Die nationale Erinnerung Frankreichs verlängert sich bis zum Mittelalter mit der Unterbringung der Sammlung Sommerard im Musée de Cluny und bis zur Vorgeschichte mit dem Museum von Saint Germain, das Napoleon III. 1862 einrichtet.

Die Deutschen schaffen die Antikensammlung in Berlin 1830 und das Germanische Nationalmuseum in Nürnberg (1852). In Italien errichtet das Haus Savoyen, das im Begriff ist, die italienische Einigung zu verwirklichen, das Nationalmuseum des Barghello in Florenz. In den skandinavischen Ländern ist die kollektive Erinnerung empfänglich für »volkstümliche« Erinnerung, insofern als Museen für Brauchtum in Dänemark seit 1807, in Bergen in Norwegen 1828, in Helsingfors in Finnland 1849 eröffnet werden, um sich im Freilichtmuseum (Skansen) von Stockholm im Jahre 1891 zu vollenden. Die Aufmerksamkeit, die d'Alembert in der *Encyclopédie* für die technische Erinnerung gefordert hatte, wird mit der Einrichtung des Manufakturmuseums im Marlborough House in London 1852 manifest.

Die Entwicklung der Bibliotheken verläuft parallel und ebenso ihre Öffnung. In den Vereinigten Staaten hatte Benjamin Franklin 1731 eine Lesegesellschaft in Philadelphia eröffnet.

Unter den wichtigen oder charakteristischen Phänomenen, in denen sich die kollektive Erinnerung im 19. Jh. und zu Beginn des 20. Jhs. manifestiert, möchte ich zwei festhalten. Das erste ist die Errichtung von Totenmälern unmittelbar nach dem Ersten Weltkrieg. Das Gedenken am Grabe findet hier neuen Aufschwung. In mehreren Ländern wird ein Grab des unbekannten Soldaten errichtet und auf diese Weise versucht, die Grenzen der Erinnerung, die mit dem Namenlosen verbunden sind, zu durchbrechen, indem über dem namenlosen Leichnam der Zusammenhalt der Nation in der gemeinsamen Erinnerung beschworen wird.

Das zweite ist die Fotografie, die die Erinnerung tiefgreifend verändert: Sie vermehrt und demokratisiert sie, sie gibt ihr eine Genauigkeit, eine Wahrhaftigkeit der visuellen Erinnerung, wie sie nie zuvor erreicht wurde. Die Fotografie ermöglicht es, die Erinnerung an die Zeit und an die Entwicklung in der Zeit zu bewahren.

Pierre Bourdieu (1965, S. 53f.) und seine Forschungsgruppe haben deutlich gemacht, welche Bedeutung das »Familienalbum« hat: »Die Porträtgalerie wurde demokratisiert, und jede Familie hat ihren Hofporträtisten in Gestalt ihres Oberhaupts. Seine Kinder zu fotografieren bedeutet, sich zum Historiographen ihrer Kindheit zu machen und ihnen wie ein Vermächtnis das Bild dessen anzulegen, was sie einmal waren ... Das Familienalbum hält der sozialen Erinnerung die Wahrheit entgegen. Nichts gleicht der künstlerischen Suche nach der verlorenen Zeit weniger als die Vorführungen kommentierter Familienfotografien. Es sind Integrationsriten, die die Familie ihren neuen Mitgliedern auferlegt. Die Bilder der Vergangenheit in chronologischer Reihenfolge, der logischen Ordnung der sozialen Erinnerung, evozieren und übermitteln das Andenken an Ereignisse, die es verdienen, bewahrt zu werden. Sie verdienen es deshalb, weil die Gruppe in den Zeugnissen ihrer vergangenen Einheit einen Faktor des Zusammenhalts sieht oder, was auf dasselbe herauskommt, weil sie aus der Vergangenheit die Bestätigung ihrer gegenwärtigen Einheit bezieht. Deshalb gibt es nichts Taktvolleres, nichts Bestärkenderes und nichts Erbaulicheres als ein Familienalbum: Alle Einzelabenteuer, die ein individuelles Andenken in der Abgeschiedenheit eines Geheimnisses enthalten, sind daraus verbannt, oder, wenn man so will, der kleinste gemeinsame Nenner der Vergangenheit besitzt die beinahe provozierende Reinheit eines getreulich besuchten Grabmals.« Diesen durchschlagenden Zeilen wollen wir etwas hinzufügen und etwas an ihnen korrigieren: Nicht immer ist der Vater der Hofporträtist der Familie. Häufig ist es die Mutter. Läßt sich darin ein Rest weiblicher Funktionen beim Bewahren des Andenkens erkennen, oder handelt es sich im Gegenteil darum, daß die Erinnerung der Gruppe vom Feminismus erobert wurde?

Zu den Fotografien, die man aufnimmt, kommt der Postkartenkauf hinzu. Das eine wie das andere konstituiert neue Familienarchive, den Bildbestand der Familienerinnerung.

5. Tiefgreifende Veränderungen der Erinnerung in der Gegenwart

Als André Leroi-Gourhan (1965, Bd. 2, S. 65, dt. 1980, S. 373) die Prozesse der Konstituierung von Erinnerung untersuchte, hat er ihre Geschichte in fünf Perioden unterteilt, an die ich hier erinnern möchte: »diejenige der mündlichen Überlieferung, diejenige der schriftlichen Überlieferung auf der Basis von Übersichten oder Registern, diejenige der einfachen Karteikarten, diejenige der Lochkarten und diejenige der elektronischen Serienbildung.«

Wir haben gesehen, welchen Sprung die kollektive Erinnerung im 19. Jh. machte; die Erinnerung auf Karteikarten ist lediglich deren Verlängerung, so wie der Buchdruck letztlich eine Konsequenz aus der Anhäufung von Erinnerung seit der Antike war. André Leroi-Gourhan (1965, Bd. 2, S. 72f., dt. 1980, S. 329) hat übrigens den Fortschritt der Erinnerung auf Karteikarten und seine Grenzen gut erfaßt: »Im 19. Jh. nahm die kollektive Erinnerung einen solchen Umfang an, daß es unmöglich wurde, von einer individuellen Erinnerung zu erwarten, daß sie den Inhalt von Bibliotheken behielte... Das 18. Jh. und auch noch ein bedeutender Teil des 19. Jhs. lebten von Notizbüchern und Werkkatalogen; dann wurde mit der Dokumentation auf Karteikarten begonnen, die jedoch erst zu Beginn des 20. Jhs. wirklich gebräuchlich war. In ihrer rudimentärsten Form entspricht sie bereits dem Aufbau eines richtigen, nach außen verlagerten Kortex, denn eine einfache bibliographische Kartei macht in den Händen des Benutzers zahlreiche Kombinationen möglich ... Das Bild des Kortex ist übrigens in gewisser Weise falsch, denn wenn eine Kartei eine Erinnerung im engeren Sinne darstellt, so handelt es sich hier um eine Erinnerung ohne eigene Möglichkeiten des Wiedererinnerns und um sie zum Leben zu erwecken, ist ihre Einführung in den visuellen und manuellen Handlungsbereich des Forschers notwendig.« Doch die tiefgreifenden Veränderungen der Erinnerung im 20. Jh., insbesondere nach 1950, stellen eine regelrechte Revolution der Erinnerung dar, und die elektronische Erinnerung ist davon nur ein Element, wenn auch zweifelsohne das spektakulärste.

Das Auftauchen großer Rechenmaschinen im Laufe des Zweiten Weltkriegs ist in die große Beschleunigung der Geschichte, insbesondere der Technik- und Wissenschaftsgeschichte nach 1960, einzuordnen und gehört zugleich zur langen Geschichte der automatischen Erinnerung. Es war in Zusammenhang mit den Computern bereits an die arithmetische Maschine zu erinnern, die Pascal im 17. Jh. erfand und die im Unterschied zum Abakus nicht nur ein Mittel der Erinnerung, sondern auch ein Mittel zum Rechnen darstellt. Die Erinnerungsfunktion stellt sich in einem Computer folgendermaßen dar: Er umfaßt:

a) Eingabemöglichkeiten für Daten und Programme,
b) Elemente, die sich *erinnern* können und aus Magnetplatten bestehen, die die in die Maschine eingegebenen Informationen ebenso wie die Teilergebnisse festhalten, die im Laufe der Arbeit erzielt werden,
c) die Möglichkeiten, sehr schnell zu rechnen,
d) Kontrollmöglichkeiten,
e) die Möglichkeit, Ergebnisse auszuwerfen (Demarne/Rouquerol, 1959, S. 5f.).

Man unterscheidet zwischen Arbeitsspeichern, die die Vorgaben, die verarbeitet werden sollen, registrieren und Hauptspeichern, die Zwischenergebnisse und bestimmte Konstanten vorübergehend festhalten. In gewisser Weise läßt sich auch im Computer die Unterscheidung der Psychologen zwischen *Kurzzeitgedächtnis* und *Langzeitgedächtnis* anwenden.

Letztlich bildet die Erinnerung einen der drei grundlegenden Schritte der Rechneroperation, die sich in »schreiben«, »erinnern«, und »lesen« zergliedern läßt. Diese Erinnerung kann in bestimmten Fällen »unbegrenzt« sein.

Zu diesem ersten Unterschied in der Dauer zwischen menschlicher Erinnerung und elektronischer Erinnerung ist hinzuzufügen, daß »die menschliche Erinnerung besonders instabil und manipulierbar ist (die inzwischen klassische Kritik der Psychologie an der Zeugenaussage z.B.). Dagegen besticht die Erinnerung der Maschinen durch ihre extreme Stabilität, welche sie in die Nachbarschaft der Erinnerung rückt, die das Buch vermittelt, welche allerdings mit einer Leichtigkeit des Abrufs verbunden ist, die bis dahin unbekannt war« (ebd. S. 83).

Es ist klar, daß die Herstellung künstlicher Gehirne, die noch in den Anfängen steckt, zu »Maschinen« führt, »die das menschliche Gehirn in den Funktionen der Erinnerung und des rationalen Urteils übertreffen«. Diese Tatsache leitet zu der Feststellung hin, daß »das zerebrale Kortex, so bewundernswürdig es auch sein mag, so unvollkommen ist, wie die Hand oder das Auge« (Leroi-Gourhan, 1965, Bd. 2, S. 75, dt. 1980, S. 331f.). Doch ist festzuhalten, daß die elektronische Erinnerung nur auf Befehl und nach dem Programm des Menschen funktioniert, daß die menschliche Erinnerung einen großen Sektor umfaßt, der sich nicht »informatisieren« läßt, und daß die elektronische Erinnerung wie alle Formen automatischer Erinnerung, die in der Geschichte aufgetaucht sind, lediglich ein Hilfsmittel ist, das in dienender Funktion zur menschlichen Erinnerung und zum menschlichen Geist steht.

Jenseits der Dienste, die die Informatik in den verschiedenen Bereichen von Technik und Verwaltung leistet, wo sie ihre wichtigsten und umfänglichsten Informationen findet, ist in unserem Zusammenhang auf zwei wichtige Folgen hinzuweisen, die das Auftauchen der elektronischen Erinnerung mit sich gebracht hat.

Die erste ist die Verwendung von Computern im Bereich der Sozialwissenschaften, insbesondere in derjenigen, für die die Erinnerung Material und Gegenstand zugleich ist: der Geschichtswissenschaft. Die Geschichtswissenschaft hat eine regelrechte Revolution im Bereich der Quellendokumentation erlebt, für die allerdings – auch hier – der Computer lediglich eine Vorgabe ist. Die archivalische Erinnerung wurde durch das Auftauchen einer neuen Art von Erinnerung tiefgreifend verändert: durch die *Datenbank*. Die Arbeiten, die mit Hilfe elektronischer Erinnerung entstanden sind, häufen sich. Verwiesen sei auf die Arbeiten von R.P. Busa über Thomas von Aquin, von David Herlihy und Christiane Klapisch-Zuber, *Les Toscans et leur familles. Une étude du Catasto Florentin de 1427* (Paris 1978).

Die zweite Folge ist die »metaphorische« Auswirkung, die die Ausweitung des Konzepts der *Erinnerung* mit sich bringt, und die Bedeutung des Einflusses, den die elektronische Erinnerung *per Analogie* auf andere Arten der Erinnerung ausübt. Das aufsehenerregendste unter diesen Beispielen liefert die Biologie. Der Nobelpreisträger François Jacob mit seinem Buch *La logique du vivant. Une histoire de l'hérédité* (Paris 1970) soll hier unser Führer sein. Zu den Ausgangspunkten für die Entdeckung der biologischen Erinnerung, der *Erinnerung der Vererbung*, gehörte der Computer. »Mit der Entwicklung der Elektronik und dem Aufkommen der Kybernetik wird die Ordnung selbst zum Forschungsgegenstand von Physik und Technologie« (Jacob, 1970, S. 267). Bald drängt sie sich der Molekularbiologie auf, wo man entdeckt, daß »die Vererbung wie das Gedächtnis einer Rechenmaschine funktioniert« (ebd. S. 274).

Die Suche nach der biologischen Erinnerung geht mindestens bis ins 18. Jh. zurück. Maupertuis und Buffon umreißen das Problem: »Die Reproduktion einer Ordnung, die aus einer Ansammlung von Elementarteilen gebildet wird, erfordert »Erinnerung«, die von einer Generation zur nächsten weitergereicht wird« (Jacob, 1970, S. 142). Für den Leipnizianer Maupertuis »unterscheidet sich die Erinnerung, die lebende Teilchen lenkt, um den Embryo zu bilden, nicht von der psychischen Erinnerung« (Jacob, 1970, S. 92). Für den Materialisten Buffon manifestiert sich im inneren Modell eine verborgene Struktur, eine »Erinnerung«, die die Materie in der Weise ordnet, daß das Kind nach dem Bilde der Eltern entsteht« (Jacob, 1970, S. 94). Das 19. Jh. entdeckt, daß, »wie auch immer die Kräfte heißen und beschaffen sein mögen, durch die die Veranlagungen der Eltern sich beim Kinde wiederfinden, diese in der Zelle anzusiedeln sind« (ebd. S. 142). Doch für die erste Hälfte des 19. Jhs. »gibt es nur den ›Lebensimpuls‹, der die Rolle der Erinnerung spielt und die vorlagengetreue Reproduktion gewährleistet« (ebd. S. 142). Wie Buffon »siedelt« noch Claude Bernard »die Erinnerung nicht etwa in den Partikeln an, die den Organismus konstituieren, sondern in einem besonderen System, das die Vervielfältigung der Zellen, ihre Differenzierung und die fortschreitende Herausbildung des Organismus lenkt«, während Darwin und Haeckel »aus der Erinnerung eine Eigenschaft« der Partikel »machen«, die den Organismus bilden. Mendel entdeckt 1865, das große Gesetz der Vererbung. Um es zu erklären, »muß man auf eine Struktur höherer Ordnung zurückgreifen, die noch weit verborgener, noch tiefer in den Körper eingesenkt ist; die ›Erinnerung‹ der Vererbung ist in einer Struktur dritten Grades angesiedelt« (ebd. S. 226). Doch ihre Entdeckung läßt lange auf sich warten. Erst im 20. Jh. wird über die Genetik entdeckt, daß diese Ordnungsstruktur sich in den Zellkern zurückgezogen hat und daß »hier die ›Erinnerung‹ der Vererbung wohnt« (ebd. S. 198).

Schließlich findet die Molekularbiologie die Lösung. »Der Aufbau des Makromoleküls, die ›Botschaft‹, welche von einer Anordnung chemischer Konfigurationen konstituiert wird, die wiederum auf ein Polymer aufgereiht sind, enthält die Erinnerung der Vererbung. Diese wird zur Struktur vierter Ordnung, durch die das Aussehen, die Eigenschaften und das Funktionieren eines Lebewesens bestimmt sind« (ebd. S. 269).

Seltsamerweise gleicht die biologische Erinnerung eher der elektronischen Erinnerung als der nervlichen, zerebralen Erinnerung. Einerseits ist auch sie von einem Programm bestimmt, in dem zwei Begriffe »die Erinnerung und das Projekt« verschmolzen sind (ebd. S. 10). Andererseits ist sie rigide: »Durch die Flexibilität ihrer Mechanismen ist die nervliche Erinnerung besonders gut zur Übermittlung erworbener Zeichen geeignet. Wegen ihrer Rigidität ist diejenige der Vererbung dafür ungeeignet« (ebd. S. 11). Und selbst im Gegensatz zu den Computern »gestattet die Botschaft der Vererbung nicht die geringste von außen veranlaßte Intervention. Das Programm kann weder durch das Einwirken des Menschen noch durch dasjenige der Umgebung verändert werden« (ebd. S. 11).

Um auf die soziale Erinnerung zurückzukommen, so scheinen die tiefgreifenden Veränderungen, die sie in der zweiten Hälfte des 20. Jhs. erlebt, von der Expansion der Erinnerung in Philosophie und Literatur vorbereitet worden zu sein. Bereits 1896 erscheint Bergsons *Matière et Mémoire.* Er entdeckt, daß der Begriff des *Bildes* zentral für den Grenzbereich von Erinnerung und Wahrnehmung ist. Am Ende einer ausführlichen Analyse, wie Erinnerung versagen kann (Amnesie der Sprache oder *Aphasie),* entdeckt er unter einer oberflächlichen, anonymen Erinnerung, die sich leicht der Gegenwart anpaßt, eine tiefe persönliche und »reine« Erinnerung. Letztere läßt sich nicht über den Begriff der »Dinge«, sondern über denjenigen des »Fortschritts« erklären.

Diese Theorie, die die Verbindungen der Erinnerung zum »Geist«, wenn nicht zur Seele wiederentdeckt, hat großen Einfluß auf die Literatur. Sie prägt das große Romanprojekt Marcel Prousts, *À la recherche du temps perdu* (1913–1927). Eine romaneske Erinnerung ist entstanden, die in die Kette »Mythos, Geschichte, Roman« einzugliedern ist.

Der Surrealismus, der vom Traum geprägt ist, sieht sich veranlaßt, über die Erinnerung nachzudenken. Bereits 1923 hatte André Breton in seinen Carnets geschrieben: »Und wenn die Erinnerung lediglich ein Produkt der Einbildungskraft wäre?« Um mehr über den Traum in Erfahrung zu bringen, muß der Mensch sich noch mehr auf die Erinnerung verlassen, die normalerweise so zerbrechlich und so trügerisch ist. Daher hat die Theorie einer *erziehbaren Erinnerung* im *Manifeste du Surréalisme* (1924) eine solche Bedeutung. Eine neue Inkarnation der *Artes Memoriae.*

Natürlich ist hier auf Freud als Quelle der Inspiration hinzuweisen, insbesondere auf den Freud der *Traumdeutung* (1. Aufl. 1899/1900, 8. Aufl. 1929), in welcher er versichert, daß »das Verhalten der Erinnerung während des Traumes zweifelsohne von großer Bedeutung für die Theorie der Erinnerung ist«. Bereits im zweiten Kapitel befaßt Freud sich mit »der Erinnerung im Traum«, in dem er unter Rückgriff auf Scholz zu erkennen glaubt, »daß nichts, was wir einmal intellektuell besessen haben, ganz verloren gehen kann«. Doch kritisiert er »die Idee, das Phänomen des Traumes auf das Ins- Gedächtnis-Rufen zu reduzieren«. Denn es gibt eine spezifische Auswahl des Traums aus der Erinnerung, eine spezifische Erinnerung des Traumes. Auch diese Erinnerung ist eine *Auswahl*. Aber ist Freud hier nicht versucht, die Erinnerung wie einen Gegenstand, wie ein riesiges Reservoir zu sehen? Doch indem er den Traum an die *latente Erinnerung* und an die *bewußte Erinnerung* rückbindet und die Bedeutung der Kindheit für die Konstituierung der Erinnerung unterstreicht, trägt er gleichzeitig mit Bergson dazu bei, das Forschungsgebiet der Erinnerung zu vertiefen und zumindest auf der Ebene der individuellen Erinnerung die so bedeutende *Zensur der Erinnerung* zu erhellen.

Die kollektive Erinnerung hat mit der Konstituierung der Sozialwissenschaften große Umwandlungen erfahren und spielt eine wichtige Rolle in der Interdisziplinarität, die sich zwischen ihnen zu etablieren beginnt. Dabei hat die Soziologie, wie auch für das Gebiet der Zeit,[8] den Anstoß für die Erforschung des neuen Konzepts gegeben. 1950 erschien das Buch von Maurice Halbwachs über *Les mémoires collectives*. Die Sozialpsychologie leistet ihren Beitrag in bezug auf Erinnerung, die an Verhaltensweisen gebunden ist, an Mentalitäten, die den neuen Forschungsgegenstand der neuen Geschichte ausmachen. Die Anthropologie hat den Terminus *Erinnerung* insoweit übernommen, als er ihr ein Konzept bietet, das an die Gegebenheiten der »wilden« Gesellschaften, die sie untersucht, besser angepaßt ist als der Terminus »*Geschichte*«. Zusammen mit der Geschichtswissenschaft untersucht die Anthropologie diese Gesellschaften, insbesondere im Rahmen der Ethno-Historie oder historischen Anthropologie, die eine der jüngsten und interessantesten Entwicklungen der Geschichtswissenschaft darstellt.

Die historische Perspektive hat sich umgekehrt: Die kollektive Erinnerung wird gesucht, gerettet und gefeiert, jedoch nicht mehr in den Ereignissen, sondern in der Langzeitentwicklung, weniger in Texten als vielmehr in Worten, Bildern, Gesten, Ritualen und im Fest. An diesem Wandel nimmt das breite Publikum teil, das von der Furcht besessen ist, die Erinnerung zu verlieren,

8 Vgl. das Kapitel *Geschichte*.

eine kollektive Amnesie zu erleiden. Dies kommt in der »Nostalgie-Mode« ungeschickt zum Ausdruck und wird schamlos von den Händlern der Erinnerung ausgenutzt, denn die Erinnerung ist zu einem gut verkäuflichen Objekt der Konsumgesellschaft geworden.

Pierre Nora (1978) stellt fest, daß die *kollektive Erinnerung*, definiert als »das, was an Vergangenem im Leben von Gruppen erhalten bleibt oder das, was diese Gruppen aus dem Vergangenen machen«, auf den ersten Blick fast Wort für Wort im Gegensatz steht zur *historischen Erinnerung* – *affektive Erinnerung* und *intellektuelle Erinnerung* wurden früher in einem ähnlichen Gegensatz gesehen. Bis heute haben sich »Geschichte und Erinnerung« praktisch vermengt, und die Geschichte scheint sich nach dem Muster des Wiedererinnerns, der Anamnese und des Memorierens entwickelt zu haben«. Historiker prägten die Wendung von den »großen kollektiven Mythologien«; »man gelangte von der Geschichte zur kollektiven Erinnerung«. Doch die gesamte Entwicklung der gegenwärtigen Welt tendiert unter dem Druck der *unmittelbaren Geschichte*, die von den Medien meist gemacht wird, während sie noch warm ist, zu einer wachsenden Zahl kollektiver Erinnerungen. Geschichte wird nun in weit stärkerem Maße als früher und selbst noch vor kurzer Zeit unter dem Druck dieser kollektiven Erinnerungen geschrieben.

Die sogenannte *neue* Geschichte, die bestrebt ist, eine wissenschaftliche Geschichte auf der Basis kollektiver Erinnerung zu schaffen, läßt sich als »Revolution der Erinnerung« verstehen. Sie läßt die Erinnerung um bestimmte Achsen kreisen: zuerst »eine Fragestellung, die bewußt der Gegenwart entstammt... und eine Vorgehensweise, die sich betont an der Vergangenheit orientiert« sowie »der Verzicht auf lineare Zeitlichkeit« zugunsten zahlreicher gelebter Zeiten »auf der Ebene, wo das Individuelle sich im Sozialen und Kollektiven verankert« (Linguistik, Demographie, Wirtschaft, Biologie, Kultur).

Diese Geschichte soll von der Untersuchung der »Orte« kollektiver Erinnerung ausgehen: »Topographische Orte wie Archive, Bibliotheken und Museen; monumentale Orte wie Friedhöfe und Bauwerke; symbolische Orte wie Gedenkfeiern, Pilgerfahrten, Jahrestage oder Embleme; funktionale Orte wie Handbücher, Autobiographien oder Gemeinschaften: Diese Gedenkstätten haben ihre Geschichte.« Doch sollte man die wirklichen Orte der Geschichte nicht vergessen, diejenigen, wo nicht der Produktion und Elaboration, sondern Schöpfern und Beherrschern der kollektiven Erinnerung nachzuforschen ist, das sind »Staaten, soziale und politische Milieus, Gemeinschaften historischer Erfahrung oder Gemeinschaften von Generationen, die sich veranlaßt fühlen, ihre Archive zu errichten entsprechend dem unterschiedlichen Gebrauch, den sie von der Erinnerung machen«.[9] Gewiß, diese neue kollektive Erinnerung schafft sich ihr Wissen zum Teil mit traditionellen Instrumenten, die jedoch anders als bisher verstanden werden. Man vergleiche nur die *Enciclopedia Einaudi* oder die *Encyclopaedia Universalis* mit der ehrwürdigen *Encyclopaedia Britannica!*[10] Vielleicht wird man dann schließlich mehr vom Geist der Großen Enzyklopädie d'Alemberts und Diderots wiederfinden, die selbst Tochter einer Zeit des Engagements und des Wandels der kollektiven Erinnerung war.

Doch manifestiert sich die neue Erinnerung vor allem in der Einrichtung grundlegend neuer Archive. Für diese sind die Archive der mündlichen Überlieferung besonders charakteristisch. Joseph Goy hat in dem Lexikon *La Nouvelle Histoire* (Le Goff et. al., 1978) diese mündliche Geschichte, *oral history*, definiert und eingeordnet. Sie ist zweifelsohne in den Vereinigten Staaten entstanden, wo zwischen 1952 und 1959 an den Universitäten von Columbia, Berkeley und Los Angeles große »Departments of Oral History« entstanden. In der Folge wurde diese »Oral History« auch in Kanada, in Quebec, in England und in Frankreich entwickelt. Dabei ist der Fall Großbritanniens beispielhaft: Die Universität Essex richtet die Reihe »Lebensgeschichten« ein, die »Oral History Society« wird gegründet, und zahlreiche Berichte und Zeitschriften wie *History Workshops* kommen heraus. Die wichtigste Folge ist ein glänzender Neubeginn der Sozialgeschichte, insbesondere der Arbeitergeschichte, die mit dem Bewußtwerden einer industriellen, städtischen und durch das Arbeiterdasein geprägten Vergangenheit beim größten Teil der Bevölkerung verbunden ist. An der Erforschung einer kollektiven Erinnerung der Arbeiterschaft arbeiten vor allem Historiker und Soziologen zusammen. Doch finden sich Historiker und Anthropologen auch in anderen Bereichen der kollektiven Erinnerung wieder, und zwar sowohl in Afrika wie auch in Europa, wo die neuen Methoden des Wiedererinnerns (z. B. »Lebensgeschichten«) Früchte zu tragen beginnen. Ein Kolloquium, das in Bologna unter dem Namen *Convegno Internazionale di Antropologie e storia: Fonti Orali* abgehalten und 1977 in einer Sondernummer der *Quaderni Storici* (Oral History: fra antropologia e storia) wiedergegeben wurde, zeigte die Fruchtbar-

9 Vgl. das große Werk unter der Leitung von Pierre Nora *Les lieux de mémoire*, 3 Bde., Paris 1984 ff., das einen bedeutenden Einschnitt in der Historiographie Frankreichs darstellt.

10 Doch ist diese modernisiert und fährt damit fort.

keit dieser Forschung auch jenseits von afrikanischen, französischen, englischen («Oral History und Geschichte der Arbeiterklasse«) und italienischen Fallstudien (Oral History in einem Arbeiterviertel von Turin, mündliche Quellen und Bauernarbeit anläßlich der Einrichtung eines Museums).

Auf dem Gebiet der Geschichte entwickelt sich unter dem Einfluß neuer Konzeptionen von historischer Zeit eine neue Form der Historiographie: »die Geschichte der Geschichte«. Diese untersucht faktisch in den meisten Fällen die Manipulation von historischer Erinnerung durch die kollektive Erinnerung in bezug auf historische Phänomene, die bis dahin nur die traditionelle Geschichte untersucht hatte.

Dafür gibt es in der jüngeren französischen Geschichtsschreibung vier bemerkenswerte Beispiele. Das historische Phänomen, an dem sich die kollektive Erinnerung festmacht, wird in zwei Fällen durch eine große Persönlichkeit verkörpert: So untersucht Robert Folz mit seiner Pionierarbeit *Le souvenir et la légende de Charlemagne* (1950) oder Jean Tulard *Le mythe de Napoléon* (1971). Georges Duby schließt sich enger an die Richtung der Nouvelle Histoire an mit *Le dimanche de Bouvines* (1973) und schreibt die Geschichte einer Schlacht neu. Dieses Vorgehen wählt er zunächst, weil er in dem Ereignis die unscheinbare Spitze eines Eisbergs sieht, sodann, weil er »diese Schlacht und die Erinnerung, die sie hinterlassen hat, mit den Augen eines Anthropologen betrachtet« und weil er »entlang einer Folge von Gedenken das Schicksal eines Andenkens inmitten einer eindrucksvollen Gruppierung mental geprägter Vorstellungen« verfolgt. Philippe Joutard (1977) schließlich entdeckt inmitten einer historischen Gemeinschaft zunächst auf dem Weg über schriftliche Quellen der Vergangenheit, sodann vermittels mündlicher Zeugnisse von der Gegenwart, wie diese Gemeinschaft ihre Vergangenheit lebte und lebt. Er kann erkennen, wie die Gemeinschaft ihre kollektive Erinnerung bildete und wie diese Erinnerung es ihr ermöglicht, Ereignissen, die von denjenigen sehr verschieden sind, die ihre kollektive Erinnerung begründet haben, in gleichbleibender Haltung entgegenzutreten und darin noch heute ihre Identität zu finden. Bestimmt durch ihre Erinnerung als *Camisards*, die so wahrhaftig und bewegend wie alle Erinnerung ist, reagieren die Protestanten der Cevennen nach den Prüfungen der Religionskriege im 16. und 17. Jh. auf die Revolution von 1789, auf die Republik, auf die Dreyfuß-Affäre und auf die ideologischen Alternativen von heute.

Schluß: Die Erinnerung steht auf dem Spiel

Die Entwicklung der Gesellschaften in der zweiten Hälfte des 20. Jhs. macht deutlich, welch bedeutender Einsatz mit der kollektiven Erinnerung auf dem Spiel steht. Sie überflutet die Geschichte als Wissenschaft und als öffentlicher Kult, einerseits als ein belebtes Reservoir der Geschichte, das reich an Archiven und an Quellen ist, andererseits als lautes (und lebendiges) Echo historischer Arbeit. So gehört die kollektive Erinnerung zu den großen Einsätzen, um die es zwischen Industriegesellschaften und Entwicklungsländern, zwischen herrschenden Klassen und beherrschten Klassen geht, die alle um Macht oder Leben, um Überleben oder Fortkommen kämpfen. Die Worte André Leroi-Gourhans (1965, Bd. 2, S. 24, dt. 1980, S. 207) sind wahrer denn je:

> «Seit es den *homo sapiens* gibt, beherrscht der Aufbau eines Apparats der sozialen Erinnerung alle Probleme der menschlichen Evolution«, und »für die menschliche Gattung ist die Tradition in biologischer Hinsicht so unentbehrlich wie die genetische Fixierung für die Insektengesellschaften: Das ethnische Überleben beruht auf der Routine; der sich entwickelnde Dialog bewirkt ein Gleichgewicht zwischen Routine und Fortschritt. Dabei steht die Routine für das Kapital, das für das Überleben der Gruppe notwendig ist, und der Fortschritt stellt die Einführung einzelner Neuerungen für ein besseres Überleben dar.«

Die Erinnerung bildet ein wesentliches Element dessen, was man von nun an individuelle oder kollektive *Identität* nennt; die Suche nach ihr gehört zu den grundlegenden Beschäftigungen der Individuen und Gesellschaften von heute und geht in fieberhafter Angst vor sich. Doch stellt die kollektive Erinnerung nicht nur eine Errungenschaft, sondern auch ein Machtinstrument und ein Ziel von Herrschaft dar. Bei den Gesellschaften, deren soziale Erinnerung überwiegend mündlich ist oder die gerade im Begriff sind, eine schriftliche kollektive Erinnerung herauszubilden, läßt sich dieser Kampf um die Herrschaft über Andenken und Tradition, diese Manipulation der Erinnerung am besten fassen.

Der Fall der etruskischen Geschichtsschreibung veranschaulicht möglicherweise den Fall einer kollektiven Erinnerung, die so eng mit einer herrschenden sozialen Klasse verbunden ist, daß die Gleichsetzung dieser Klasse mit der Nation zum Verlust der Erinnerung führte, als diese Nation verschwand:

»Wir kennen die Etrusker auf literarischem Gebiet nur indirekt über die Griechen und Römer: Uns ist kein historischer Bericht, vorausgesetzt, es hat ihn gegeben, überliefert. Vielleicht sind ihre nationalen historischen oder parahistorischen Traditionen mit der Aristokratie verschwunden, die offenbar der Hüter des moralischen, rechtlichen und religiösen Erbes der Nation war. Als diese aufhörte, als eigenständige Nation zu existieren, verloren die Etrusker, so scheint es, das Bewußtsein ihrer Vergangenheit, d.h. ihrer selbst« (Mansuelli, 1967, S. 139f.).

Mit seiner Untersuchung der griechischen und römischen Evergeten hat Paul Veyne (1973, S. 2772) wunderbar gezeigt, wie die Reichen damals »einen Teil ihres Vermögens opferten, um ein Andenken an ihr Wirken zu hinterlassen« und wie im römischen Kaiserreich der Kaiser die Rolle der Evergeten und mit ihr zugleich die kollektive Erinnerung monopolisiert hatte: »Er allein läßt alle öffentlichen Gebäude errichten (mit Ausnahme der Monumente, die der Senat und das römische Volk zu seinen Ehren errichten)« (ebd. S. 688). Und manchmal rächte sich der Senat mit der Zerstörung dieser kaiserlichen Erinnerung.

Georges Balandier (1974, S. 195) zeigt am Beispiel der Beti in Kamerun, wie »Genealogien« manipuliert werden, deren Bedeutung für die kollektive Erinnerung von Völkern ohne Schriftlichkeit bekannt ist: »In einer unveröffentlichten, den Beti in Südkamerun gewidmeten Untersuchung berichtet der Schriftsteller Mongo Beti anschaulich von einer Strategie, die es ehrgeizigen und unerschrockenen Individuen ermöglicht, Genealogien zu adaptieren, um einen zweifelhaften Vorrang zu legalisieren.«

In den Industriegesellschaften sind die neuen Archive, die Archive der mündlichen Überlieferung, die audio-visuellen Archive, der Wachsamkeit der Herrschenden nicht entgangen, auch wenn sie diese Erinnerung nicht so genau kontrollieren können wie die neuen Produktionsmittel dieser Erinnerung, insbesondere das Radio und das Fernsehen.

Tatsächlich fällt es den wissenschaftlichen Professionellen der Erinnerung, den Anthropologen, den Historikern, den Journalisten und den Soziologen zu, den Kampf für eine Demokratisierung der sozialen Erinnerung zu einem vorrangigen Anliegen ihrer wissenschaftlichen Objektivität zu machen. In Anlehnung an Terence O. Ranger (1977), der die Abhängigkeit der traditionellen afrikanischen Anthropologie von »elitären« Quellen, insbesondere von »Genealogien« anprangert, die von den herrschenden Klans manipuliert wurden, hat Alessandro Triulzi (1977) zur Suche nach der Erinnerung des afrikanischen »gemeinen Mannes« aufgerufen. Er hat für Afrika wie für Europa die Rückkehr »zu den Familienandenken, zu den Lokalgeschichten, zu den Geschichten der Klans, der Familien, der Dörfer, zu den persönlichen Andenken, zum riesigen Komplex von nicht offiziellem, nicht institutionalisiertem Wissen gefordert. Dieses nicht offizielle Wissen hat sich noch nicht in geformten Traditionen kristallisiert, stellt in gewisser Weise das kollektive Bewußtsein ganzer Gruppen (Familien, Dörfer) oder von Individuen (Andenken, persönliche Erfahrungen) dar und bildet ein Gegengewicht zum Wissen, das von bestimmten Gruppen privatisiert und monopolisiert wurde, um bestehende Interessen zu verteidigen.«

Die Erinnerung, aus der die Geschichte schöpft, die sie wiederum nährt, ist lediglich bestrebt, die Vergangenheit zu retten, um der Gegenwart und der Zukunft zu dienen. Es soll so geschehen, daß die kollektive Erinnerung der Befreiung und nicht der Unterwerfung der Menschen dient.

KAPITEL IV
GESCHICHTE

Fast jeder ist davon überzeugt, daß Geschichte als Wissenschaft sich von allen anderen Wissenschaften unterscheidet, ganz zu schweigen von denen, die meinen, daß sie überhaupt keine Wissenschaft sei. Von Geschichte zu sprechen ist nicht einfach, doch führen diese Sprachschwierigkeiten direkt zum eigentlichen Kern des Problems, der Mehrdeutigkeit von Geschichte. Ich werde mich in diesem Kapitel bemühen,die Reflexion über Geschichte in ihrem Verlauf zu zeigen und die Geschichtswissenschaft selber in geschichtlichen Epochen zu lokalisieren. Auch will ich Geschichte nicht auf die europäische, abendländische Vision reduzieren, selbst wenn diese mich dazu bringen wird, aufgrund meines beschränkten Wissens und der- bereits bezeichnenden - Quellenlage, vor allem von der europäischen und abendländischen Geschichtswissenschaft zu sprechen.

Das Wort *histoire* (Geschichte) kommt (in allen romanischen Sprachen und im Englischen) vom altgriechischen *historie,* ein Wort aus dem ionischen Dialekt. Diese Form leitet sich von der indoeuropäischen Wurzel wid/weid, *sehen,* ab. Daher kommt im Sanskrit *vettas,* der Zeuge, und das griechische *istor,* der Zeuge im Sinne von »Zuschauer«. Diese Konzeption vom Sehen als wesentlicher Quelle des Wissens führt zu der Vorstellung, daß *istor,* derjenige, der sieht, auch derjenige ist, der *weiß;* das altgriechische *istorein* bedeutet »wissen wollen«, »sich kundig machen«. *Istorie* ist also die Untersuchung. In diesem Sinne gebraucht Herodot das Wort zu Beginn seiner »Geschichten«, die »Untersuchungen«, »Erkundigungen« sind (Benveniste, 1969, Bd. 2, S. 173 f.; Hartog, 1980). Sehen und *daher* wissen (frz. voir - savoir) bezeichnet das erste Problemfeld. Doch in den romanischen Sprachen (und in anderen) bringt *Geschichte* zwei, wenn nicht drei verschiedene Konzepte zum Ausdruck. Es geht erstens um die Erforschung von »Taten, die die Menschen vollbracht haben« (Herodot) und die bestrebt war, sich als Wissenschaft, als Geschichtswissenschaft zu konstituieren; zweitens geht es um den Gegenstand dieser Forschung, um das, was die Menschen vollbracht haben. So sagt Paul Veyne (1968, S. 423): »Geschichte ist entweder eine Folge von Ereignissen oder das Erzählen dieser Folge von Ereignissen.« Doch kann Geschichte noch eine dritte Bedeutung haben und zwar genau diejenige von *Erzählung. Eine* Geschichte ist eine Erzählung – das kann richtig sein oder falsch; auf der Grundlage »historischer Realität« oder des Imaginären kann es sich um einen »historischen« Bericht oder um ein Märchen handeln. Die englische Sprache entgeht dieser letzten Verwirrung, indem sie zwischen *history* und *story* – Geschichte und Erzählung – unterscheidet. Die anderen europäischen Sprachen sind mehr oder weniger bemüht, diese Mehrdeutigkeit zu umgehen. Das Italienische neigt dazu, wenn schon nicht die Geschichtswissenschaft, so doch zumindest das Produkt dieser Wissenschaft mit dem Wort *storiografia* hervorzuheben; das Deutsche bemüht sich, zwischen der »wissenschaftlichen« Betätigung der *Geschichtsschreibung* und der historischen Wissenschaft im engeren Sinne, der *Geschichtswissenschaft,* zu unterscheiden. Dieses Spiel der Spiegelungen und Verwirrungen zieht sich durch die Jahrhunderte. Das 19. Jh., das Jahrhundert der Geschichte, ersinnt zugleich die Lehren, die der Geschichte im Bereich des Wissens eine besondere Stellung einräumen, und sprechen, wie wir sehen werden, von *Historismus* oder *Historizismus,* sowie eine Funktion, lieber nenne ich es eine Kategorie, des Reellen, die *Historizität* (das Wort erscheint im Französischen um 1872). Charles Morazé (1967, S. 59) definiert Historizität folgendermaßen: »Es gilt, jenseits der Geopolitik, des Handelns, der Kunst und selbst der Wissenschaft nach dem zu suchen, was die dunkle Gewißheit der Menschen bestätigt, daß sie eins sind. Denn die Menschen stehen im reißenden Strom des Fortschritts, der ihre Entwicklung vorantreibt, indem er sie gegeneinander aufbringt. Man merkt genau, daß diese Solidarität an die implizite Existenz einer gewissen Funktion gebunden ist, die jeder in sich verspürt.« Dieses Konzept von *Historizität* hat sich von seinen »historischen« Ursprüngen gelöst, die mit dem Historismus des 19. Jhs. verknüpft waren, um eine zentrale Rolle für die erkenntnistheoretische Erneuerung in der zweiten Hälfte des 20. Jhs. zu spielen. Die *Historizität* ermöglicht es, z.B. auf theoretischer Ebene den Begriff der »geschichtslosen Gesellschaft« abzulehnen, der auf der anderen Seite durch empirische Untersuchungen bei den Gesellschaften, denen sich die Ethnologie widmet, widerlegt wird (Lefort, 1961 S. 30ff.). Sie nötigt dazu, Geschichte selbst in historischer Perspektive zu sehen: »Es gibt eine Historizität der Geschichte. Sie impliziert die Bewegung, die eine interpretierende Vorgehensweise mit sozialer Praxis verbindet« (M. de Certeau, 1970, S. 484). Ein Philosoph wie Paul Ricœur sieht in der Unterdrückung der Historizität durch die Geschichtsphilosophie das Paradoxon in der erkenntnistheoretischen Grundlage der Geschichte. Tatsächlich läßt der philosophische Diskurs, Ricœur zufolge, die Geschichte in zwei Modelle des Verstehens auseinanderbrechen, in ein Ereignismodell und in ein Strukturmodell, wodurch die Historizität verschwindet: »Das System bedeutet das Ende der Geschichte, denn sie hebt sich in der Logik auf; und auch die Einzigartigkeit bedeutet das Ende der Geschichte, denn in ihr ist alle Geschichte geleugnet. Man gelangt zu dem vollkommen paradoxen Ergebnis, daß immer an der Grenze der Geschichte, vom Ende der Geschichte her, die allgemeinen Züge der Historizität verständlich werden (Ricœur, 1961, S. 224 f.). Schließlich zieht Paul Veyne einen zweifachen Schluß aus dem Funktionieren des Konzepts der Historizität – Historizität ermöglicht es, neue Objekte der Geschichte in den Bereich der Geschichtswissenschaft hineinzunehmen: »Das ›Nicht-Ereignishafte‹ sind Ereignisse, die noch nicht zu solchen erhoben wurden: die Geschichte von Regionen, von Mentalitäten, des Wahnsinns oder des Strebens nach Sicherheit im Laufe der Zeiten. D. h. nicht-ereignishaft wird eine Historizität genannt, die wir noch nicht als solche begriffen haben« (Veyne, 1971, S. 31). Andererseits verhindert Historizität eine Idealisierung der Geschichte, ihre Personalisierung: Alles ist historisch, d. h. »die Geschichte« gibt es nicht.

Dennoch muß man lernen, mit dieser doppelten oder dreifachen Bedeutung von *Geschichte* im Leben und Denken zurechtzukommen. Es gilt, gegen allzu grobe und allzu idealisierende Begriffsverwirrungen bei diesen verschiedenen Bedeutungen zu kämpfen und Geschichtswissenschaft nicht mit Geschichtspolitik zu verwechseln. Ich teile mit den meisten Fachhistorikern das Mißtrauen gegenüber der Geschichtsphilosophie, die so »hartnäckig und tückisch ist« (G. Lefebvre, 1945/46, S. 16), die in ihren unterschiedlichen Formen die Neigung hat, historische Erklärung auf die Entdeckung, auf einen ersten und einzigen Ursprung zu reduzieren und gerade die Erforschung der Entwicklung von Gesellschaften mit wissenschaftlichen Methoden durch diese Entwicklung selbst zu ersetzen. Die Entwicklung wird in Abstraktionen begriffen, welche auf dem Apriorismus oder einer äußerst oberflächlichen Kenntnis wissenschaftlicher Arbeiten begründet sind. Für mich gibt es immer wieder Anlaß zur Verwunderung, welches Echo das Pamphlet Karl Poppers: *Das Elend des Historizismus* gefunden hat, allerdings vor allem außerhalb von Historikerkreisen. Nicht ein einziger Fachhistoriker ist hier zitiert. Dennoch darf man aus diesen Vorbehalten gegenüber der Geschichtsphilosophie keine Rechtfertigung zur generellen Ablehnung solcher Art von Reflexionen ziehen. Die Zweideutigkeit des Wortes Geschichtsphilosphie selbst weist darauf hin, daß die Grenze zwischen den beiden Disziplinen, den beiden Forschungsrichtungen, nicht einmal als Hypothese klar gezogen ist und sich auch nicht klar ziehen läßt. Der Historiker darf daraus nicht schließen, daß er sich von *theoretischer* Reflexion abwenden soll, die für historisches Arbeiten notwendig ist. Es ist klar, daß die Historiker, die sich am heftigsten und ausschließlichsten auf Tatsachen berufen, nicht nur außer acht lassen, daß ein historisches Faktum auf einer Montage beruht, und das zu etablieren neben technischer auch theoretische Arbeit voraussetzt. Sie sind auch und vor allem blind gegenüber einer unbewußten Geschichtsphilosophie, die häufig oberflächlich und inkohärent ist. Gewiß hat, ich wiederhole es, die Tatsache den Dialog nicht erleichtert, daß die meisten Geschichtsphilosophen kaum mit historischer Arbeit vertraut waren, bedingt durch die Verachtung, die die Historiker der Philosophie entgegenbrachten. Doch beweist z.B. die Existenz einer Zeitschrift von so großer Qualität wie *History and Theory. Studies in the Philosophy of History,* die seit 1960 an der Wesleyan University in Middletown (Connecticut, USA) herausgegeben wird, daß es möglich ist und Interesse daran besteht, daß Historiker und Philosophen gemeinsam nachdenken und daß sich Fachleute profilieren, die sich auf dem Gebiet der theoretischen Reflexion über Geschichte auskennen.

So denke ich, daß der brillante Angriff Paul Veynes auf die Geschichtsphilosophie etwas an der Realität vorbeigeht. Er meint, daß es sich nur noch um eine tote Gattung handelt, »die allenfalls noch bei reichlich populärwissenschaftlichen Epigonen überlebt«, und daß »es eine Pseudo-Gattung war«. Tatsächlich »läßt sich eine Geschichtsphilosophie, vorausgesetzt, sie ist explizit, in doppelter Hinsicht einsetzen – zur konkreten Erklärung der Fakten und um von dort zu den Mechanismen und Gesetzen zu gelangen, die diese Fakten erklären. Der Weg führt nur über die beiden Extreme, über die Vorsehung des *Gottesstaates* und über die historische Erkenntnistheorie. Alles übrige ist Verschnitt« (Veyne, 1961, S. 40). Ohne so weit zu gehen wie Raymond Aron (1961 a, S. 38) und zu sagen: »Das Fehlen von und das Bedürfnis nach einer Geschichtstheorie sind gleichermaßen charakteristisch für unsere Zeit«, möchte ich doch behaupten, daß es legitim ist, wenn sich am Rande der Geschichtswissenschaft eine Philosophie für die Geschichte entwickelt wie für die anderen Wissenszweige. Es ist wünschenswert, daß dieser die Geschichte der Historiker vertraut ist, doch müssen die Historiker zugeben, daß die Philosophie zum Gegenstand der Geschichte einen anderen Zugang hat, als sie selbst es haben. Dieser Doppelcharakter der Geschichte als vergangene Realität und als Erforschung dieser Realität erklärt häufig, wie mir scheint, die Doppeldeutigkeit bestimmter Erklärungen von Claude Lévi-Strauss: In einer Diskussion mit Lévi-Strauss verwies Godelier darauf, daß die Ehre, die der Geschichte in *Du miel aux cendres* (dt. *Vom Honig zur Asche,* 1976) als irreduzibler Kontingenz erwiesen wird, sich gegen die Geschichte wendet und daß dies bedeute, »der Geschichte als Wissenschaft einen unmöglichen Status zu verleihen und sie zur Sackgasse zu machen«. Lévi-Strauss (197S, S. 182f.) erwiderte: »Ich weiß nicht, was Sie unter Geschichte als Wissenschaft verstehen. Ich werde mich damit begnügen, ganz einfach von Geschichte zu sprechen. Geschichte in diesem Sinne ist etwas, ohne das wir nicht auskommen können und zwar genau deshalb, weil sie uns fortwährend mit irreduziblen Phänomenen konfrontiert.« Alle Doppeldeutigkeiten des Wortes Geschichte sind in dieser Erklärung enthalten.

Auf diesem Wege nähere ich mich der Geschichte und entleihe die grundlegende Idee bei einem Philosophen: »Geschichte ist keine Geschichte, solange sie sich nicht vom absoluten Diskurs und der absoluten Einzigartigkeit gelöst hat, solange ihre Bedeutung unklar und durchwachsen bleibt ... Geschichte ist ihrem Wissen nach zweideutig; denn sie kann zugleich Ereignisgeschichte und Strukturgeschichte sein. Tatsächlich ist Geschichte das Reich des Unexakten. Diese Feststellung ist nicht müßig, sie rechtfertigt den Historiker. Sie befreit ihn von all seinen Sorgen. Die historische Methode kann nur unexakt sein ... Geschichte will objektiv sein und kann es nicht. Sie will wieder zum Leben erwecken und kann nur rekonstruieren. Sie will die Dinge gegenwärtig machen, doch zugleich muß sie ihre Distanz und die Größe der historischen Entfernung wieder herstellen. Schließlich scheint diese Überlegung alle unlösbaren Fragen des Berufs des Historikers zu rechtfertigen, diejenigen, die Marc Bloch in seinem Plädoyer für die Geschichte und den Beruf des Historikers genannt hat. Diese Schwierigkeiten beruhen nicht auf methodologischen Schwächen, es sind wohlbegründete Doppeldeutigkeiten« (Ricœur, 196I, S. 226).

Dieser Diskurs erscheint mir in einigen Punkten etwas zu pessimistisch, doch im Grunde wahr zu sein. Ich werde daher zunächst die Paradoxa und Doppeldeutigkeiten der Geschichte vorstellen, um sie danach desto besser als Wissenschaft, als eigentümliche, aber grundlegende Wissenschaft beschreiben zu können. Danach werde ich mich mit der Geschichte unter drei wesentlichen Aspekten befassen, die häufig vermengt werden, die man aber meiner Meinung nach auseinanderhalten muß: der historischen Kultur, der Geschichtsphilosophie und dem Beruf des Historikers. Dies werde ich aus historischer Sicht in chronologischer Folge tun. Die Kritik, die ich im ersten Teil an einer linearen und teleologischen Geschichtsauffassung übe, wird den Verdacht beseitigen, daß ich die Chronologie mit qualitativem Fortschritt gleichsetze, selbst wenn ich die kumulative Wirkung des Wissens betone und das, was Ignace Meyerson (1956, S. 354) »das Aufkommen des historischen Bewußtseins« genannt hat.

Ich versuche nicht, erschöpfend zu sein[1]. Worum es mir geht, ist unter dem ersten Aspekt anhand einiger Beispiele zu zeigen, welche Art von Beziehungen historische Gesellschaften zu ihrer Vergangenheit unterhielten und welchen Platz Geschichte in ihrer jeweiligen Gegenwart einnimmt. Hinsichtlich der Geschichtsphilosophie möchte ich anhand einiger großer Denker und bestimmter wichtiger Geistesströmungen zeigen, wie man außerhalb und jenseits der Fachgeschichte in bestimmten Kreisen und bestimmten Epochen Geschichte zur Konzeption geformt und zur Ideologie gemacht hat. Der professionelle Horizont der Geschichte wird paradoxerweise dem Begriff der Entwicklung und der Vervollkommnung stärker Raum geben. Und indem er in Zusammenhang mit Methoden und Wissenschaft gesehen wird, muß er unvermeidlich auf die Vorstellung des technischen Fortschritts stoßen.

Ein letzter Teil, der der gegenwärtigen Lage der Geschichte gewidmet ist, wird einige grundlegende Themen des vorliegenden Kapitels und einige neue Aspekte aufgreifen.

Die Geschichtswissenschaft erlebt seit einem halben Jahrhundert eine neue Blüte: Erneuerung und Bereicherung hinsichtlich ihrer Techniken und Methoden, ihrer Horizonte und Gebiete. Aber da sie zu ganzen Gesellschaften intensivere Beziehungen denn je unterhält, durchlebt die Fachgeschichte, die wissenschaftliche Geschichte eine tiefe Krise. Das Wissen der Geschichte ist um so stärker erschüttert, als ihre Macht größer geworden ist.

[1] Die Bibliographie im Anhang, die gigantisch sein könnte, ist es nicht, aber sie schließt Arbeiten ein, die im Text nicht zitiert werden, um es dem Leser zu ermöglichen, selber weiterzugehen – und gelegentlich auch in eine andere Richtung.

1. Paradoxa und Doppeldeutigkeiten der Geschichte

1.1 Geschichte als Wissenschaft der Vergangenheit oder «ist jede Geschichte Zeitgeschichte«?

Marc Bloch (1974, S. 32 f.) mochte die Definition: »Geschichte ist die Wissenschaft von der Vergangenheit« nicht und fand »schon die bloße Vorstellung, daß Geschichte als solche Gegenstand von Wissenschaft sein könnte, absurd«. Er schlug vor, Geschichte als »Wissenschaft von den Menschen in der Zeit« zu definieren. Damit wollte er drei Grundzüge der Geschichte unterstreichen. Zum ersten den Bezug zum Menschen. Obwohl die historische Forschung von heute auch gerne bestimmte Bereiche der Naturgeschichte (z.B. Le Roy Ladurie, 1967) einbezieht, geht man doch im ganzen davon aus, daß Geschichte Geschichte der Menschen ist, und Paul Veyne (1968, S. 424) hat unterstrichen, daß ein grundlegender Unterschied die Geschichte der Menschen von der Naturgeschichte trennt: »Der Mensch überlegt, die Natur tut es nicht; die Geschichte der Menschen würde unsinnig, wenn man die Tatsache vernachlässigte, daß Menschen Absichten, Pläne und Ziele haben.«Diese Auffassung einer Geschichte der Menschen läßt übrigens viele Historiker zu der Vorstellung gelangen, daß die Sozialgeschichte den wichtigsten und wesentlichen Teil von Geschichte ausmacht. Charles Edmond Perrin schrieb über Marc Bloch: »Er schreibt der Geschichte die Erforschung des Menschen in seiner Eigenschaft als Mitglied einer sozialen Gruppe zu«, und Lucien Febvre steigerte: »Nicht der Mensch, ich wiederhole, nicht der Mensch, niemals der Mensch, sondern menschliche Gruppen, organisierte Gruppen« (zit. n. Labrousse, 1973, S. 3). Im folgenden dachte Marc Bloch über die Beziehungen nach, die innerhalb der Geschichte zwischen Vergangenheit und Gegenwart bestehen. Letztlich war er der Ansicht, daß Geschichte nicht nur ermöglichen sollte, »die Gegenwart durch die Vergangenheit zu verstehen« – die traditionelle Einstellung –, sondern auch »die Vergangenheit durch die Gegenwart« (Bloch, 1974, S. 45–50). Marc Bloch bestand entschieden auf dem wissenschaftlichen, abstrakten Charakter historischer Arbeit und bestritt, daß diese Arbeit eng an die Chronologie gebunden wäre: »Es wäre in der Tat ein schwerer Irrtum zu glauben, daß der Aufbau, den Historiker für ihre Forschung wählen, sich notwendigerweise an den Ereignissen zu orientieren hätte. Unter der Voraussetzung, daß sie später bereit sind, der Geschichte ihre wirkliche Richtung wiederzugeben, ziehen sie nicht selten Nutzen daraus, wenn sie sie, um mit

Maitland zu sprechen, ›rückwärts‹ lesen« (ebd. S. 48f.). Daher das Interesse an einer »reflektiert rückschreitenden Methode«. »Reflektiert« - d.h. daß sie die Gegenwart nicht naiv in die Vergangenheit verlegt und daß sie einen Weg nicht linear rückwärts schreitet, was genauso illusorisch wäre wie die umgekehrte Richtung. Es gibt Brüche und Diskontinuitäten, die sich weder in der einen noch in der anderen Richtung überspringen lassen.

Die Vorstellung, daß Geschichte von der Gegenwart beherrscht wird, beruht größtenteils auf dem berühmten Satz Benedetto Croces, der feststellt, »Alle Geschichte ist Zeitgeschichte.« Damit meint Croce: »Wie entfernt in der Zeit auch immer die Ereignisse erscheinen mögen, von denen die Geschichte berichtet, so bezieht sie sich in Wirklichkeit auf gegenwärtige Bedürfnisse und gegenwärtige Situationen, in denen diese Ereignisse widerhallen.« Tatsächlich ist Croce der Ansicht, daß historische Ereignisse von dem Augenblick an, in dem sie immer wieder gedacht werden können, nicht mehr »in der Zeit« sind, daß Geschichte das Wissen von der »ewigen Gegenwart« ist (P. Gardiner). So stellt diese extreme Form des Idealismus die Negation der Geschichte dar. Wie E.H. Carr richtig erkannte, inspirierte Croce eine These Collingwoods in *The Idea of History*, 1932-1946, einer posthumen Sammlung von Aufsätzen, in der der britische Historiker behauptet - wobei er die beiden Bedeutungen von Geschichte, die Nachforschungen des Historikers und die Abfolge vergangener Ereignisse, die er zu erforschen trachtet, vermengt -, daß es bei Geschichte weder um die Vergangenheit selbst noch um das, was der Historiker darüber denkt, geht, sondern um die Beziehung zwischen beiden (Carr, 1961, S. 15f.). Diese Konzeption ist fruchtbar und gefährlich zugleich. Fruchtbar, weil es wahr ist, daß der Historiker von seiner Gegenwart ausgeht, um Fragen an die Vergangenheit zu stellen. Gefährlich, weil es müßig ist, selbst wenn Vergangenheit trotz allem außerhalb der Gegenwart existiert, an eine Vergangenheit zu glauben, die unabhängig von dem ist, was der Historiker konstituiert[2]. Diese Sehweise verurteilt alle Konzeptionen einer »ontologischen« Vergangenheit - wie sie z.B. in Émile Callots (1962) Definition von Geschichte zum Ausdruck kommt: »Das verständliche Erzählen einer endgültig verflossenen Vergangenheit.« Die Vergangenheit ist ein Konstrukt und wird fortwährend neu interpretiert, dabei bildet die Zukunft einen integralen und Bedeutung stiftenden Bestandteil von Geschichte. Dies ist in doppelter Hinsicht richtig: einerseits, weil der Fortschritt im

2 Vgl. The Constitution of the Historical past, *History and Theory*, Beiheft 16, 1977

Bereich der Methoden und Techniken die Annahme erlaubt, daß ein wichtiger Teil der Quellen zur Vergangenheit noch der Entdeckung harrt. In materieller Hinsicht bedeutet dies, daß die Archäologie ununterbrochen bisher unbemerkte Überreste der Vergangenheit entdeckt und die Archive mit Quellen der Vergangenheit unaufhaltsam anwachsen. Aber auch neue Arten, die Quellen zu lesen, Früchte einer Gegenwart, die in der Zukunft reifen werden, sollen der nicht endgültig verflossenen Vergangenheit das Überleben – oder besser das Leben – sichern. Zur zentralen Beziehung Gegenwart/Vergangenheit ist daher der Horizont der Zukunft hinzuzuziehen. Auch hier gibt es vielfältige Ausrichtungen. Die Theologien der Geschichte haben letztere einem bestimmten Ziel untergeordnet als ihrem Grund, ihrer Vollendung und ihrer Offenbarung. Dies ist zutreffend für die christliche Geschichte, die sich in den Fängen der Eschatologie befindet. Ebenso gilt dies für den historischen Materialismus in seiner ideologischen Version, der auf eine Wissenschaft von der Vergangenheit die Sehnsucht nach der Zukunft pfropft, welche nicht allein auf dem Verschmelzen einer wissenschaftlichen Analyse der bisherigen Geschichte mit einer revolutionären Praxis, die von dieser Analyse erhellt wird, beruht. Eine der Aufgaben der Geschichtswissenschaft besteht darin, auf einem anderen Wege als über die Ideologie und unter Berücksichtigung der Unvorhersehbarkeit dessen, was kommt, die Zukunft als Horizont in ihre Überlegungen miteinzubeziehen (Erdmann, Schulin). Man denke nur an die banale, aber folgenschwere Feststellung: Ganz wesentlich für die Historiker alter Zeiten ist, daß sie wissen, was *nachher* geschah. Die Historiker der Zeitgeschichte, der Gegenwart, wissen es nicht. Die eigentliche Zeitgeschichte unterscheidet sich so (es gibt weitere Gründe für diesen Unterschied) von der Geschichte anderer Zeiten.

Diese Abhängigkeit der Geschichte der Vergangenheit von der Gegenwart des Historikers muß ihn zu einer gewissen Vorsicht veranlassen. Sie ist unausweichlich und legitim in dem Maße, in dem die Vergangenheit nicht aufhört zu leben und gegenwärtig zu sein. Doch diese lange Dauer der Vergangenheit darf den Historiker nicht daran hindern, zur Vergangenheit auf Distanz zu gehen, eine ehrerbietige Distanz, die notwendig ist, um jene zu respektieren und Anachronismen zu vermeiden.

Ich bin überzeugt, daß Geschichte die Wissenschaft von der Vergangenheit ist, vorausgesetzt, man ist sich darüber im klaren, daß diese Vergangenheit durch eine Rekonstituierung zum Gegenstand von Geschichte wird, welche fortwährend in Frage gestellt bleibt. Z.B. läßt sich von den Kreuzzügen nicht so sprechen, wie man es vor dem Kolonialismus des 19. Jhs. getan hätte, doch muß man sich fragen, ob und in welcher Hinsicht der Begriff Kolonialismus auf die Niederlassung der mittelalterlichen Kreuzfahrer in Palästina anzuwenden wäre (Prawer, 1972).

Diese Interaktion von Vergangenheit und Gegenwart ist das, was die soziale Funktion der Vergangenheit oder der Geschichte genannt wurde. Dazu meint Lucien Febvre (1933, S. 438): »Die Geschichte sammelt vergangene Ereignisse systematisch in bezug auf ihre gegenwärtigen Bedürfnisse, um sie sodann zu klassifizieren und zu gruppieren. Sie befragt den Tod in Hinblick auf das Leben: Die Vergangenheit in Hinblick auf die Gegenwart zu ordnen, ist das, was sich als soziale Funktion der Geschichte bezeichnen ließe.« Auch Eric Hobsbawm (1972) hat über »die soziale Funktion von Vergangenheit« nachgedacht (vgl. Kapitel I Vergangenheit/Gegenwart).

Wir wollen uns einige Beispiele dafür ansehen, daß »jede Epoche sich in ihren Mentalitäten ein eigenes Bild von der historischen Vergangenheit macht«. Da gibt es, wiedererweckt, wiedererschaffen von Georges Duby (1973) die Schlacht von Bouvines (27. Juli 1214), den entscheidenden Sieg des französischen Königs Philippe Auguste über Kaiser Otto IV. und seine Verbündeten. Nachdem sie von der französischen Historiographie inszeniert und zur Legende geworden war, fällt die Schlacht nach dem 13. Jh. dem Vergessen anheim und feiert dann immer wieder Auferstehung, so im 17. Jh., weil das Andenken der französischen Monarchie gepriesen wird, in der Juli-Monarchie, weil liberale und bürgerliche Historiker (Guizot, Augustin Thierry) darin das segensreiche Bündnis zwischen Königtum und Volk sehen, zwischen 1871 und 1914, weil es »der erste Sieg der Franzosen über die Deutschen« ist. Nach 1945 geht Bouvines in der Zeit der Verachtung für die Schlachtengeschichte unter. Nicole Loraux und Pierre Vidal-Naquet zeigen, wie in Frankreich zwischen 1750 und 1850, von Montesquieu bis zu Victor Duruy, ein »bürgerliches« Bild des antiken Athens aufkommt, dessen Hauptzüge »Achtung des Eigentums, Achtung des Privatlebens, Ausweitung von Handel, Arbeit und Industrie« waren und in dem sich sogar die Zweifel der Bourgeoisie des 19. Jhs. wiederfinden: »Republik oder Kaiserreich? Athen vereinigt alle diese Formen in sich« (Vidal-Naquet, 1960, S. 270f., 222). Hingegen ist Zivi Yavetz (1976) angesichts der Frage, warum Rom das historische Ideal Deutschlands zu Beginn des 19. Jhs. war, zu folgender Antwort gelangt: »Weil der Konflikt zwischen Grundherren und preußischen Bauern, der nach der Schlacht bei Jena und Auerstedt (1806) durch die reformerische Intervention des Staates und ohne Beteiligung der preußischen Standesherren entschieden worden war, eine Vorlage darstellte, die man in der Geschichte des alten Roms wiederzufinden meinte: B.G. Niebuhr, Autor der *Römischen Geschichte,* die 1811/12 erschien, war ein enger Mitarbeiter des preußischen Ministers von Stein.«

Philippe Joutard hat die Erinnerung an die Volkserhebung der hugenottischen Camisarden in den Cevennen zu Beginn des 18. Jhs. zurückverfolgt. In der geschriebenen Geschichte wird um 1840 eine Wende deutlich. Bis dahin kannten sowohl katholische als auch protestantische Historiker nichts als Verachtung für diesen Bauernaufstand. Doch mit der *Histoire des pasteurs de Désert* von Napoléon Peyrat (1842), *Les prophètes protestants* von Ami Bost (1842) und der *Histoire de France* von Michelet (1862) entwickelte sich eine *Legenda Aurea* der Camisarden, der eine negative katholische Legende gegenübertritt. Dieser Gegensatz nährt sich offenbar von den politischen Leidenschaften in der zweiten Hälfte des 19. Jhs., einer Zeit, in der sich Anhänger der Bewegung und Anhänger der Ordnung gegenübertreten, die die Camisarden zu den Ahnherren aller Aufständischen des 19. Jhs. machen, zu »den ersten Vorläufern der Erstürmer der Bastille«, zu Vorläufern der Kommunarden und der damaligen Sozialisten, »ihren direkten Nachkommen«, mit denen zusammen sie »das Recht, im Namen des Streikrechts zu plündern, zu morden und zu brennen, gefordert haben sollen«. Doch bei einer anderen Art von Erinnerung, der mündlichen Überlieferung, die »eine andere Geschichte« hervorbringt, fand Philippe Joutard eine positive und lebendige Legende der Camisarden, die sich ebenfalls in bezug auf die Gegenwart bildet und aus den Aufständischen von 1702 »die Laien und Republikaner« vom Ende der Regierungszeit Ludwigs XIV. macht. Später verwandelt das erwachende Regionalbewußtsein sie in okzitanische Rebellen, und die Résistance macht sie zu Partisanen des Maquis.

Ebenfalls in bezug aufzeitgenössische Einstellungen und Ideen entstand in Italien nach dem Ersten Weltkrieg eine Polemik, die das Mittelalter angriff (Falco 1942). Erst kürzlich hat der Mediävist Ovidio Capitani die Ferne und Nähe des Mittelalters in einer Aufsatzsammlung beschworen, die den bezeichnenden Titel: *Medioevo passato prossimo,* »Vergangenes und ganz nahes Mittelalter«, trägt. Er schreibt: »Die Aktualität des Mittelalters besteht in folgendem: Zu wissen, daß wir nicht mehr tun können, als Gott zu suchen, wo er nicht ist ... Das Mittelalter ist eben deshalb ›aktuell‹, weil es vergangen sei, doch vergangen als ein Element, das sich endgültig und für immer an *unsere* Geschichte geheftet hat. Es zwingt uns, seiner bewußt zu sein, denn es umschließt eine wunderbare Folge von Antworten, die der Mensch gefunden hat und nicht vergessen kann, selbst wenn er feststellt, daß sie nicht mehr angemessen sind. Es sei denn, er würde die Geschichte auslöschen ...« (Capitani, 1979, S. 276).

So erscheint die Historiographie als eine Abfolge neuer Lesarten der Vergangenheit, voller Verluste und verborgener Quellen, voller Lücken in der Erinnerung und voller Revisionen. Diese »aggiornamenti« können auch auf das Vokabular des Historikers durchschlagen und durch anachronistische Konzepte und Worte die Qualität seiner Arbeit stark beeinträchtigen. Daher hat J.H. Hexter (1961) anhand von Beispielen aus der englischen und europäischen Geschichte zwischen 1450 und 1650 und in Hinblick auf Begriffe wie »Partei« und »Klasse« eine große und rigorose Revision des historischen Vokabulars gefordert.

R.G. Collingwood sah in diesem Verhältnis zwischen Vergangenheit und Gegenwart ein Feld, in dem der Historiker bevorzugt über seine Arbeit nachdenken sollte: Die Vergangenheit ist ein Aspekt oder eine Funktion der Gegenwart, in dieser Gestalt muß sie dem Historiker immer erscheinen, der wirklich über seine Arbeit nachdenkt oder, mit anderen Worten, auf eine Geschichtsphilosophie abzielt (Debbins, 1965). Diese Beziehung von Gegenwart und Vergangenheit im historischen Diskurs ist in jedem Fall ein wesentlicher Aspekt des traditionellen Problems der Objektivität der Geschichte.

1.2 Wissen und Macht: Objektivität und Manipulation der Vergangenheit

Nach Heidegger ist Geschichte nicht nur eine menschliche Projektion der Gegenwart in die Vergangenheit, sondern die Projektion des imaginärsten Teils seiner Gegenwart, die Projektion der Zukunft seiner Wahl, in die Vergangenheit – Geschichte als Fiktion, als Wunschtraum in der entgegengesetzten Richtung. Paul Veyne (1968, S. 424) verurteilt diesen Standpunkt zu Recht und sagt, daß Heidegger »nichts anderes macht, als die nationalistische Geschichtsschreibung des vorigen Jahrhunderts zur anti-intellektuellen Philosophie zu erheben«. Aber ist er nicht optimistisch, wenn er hinzufügt: »Damit ist er, wie die Eule der Minerva, etwas zu spät erwacht?« Zunächst, weil es mindestens zwei Geschichten gibt, worauf ich noch zurückkommen werde: diejenige der kollektiven Erinnerung und diejenige der Historiker. Erstere erscheint im wesentlichen mythisch, verformt und anachronistisch. Aber sie ist die gelebte, niemals endende Beziehung von Gegenwart und Vergangenheit. Es ist zu wünschen, daß die historische Information, die die Fachhistoriker verfügbar machen und die die Schulen und – so sollte es zumindest sein – die Massenmedien verbreiten, diese falsche traditionelle Geschichte korrigiert. Geschichte soll die Erinnerung erhellen und ihr helfen, ihre Fehler zu berichtigen. Aber ist der Historiker selbst davor gefeit, wenn schon nicht von der Vergangenheit, so doch zumindest von der Gegenwart und vielleicht auch von einem unbewußten Zukunftstraum besessen zu sein?

Eine erste Unterscheidung muß zwischen *Objektivität und Unparteilichkeit* getroffen werden. »Unparteilichkeit ist überlegt, Objektivität ist unbewußt.« Der Historiker darf keine Beweisführung unter Umgehung von Zeugen antreten und sich zum Anwalt welcher Sache auch immer machen. Er muß die Wahrheit herausfinden und darstellen oder das, was er für die Wahrheit hält. Doch ist es für ihn unmöglich, objektiv zu sein, von seiner Vorstellung vom Menschen abzusehen, insbesondere wenn es darum geht, die Bedeutung von Fakten und ihre kausalen Verknüpfungen zu gewichten (Génicot, 1980, S. 112). Man muß noch weiter gehen. Wenn diese Unterscheidung ausreichend wäre, würde das Problem der Objektivität nicht »a famous crux« sein, um eine Wendung E.H. Carrs zu verwenden, wegen der schon viel Tinte geflossen ist[3].

Vergegenwärtigen wir uns zunächst den Einfluß des sozialen Umfelds auf die Ideen und Methoden des Historikers. Wolfgang Mommsen hat drei Elemente dieses sozialen Drucks herausgearbeitet: »1. Das Selbstverständnis der jeweiligen Sozialgruppe, für die der Historiker spricht, der er angehört oder sich zurechnet; 2. ein bestimmter Begriff von gesellschaftlichem Wandel überhaupt sowie 3. bestimmte Perspektiven hinsichtlich künftiger gesellschaftlicher Entwicklungen, die der Historiker für wahrscheinlich oder auch nur für möglich hält und die ihm als Orientierungspunkte für eine historische Interpretation dienen.« (1975, S. 212) Doch läßt sich nicht jeder »Präsentismus« – jeglicher deformierender Einfluß der Gegenwart auf die Lesart der Vergangenheit – ausschließen, es lassen sich nur die schlimmsten Folgen für die Objektivität eingrenzen. Vor allem – und ich werde auf diese entscheidende Tatsache zurückkommen –, weil es einen Stand von Spezialisten gibt, die das Recht haben, die Arbeit ihrer Kollegen zu prüfen und zu beurteilen. »Thuky-

[3] Vgl. insbesondere Junker/ Reisinger, 1974, Kap. 6 ›*Objectivity*‹, S. 120–129; Passmore/Blake, 1959

dides ist kein Kollege«, erklärte Nicole Loraux tiefgründig und zeigte, daß seine *Geschichte,* obwohl sie sich uns als Quelle darstellt, die in sich »alle Gewähr für einen seriösen historischen Diskurs« einschließt, »keine Quelle im modernen Sinne des Wortes ist, sondern ein Text, ein antiker Text, der vor allem ein rhetorisch geprägter Diskurs ist«. Doch werde ich später zeigen – Nicole Loraux weiß es –, daß jede Quelle ein Überrest oder ein Text ist und niemals »rein«, d.h. vollkommen objektiv vorkommt. Im übrigen bildet, seit es Geschichte gibt, die Kritik der anderen Historiker das Tor zur Fachwelt. Wenn ein Maler über das Bild eines anderen Malers sagt: »Das ist schlecht gemacht«, ein Schriftsteller vom Werk eines anderen Schriftstellers sagt: »Das ist schlecht geschrieben«, so weiß jeder, daß das lediglich heißt: »Ich mag es nicht.« Hingegen wenn ein Historiker das Werk eines »Kollegen« kritisiert, so kann er sich natürlich täuschen und sein Urteil mag z.T. auf seinem persönlichen Geschmack beruhen, aber seine Kritik wird zumindest teilweise nach »wissenschaftlichen« Kriterien begründet sein. Seit den Anfängen der Geschichte wird der Historiker am Maßstab der Wahrheit gemessen. Zu Unrecht oder zu Recht galt Herodot lange Zeit als »Lügner« (Momigliano, 1977, S. 127–142; Hartog, 1980), und Polybios greift im Buch XII seiner *Historien,* in welchem er seine Vorstellungen von Geschichte entwickelt, vor allem seinen »Mitbruder« Timaios an.

Wie Wolfgang Mommsen sagte, sind historische Werke, historische Schlußfolgerungen »intersubjektiv verständlich und überprüfbar«. Diese Intersubjektivität konstituiert sich durch das Urteil der anderen, insbesondere auch dasjenige der anderen Historiker. Mommsen hebt drei Arten der Überprüfung hervor: »a) im Hinblick auf den Grad der Berücksichtigung der einschlägigen Informationen (Quellen) und der bisherigen wissenschaftlichen Forschung; b) gemessen an dem denkbaren Optimum einer plausiblen Integration aller bekannten historischen Data; c) im Hinblick auf die logische Stringenz des zugrunde gelegten Erklärungsmodells (insbesondere was die Widerspruchsfreiheit und Konsistenz desselben anbetrifft).« (1975, S. 222) Es ließen sich weitere Kriterien finden, doch bedeutet die breite Zustimmung der Fachwelt in bezug auf den Wert weiter Teile eines beliebigen historischen Werkes den ersten Beweis für die »Wissenschaftlichkeit« von Geschichte und stellt den ersten Prüfstein für seine historische Objektivität dar.

Will man jedoch auf die Geschichte die Maxime des großen liberalen Journalisten C.P. Scott »Die Fakten sind heilig, die Meinung ist frei« (zit. n. Carr, 1961) anwenden, so sind dazu zwei Anmerkungen zu machen. Die erste ist, daß der Bereich der Meinung in der Geschichte begrenzter ist, als der Laie meint, zumindest, was die wissenschaftliche Geschichte angeht (weiter unten werde ich von der Geschichte der Amateure sprechen). Die zweite ist, daß dafür die Fakten oft weniger heilig sind, als man meint, denn wenn auch wohletablierte Fakten (z.B. der Tod Jeanne d'Arcs auf dem Scheiterhaufen in Rouen 1431 - woran nur die Mystifizierer und irregeführte Ignoranten zweifeln) nicht geleugnet werden können, so stellt doch das Faktum in der Geschichte nicht die wesentliche Grundlage der Objektivität dar. Dies gilt zum einen, weil historische Fakten nicht gegeben sind, sondern gemacht werden, zum anderen, weil Objektivität in der Geschichte nicht die bloße Unterwerfung unter Fakten ist.

Zur Konstruktion des historischen Faktums lassen sich Ausführungen in allen Abhandlungen zur historischen Methode finden[4]. Ich will nur aus Lucien Febvres berühmter Antrittsvorlesung am Collège de France vom 13. Dezember 1933 zitieren: »Gegebenheiten? Aber nein, vom Historiker Geschaffenes, wie oft soll ich es noch sagen? Mit Hilfe von Hypothesen und Projektionen durch eine schwierige und begeisternde Arbeit Erfundenes und Konstruiertes. Ein Faktum herauszuarbeiten heißt zu konstruieren. Wenn man so will, bedeutet es, auf eine Frage eine Antwort zu suchen. Und wo es keine Frage gibt, bleibt nur das Nichts« (Febvre, 1933, S. 7ff.). Nur im Rahmen einer problembezogenen Geschichte gibt es ein historisches Faktum.

Dafür, daß historische Objektivität nicht aus der bloßen Unterwerfung unter Fakten besteht, sollen hier zwei weitere Gewährsleute sprechen. Zunächst Max Weber: »Jeder Versuch, die (historische) Realität ohne subjektive Hypothesen zu verstehen, wird zu nichts anderem als zu einem Chaos existentieller Urteile über zahllose isolierte Ereignisse führen«.[5] E.H. Carr (1961, S. 13f.) spricht humorvoll vom »Faktenfetischismus« der Historiker im 19. Jh.: »Ranke glaubte fromm, daß die göttliche Vorsehung sich um die Bedeutung der Geschichte kümmern würde, wenn er sich nur um die Fakten kümmerte ... Die liberale Geschichtsauffassung im 19. Jh. war eng verwandt mit der ökonomischen Doktrin des *laissez-faire* ... Es war das Zeitalter der Unschuld, und die Historiker ergingen sich im Garten Eden ... nackt und ohne Scham vor dem Gott der Geschichte. Seitdem haben wir den Sündenfall und die Vertreibung aus dem Paradies erlebt. Die Historiker, die heute noch glauben,

[4] Vgl. z.B. Salmon, 1969, S. 46 ff; Carr, 1961, S. 124; Topolski, 1973, Teil 5

[5] *Gesammelte Aufsätze zur Wissenscheftslehre*, 3. Aufl., 1958, S. 177, Zit. n. Mommsen, 1975

ohne Geschichtsphilosophie (verstanden als kritische Reflexion über die historische Arbeit) auskommen zu können, versuchen ganz einfach und vergeblich, den Garten Eden wiederherzustellen, wie es eine Nudistenkolonie in ihrem Vorstadtgarten tut.«

Unparteilichkeit verlangt nur Anstand vom Historiker, Objektivität setzt mehr voraus. Auch wenn die Erinnerung unter dem Einfluß der Macht steht, wenn sie bewußte oder unbewußte Manipulationen rechtfertigt und wenn sie individuellen oder kollektiven Interessen folgt, ist die Geschichte wie alle Wissenschaft der Norm der Wahrheit unterworfen. Der Mißbrauch von Geschichte ist nur dann Sache des Historikers, wenn er selbst zum Parteigänger, zum Politiker oder zum Knecht politischer Macht wird (Schieder, 1978; Faber, 1978). Wenn Paul Valéry (1931, S. 63f.) erklärt: »Geschichte ist das gefährlichste Produkt, das die Chemie des Intellekts hervorgebracht hat ... Geschichte rechtfertigt alles. Sie lehrt absolut nichts, denn sie enthält alles und liefert für alles Beispiele«, so vermengt dieser sonst so scharfe Geist die Geschichte der Menschen mit der wissenschaftlichen Geschichte und zeigt, daß er von historischer Arbeit nichts versteht.

Selbst wenn er vielleicht etwas optimistisch ist, hat Paul Veyne (1968, S. 424) recht, wenn er schreibt: »Es bedeutet, von historischer Erkenntnis und von Wissenschaft im allgemeinen nichts verstanden zu haben, wenn man nicht sieht, daß ihr der Anspruch der Wahrhaftigkeit zugrunde liegt ... Wissenschaftliche Geschichte mit dem nationalen Andenken gleichzusetzen, aus dem es hervorgegangen ist, heißt, das Wissen einer Sache mit ihren Ursprüngen zu verwechseln, heißt, nicht mehr mehr zwischen Chemie und Alchemie, zwischen Astronomie und Astrologie zu unterscheiden ... Vom ersten Tag an ... bestimmt sich die Geschichte der Historiker im Gegensatz zur sozialen Funktion historischen Andenkens und hat sich als dem Ideal der Wahrheit und der reinen Wißbegierde verpflichtet erwiesen.«

Als ehrgeiziges Ziel wird historische Objektivität schrittweise aufgebaut, und zwar auf dem Weg über eine permanente Revision der historischen Arbeit, über fortwährende und mühselige Korrekturen und über die Anhäufung von Teilwahrheiten. Vielleicht fassen zwei Philosophen den langsamen Weg der Geschichte zur Objektivität am besten in Worte: Paul Ricœur (1955, S. 24f.): »Wir erwarten von Geschichte eine gewisse Objektivität, eine Objektivität, die ihr zupaß kommt. Die Art und Weise, wie Geschichte entsteht und wiederentsteht, bestätigt es uns. Immer geht sie aus der *Korrektur* des offiziellen und pragmatischen Bildes der Vergangenheit durch die traditionellen

Gesellschaften hervor. Diese Korrektur ist vom selben Geist wie die Korrektur, die die wissenschaftliche Physik aufweist im Verhältnis zum ersten Bild von den Erscheinungen in der Wahrnehmung und in den Kosmologien, die ihr verpflichtet bleiben«. Und Adam Schaff (1971, S. 38ff.): »Das Wissen nimmt notwendigerweise den Charakter eines unendlichen Prozesses an, der – indem er unsere Kenntnisse auf dem Weg über verschiedene Annäherungen an die Realität, die unter verschiedenen Aspekten wahrgenommen wird, vervollkommnet und Teilwahrheiten ansammelt – nicht nur zu einer einfachen Anhäufung des Wissens, zu einer quantitativen Veränderung unserer Kenntnisse führt, sondern auch zu einem qualitativen Wandel unserer Sicht von Geschichte.«

1.3 Das Singuläre und das Universale: Verallgemeinerungen und Regelmäßigkeiten in der Geschichte.

Der auffälligste Widerspruch der Geschichte ist zweifelsohne, daß ihr Gegenstand singulär, einzigartig ist, ein Ereignis, eine Folge von Ereignissen, Personen, die es nur einmal gibt, während ihr Ziel, wie das aller Wissenschaft, darin besteht, zum Universalen, zum Allgemeinen, zum Regelmäßigen vorzudringen.

Schon Aristoteles hatte die Geschichte aus dem Kreise der Wissenschaften ausgeschlossen, eben weil sie sich mit dem Besonderen befaßt, das kein Gegenstand von Wissenschaft ist. Jedes historische Faktum hat sich nur einmal ereignet und wird sich auch nur einmal ereignen. Diese Einmaligkeit stellt selbst für viele Produzenten und Konsumenten von Geschichte ihre größte Anziehungskraft dar:

Liebt, was man niemals zweimal sehen wird.

Historische Erklärung muß sich mit »einzigartigen« Gegenständen befassen (Gardiner, 1952, II, 3: *Uniqueness in History).*

Die Folgen, die sich aus dem Anerkennen dieser Singularität des historischen Faktums ergeben, lassen sich auf drei reduzieren, sie haben eine große Rolle in der Geschichte der Geschichte gespielt.

Die erste ist der Vorrang des Ereignisses. Falls man wirklich der Ansicht ist, daß historische Arbeit darin bestehe, Ereignisse herauszufinden, genügt es, auf die Quellen eine Methode anzuwenden, die die Ereignisse, die darin enthalten sind, hervortreten läßt. So unterscheidet V.K. Dibble vier Arten von Ableitungen, die von den Quellen zu den Ereignissen führen, je nachdem wie die Quellen beschaffen sind, die da sein können: individuelle Zeugnisse *(testimony)*, kollektive Quellen *(social bookkeeping)*, direkte Indikatoren *(direct indicators)*, Korrelate *(correlates)*. Diese hervorragende Methode hat nur den einen Fehler, einem zweifelhaften Ziel zu dienen. Zunächst werden Ereignis und historisches Faktum vermengt, und wir wissen heute, daß das Ziel von Geschichte nicht darin besteht, diese trügerisch »wirklichen« Gegebenheiten herauszufinden, die man Ereignisse oder historische Fakten getauft hat. Eine weitere Folge der Begrenzung von Geschichte auf das Singuläre ist, daß der Bedeutung von Individuen Vorrang verliehen wird, insbesondere derjenigen der großen Männer. E.H. Carr hat gezeigt, wie weit diese Richtung in der abendländischen Tradition zurückreicht, bis zu den Griechen, die ihre ältesten Epen und ihre ersten Gesetze hypothetischen Gestalten wie Homer, Lykurgos, Solon zugeschrieben haben; in der Renaissance findet sie sich wieder in der Begeisterung für Plutarch, und Carr stößt immer wieder auf das, was er scherzhaft »die Geschichtstheorie vom bösen König Johann (ohne Land)« genannt hat *(The bad King John theory of history)* nach dem Werk Isaiah Berlins, *Historical Inevitability* (1954) (Carr, 1961, Kap. 2., *Society and the Individual)*. Diese Konzeption, die aus der wissenschaftlichen Geschichte praktisch verschwunden ist, wird leider nach wie vor von allzu vielen weiter verbreitet, die Geschichte an die breite Öffentlichkeit bringen, ebenso von den Medien, angefangen mit den Verlagen. Ich verwechsele diese Vulgärform der Geschichtserklärung durch Individuen nicht mit der Gattung der Biographie, die – trotz ihrer Fehler und ihrer Mittelmäßigkeit – eine der wichtigsten historischen Gattungen ist und historiographische Meisterwerke hervorgebracht hat wie *Friedrich II.* von Ernst Kantorowitz (1927). Carr hat recht, wenn er daran erinnert, was Hegel über die großen Männer sagte: Historische Gestalten seien nicht diejenigen, die eine vermutete Sache gewollt und vollendet haben, sondern eine gerechte und notwendige Sache, weil ihnen im Herzen offenbar wurde, was notwendig war und zu den wirklichen Möglichkeiten ihrer Zeit gehörte.

In Wirklichkeit ist, wie Michel de Certeau (1975, S. 99) so treffend sagte, das *Besondere* sehr wohl die Spezialität der Geschichte, aber das Besondere unterscheidet sich, wie G.R. Elton in *The Practice of History* gezeigt hat, vom Individuellen. »Das Besondere lenkt die historische Wahrnehmung und spezifiziert die historische Forschung, nicht etwa, weil es ihr gedachter Gegenstand wäre, sondern im Gegenteil, weil es die *Grenze des Denkbaren darstellt.*«

Die dritte Schlußfolgerung, die fälschlicherweise aus der Rolle des Besonderen in der Geschichte gezogen wurde, ist, sie auf eine bloße Erzählung, auf einen Bericht zu reduzieren. Augustin Thierry war, wie Roland Barthes in Erinnerung ruft, ein Vertreter dieser Auffassung – offenbar einer der naivsten – und glaubte an die Vorzüge historischen Erzählens: »Man hat gesagt, die Aufgabe des Historikers sei es zu erzählen, nicht zu beweisen; ich weiß es nicht nur, ich bin sicher, daß in der Geschichte die beste Art von Beweis, diejenige, die am besten zu beeindrucken und alle Geister zu überzeugen vermag, diejenige, die die wenigsten Vorbehalte und die geringsten Zweifel hinterläßt, eine richtige Erzählung ist ...« *(Récits des temps mérovingiens,* Ausg. v. 1851, Bd. 2, S. 227). Aber was heißt *richtig?* Halten wir uns nicht lange damit auf, daß eine Erzählung – sei sie nun historisch oder nicht – eine Konstruktion ist, hinter deren ehrbarem und objektivem Äußeren sich eine ganze Reihe von impliziten Vorentscheidungen verbirgt. Jegliche Konzeption von Geschichte, die Geschichte mit Erzählung gleichsetzt, halte ich heute für inakzeptabel. Gewiß, die zeitliche Abfolge, die beim Gewebe des Stoffs, aus dem Geschichte gemacht ist, eine gewisse Rolle spielt, nötigt uns, der Erzählung einen gewissen Raum zuzugestehen, der mir vorwiegend pädagogischer Natur zu sein scheint. Lediglich die Notwendigkeit, in der Geschichte zunächst das Wie zu erläutern und erst dann nach dem Warum zu suchen, weist der Erzählung ihren Platz an der logischen Basis beim Aufbau historischer Arbeit zu. Die Erzählung gehört also lediglich zu den Präliminarien, selbst wenn sie den Historiker viel Vorarbeit gekostet hat. Doch darf die Anerkennung einer unverzichtbaren rhetorischen Komponente in der Geschichte nicht zur Negation ihres wissenschaftlichen Charakters führen.

Hayden White bezeichnete kürzlich in einem passionierenden Buch *(Metahistory: The Historical Imagination in XIXth Century Europe,* 1973) das Werk der wichtigsten Historiker des 19. Jhs. als reine rhetorische Form, als narrativen Diskurs in Prosa. Um zu einer Erklärung zu gelangen, oder besser, um die »Wirkung einer Erklärung« zu erzielen, haben die Historiker die Wahl zwischen drei Strategien: die Erklärung durch ein formales Argument, durch eine Intrige (emplotment) oder durch eine ideologische Implikation. Innerhalb dieser drei Strategien gibt es vier Arten möglicher Verknüpfung, um einen erklärenden Effekt zu erzielen: Bei den Argumenten sind es Formalismus, organismischer Ansatz, Mechanismus und Kontextualität; bei der

Intrige sind es Roman, Kommödie, Tragödie und Satire; im Rahmen der ideologischen Implikation sind es Anarchismus, Konservatismus, Radikalismus und Liberalismus. Die spezifische Kombination der Verknüpfungsweisen macht den historiographischen »Stil« der einzelnen Autoren aus. Dieser Stil wird durch einen Akt erreicht, der im wesentlichen poetisch ist und für den Hayden White die artistotelischen Kategorien der Metapher, der Metonymie, der Synekdoche und der Ironie verwendet. Dieses Raster verwendet er in Hinblick auf vier Historiker, Michelet, Ranke, Tocqueville und Burckhardt, sowie auf vier Philosophen, Hegel, Marx, Nietzsche und Croce.

Das Ergebnis dieser Untersuchung ist in erster Linie die Feststellung, daß die wichtigsten geschichtsphilosophischen Werke des 19. Jhs. sich von ihren Entsprechungen in der »eigentlichen Geschichte« allein durch die Emphase, nicht durch den Inhalt unterscheiden. Dieser Feststellung will ich sofort entgegenhalten, daß Hayden White hier lediglich die relative stilistische Einheitlichkeit einer Epoche entdeckt hat und wieder auf das gestoßen ist, was Taine in einer noch breiter angelegten Perspektive für das 17. Jh. feststellte: »Zwischen einem Laubengang von Versailles, einer philosophischen Erörterung von Malebranche, einer Anleitung zum Dichten von Boileau, einem Hypothekargesetz von Colbert und einer Sentenz von Bossuet scheinen Welten zu liegen. Diese Dinge sind so sehr voneinander verschieden, daß man sie zunächst einzeln und voneinander getrennt betrachtet. Doch diese Dinge stehen miteinander in Verbindung über die Definition der Gruppen, denen sie angehören.« (Zit. n. Ehrard/Palmade, 1964, S. 72)

Die acht ausgewählten Autoren werden folgendermaßen charakterisiert: Michelet ist der historische Realismus als Roman, Ranke der historische Realismus als Kommödie, Tocqueville der historische Realismus als Tragödie, Burckardt der historische Realismus als Satire, Hegel die Poetik der Geschichte und der Weg jenseits der Ironie, Marx die philosophische Verteidigung der Geschichte auf metonymische Art, Nietzsche die poetische Verteidigung der Geschichte auf metaphorische Art und Croce die philosophische Verteidigung der Geschichte auf ironische Art.

Was die sieben Schlußfolgerungen hinsichtlich des historischen Gewissens betrifft, zu denen Hayden White gelangt, so lassen sie sich in drei Ideen zusammenfassen: 1. es gibt keinen grundlegenden Unterschied zwischen Geschichte und Geschichtsphilosophie; 2. die Wahl der Strategie historischer Erklärung ist eher moralisch oder ästhetisch begründet als erkenntnistheoretisch; 3. die Forderung nach Wissenschaftlichkeit der Geschichte bemäntelt lediglich eine Vorliebe für die eine oder andere Art historischer Konzeptbildung.

Schließlich besagt die letzte Schlußfolgerung, die noch hinter die Geschichtsauffassung des 19. Jhs. zurückreicht, daß das Werk des Historikers eine Art intellektuelle Tätigkeit ist, die zugleich poetisch, wissenschaftlich und philosophisch ist.

Es wäre zu leicht, sich über diese Konzeption von »Metageschichte«, über ihre Vorbedingungen und ihre Vereinfachungen lustig zu machen – insbesondere auf der Grundlage dieser summarischen Zusammenfassung, die ich von einem Buch geliefert habe, das von eindrücklichen Detailanalysen nur so wimmelt.

Ich sehe hier zwei interessante Anstöße zum Nachdenken. Der erste besteht im Beitrag, die Krise des Historismus am Ende des 19. Jhs. zu erhellen, von der ich später noch sprechen werde. Der zweite besteht darin, daß hier anhand eines historischen Beispiels Gelegenheit gegeben wird, sich mit dem Problem der Beziehungen zwischen Geschichte als Wissenschaft, Geschichte als Kunst und Geschichte als Philosophie auseinanderzusetzen. Mir scheint, daß diese Beziehungen vor allem historisch bestimmt sind und daß es sich da, wo Hayden White eine Art historische Natur sieht, um die historische Situation einer Disziplin handelt. Vermutlich kann man im großen und ganzen sagen, daß die Geschichte, die bis zum Ende des 19. Jhs. auf das engste mit Kunst und Philosophie verbunden war, bestrebt ist – und dabei teilweise Erfolg hat – spezifischer, technischer und wissenschaftlicher zu werden und weniger literarisch und philosophisch zu sein.

Es ist jedoch anzumerken, daß einige der größten Historiker von heute den Anspruch erheben, daß Geschichte Kunst sei. So Georges Duby: »Meiner Ansicht nach ist Geschichte vor allem eine Kunst, im wesentlichen eine literarische Kunst. Geschichte gibt es nur im Diskurs. Wenn sie gut sein soll, muß der Diskurs gut sein« (ders./Lardreau, 1980, S. 50). Doch versichert er andernorts: »Geschichte kann, wenn sie bestehen soll, nicht frei sein: Es mag wohl sein, daß sie eine Art politischer Diskurs ist, doch *darf* sie keine Propaganda sein. Sie mag wohl eine literarische Gattung, sie darf jedoch nicht Literatur sein« (ebd. S. 15f.). Es ist also klar, daß das historische Werk kein Kunstwerk wie jedes andere ist und daß der historische Diskurs seine Eigentümlichkeiten hat.

Roland Barthes (1967, S. 65) hat eine gute Frage gestellt: »Die Erzählung vergangener Ereignisse ist bei uns seit den Griechen einhellig den Sanktionen der historischen ›Wissenschaft‹ unterworfen, in den gebieterischen Gewahrsam des ›Wirklichen‹ gestellt, gerechtfertigt durch die Prinzipien ›rationaler‹ Darlegung. Unterscheidet sich diese Erzählung wirklich durch irgendeine charakteristische Eigenschaft, durch irgendeinen unanfechtbaren Grund von der imaginären Erzählung, wie man sie im Epos, im Roman, im Drama findet?« Damals hatte Emile Benveniste (1966, Bd. 1, S. 240) geantwortet und auf der Absicht des Historikers bestanden: »Das historische Formulieren von Ereignissen ist unabhängig von ihrer ›objektiven‹ Wahrheit. Das einzige was zählt, ist die historische ›Absicht‹ des Schreibers«. Die Antwort Roland Barthes, (1967, S. 74) in der Terminologie der Linguistik, ist, daß »in der ›objektiven‹ Geschichte das ›Wirkliche‹ immer nur ein unausgesprochenes Signifikat ist, das im Schutze der offensichtlichen Allmacht des Sprechers steht. Diese Situation bestimmt, was man den *Effekt von Wirklichkeit* nennen könnte ... der historische Diskurs folgt nicht der Wirklichkeit, er bezeichnet sie nur und wiederholt dabei unaufhörlich *es hat sich ereignet,* ohne daß diese Behauptung jemals etwas anderes sein könnte als das Gegenteil von dem, was die ganze historische Erzählung bezeichnet.« Barthes beschließt seine Untersuchung, indem er den gegenwärtigen Rückgang der erzählenden Geschichte aus der Suche nach größerer Wissenschaftlichkeit erklärt: »So läßt sich verstehen, daß das Erzählen in der gegenwärtigen Geschichtswissenschaft, die eher bestrebt ist, von Strukturen als von Chronologien zu sprechen, in den Hintergrund tritt (wenn nicht gar verschwindet), und warum dies mehr als einen bloßen Wechsel der Schulen, einen wirklichen ideologischen Wandel bedeutet: Das historische Erzählen stirbt, denn das Kennzeichen von Geschichte ist in Zukunft weniger das Wirkliche als das Verständliche« (ebd., S. 75).

Hinsichtlich einer anderen Doppeldeutigkeit des Begriffs *Geschichte,* der in den meisten Sprachen die Geschichte als Wissenschaft und als imaginäre Erzählung bezeichnet, *die* Geschichte und *eine* Geschichte (das Englische unterscheidet zwischen *story* und *history)* (vgl. Gallie, 1963, S. 150–172), hat Paul Veyne (1971, S. 16) seine eigene Sicht von Geschichte entwickelt. Für ihn ist Geschichte sehr wohl eine Erzählung, eine Narratio, aber »die Erzählung *wahrer* Ereignisse«. Sie interessiert sich für eine besondere Form der Singularität, der Individualität, nämlich für das Spezifische: »Geschichte interessiert sich für individualisierte Ereignisse, von denen kein einziges für sie überflüssig ist, doch befaßt sie sich nicht mit der Individualität selbst: Sie bemüht sich, die Ereignisse zu verstehen, d.h., in ihnen eine Art von Allgemeinem oder besser Spezifischem wiederzufinden« (ebd. S. 72), und weiter: »Geschichte ist die Beschreibung des Spezifischen, d.h. des Verständlichen in den menschlichen Ereignissen« (ebd. S. 75). Geschichte ähnelt also einem Roman. Sie besteht aus *Intrigen.* Diese Auffassung ist insofern interessant, als sie die Singularität bewahrt, ohne sie in Unordnung untergehen zu lassen, als sie eine Determinierung bestreitet, jedoch eine gewisse Logik impliziert, als sie die Rolle des Historikers berücksichtigt, der seine historische Untersuchung »aufbaut« wie ein Romanautor seine »Geschichte«. Die Auffassung ist meines Erachtens insofern falsch, als sie glauben macht, der Historiker genieße dieselben Freiheiten wie der Romanautor und Geschichte sei keinesfalls eine Wissenschaft, sondern, auch wenn Veyne hier einige Einschränkungen macht, eine literarische Gattung. Währenddessen erscheint sie mir als Wissenschaft, die – es ist banal, aber es muß gesagt werden – zugleich bestimmte Züge mit allen Wissenschaften gemein hat und spezifische Züge aufweist.

Hierzu eine erste Präzisierung: Gegenüber den Anhängern einer positivistischen Geschichte, die meint, jegliche Phantasie – und selbst jegliche »Idee« – aus der historischen Arbeit verbannen zu können, forderten und fordern immer noch zahlreiche Historiker und Theoretiker der Geschichte das Recht auf Phantasie.

William Dray (1957) ging sogar soweit, die »Vorstellung« der Vergangenheit »in der Phantasie« *(imaginative re-enactment)* als eine Form rationaler Erklärung zu definieren. Demnach ist die »Sympathie«, die es gestattet, ein historisches Phänomen zu spüren oder es spüren zu lassen, nichs anderes als ein Verfahren der Erklärung (vgl. S.H. Beer, 1963). Gordon Leff (1969, S. 117f.) stellte die Rekonstruktion in der Phantasie des Historikers dem Vorgehen des Naturwissenschaftlers gegenüber: »Im Unterschied zum Naturwissenschaftler muß der Historiker sich seinen eigenen Rahmen schaffen, um das Ereignis, mit dem er sich befaßt, auszuwerten; er muß in seiner Phantasie eine Rekonstruktion dessen vornehmen, was von Natur aus nicht wirklich war, sondern eher in einzelnen Ereignissen enthalten ist. Er muß den Komplex der Einstellungen, der Werte, der Absichten und der Konventionen herausdestillieren, der Teil unserer Handlungen ist, um deren Bedeutung zu erfassen.«

Diese Einschätzung der Phantasie des Historikers erscheint mir unzureichend. Es gibt zwei Arten von Phantasie, die ein Historiker aufweisen kann: diejenige, die darin besteht, zum Leben zu erwecken, was in den Quellen begraben ist, und die einen Teil der historischen Arbeit ausmacht, weil sie Handlungen von Menschen zeigt und erklärt. Diese Gabe der Phantasie, die die Vergangenheit *konkret* macht, ist wünschenswert, so wie sich Georges Duby literarisches Talent für den Historiker wünscht. Sie ist außerordentlich wünschenswert, denn es ist *notwendig*, daß der Historiker diese Art von Phantasie unter Beweis stellt. Sie ist *wissenschaftliche* Phantasie und zeigt sich gerade in der Fähigkeit zur *Abstraktion*. Nichts unterscheidet den Historiker hier, nichts darf ihn hier von den anderen Wissenschaftlern unterscheiden. Er muß an seinen Quellen mit derselben Phantasie arbeiten wie der Mathematiker an seinen Berechnungen und der Physiker oder der Chemiker an seinen Experimenten. Es ist eine Frage der *Geisteshaltung*, und man kann sich hier nur Huizinga (1936) anschließen, der erklärt, Geschichte sei nicht allein ein Wissenszweig, sondern auch »eine intellektuelle Form, die Welt zu begreifen«.

Dagegen bedaure ich, daß ein so scharfsinniger Geist wie Raymond Aron (1938a, S. 206) in seiner Leidenschaft für das Empirische versichert, daß die Vorstellungen des Historikers unscharf sind, weil man »das Allgemeine in dem Maße ausschließt, in dem man sich dem Konkreten nähert«. Tatsächlich sind die Konzeptionen des Historikers nicht unscharf, sondern häufig metaphorisch, eben weil sie zugleich auf Konkretes und Abstraktes verweisen müssen. Denn Geschichte ist – wie die übrigen Sozial- oder Humanwissenschaften – eine Wissenschaft, nicht etwa des Komplexen, wie man sich gelegentlich schmeichelt, sondern des Spezifischen, wie Veyne richtig sagt.

Geschichte muß wie alle Wissenschaft verallgemeinern und erklären. Sie tut dies auf ihre eigene Art. Wie Gordon Leff (1969, S. 79f.) mit vielen anderen sagt, ist die Art zu erklären in der Geschichte im wesentlichen deduktiv: »Es gäbe keine Geschichte und keinen konzeptionellen Diskurs ohne Verallgemeinerung ... Historisches Verstehen unterscheidet sich nicht durch seine mentalen Prozesse, die jeglichem menschlichen Nachdenken inhärent sind, sondern durch seinen Status, der eher derjenige eines deduktiven als eines nachweisbaren Wissens ist.« Bedeutung entsteht in der Geschichte ebenso aus dem Verständlichmachen einer Reihe von einzelnen Ausgangsvoraussetzungen wie aus der immanenten Logik jedes einzelnen Elements: »Bedeutung ist in der Geschichte im wesentlichen durch den Kontext bedingt« (ebd., S. 57). Letztlich sind Erklärungen in der Geschichte eher Einschätzungen als Beweise, aber sie schließen die Meinung des Historikers auf rationale, inhärente Weise in den intellektuellen Prozeß des Erklärens ein: »Bestimmte Formen kausaler Analyse sind ganz klar unentbehrlich, wenn es darum geht, von Ereignissen zu berichten; wie der Historiker zwischen Zufall und Notwendigkeit unterscheiden muß, so muß er auch für jede Situation entscheiden, ob sie von langfristigen oder kurzfristigen Faktoren bestimmt ist. Aber da seine Kategorien, diese Faktoren, konzeptioneller Art sind, entsprechen sie nicht empirisch bestätigten oder widerlegten Einheiten. Aus diesem Grunde sind die Erklärungen des Historikers eher Einschätzungen« (ebd., S. 97 ff.). Die Theoretiker der Geschichte haben sich im Laufe der Jahrhunderte bemüht, große nachvollziehbare Prinzipien zu unterlegen und allgemeine Schlüssel zur historischen Entwicklung zu liefern. Die beiden wichtigsten Begriffe, die dabei herauskamen, waren einerseits derjenige eines *Sinns*, einer Richtung der Geschichte und andererseits derjenige eines *Gesetzes* der Geschichte.

Der Begriff eines Sinns der Geschichte läßt sich in drei Typen von Erklärung untergliedern: Der Glaube an große zyklische Bewegungen, die Idee eines Ziels der Geschichte, das in der Vervollkommnung dieser Welt besteht, und die Theorie eines Ziels der Geschichte, das außerhalb ihrer selbst liegt (Beglar, 1975, S. 285). Die Ansicht liegt nahe, daß die aztekische Auffassung oder in gewisser Weise auch diejenige von Arnold Toynbee die erste, der Marxismus die zweite und das Christentum die dritte Einstellung repräsentieren.

Innerhalb des Christentums werden zwei Gruppen durch einen Abgrund voneinander getrennt: diejenigen, die mit Augustinus und der katholischen Orthodoxie von der Vorstellung der zwei Reiche, dem irdischen Staat und dem Gottesstaat, wie sie in *De Civitate Dei* dargestellt werden, ausgehen und die Ambivalenz der historischen Zeit betonen (Marrou 1950). Diese Zeit wird zugleich von den offensichtlichen Stürmen der menschlichen Geschichte (Rom ist weder ewig noch das Ziel der Zeit) und dem eschatologischen Fluß der göttlichen Geschichte bestimmt. Auf der anderen Seite stehen diejenigen, die mit den Millenaristen wie Joachim von Fiore bestrebt sind, die zweite und dritte Auffassung vom Sinn der Geschichte miteinander zu vereinen. Demnach endet Geschichte ein erstes Mal mit dem Anbruch eines Dritten Zeitalters, der Herrschaft der Heiligen über die Erde, bevor sie sich mit der Auferstehung der Toten und dem Jüngsten Gericht vollendet. Die Auffassung Joachim von Fiores und seiner Schüler entstammt dem 13. Jh. Hier verläßt man nicht nur die historische Theorie, sondern sogar die Geschichtsphilosophie, um in eine Geschichtstheologie einzutreten. Im 20. Jh. führte der religiöse Neubeginn bei bestimmten Denkern zu einer Rückkehr zur Geschichtstheologie. Der Russe Berdjajew (1874–1948) prophezeihte, daß die Widersprüche der Zeitgeschichte einer neuen »gemeinsamen Schöpfung des Menschen und Gottes«

(Berdjajew) weichen würden. Der Protestantismus des 20. Jhs. sah sich mit verschiedenen eschatologischen Strömungen konfrontiert: z.B. mit der »konsequenten Eschatologie« Schweizers, mit der »entmythisierten Eschatologie« Bultmanns, mit der »verwirklichten Eschatologie« Dodds und der »vorweggenommenen Eschatologie« Cullmanns. Der katholische Historiker Henri-Irénée Marrou griff die Analyse Augustinus' wieder auf und entwickelte die Vorstellung der Doppeldeutigkeit historischer Zeit: »So scheint die Zeit der Geschichte doppeldeutig, mit radikaler Ambivalenz besetzt zu sein: Sie ist sicherlich, aber nicht ausschließlich, wie eine oberflächliche Lehre meinte, ein Faktor des Fortschritts. Geschichte hat auch ein finsteres, düsteres Angesicht: Dieses Wachstum, das sich auf geheimnisvolle Weise vollendet, bahnt sich seinen Weg durch Leid, Tod und Niederlagen« (Marrou 1968). Über die zyklische Konzeption und die Vorstellung der Dekadenz habe ich mich an anderer Stelle geäußert[6], und ich werde weiter unten ein Beispiel für diese Konzeption vorstellen, und zwar die Geschichtsphilosphie von Spengler.

Hinsichtlich der Vorstellung vom Ende der Geschichte, das in der Vervollkommnung der Welt besteht, ist die kohärenteste bisher entwickelte Gesetzmäßigkeit diejenige des Fortschritts.[7] V. Gordon Childe versichert, daß die Arbeit des Historikers darin bestehe, eine Ordnung im Prozeß der menschlichen Geschichte herauszufinden, und er behauptet, daß es in der Geschichte keine Gesetze, sondern »eine Art Ordnung« gebe; als Beispiel für diese Ordnung greift er die Technologie heraus. Für ihn gibt es einen technischen Fortschritt von der »Vorgeschichte bis zum Zeitalter der Kohle«, der in einer geordneten Folge historischer Ereignisse besteht. Doch erinnert Gordon Childe daran, daß technischer Fortschritt in jeder Phase ein »Sozialprodukt« ist, und bei dem Versuch, den Fortschritt unter diesem Aspekt zu analysieren, wird man gewahr, daß das scheinbar Lineare unregelmäßig *(erratic)* ist und daß man zur Erklärung »dieser Irrfahrten und Fluktuationen auf soziale, wirtschaftliche, politische, rechtliche, theologische und magische Einrichtungen, auf Gebräuche und Glaubensvorstellungen, die als Ansporn oder als Bremse gewirkt haben, zurückgreifen muß«, kurz auf die ganze Geschichte in ihrer Komplexität. Aber ist es legitim, einen technologischen Bereich zu isolieren

[6] Vgl. Le Goff, *Decadenza*, in: *Enciclopedia Einaudi*, Bd. 4

[7] Ich habe an anderem Ort *(progresso/reazione*, in: *Enciclopedia Einaudi*, Bd. 10) die Renaissance, den Triumph und die Kritik des Fortschrittsbegriffs aufgezeigt. Hier mache ich lediglich einige Bemerkungen zum technischen Fortschritt.

und anzunehmen, daß der Rest der Geschichte lediglich von außen auf ihn einwirkt? Ist die Technologie nicht Bestandteil einer größeren Gruppierung, deren Teile nur aufgrund der mehr oder weniger willkürlichen Zäsuren des Historikers bestehen?

Mit diesem Problem setzte sich kürzlich Bertrand Gille (1978) auf bemerkenswerte Weise auseinander. Gille schlägt den Begriff des technischen Systems vor als kohärenter Gruppierung miteinander kompatibler Strukturen. Diese historischen technischen Systeme verweisen auf eine »technische Ordnung«. Diese »Art von Zugriff auf das Phänomen der Technik« verpflichtet zum Dialog mit den Fachleuten anderer Systeme: dem Wirtschaftswissenschaftler, dem Linguisten, dem Soziologen, dem Politiker, dem Juristen, dem Gelehrten, dem Philosophen ... Aus dieser Auffassung folgt die Notwendigkeit einer Periodisierung, da die technischen Systeme aufeinander folgen und da es das Wichtigste ist, die Übergänge von einem System zum anderen zu verstehen, wo nicht gänzlich zu erklären. So stellt sich das Problem des technischen Fortschritts dar, wobei Gille übrigens unterscheidet zwischen »Fortschritt der Technik« und »technischem Fortschritt«, der durch den Übergang von Erfindungen in die Industrie oder in das Alltagsleben gekennzeichnet ist.

Gille bemerkt ferner, daß »die Dynamik der solchermaßen begriffenen Systeme dem, was zugleich vage und doppeldeutig Industrielle Revolution genannt wird, einen neuen Wert verleiht«. Hier wird ein Problem formuliert, das ich noch allgemeiner *Revolution* in der Geschichte nennen möchte. Die Historiographie sah sich mit ihm im kulturellen Bereich (Revolution des Buchdrucks, vgl. M. McLuhan und E.L. Eisenstein; wissenschaftliche Revolution, vgl. Th.S. Kuhn) und selbst in der Historiographie (F. Smith Fussner, *The Historical Revoution. English Historical Writing and Thought* 1560–1640, 1962, Rez. von G.H. Nadel in *History and Theory* 3, S. 255–261) oder im politischen Bereich (The Glorious Revolution von 1640, die Französische Revolution von 1789, die Oktoberrevolution 1917) konfrontiert. Diese Ereignisse und selbst der Begriff der Revolution waren erst kürzlich Gegenstand lebhafter Auseinandersetzungen. Mir scheint, daß gegenwärtig die Tendenz besteht, sich entweder mit dem Problem unter dem Aspekt der *longue durée* (vgl. Vovelle, 1978) neu zu befassen oder in den Auseinandersetzungen um »die« Revolution oder Revolutionen ein hervorragendes Untersuchungsfeld für ideologische Vormeinungen und politische Entscheidungen in der Gegenwart zu sehen. »Es handelt sich hier um eines der ›sensibelsten‹ Gebiete der ganzen Historiographie« (Chartier, 1978).

Ich habe das Gefühl, daß es in der Geschichte keine *Gesetze* gibt, die vergleichbar mit den in den Naturwissenschaften entdeckten wären – eine Meinung, die sich heute weit verbreitet hat mit der Ablehnung des Historismus und des Vulgärmarxismus sowie mit dem Mißtrauen gegenüber der Geschichtsphilosophie. Übrigens hängt viel davon ab, welcher Sinn den Worten verliehen wird. Heute weiß man z.B., daß Marx keine allgemeinen Gesetze für die Geschichte formuliert hat, sondern daß er lediglich den historischen Prozeß in ein Konzept brachte, indem er (kritische) Theorie und (revolutionäre) Praxis miteinander verband (Lichtheim, 1973). W.C. Runciman (1970, S. 10) sagte treffend, daß die Geschichte ebenso wie die Soziologie und die Anthropologie »Gesetze konsumiert, nicht produziert«.

Aber angesichts der Behauptungen, die die Irrationalität der Geschichte betreffen und häufig eher provozierend als überzeugt klingen, verleihe ich meiner Überzeugung Ausdruck, daß historische Arbeit zum Ziel hat, dem historischen Prozeß Verständlichkeit zu verleihen und daß diese Verständlichkeit dazu führt, *Regelmäßigkeiten* in der historischen Entwicklung anzuerkennen. Eben dies erkennen undogmatische Marxisten an, auch wenn sie dazu neigen, den Ausdruck *Regelmäßigkeiten* ähnlich wie *Gesetze* zu verwenden (Topolski, 1973, S. 175–304304).

Solche Regelmäßigkeiten lassen sich zunächst innerhalb jeder *Serie* erkennen, die der Historiker untersucht und verständlich macht, indem er in ihr eine Logik, ein *System* entdeckt. Den Ausdruck System ziehe ich dem der *Intrige* vor, denn er betont den objektiven Charakter historischen Arbeitens stärker als den subjektiven. Sodann müssen diese Regelmäßigkeiten auf der Ebene der Serien erkennbar sein, daher die Bedeutung der vergleichenden Methode in der Geschichte. Ein Sprichwort sagt: »Ein Vergleich ist keine Begründung« (Comparaison n'est pas raison), doch der wissenschaftliche Charakter der Geschichte beruht ebenso darauf, die Unterschiede wie die Gemeinsamkeiten zur Geltung zu bringen, während die Naturwissenschaften bestrebt sind, die Unterschiede auszuschalten.

Der Zufall hat, wohlgemerkt, seinen Platz im Prozeß der Geschichte und stört die Regelmäßigkeiten nicht, denn gerade der Zufall ist ein konstitutives Element für den historischen Prozeß und seine Verständlichkeit. Montesquieu erklärte, daß »wenn eine einzelne Ursache wie der zufällige Ausgang einer Schlacht einen Staat zugrunde richtet, so gibt es eine allgemeine Ursache, die bewirkt, daß das Zugrundegehen dieses Staates von einer einzigen Schlacht abhängt«, und Marx schrieb in einem Brief: »Die Weltgeschichte wäre sehr geheimnisvoll, wenn sie dem Zufall nicht seinen Platz einräumen würde. Dieser Zufall gehört, wohlgemerkt, zum allgemeinen Prozeß der Entwicklung und wird von anderen Formen des Zufalls im Gleichgewicht gehalten. Doch die Beschleunigung oder Verlangsamung des Prozesses hängt von solchen ›Zufällen‹ ab, einschließlich dem ›zufälligen‹ Charakter der Personen, die sich zu Anfang an der Spitze einer Bewegung finden« (zit. n. Carr 1961, S. 95). Kürzlich wurde versucht, die Rolle des Zufalls in bestimmten historischen Episoden wissenschaftlich zu bewerten. So untersuchte Jorge Basadre (1973) die Serie der Wahrscheinlichkeiten bei der Befreiung Perus. Er verwendete die Arbeiten Pierre Vendryès (1952) und G.H. Bousquets (1967). Letzterer vertritt die Ansicht, daß die Bestrebungen, den Zufall mathematisch zu fassen, den Glauben an die Vorsehung und an einen universellen Determinismus ausschließt. Ihm zufolge wirkt sich der Zufall weder auf den wissenschaftlichen Fortschritt noch auf die wirtschaftliche Entwicklung aus, vielmehr neigt er im ganzen zu einem Gleichgewicht, das zwar nicht den Zufall selbst, jedoch die Folgen des Zufalls eliminiert. Die »wirksamsten« Formen des Zufalls in der Geschichte wären demnach der meteorologische Zufall, der Mord und die Geburt von Genies.

Nachdem ich so die Frage der Regelmäßigkeiten und der Rationalität in der Geschichte umrissen habe, bleibt es mir, die Einheit und die Vielfalt, die Kontinuität und die Diskontinuität in der Geschichte als Problemstellungen zu betrachten. Da diese Probleme uns in den Kern der gegenwärtigen Krise der Geschichte führen, werde ich darauf am Schluß dieses Kapitels zurückkommen.

Ich begnüge mich damit zu sagen, daß, auch wenn die wirkliche Geschichte im Grunde immer darauf ausgerichtet war, eine globale oder totale Geschichte zu sein – eine *integrale, vollkommene,* wie die großen Historiker vom Ende des 16. Jhs. sagten –, sich die Geschichte doch in dem Maße, in dem sie zur wissenschaftlichen Disziplin und zum Schulfach wird, in Kategorien festlegen muß, die – pragmatisch – die Geschichte untergliedern. Diese Kategorien hängen von der historischen Entwicklung selbst ab. Die erste Hälfte des 20. Jhs. sah die Wirtschafts- und Sozialgeschichte aufkommen, die zweite Hälfte die Mentalitätsgeschichte. Einige, wie Chaim Perelman (1969, S. 13), bevorzugen periodisierende Kategorien, andere thematische Kategorien. Jede hat ihren Nutzen, ihre Notwendigkeit. Die Kategorien sind Handwerkszeug und Mittel der Darstellung. Sie haben keinen objektiven, substantiellen Bestand. Ebenso kann und muß das Streben der Historiker nach der historischen Totalität verschiedene Formen annehmen, die sich ebenfalls mit der Zeit entwickeln. Den Rahmen kann eine geographische Gegebenheit oder ein Konzept bilden: so bei Fernand Braudel zunächst mit *La Méditerranée et le monde méditerranéen à l'epoque de Philippe II.**, dann mit *La Civilisation matérielle et le Capitalisme***. Pierre Toubert und ich haben im Rahmen der mittelalterlichen Geschichte versucht zu zeigen, daß das Ziel einer totalen Geschichte heute auf überzeugende Weise erreichbar scheint auf dem Wege über einen umfassenden Forschungsgegenstand, der vom Historiker konstruiert wird: z.B. das *incastellamento****, die Armut, die Randgruppen, der Begriff der Arbeit usw. (Le Goff/Toubert, 1975).

Ich glaube nicht, daß diese Methode der vielfältigen Zugänge der Arbeit des Historikers schadet - vorausgesetzt, sie fußt nicht auf einer eklektischen, unzeitgemäßen Ideologie. Zum Teil wird sie mehr oder weniger von der Quellenlage erzwungen, da jeder Quellentyp eine gesonderte Vorgehensweise im Rahmen einer übergeordneten Fragestellung erfordert. Als ich die Entstehung des Fegefeuers im Europa des 3.-14. Jhs. untersuchte, konsultierte ich bald Berichte von Visionen, bald *Exempla,* bald liturgische Bräuche, bald fromme Praktiken, und ich hätte auch auf die Ikonographie zurückgegriffen, wenn nicht gerade das Fegefeuer darin so lange abwesend geblieben wäre. Bald untersuchte ich individuelle Gedanken, bald kollektive Mentalitäten, bald die Ebene der Mächtigen, bald diejenige der Massen. Doch war mir dabei immer klar, daß der Glaube ans Fegefeuer ohne Determinismus oder Fatalität, mit Verzögerungen, Verlusten und Kehrtwendungen inmitten eines Systems Gestalt angenommen hatte und daß dieses System seine Bedeutung nur aus der Funktion innerhalb einer globalen Gesellschaft bezog (Le Goff, 1981a).

Eine Monographie, die zeitlich und räumlich begrenzt ist, kann eine hervorragende historische Arbeit sein, wenn sie eine Fragestellung hat, für Vergleiche offen ist und als Fallstudie durchgeführt wird. Aussichtslos erscheint mir nur die Monographie, die sich selbst genügt, die ein Lieblingskind der positivistischen Geschichte war und die noch immer nicht ganz ausgestorben ist. Was Kontinuität und Diskontinuität betrifft, so habe ich bereits vom Konzept der Revolution gesprochen. Ich möchte den ersten Abschnitt dieses Ka-

* dt. *Das Mittelmeer und die mediterrane Welt in der Epoche Philippe II.*, 1990

** dt. *Sozialgeschichte des 15. bis 18. Jhs.*, 1985

*** die Befestigungsanlage, Anm. d. Ü.

pitels beschließen, indem ich auf der Tatsache bestehe, daß der Historiker die Zeit respektieren muß, die – in unterschiedlicher Form – den Stoff der Geschichte ausmacht. Sein Rahmen von chronologischer Erklärung muß der gelebten Zeit entsprechen. Das Datieren bleibt eine der grundlegenden Pflichten und Aufgaben des Historikers und wird es immer bleiben, doch muß sich das Datieren mit einer anderen Übung verbinden, die notwendig ist, um die Dauer historisch denkbar zu machen: der Periodisierung.

Gordon Leff (1969, S. 130) hat nachdrücklich daran erinnert: »Die Periodisierung ist unentbehrlich für jede Art von historischem Verstehen« und fügt überzeugend hinzu: »Die Periodisierung, wie die Geschichte selbst, ist ein empirischer Prozeß, dem der Historiker Form verleiht« (ebd. S. 150). Ich füge hinzu, daß es keine unbewegliche Geschichte gibt und daß sie auch kein reiner Wandel ist, sondern die Untersuchung des bedeutsamen Wandels. Die Periodisierung bildet das wichtigste Instrument für das Verstehen des bedeutsamen Wandels.

2. Historische Mentalität: Menschen und Vergangenheit

Weiter oben habe ich einige Beispiele dafür aufgeführt, wie Menschen ihre Vergangenheit konstruieren oder rekonstruieren. Hier interessiert mich ganz allgemein, welchen Platz die Vergangenheit in Gesellschaften einnimmt. Ich übernehme hier den Ausdruck »historische Kultur«, den Bernard Guenée in seinem Buch *Histoire et culture historique dans l'Occident médiéval* (1980) verwendet. Unter diesem Begriff faßt Guenée mehrere Dinge zusammen: Einerseits die professionelle Ausstattung der Historiker, ihre Bibliothek historischer Werke, andererseits das Publikum und die Zuhörerschaft des Historikers. Ich füge die Beziehung hinzu, die eine Gesellschaft in ihrer kollektiven Psychologie mit ihrer Vergangenheit unterhält[8].

Mir sind die Risiken dieser Überlegungen bewußt: Als Einheit anzusehen, was eine komplexe Wirklichkeit ist, die, wenn schon nicht nach Klassen, so doch nach sozialen Kategorien gegliedert ist, die sich durch ihre Interessen und ihre Kultur unterscheiden, einen *Zeitgeist*, eigentlich ein kollektives Un-

[8] Meine Konzeption kommt dem ziemlich nahe, was die Angelsachsen als „historical-mindedness" bezeichnen.

bewußtes anzunehmen, das sind zahlreiche gefährliche Abstraktionen. Doch die Umfragen und die Meinungsforschung, die in den »entwickelten« Gesellschaften von heute ins Werk gesetzt werden, zeigen, daß es möglich ist, sich den Gefühlen, die die öffentliche Meinung eines Landes für ihre Vergangenheit hegt, ebenso anzunähern wie anderen Phänomenen und Problemen (Lecuir, 1981). Da sich solche Umfragen in der Vergangenheit nicht mehr anstellen lassen, will ich mich bemühen, die herrschende Einstellung gegenüber der jeweiligen Vergangenheit und der Geschichte in einer Reihe von historischen Gesellschaften zu charakterisieren –, obwohl ich mir darüber im klaren bin, daß ein solches Vorgehen bis zu einem gewissen Grade willkürlich und simplifizierend ist. Als Vermittler dieser kollektiven Meinung werde ich vor allem die Historiker sehen, und ich werde mich bemühen, zwischen dem zu unterscheiden, was auf ihre persönliche Einstellung zurückgeht, und dem, was auf die allgemeine Mentalität zurückgeht. Ich weiß, daß ich Vergangenheit und Geschichte in der kollektiven Erinnerung bislang noch in eins setze. So bedarf es also einiger zusätzlicher Erklärungen, die meine Vorstellung von Geschichte präzisieren.

Ich meine, daß sich die Geschichte der Geschichte nicht nur mit der professionellen Produktion von Geschichte befassen muß, sondern mit einer ganzen Gruppe von Phänomenen, die die historische Kultur oder besser, die historische Mentalität einer Epoche ausmachen. Die Untersuchung von Geschichtsbüchern für den Schulunterricht ermöglicht einen besonderen Zugang, doch gibt es diese Bücher praktisch erst seit dem 19. Jh. Die Untersuchung von Literatur und Kunst kann in dieser Hinsicht weiterführen. Die Stellung Karls des Großen in den Versepen *Chansons de Geste,* die Entstehung des Romans im 12. Jh. und die Tatsache, daß diese Entstehung zunächst in Gestalt des historischen Romans stattgefunden hat (antike Thematik), (Le Roman historique, 1972), die Bedeutung der Historien im Theater Shakespeares (Driver, 1960) usw. legen Zeugnis ab vom Gefallen, den bestimmte historische Gesellschaften an ihrer Vergangenheit fanden. Im Rahmen einer Ausstellung, die kürzlich dem großen Maler des 15. Jhs., Jean Fouquet, gewidmet war, wies Nicole Reynaud nach, daß Fouquet neben dem Interesse an der Geschichte der Antike, die bereits ein Merkmal der Renaissance ist (die Miniaturen der *Antiquités judaïques,* der *Histoire Ancienne,* des *Titus Livius),* ein ausgesprochenes Interesse an der modernen Geschichte zeigte, *(Heures d'Etienne Chevalier, Tapisserie de Formigny, Grandes Chroniques de France* usw.) (Fouquet, 1981). Dem wäre eine Untersuchung von Vornamen, von Reiseführern für Pilger und Touristen, von Stichen, von Kolportageromanen usw. hinzuzufügen. Marc Ferro (1977) hat gezeigt, wie das Kino eine neue wichtige Quellengattung für die Geschichte konstituiert: den Film; dabei führt er im einzelnen aus, daß das Kino »Mittler und Quelle von Geschichte« sei. Dies trifft zu für die Gesamtheit der *Medien* und müßte hinreichend erklären, daß die Beziehung der Menschen zur Geschichte mit den modernen *Medien* (Presse, Kino, Radio, Fernsehen) wieder sprungartig anwächst. Einer solchen Ausweitung des Begriffs von Geschichte (im Sinne von Historiographie) hat sich Santo Mazzarino mit seiner großen Untersuchung *Il pensiero storico classico* (1966/67)[9] gewidmet. Mazzarino spürt der historischen Mentalität vorzugsweise in ethnischen, religiösen und irrationalen Elementen nach, in Mythen, poetischen Phantasien, kosmologischen Theorien usw. Das Ergebnis ist sogar eine neue Konzeption des Historikers, die Arnaldo Momigliano treffend charakterisiert hat: »Für Mazzarino ist der Historiker im Grunde kein professioneller Wahrheitssucher der Vergangenheit, sondern eher ein Wünschelrutengänger, ein ›prophetischer‹ Mittler der Vergangenheit, der von seinen politischen Ansichten, seiner Religion, seinen ethnischen Charakteristika und letztlich, wenn auch nicht ausschließlich, von seiner sozialen Situation geprägt ist. Jegliche poetische, mythische, utopische oder in anderer Weise phantastische Beschwörung der Vergangenheit enthält Historiographie« (Dumont, 1966).

Auch hier wollen wir differenzieren. Wohl ist dieser diffuse Sinn für Vergangenheit, der in den Produkten des Imaginären eine der wichtigsten Ausdrucksformen historischer Wirklichkeit sieht, insbesondere in deren Art, auf die eigene Vergangenheit zu reagieren, Gegenstand von Geschichte. Doch ist diese indirekte Geschichte nicht die Geschichte der Historiker, die allein dem Anspruch der Wissenschaftlichkeit genügt.

Dasselbe gilt für die Erinnerung. Ebenso wie die Vergangenheit nicht die Geschichte ist, sondern ihr Gegenstand, ebenso ist die Erinnerung nicht die Geschichte, sondern zugleich einer ihrer Gegenstände und eine elementare Ebene historischer Verarbeitung. Die Zeitschrift *Dialectiques* gab kürzlich eine Sondernummer heraus, die den Beziehungen zwischen Erinnerung und Geschichte gewidmet war: »Unter der Geschichte liegt die Erinnerung.« Der englische Historiker Ralph Samuel, einer der Hauptinitiatoren der Ge-

[9] Vgl. die Rezension zu Mazzarino 1966/67 von A. Momigliano, 1967

schichtswerkstätten, auf die ich noch zurückkommen werde, stellt hier doppeldeutige Thesen unter dem nicht weniger doppeldeutigen Titel: »Geschichte entprofessionalisiert« auf. Wenn er damit sagen will, daß der Rückgriff auf mündliche Geschichte, auf Autobiographien, auf subjektive Geschichte die Grundlage wissenschaftlicher Arbeit erweitert und das Bild von der Vergangenheit verändert, so hat er vollkommen recht und verweist auf einen der großen Fortschritte in der zeitgenössischen historischen Produktion. Wenn er jedoch »autobiographische Produktion« und »professionelle« Produktion auf eine Ebene stellt und hinzufügt, »die professionelle Praxis bedeutet weder ein Monopol, noch eine Garantie« *(Sous l'histoire la mémoire,* 1980, S. 10), so scheint mir das sehr gefährlich zu sein. Es stimmt – und darauf werde ich zurückkommen –, daß die traditionellen Quellen des Historikers oft auch nicht »objektiver« sind – und in jedem Fall nicht »historischer« –, auch wenn der Historiker dies meint. Die Kritik der traditionellen Quellen ist unzulänglich, doch die Arbeit des Historikers muß beiden gewidmet sein. Eine selbsternannte Geschichtswissenschaft wäre nicht nur eine Katastrophe, sie hätte nicht einmal Sinn. Denn Geschichte hängt von einem Wissen ab, das professionell erworben wird. Zwar ist Geschichte nicht in dem Maße eine Technik geworden wie die Naturwissenschaften oder die Medizin, und ich möchte auch nicht, daß sie es wird, damit sie für weitere Kreise leichter verständlich und sogar kontrollierbar bleibt. Doch hat Geschichte – als einzige unter den Wissenschaften – das Glück (oder Pech), daß sie ganz passabel von Amateuren gemacht werden kann. Tatsächlich bedarf sie derjenigen, die ihre Verbreitung, ihre »Vulgarisierung« betreiben –, und professionelle Historiker lassen sich nicht immer dazu herab, dieses essentielle und würdige Amt zu übernehmen, oder sind dazu nicht in der Lage –, und die Ära der neuen Medien vervielfacht Bedarf und Gelegenheit für halbprofessionelle Vermittler. Muß ich noch hinzufügen, daß ich nicht selten Gefallen an historischen Romanen finde – falls sie gut gemacht und gut geschrieben sind –, daß ich ihren Autoren die Freiheit zugestehe, die ihnen gehört, und wenn man mich nach meiner Meinung als Historiker fragt, auf die Freiheiten hinweise, die man sich im Umgang mit der Geschichte genommen hat. Und warum soll es keine literarische Abteilung der Geschichte geben, einen Bereich der Fiktion, wo sie unter Beachtung der grundlegenden historischen Gegebenheiten wie Sitten, Institutionen, Mentalitäten nachgeschrieben wird, indem man über den Zufall und die Ereignisebene spekuliert. Ich fände daran das doppelte Vergnügen der Überraschung und der Achtung dessen, was in der Geschichte am wichtigsten ist. So liebte ich den Roman *La gloire de l'Empire* von Jean d'Ormesson, in dem gekonnt und mit großem Wissen die byzantinische Geschichte nachgeschrieben wird. Keine einzige Intrige schleicht sich in die Hohlräume der Geschichte ein im Fall von *Ivanhoe, Die letzten Tage von Pompeji, Quo vadis, Die drei Musketiere* usw., statt dessen wird ein neuer Gang der politischen Ereignisse auf den Grundstrukturen der Gesellschaft erfunden. Diese Arbeit ist oft gut gemacht und nützlich. Aber soll nun jedermann Historiker werden? Ich fordere keine Macht für die Historiker außerhalb ihres Territoriums, d.h. historische Produktion und Rezeption in der ganzen Gesellschaft und nicht zuletzt im Unterricht. Der historische Imperialismus im Bereich der Wissenschaft und der Politik muß ein Ende finden. Zu Beginn des 19. Jhs. war die Geschichte fast nichts. Der Historismus in seinen verschiedenen Formen wollte alles. Die Geschichte hat die anderen Wissenschaften nicht zu kommandieren und schon gar nicht die Gesellschaft. Aber ebenso wie der Physiker, der Mathematiker, der Biologe – und auf andere Art und Weise auch die Fachleute der Human-und Sozialwissenschaften – muß der Historiker für seinen Teil gehört werden, für einen grundlegenden Wissenszweig.

Ebensowenig wie die Beziehungen zwischen Erinnerung und Geschichte darf das Verhältnis von Vergangenheit und Zukunft zu Verwirrung oder Skepsis führen. Heute wissen wir, daß die Vergangenheit teilweise von der Gegenwart abhängt. Alle Geschichte ist auch Zeitgeschichte, in dem Maße, in dem die Vergangenheit von der Gegenwart erfaßt wird und mithin auch ihren Interessen entspricht. Dies ist nicht nur unvermeidlich, sondern auch legitim. Da die Geschichte Dauer ist, ist die Vergangenheit zugleich vergangen und gegenwärtig. Es fällt dem Historiker zu, eine »objektive« Untersuchung der Geschichte in zweifacher Hinsicht vorzunehmen. Gewiß, da er selbst in der Geschichte befangen ist, wird er nicht zu wirklicher »Objektivität« gelangen, doch ist keine andere Geschichte möglich. Der Historiker kann noch Fortschritte im Verständnis der Geschichte machen, wenn er bemüht ist, sich selbst im Zuge seiner Analyse in Frage zu stellen, so wie ein wissenschaftlicher Beobachter sich Rechenschaft darüber ablegt, ob er den Gegenstand seiner Beobachtungen eventuell beeinflußt. Wir wissen z.B. genau, daß die Fortschritte der Demokratie uns dazu bringen, daß wir verstärkt nach der Rolle der »Kleinen« in der Geschichte fragen und uns auf die Ebene des Alltagslebens begeben –, und dahin gelangen auf verschiedenen Wegen fast alle Historiker. Wir wissen auch, daß die Entwicklung der Welt uns dazu führt, Gesellschaften unter dem Aspekt der Macht zu analysieren, und so gelangte diese Problematik auch in die Geschichte. Wir wissen ferner, daß Geschichte im großen und ganzen in den drei großen Gruppen von Ländern, die es heute in der Welt gibt, auf die gleiche Art und Weise gemacht wird: in der westlichen Welt, in der [bis vor kurzem] kommunistischen Welt und in der Dritten Welt. Der Austausch innerhalb der historischen Produktionen dieser drei Gruppierungen hängt sicherlich von den Machtverhältnissen und den internationalen Strategien ab, aber auch vom Dialog zwischen Spezialisten, zwischen Fachleuten, der sich in einer gemeinsamen wissenschaftlichen Perspektive abwickelt. Dieser professionelle Rahmen ist auch nicht rein wissenschaftlich, er verlangt vielmehr wie bei allen Wissenschaftlern und Fachleuten einen Moralkodex, das, was Georges Duby eine *Ethik* nennt und den ich »objektiver« als *Deontologie* bezeichnen will. Ich werde diesen Punkt nicht weiter vertiefen, aber es ist wesentlich, und ich stelle fest, daß diese Deontologie trotz verschiedener Fehler schlecht und recht funktioniert.

Die historische Kultur (oder Mentalität) hängt nicht nur von den Beziehungen Erinnerung/Geschichte und Gegenwart/Vergangenheit ab. Geschichte ist die Wissenschaft der Zeit. Sie ist auf das engste mit den verschiedenen Auffassungen von Zeit verbunden, die in einer Gesellschaft existieren und einen wesentlichen Bestandteil des mentalen Werkzeugs ausmachen, mit dem die Historiker der jeweiligen Gesellschaft ausgestattet sind. Ich werde später auf die Auffassung zurückkommen, daß sich in der Antike, in den Gesellschaften, die mit Akkulturationsprozessen konfrontiert sind, und auch im Denken der Historiker selbst eine zirkuläre und eine lineare Zeitvorstellung gegenüberstehen. Man hat die Historiker zu Recht darauf hingewiesen, daß ihre Vorliebe, historische Zeit lediglich chronologisch aufzufassen, erschüttert würde, wenn sie philosophische Fragestellungen bezüglich der Zeit zur Kenntnis nähmen. Dafür steht folgendes Eingeständnis von Augustinus stellvertretend: »Was ist Zeit? Wenn keiner mich danach fragt, weiß ich es, aber wenn man mich bäte, es zu erklären, wäre ich dazu außerstande« *(Confessiones* II,14; Starr, 1966, S. 24f.). Elizabeth Eisenstein (1966) macht sich Gedanken über das berühmte Buch von Marshall McLuhan, *Gutenberg Galaxis,* (1962), und hebt hervor, daß Zeitvorstellungen abhängig sind von den technischen Möglichkeiten, historische Fakten aufzuzeichnen und zu überliefern. Sie sieht mit dem Buchdruck eine neue Zeit, eine Zeit der Bücher anbrechen, die einen Bruch in den Beziehungen zwischen Clio und Chronos darstellt. Diese Auffassung beruht auf dem Gegensatz von Mündlichkeit und Schriftlichkeit. Historiker und Ethnologen haben darauf aufmerksam gemacht, wie wichtig der Übergang von Mündlichkeit zu Schriftlichkeit ist. Auch Jack Goody (1977b) hat gezeigt, wie sehr Gesellschaften von ihrer Anpassungsfähigkeit abhängen, da das Aufkommen von *literacy* mit einer tiefgreifenden Veränderung der Gesellschaft verbunden ist. Übrigens korrigierte er einige Vorstellungen bezüglich des »Fortschritts«, den der Übergang von Mündlichkeit zu Schriftlichkeit darstellt. Schriftlichkeit würde zu mehr Freiheit, Mündlichkeit zu einem mechanischen, auswendig gelernten, unantastbaren Wissen führen. Doch zeigte die Untersuchung der Überlieferung in mündlichem Umfeld, daß Schriftlichkeit im Gegenteil einen »magischen« Charakter aufweisen kann, der sie mehr oder weniger unantastbar macht. Man darf also nicht eine mündliche Geschichte, die angeblich wahrheitsgetreu und unwandelbar ist, im Gegensatz zu einer schriftlichen Geschichte sehen, die angeblich manipulierbar und verbesserungswürdig ist. M.T. Clanchy (1979) untersuchte in einem grundlegenden Buch den Übergang vom memorisierten Andenken zum schriftlichen Zeugnis im mittelalterlichen England und legte dabei auch dar, daß das Wesentliche weniger der Rückgriff auf Schriftlichkeit ist, als die Veränderung der Art und Funktion von Schriftlichkeit. Schriftlichkeit als heilige Technik verschiebt sich zu Schriftlichkeit als zweckbestimmter Praktik; eine elitäre und memorierte schriftliche Produktion wird zu schriftlicher Massenproduktion umgewandelt, ein Phänomen, das in den westlichen Ländern erst im 19. Jh. allgemein anzutreffen ist, dessen Anfänge jedoch bis in das 12. und 13. Jh. zurückreichen.

Bezüglich des Wortpaars mündlich/schriftlich, das ebenfalls grundlegend für die Geschichte ist, möchte ich zwei Anmerkungen machen. Es ist klar, daß der Übergang vom Mündlichen zum Schriftlichen für die Erinnerung und auch für die Geschichte sehr wichtig ist. Doch darf man nicht vergessen, daß 1. Mündlichkeit und Schriftlichkeit im allgemeinen in den Gesellschaften nebeneinander bestehen und daß diese Koexistenz für die Geschichte sehr wichtig ist; daß 2. die Geschichte, auch wenn sie mit der Schriftlichkeit ein entscheidendes Stück Weg zurückgelegt hat, doch nicht mit ihr entstanden ist, denn es gibt keine Gesellschaft ohne Geschichte.

In Hinblick auf »geschichtslose« Gesellschaften möchte ich zwei Beispiele herausgreifen: zum einen eine »historische« Gesellschaft, von der manche meinen, daß sie sich der Zeit widersetzt und mit den Begriffen der Geschichte nicht analysiert und verstanden werden kann: Indien; zum anderen sogenannte »prähistorische« oder »primitive« Gesellschaften.

Die ahistorische These bezüglich Indiens ist von Louis Dumont am brillantesten vertreten worden. Dumont (1964, S. 49) erinnert daran, daß Hegel und Marx aus der Geschichte Indiens einen Sonderfall machten, es praktisch außerhalb der Geschichte ansiedelten. Hegel tat dies, indem er die *Kasten* der Hindus zur Grundlage einer »unerschütterbaren Differenzierung« erklärte, Marx indem er meinte, daß Indien im Gegensatz zur westlichen Entwicklung »eine Stagnation« erlebte, die Stagnation einer »natürlichen« Wirtschaft im Gegensatz zur merkantilen Wirtschaft, über die sich »Despotie« lagert. Louis Dumont führt seine Analyse zu Schlußfolgerungen, die denen von Marx sehr ähnlich sind, jedoch auf dem Wege über andere und präzisere Überlegungen. Nachdem er ohne Schwierigkeiten die vulgärmarxistische Auffassung widerlegt, laut derer der Fall Indiens auf das simplifizierende Bild einer unilinearen Entwicklung reduziert wird, zeigt er, daß »die indische Entwicklung zunächst außerordentlich früh ist, bald zum Stillstand kommt und ihren eigenen Rahmen nicht sprengt. Diese Art von Interaktion ist nicht das, was wir zu Recht oder zu Unrecht bei uns mit Geschichte gleichsetzen« (ebd. S. 64). Den Grund für diese Blockierung sieht Louis Dumont in zwei Phänomenen, die einer fernen Vergangenheit Indiens zuzuordnen sind, und zwar der frühen Säkularisierung der Königsfunktion und der – ebenfalls sehr frühen – Bestätigung des Individuums. So »bleibt der politisch-ökonomische Bereich, durch die vorausgehende Säkularisierung der Königsfunktion seiner Werte beraubt, der Religion untergeordnet« (ebd.S. 62). Auf diese Weise blieb Indien bei einer unbeweglichen Kastenstruktur stehen, in der sich der hierarchische Mensch (Dumont, 1966) grundlegend vom Menschen der westlichen Gesellschaften unterscheidet, den ich im Gegensatz dazu historischen Menschen nennen möchte.

Schließlich wendet sich Dumont der »gegenwärtigen Verwandlung« Indiens zu und stellt insbesondere fest, daß es Indien gelungen ist, sich von der Fremdherrschaft zu befreien, »indem es ein Minimum an Modernisierung verwirklicht hat« (ders., 1964, S. 72). Ich habe nicht die Kompetenz, die Ideen Dumonts zu hinterfragen. Ich begnüge mich damit festzustellen, daß seine These die Existenz einer indischen Geschichte nicht leugnet, sondern ihre Eigentümlichkeit betont. Dabei scheint mir bemerkenswerter als die heute banale Ablehnung einer linearen Geschichtsauffassung zu sein, daß er für bestimmte Gesellschaften ausgedehnte Zeiträume nachweist, in denen keine nennenswerte Entwicklung stattfindet, und daß sich bestimmte Gesellschaftstypen dem Wandel widersetzen.

Ähnlich scheint es mir um die vorgeschichtlichen und »primitiven« Gesellschaften zu stehen. Was erstere betrifft, so hat ein bedeutender Fachmann wie André Leroi-Gourhan (1974, S. 104) hervorgehoben, daß die Ungewißheiten über ihre Geschichte vor allem von der Unzulänglichkeit der Nachforschungen herrühren: »Es liegt auf der Hand, daß, wenn man sich seit einem halben Jahrhundert auf die umfassende Untersuchung von etwa fünfzig bedachtsam ausgewählten Grabungsstätten konzentriert hätte, heute für eine gewisse Anzahl kultureller Entwicklungsstufen der Menschheit Materialien zur Verfügung ständen, die eine solide Geschichte ergäben.« Henri Moniot hielt 1974 (S. 160) fest: »Es gab Europa, und das stand für die ganze Geschichte. Am oberen Lauf der Zeit und am Horizont befanden sich einige ›große Kulturen‹, bei denen die Schriftlichkeit und die Ruinen, manchmal auch die Verwandtschaft, der Austausch oder die Nachfolge hinsichtlich der Antike, unserer großen Mutter, aber auch die Menschenmassen, die sie den europäischen Mächten und Betrachtungsweisen entgegensetzen, dazu führen, sie am Rande von Clios Reich anzusiedeln. Das übrige waren geschichtslose Horden, darin waren sich der Mann auf der Straße, die Handbücher und die Universität einig.« Er fügt hinzu: »Das alles hat sich geändert. Seit zehn, fünfzehn Jahren wird z.B. Schwarzafrika zu einem Gebiet der Historiker.« Henri Moniot erklärt und definiert, wie diese afrikanische Geschichte aussehen soll. Sie wird durch die Dekolonisierung ermöglicht, denn die neuen ungleichen Beziehungen zwischen alten Kolonialmächten und Kolonien »verneinen die Geschichte nicht mehr«, und die ehemals beherrschten Gesellschaften sind »bestrebt, sich wieder selbst zu besitzen«, was »die Anerkenntnis ihres Erbes voraussetzt«. Diese Geschichte profitiert von den neuen Methoden der Humanwissenschaften (Geschichte, Ethnologie, Soziologie) und hat den Vorteil, eine »Feldwissenschaft« zu sein und sich aller Arten von Quellen, insbesondere der mündlichen, zu bedienen.

Ein letztes Gegensatzpaar zeigt sich im Bereich der historischen Kultur, die ich erhellen möchte, und zwar dasjenige von Mythos und Geschichte. Hier ist es sinnvoll, zwischen zwei Arten von Fällen zu unterscheiden. In den historischen Gesellschaften läßt sich das Aufkommen neuer historischer Interessen beobachten, die anfangs häufig auf den Mythos zurückgreifen. So beginnen im mittelalterlichen Europa adlige Häuser, Nationen oder Stadtgemeinden in dem Bestreben, sich eine Geschichte zu verleihen, häufig damit, sich mythische Vorfahren und sagenhafte Gründergestalten zuzulegen, die am Anfang ihrer Genealogien stehen: Die Franken gaben vor, von den Trojanern abzustammen, die Familie de Lusignian von der Fee Melusine, die Mönche von St. Denis schrieben die Gründung ihrer Abtei Dionysius Areopagita, dem

Athener, zu, der von Paulus bekehrt wurde. In diesen Fällen läßt sich genau erkennen, unter welchen historischen Bedingungen diese Mythen entstanden und daher zur Geschichte gehören.

Das Problem ist schwieriger, wenn es um die Anfänge menschlicher Gesellschaft oder sogenannter »primitiver« Gesellschaften geht. Der größere Teil dieser Gesellschaften erklärte seine Anfänge durch Mythen, und es wurde allgemein angenommen, daß der Übergang vom Mythos zur Geschichte eine entscheidende Phase in der Entwicklung dieser Gesellschaften darstellte.

Daniel Fabre (1978) hat gezeigt, wie der Mythos, der sich »einer historischen Untersuchung zu entziehen« scheint, vom Historiker zurückerobert werden kann, denn »er ist irgendwo in einer bestimmten historischen Periode entstanden«. Oder wie Lévi-Strauss sagt: »Der Mythos nimmt funktionslose Überreste alter sozialer Systeme« auf und restrukturiert sie. Auch prädestiniert das lange kulturelle Leben der Mythen in der Literatur sie zum »Objekt des Historikers«, wie es z.B. J.-P. Vernant und P. Vidal-Naquet hinsichtlich der griechischen Mythen in der antiken griechischen Tragödie verfolgt haben. Wie Marcel Detienne (1974, S. 74) sagt: »Der Ereignisgeschichte der Antiquitätenhändler und Lumpensammler, die die Mythologie mit einem Haken in der Hand durchstreifen und froh sind, hie und da einen Fetzen Archaismus oder das versteinerte Andenken irgendeines ›wirklichen‹ Ereignisses aufzustöbern, setzt die Strukturanalyse der Mythen, die bestimmte invariable Formen über wechselnde Inhalte hin verfolgt, eine globale Geschichte entgegen. Diese ist von der langen Dauer geprägt, dringt hinter die bewußte Ausdrucksweise vor und macht unter der sichtbaren Bewegung der Dinge die großen inneren Strömungen aus, die sie still durchziehen ...«

So ist der Mythos unter den Aspekten der neuen historischen Fragestellung nicht nur ein Gegenstand von Geschichte, sondern er verlängert zudem die Zeit der Geschichte bis zu den Anfängen, bereichert die Methoden des Historikers und speist eine neue Ebene der Geschichte, die langsame Geschichte.

Zu Recht wurde auf die Beziehungen verwiesen, die zwischen den Ausdrucksformen von Zeit in linguistischen Systemen bestehen und den Vorstellungen, die jenseits der Zeit von Geschichte bei den Völkern bestehen, die diese Sprachen gebrauchten oder gebrauchen. Eine vorbildliche Untersuchung dieses Problemkreises stellt die Arbeit von Émile Benveniste dar: »*Les relations du temps dans le verbe français*« (1959). Eine genaue Untersuchung der grammatikalischen Ausdrucksformen von Zeit in den Quellen, die der Historiker verwendet, und im historischen Bericht selbst liefert wertvolle Informationen für die historische Analyse. André Miquel (1977) gibt dafür ein bemerkenswertes Beispiel, da er mit seiner Untersuchung eines Märchens aus Tausendundeiner Nacht auf diesem Wege nachweisen kann, daß das Grundmuster des Märchens der Sehnsucht des arabischen Islam nach seinen Ursprüngen bildet. In jedem Fall ist die Entwicklung der Zeitvorstellungen von größter Bedeutung für die Geschichte. Das Christentum kennzeichnet einen Wendepunkt in der Geschichte und in der Art und Weise, Geschichte zu schreiben, denn es hat mindestens drei Zeiten miteinander verbunden: die zirkuläre Zeit der Liturgie, die an die Jahreszeiten gebunden ist und den heidnischen Kalender aufnimmt, die chronologische Zeit, die homogen, neutral und vermittels der Komputistik berechnet ist, sowie die lineare, teleologische Zeit oder eschatologische Zeit. Die Aufklärung und der Evolutionismus haben der Vorstellung eines irreversiblen Fortschritts den Garaus gemacht, der den größten Einfluß auf die Geschichtswissenschaft des 19. Jhs., insbesondere auf den Historismus hatte. Die Arbeiten von Soziologen, Philosophen, Künstlern und Literaturkritikern hatten im 20. Jh. beträchtliche Wirkung auf neue Konzeptionen von Zeit, die die Geschichtswissenschaft rezipiert hat. So war die Vorstellung von der Vielfalt der sozialen Zeiten, die Maurice Halbwachs (1925, 1950) entwickelt hatte, der Ausgangspunkt für den Gedanken, den Fernand Braudel (1958) in seinem grundlegenden Aufsatz »*La longue durée*« konkretisierte, als er dem Historiker vorschlug, zwischen drei historischen Gangarten zu unterscheiden: der »individuellen Zeit«, der »sozialen Zeit« und der »geographischen Zeit«. Gemeint sind die schnelle und bewegte Zeit der Ereignisse und der Politik, die vermittelnde Zeit der ökonomischen Zyklen, die der Entwicklung der Gesellschaften ihren Rhythmus gibt, und die sehr langsame, »fast unbewegliche« Zeit der Strukturen. Oder denken wir auch an die Bedeutung der Dauer, die sich literarisch niederschlägt, wie z. B. bei Marcel Proust, und die bestimmte Philosophen und Kritiker den Historikern als Denkanstoß empfehlen (H. R. Jaus, *Zeit und Erinnerung in Marcel Prousts »À la recherche du temps perdu«*, Heidelberg 1955; Kracauer, 1966). Die letzte Richtung bildet den Ausgangspunkt für eine der aktuellen Tendenzen in der Geschichte, diejenige, die sich mit einer Geschichte des *Gelebten* befaßt.

Wie Georges Lefebvre sagte, wurde für uns westliche Menschen die Geschichte wie fast all unser Denken von den Griechen geschaffen. Dennoch, wenn man nach den schriftlichen Quellen geht, reichen die ältesten Spuren des Bestrebens, der Nachwelt Zeugnisse der Vergangenheit zu hinterlassen, bis in den Zeitraum zwischen dem Beginn des vierten und dem Beginn des ersten Jahrhunderts vor Christus zurück und betreffen einerseits den Vorderen Orient (Persien, Mesopotamien, Kleinasien), andererseits China. Im Vorderen Orient scheint das Bestreben, datierte Ereignisse zu verewigen, in erster Linie an politische Strukturen gebunden zu sein: an die Existenz eines Staates, genauer eines monarchischen Staates. Es gibt Inschriften, die Feldzüge und Siege der Herrscher genau beschreiben, Annalen assyrischer Könige, Heldentaten von Königen im alten Persien, die sich in den Legenden der alten medisch-persischen Tradition wiederfinden (Christensen, 1936): so die königlichen Archive von Mari (19. Jh. v. Chr.), von Ugarit in Ras Shamra, von Hattusas bei Boğazköy (15.–13. Jh. v. Chr.)[10]. So spielte das Thema des königlichen Ruhmes und des vorbildlichen Königs nicht selten eine entscheidende Rolle für die Anfänge der Geschichte bei den verschiedenen Völkern und Kulturen. Pierre Gibert ist der Ansicht, daß die Geschichte in der Bibel mit dem Königtum auftaucht und übrigens um die Gestalten von Samuel, Saul und David eine promonarchische und eine antimonarchische Strömung erkennen läßt (vgl. Hölscher, 1942). Als die Christen sich daran machten, eine christliche Geschichte zu schaffen, beharrten sie auf dem Bild des vorbildlichen Königs in Gestalt König Theodosius des Jüngeren, dessen *Topos* im Mittelalter z.B. Personen wie Eduard dem Bekenner und Ludwig dem Heiligen anhaften sollten (Chesnut, 1978, S. 233, 241). Ganz allgemein knüpft die Vorstellung von Geschichte an die Strukturen des Staates und an das Bild vom Staat an; ihr steht – positiv oder negativ – die Vorstellung einer Gesellschaft ohne Staat und ohne Geschichte gegenüber. Findet sich nicht eine Form dieser Ideologie von Geschichte, die an den Staat gebunden ist, im autobiographischen Roman von Carlo Levi »Christus kam nur bis Eboli« (1947, dt. Übers.) wieder? Der piemontesische, antifaschistische Intellektuelle entdeckt für sich in seinem Exil des Mezzogiorno den Haß auf Rom, den er mit den Bauern teilt, die vom Staat verlassen wurden. Und er gleitet in einen Zustand der Ahistorizität, der erstarrten Erinnerung: »Eingesperrt wie ich bin, in ein Zimmer und in eine geschlossene Welt, ist es mir angenehm, über die Erinnerung in jene andere Welt zurückzukehren, die verschlossen ist über Schmerzen und Gebräuchen, sich der Geschichte und dem Staat verweigert, unendlich geduldig, in diesem Land, das mir gehört, ohne Trost und Lieblichkeit, wo der Bauer lebt in Elend und Ferne, in einer bewegungslosen Zivilisation, auf ausgedorrtem Boden, im Angesicht des Todes.«

[10] Bezüglich der hethitischen Annalen vgl. *Saeculum*, 1955, Nr. 6

Von außereuropäischen historischen Mentalitäten will ich hier sehr wenig sprechen, ich möchte sie nicht auf Stereotype reduzieren und glauben machen, daß sie wie die indische (und doch muß man, wie wir sahen, über eine indische Zivilisation »außerhalb der Geschichte« diskutieren) in eine erstarrte Tradition eingeschlossen wären, die für historischen Geist kaum empfänglich ist.

Nehmen wir den Fall Israels. Aus historischen Gründen ist es klar, daß kein Volk Geschichte stärker als Schicksal empfunden, Geschichte deutlicher als Tragödie kollektiver Identität erlebt hat. Doch war der Sinn für Geschichte bei den Juden in der Vergangenheit beträchtlichen Erschütterungen unterworfen, und die Erschaffung des Staates Israel führte die Juden dahin, ihre Geschichte umzubewerten (vgl. Ferro, 1981). Was nun die Vergangenheit betrifft, so sei hier die Einschätzung H. Butterfields (1973, S. 466) wiedergegeben:

> «Keine Nation – nicht einmal England mit seiner Magna Charta – war jemals so von Geschichte besessen. Es ist nicht verwunderlich, daß die alten Juden große erzählerische Qualitäten entwickelten, daß sie die ersten waren, die eine Art nationale Geschichte hervorbrachten und die Geschichte der Menschheit seit der Schöpfung umrissen. Sie haben ein hohes Niveau bei der Abfassung nüchterner Berichte erlangt, insbesondere beim Bericht jüngst vergangener Ereignisse wie im Fall des Todes Davids und seiner Thronfolge. Nach der Gefangenschaft haben sie sich stärker auf das Recht als auf die Geschichte konzentriert und verwandten ihre Aufmerksamkeit auf Spekulationen über die Zukunft, insbesondere über das Ende der irdischen Ordnung. In gewisser Weise verloren sie den Kontakt zur Erde, doch haben sie sich Zeit gelassen, ihre Begabung für das historische Erzählen zu verlieren, wie man am Ersten Buch der Makkabäer aus vorchristlicher Zeit und an den Schriften Flavius Josephus' aus dem 1. Jh. nach Christus sieht.«

Doch wenn sich diese Flucht ins Recht und in die Eschatologie auch nicht leugnen läßt, so muß man doch differenzieren. Z.B. sagt Robert R. Geis (1955, S. 124) über das Geschichtsbild des Talmud:

> «Das 3. Jahrhundert bringt einen Wandel in der Geschichtslehre. Als Grund dafür dürfen wir einmal die Besserung in der jüdischen Situation durch die Gewährung des römischen Reichsbürgerrechtes im Jahre 212 ansehen und die damit eintretende Beruhigung der Lage, zum anderen den immer stär-

ker werdenden Einfluß der babylonischen Schulen, durch den die Vorstellung vom Endziel der Geschichte viel von seiner Diesseitigkeit einbüßt. Wie aber biblische Diesseitsgläubigkeit erkennbar geblieben ist, trotz aller späteren Entwicklungen, so auch das Geschichtsbild der frühen Lehrer, der Tannaiten. Der Verzicht auf Geschichte wird kein endgültiger. Was Rabbi Meir (130 bis 160) in einer Lehrdeutung über Rom sagt, ist nie aufgegeben worden: Es werde einst die Herrschaft ihrem Besitzer zurückgegeben (Koh. r. 1), zur Verwirklichung des Reiches Gottes auf dieser Welt.«

Wie Indien, wie das jüdische Volk und, wie wir noch sehen werden, der Islam, so scheint China frühzeitig einen Sinn für Geschichte entwickelt zu haben, der alshald wieder zum Stillstand kam. Doch hat Jacques Gernet widerlegt, daß die kulturellen Phänomene, welche Anlaß gaben, an eine sehr alte historische Kultur zu glauben, auf einen Sinn für Geschichte verweisen. Seit der ersten Hälfte des ersten Jahrtausends v. Chr. tauchen Sammlungen von Dokumenten auf, die chronologisch geordnet sind, so die *Annalen von Lu* und das *Shu Ching.* Seit Sih-ma Kuang (145?–85 v. Chr.), den man den »chinesischen Herodot« genannt hat, entwickeln sich dynastische Geschichten nach demselben Schema: Es handelt sich um feierliche Aktensammlungen, die chronologisch geordnet zusammengefügt wurden: »Die Chinesische Geschichte ist ein Mosaik von Quellen.« So hat man den Eindruck, daß die Chinesen sehr früh zwei Schritte machten, die auf bewußtes historisches Arbeiten verweisen: Archive zusammenzutragen und Quellen zu datieren. Doch wenn man Beschaffenheit und Funktion dieser Texte sowie die Funktionen der Personen betrachtet, die sie schufen oder bewahrten, entsteht ein anderes Bild: Geschichte ist in China aufs engste mit Schrift verbunden: »Geschichte im chinesischen Sinne des Wortes gibt es nur in der Schrift.« Doch diese Schriften dienen nicht der Erinnerung, sondern sie haben eine rituelle, heilige, magische Funktion. Sie sind ein Mittel, um mit den göttlichen Mächten zu kommunizieren. Sie sind aufgeschrieben, »damit die Götter sie beachten«, damit sie auf diese Weise in einer ewigen Gegenwart wirksam werden. Das Dokument ist nicht gemacht, um als Beweis zu dienen, sondern als magisches Objekt, als Talisman. Es ist nicht nach dem Willen der Menschen, sondern der Götter gemacht. Das Datum hat keinen anderen Zweck, als auf die finsteren oder glücklichen Zeiten zu verweisen, in denen das Dokument erstellt wurde: »Es zeigt keinen Zeitpunkt an, sondern einen Aspekt der Zeit.« Die Annalen sind keine historischen Dokumente, sondern rituelle Schriften, »weit davon entfernt, den Begriff eines menschlichen Schicksals zu implizieren, halten sie ewig gültige Harmonien fest«. Der Große Schreiber, der sie verwahrt, ist kein Archivar, sondern ein Priester der symbolischen Zeit, der auch mit dem Kalender betraut ist. In der *Han-Zeit* (um 200 v. Chr. – 220 n. Chr.) ist der Hofhistoriker ein Magier, ein Astronom, der den Kalender genau berechnet (J. Gernet, 1959). Doch die Tatsache, daß Sinologen heute diese falschen Archive verwenden, ist nicht nur eine Ironie des Schicksals, die zeigt, daß die Vergangenheit eine permanente Schöpfung der Geschichte ist. Die chinesischen Quellen verweisen darauf, daß Sinn und Funktion von Geschichte je nach Zivilisation verschieden sind. Die Entwicklung der chinesischen Geschichtsschreibung unter den Sung (10.–13.Jh.) z.B. und ihre Erneuerung in der *Kianglung*-Zeit (1736–180l), von der das äußerst eigenständige Werk Shang Shu Shengs zeugt, zeigen, daß die chinesische historische Kultur nicht ohne Bewegung war (vgl. Gardner, 1938 und Hölscher, 1942).

Der Islam bevorzugt vor allem eine Art von Geschichte, die stark mit der Religion verbunden ist, insbesondere mit der Zeit ihres Gründers Mohammed, und dem Koran. Die Wiege der arabischen Geschichte ist Medina, ihr Zweck ist, das Andenken an die Anfangszeit zu sammeln, um »eine heilige und unantastbare Aufbewahrungsstätte zu schaffen«. Mit den Eroberungen gewinnt die Geschichte einen doppelten Charakter: denjenigen einer Geschichte des Kalifats, die annalistisch geprägt ist, und denjenigen einer Universalgeschichte. Das große Vorbild stellt die Geschichte Tabaris (gest. 310/923) und Masudis (gest. 345/956) dar, welche arabisch abgefaßt und schiitisch geprägt ist (Miquel, 1968, S. 155). Dennoch fehlen die griechischen Historiker in der großen Sammlung von Werken alter (indischer, persischer, griechischer) Kulturen in Bagdad zur Zeit der Abassiden. Im Gebiet der Sengiden und Aijubiden (Syrien, Palästina, Ägypten) des 12. Jhs. beherrscht die Geschichte die literarische Produktion, insbesondere mit der Biographie. Auch am Mongolenhof blüht die Geschichte ebenso wie bei den Mamelukken und unter der türkischen Herrschaft. Von Ibn Chaldun, einem einzigartigen Genie, werde ich später noch sprechen (s. u. S. 199f.). Dennoch erlangte die Geschichte in der islamischen Welt niemals einen so bevorzugten Platz wie in Europa und in der westlichen Welt. Sie blieb »so stark konzentriert auf das Phänomen der Offenbarung des Korans, auf deren Schicksal im Laufe der Jahrhunderte und auf die zahllosen Probleme, die sich daraus ergeben, daß sie sich heute nur mit Schwierigkeiten, wenn nicht gar mit Vorbehalten, einer westlich geprägten Art historischer Untersuchungen und Methoden öffnet« (Miquel/ Gabrieli, 1967). Während die Geschichte bei den Juden eine wesentliche Rolle für ihre kollektive Identität spielte – eine Rolle, die im Islam die Religion übernahm –, war Geschichte für Araber und Muslime vor allem »Sehnsucht nach der Vergangenheit«, Kunst und Wissenschaft der Klage über Verflossenes[11]. Im übrigen ergab sich daraus, daß der Islam einen anderen Sinn für Geschichte entwickelte als der Westen, daß er auch nicht dieselbe Entwicklung in der historischen Methode mitmachte und daß der Fall Ibn Chalduns ein Sonderfall bleibt (vgl. Spuler, 1955).

Nach westlichem Wissen ist die Geschichte mit den Griechen entstanden. Sie hat zwei Hauptzwecke. Der eine ist ethnischer Art. Es geht darum, die Griechen von den Barbaren abzuheben. Mit der Konzeption von Geschichte ist die Vorstellung von Zivilisation verbunden. Mit den Augen des Ethnographen betrachtet Herodot die Lybier, die Ägypter und besonders die Skythen und Perser. Die Skythen z.B. sind Nomaden – und das Nomadentum läßt sich schwer denken. Im Mittelpunkt dieser Geo-Geschichte steht der Begriff der Grenze: hier Zivilisation, dort Barbarei. Die Skythen, die die Grenze überschritten und hellenisiert, also zivilisiert werden wollten, wurden getötet, denn die beiden Welten können sich nicht vermischen. Die Skythen sind nur ein Spiegel, in dem die Griechen sich mit umgekehrten Vorzeichen sehen (Hartog, 1980).

Das andere auslösende Moment für die griechische Geschichte ist die Politik, die an soziale Strukturen gebunden ist. M.I. Finley stellt fest, daß es in Griechenland vor dem 5. Jh. v. Chr. keine Geschichte gibt. Keine Annalen, die mit denjenigen der assyrischen Könige vergleichbar wären, kein Interesse seitens der Dichter und Philosophen, keine Archive. Es ist die Zeit der Mythen außer der Zeit, die mündlich überliefert werden. Im 5. Jh. v. Chr. entsteht die Erinnerung aus dem Interesse adliger (und königlicher) Familien und der Priester von Heiligtümern wie denjenigen von Delphi, Eleusis und Delos.

Mazzarino (1966, Bd. 1, S. 32f.) schätzt für seinen Teil, daß das historische Denken in Athen im orphischen Umfeld entstand, im Schoße einer demokratischen Bewegung gegen die alte Aristokratie und insbesondere gegen die Familie der Alkmaioniden:

[11] Vgl. Rosenthal, 1952, und die Texte, die er veröffentlicht.

«Die Geschichte entsteht in einer religiösen Sekte in Athen und nicht unter den freien Denkern Ioniens ... Die Orphik wurde durch die Person des Phylos verbreitet in dem *genos*, das den Alkmaioniden am feindlichsten gesonnen war, dem *genos*, aus dem später Themistokles hevorging, der Mann der athenischen Flotte ... Die athenische Revolution gegen die konservative Partei des alten landsässigen Adels wurde sicherlich, bereits um 630 v. Chr., durch die neuen Erfordernisse einer Welt des Handels und der Seefahrt ausgelöst, die den Stadtstaat beherrschte ... Die ›Prophezeiung der Vergangenheit‹ war die wichtigste Waffe in der politischen Auseinandersetzung.«

Geschichte als politische Waffe. Dieser Zweck beherrscht schließlich die griechische historische Kultur, denn der Gegensatz zu den Barbaren ist nur eine andere Form, den Stadtstaat zu feiern. Dieses Lob der Zivilisation läßt übrigens bei den Griechen die Vorstellung eines gewissen technischen Fortschritts entstehen: »Die Orphik, die dem historischen Denken den ersten Anstoß gegeben hatte, ›entdeckte‹ auch die Idee des technischen Fortschritts selbst, und zwar in der Art, in der die Griechen ihn sich vorstellen konnten. Von den Zwergen des Ida, den Erfindern der Metallurgie oder der ›Kunst des Hephaistos‹ hatte die epische Dichtung bereits als von Geistern, die Goldschmieden sehr ähnlich waren, gesprochen.« (Mazzarino, ebd. S. 240)

Als die Idee des Stadtstaates verschwand, verschwand auch das Bewußtsein der Historizität. Die Sophisten bewahrten zwar die Vorstellung des technischen Fortschritts, lehnten aber den Begriff des moralischen Fortschritts ab, reduzierten das historische Geschehen auf individuelle Gewalt und zerstükkelten es zu einer Sammlung »anzüglicher Anekdoten«. Hier gewinnt eine Anti-Geschichte die Oberhand, die das Geschehen nicht mehr als Geschichte, als verständliche Folge von Ereignissen ansieht, sondern als eine Ansammlung zufälliger Handlungen von Individuen oder isolierten Gruppen (Châtelet, 1967, S. 9–86).

Die römische historische Mentalität war von der griechischen, die sie übrigens geprägt hatte, nicht sehr verschieden. Polybios, ihr griechischer Lehrer, der ihr beibrachte, Geschichte zu denken, sah in der Bildung des römischen Imperiums eine Ausweitung des Geistes der Civitas. Gegenüber den Barbaren feierten die römischen Historiker die Zivilisation, deren Inbegriff Rom war, die ein Sallust gegenüber Jogurtha, dem Afrikaner, lobpreist, der von Rom nur die Mittel auslieh, um es zu schlagen. Titus Livius bringt diese Zivilisation gegenüber den wilden Völkern Italiens und gegenüber den Karthagern zum Leuchten, gegenüber diesen Fremden, die versuchen, die Römer in die Sklaverei zu führen, so wie die Perser es mit den Griechen versucht hatten. Diese Zivilisation verkörpert ein Caesar gegenüber den Galliern, scheint ein Tacitus in den bretonischen und germanischen guten Wilden zu bewundern, und er sieht sie in jedem Fall von den alten tugendsamen Römern vor dem Verfall verkörpert. Die römische historische Mentalität ist tatsächlich - wie später die islamische - von der Klage um die vergangenen Ursprünge beherrscht, vom Mythos der Tugend der Alten, der Sehnsucht nach den Sitten der Vorfahren, dem *mos maiorum.* Die Gleichsetzung von griechisch-römischer Geschichte und Zivilisation wird nur durch den Glauben an die Dekadenz gemäßigt, über die Polybios eine Theorie entwickelt, die auf einer Analogie zwischen menschlichen Gesellschaften und Individuen beruht. Einrichtungen entwickeln sich, verfallen und sterben wie Individuen, denn sie sind wie sie den »Gesetzen der Natur« unterworfen, und selbst die römische Größe wird vergehen - eine Theorie, an die Montesquieu sich erinnern wird. Die Lehre der Geschichte läßt sich für die Alten letztlich in der Negation der Geschichte zusammenfassen. Was sie an Positivem übermittelt, ist das Beispiel der Vorfahren, die Helden und große Männer sind. Es gilt, die Dekadenz zu bekämpfen, indem jeder für sich bestrebt ist, die großen Taten der Vorfahren nachzuahmen und die unvergänglichen Vorbilder der Vergangenheit zu wiederholen. Geschichte als Quelle von *exempla* ist nicht weit entfernt von der Rhethorik und den Techniken der Überredungskunst. Sie greift daher mit Vorliebe auf Lobrede und Diskurs zurück. Ammianus Marcellinus faßt am Ende des 4. Jhs. mit seinem barocken Stil, seiner Vorliebe für das Extravagante und für das Tragische die wesentlichen Züge der antiken historischen Mentalität zusammen. Der Syrer idealisiert die Vergangenheit, evoziert die römische Geschichte vermittels literarischer *exempla* und kennt, obwohl er einen großen Teil des römischen Reiches, mit Ausnahme Britanniens, von Spanien und Nordafrika bis nach Westägypten bereiste, nur einen Horizont - das ewige Rom, *Roma aeterna*[12].

Man hat im Christentum eine Zäsur, eine Revolution in der historischen Mentalität gesehen. Mit den drei Fixpunkten der Schöpfung als dem absoluten Beginn der Geschichte, der Geburt Christi als Beginn der Heilsgeschichte

[12] Momigliano, *The Lonely Historian Ammianus Marcellinus*, in: ders., 1977, S. 127-140

und des Jüngsten Gerichts als Ende der Geschichte soll das Christentum die antike Vorstellung einer zirkulären Zeit durch einen linearen, gerichteten Zeitbegriffersetzt und der Geschichte Richtung und *Sinn* gegeben haben. Da das Christentum für Daten empfänglich ist, ist es bestrebt, die Schöpfung und die Ausgangspunkte des Alten Testaments zu datieren. Es datiert auch Geburt und Tod Jesu so genau wie möglich. Als historische Religion, die in der Geschichte verankert ist, soll das Christentum der abendländischen Geschichte einen entscheidenden Impuls verliehen haben. Auch Georges Duby und Guy Lardreau bestehen auf dieser Verbindung zwischen Christentum und Geschichte im Abendland. Guy Lardreau erinnert an den Ausspruch Marc Blochs: »Das Christentum ist eine Religion von Historikern«, und er fügt hinzu: »Ich bin überzeugt, daß wir uns ganz einfach deshalb mit Geschichte beschäftigen, weil wir Christen sind.« Worauf Georges Duby antwortet: »Sie haben recht: Es gibt eine christliche Art zu denken, die die Geschichte ist. Ist die Geschichtswissenschaft nicht etwas Abendländisches? Was ist Geschichte in China, Indien oder Schwarzafrika? Der Islam hatte bewundernswürdige Geographen, aber Historiker?« (Duby/Lardreau, S. 138 f.) Das Christentum zeigte sicherlich eine gewisse Neigung, in historischen Kategorien nachzudenken, die charakteristisch für europäische Denkgewohnheiten sind. Doch die Auffassung einer engen Beziehung zwischen Christentum und Geschichte scheint mir der Differenzierung zu bedürfen. Zunächst haben jüngste Untersuchungen gezeigt, daß es nicht zulässig ist, die antike historische Mentalität – insbesondere die griechische – auf eine zirkuläre Zeitvorstellung zu reduzieren[13]. Das Christentum wiederum ist nicht auf eine lineare Konzeption von Zeit beschränkt: Ein Typus von zirkulärer Zeit, die liturgische Zeit, spielt für es eine besondere Rolle. Ihr Vorrang führte dazu, daß im Christentum lange nur nach Tag und Monat datiert wurde, ohne das Jahr zu erwähnen, um das Ereignis in den liturgischen Kalender eingliedern zu können. Andererseits führt die teleologische, eschatologische Zeit nicht notwendigerweise zu einer besonderen Wertschätzung von Geschichte. Es läßt sich annehmen, daß sich das Heil ebensogut außerhalb der Geschichte wie durch die Geschichte verwirklicht. Beide Tendenzen existierten und existieren immer noch im Christentum[14]. Wenn das Abendland der Geschichte besondere Aufmerksamkeit gewidmet, insbesondere eine historische Mentalität entwickelt und der Ge-

[13] Momigliano, *Time in Ancient Historiography*, in: ders., 1977, S. 179–204; Vidal-Naquet, 1960
[14] Vgl. Le Goff, *Eschatologia*, in: *Enciclopedia Einaudi*, Bd. 5, 1978, S. 712–746

schichtswissenschaft einen besonderen Platz eingeräumt hat, so geschah dies aufgrund der sozialen und politischen Entwicklung. Schon früh hatten bestimmte soziale Gruppen und die Ideologen politischer Systeme ein Interesse daran, sich historisch zu begreifen und historische Denkmuster vorzuschreiben. Wie wir sehen, ist dieses Interesse zunächst im Vorderen Orient und in Ägypten aufgetaucht, dann bei den Juden und schließlich bei den Griechen. Nur weil das Christentum so lange die herrschende Ideologie des Abendlandes war, hat es dem Abendland bestimmte Formen historischen Denkens vermittelt. Wenn andere Zivilisationen dem historischen Geist weniger Platz einzuräumen scheinen, so ist dies einerseits der Fall, weil wir den Namen Geschichte abendländischen Konzeptionen vorbehalten und andere Arten, Geschichte zu denken, nicht als solche anerkennen, und andererseits, weil die sozialen und politischen Bedingungen, die die Entwicklung der Geschichte im Abendland begünstigt haben, nicht überall gegeben waren.

Doch hat das Christentum wichtige Elemente zur historischen Mentalität beigesteuert, selbst außerhalb der augustinischen Konzeption von Geschichte (s. unten), die im Mittelalter und später großen Einfluß hatte. So hatten orientalische christliche Historiker des 4. und 5. Jhs. nicht nur im Orient, sondern auch im Okzident großen Einfluß auf die historische Mentalität: im Fall Eusebios' von Cäsarea, Sokrates Scholastikos', Evagrius', Sozomenos', Theodoretos' von Kyrhos. Sie glaubten an die Willensfreiheit (Eusebios und Sokrates waren sogar Anhänger des Origenes) und dachten daher, daß das zufällige Schicksal, das *fatum,* in der Geschichte keine Rolle spielte, im Gegensatz zu dem, was die griechisch-römischen Historiker glaubten. Für sie war die Welt vom logos oder dem *göttlichen Ratschluß* (anders auch *Vorsehung* genannt) beherrscht, der die Struktur aller Natur und aller Geschichte bildete. »Geschichte ließ sich also analysieren und die innere Logik ihrer Ereignisse betrachten« (Chesnut, 1978, S. 244). Als Kind der antiken Kultur hatte dieser christliche historische Humanismus die Vorstellung der Fortuna übernommen, um die Unglücksfälle in der Geschichte zu erklären. Der zufällige Charakter der menschlichen Existenz fand sich in der Geschichte wieder und führte zur Entstehung der Vorstellung vom Rad der Fortuna, das im Mittelalter so beliebt war und ein weiteres zirkuläres Element in die Konzeption von Geschichte hineintrug. Auch bewahrten die Christen zwei wesentliche Vorstellungen aus dem heidnischen historischen Denken, die sie allerdings grundlegend veränderten: Die Idee des Kaisers, jedoch nach dem Vorbild Theodosius' des Jüngeren, d.h. das Bild eines Kaisers, der halb Krieger, halb Mönch war, und die Idee Roms, wobei jedoch sowohl die Vorstellung vom Verfall Roms als auch diejenige des ewigen Roms verworfen wurde. Das Thema Rom wird im Mittelalter entweder zum Konzept eines Heiligen Römischen Reiches, das zugleich christlich und universal ist (vgl. Galeo, 1942) oder zur Utopie eines Reichs der letzten Tage, zum chiliastischen Traum eines Herrschers des Endes der Zeiten.

Dem christlichen historischen Denken verdankte das Abendland noch zwei Ideen, die im Mittelalter großen Erfolg hatten: den bei den Juden entlehnten Rahmen der Universalchronik (Von den Brincken, 1957) und die bevorzugten Gattungen der Geschichte, die biblische Geschichte[15] und die Kirchengeschichte.

Ich will jetzt auf einige Formen historischer Mentalität und Praxis hinweisen, die in verschiedenen Epochen der abendländischen Geschichte mit bestimmten sozialen und politischen Interessen verbunden waren.

Mit den beiden großen sozialen und politischen Strukturen des Mittelalters, dem Lehnswesen und den Städten, sind zwei Phänomene historischer Mentalität verbunden: die Genealogien und die städtische Historiographie. Dem sind – zugunsten einer nationalen monarchischen Geschichte – die Königschroniken hinzuzufügen, deren bedeutendste seit dem Ende des 12. Jhs., die *Grandes Chroniques de France* waren, »an die die Franzosen glaubten wie an die Bibel« (Guenée, 1980, S. 339).

Welches Interesse die großen Familien einer Gesellschaft daran haben, ihre Genealogie zu erstellen, wenn die sozialen und politischen Strukturen dieser Gesellschaft ein gewisses Stadium erreicht haben, ist bekannt. Schon die ersten Seiten der Bibel lassen die Litanei der Genealogien der Patriarchen ablaufen. In den sogenannten »primitiven« Gesellschaften sind Genealogien oft die früheste Form von Geschichte, die aus dem Augenblick entstand, da die Erinnerung die Neigung entwickelte, sich in chronologischen Serien zu ordnen. Georges Duby zeigte, wie die großen und kleinen Grundherren des Abendlandes im 11. und besonders im 12. Jh. insbesondere in Frankreich einer reichen genealogischen Literatur zur Blüte verhalfen, »um das Ansehen ihrer Familie zu erhöhen, genauer, um ihre Heiratspolitik zu stärken und die schmeichelhaftesten Verbindungen schließen zu können« (Guenée, 1980, S. 64, nach Duby). Mit um so mehr Grund ließen die herrschenden Dynastien

[15] Vgl. *Historia scolastica*, von Petrus Comestor, um 1170

sich phantastische oder manipulierte Genealogien erstellen, um ihr Ansehen oder ihre Autorität zu stärken. So gelang es den Kapetingern im 12. Jh., sich an die Karolinger anzubinden (Guenée, 1978). So führte das Interesse der Fürsten und Adligen zu einer Erinnerung, die sich um die Abstammung der großen Familien ordnete (vgl. Génicot, 1975). Die diachronische Verwandtschaft wird zum Ordnungsprinzip der Geschichte. Einen besonderen Fall stellt das Papsttum dar, das in dem Moment, da sich die päpstliche Monarchie festigt, das Bedürfnis nach einer eigenen Geschichte zeigt. Diese Geschichte kann natürlich nicht dynastisch sein, soll sich jedoch von der Kirchengeschichte unterscheiden (Paravicini-Bagliani).

Auf der anderen Seite wollten auch die Städte, als sie zu politischen Körperschaften wurden und sich ihrer Macht und ihres Ansehens bewußt wurden, ihr Prestige *erhöhen* und rühmten sich ihres Alters, ihrer glorreichen Anfänge und ihrer Gründer, der Taten und ihrer Söhne und Töchter, der besonderen Augenblicke, da sie der Hilfe Gottes, der Jungfrau Maria oder ihres heiligen Patrons teilhaftig wurden. Einige dieser Geschichten erlangten offiziellen Charakter und erwarben den Ruf der Authentizität. So wurde die Chronik des Notars Rolandino am 3. April 1262 öffentlich im Kreuzgang von St. Urban in Padua vor den Lehrern und Studenten der Universität verlesen, die dieser Chronik den Charakter einer wahren Geschichte der Stadt und der Bürgerschaft zusprachen (Arnaldi, 1963, S. 85–107). Florenz hob seine Gründung durch Julius Caesar hervor (Rubinstein, 1942; Del Monte, 1950). Genua besaß eine authentische Geschichte seit dem 12. Jh. (Bali, 1974). Es versteht sich von selbst, daß die Lombardei als eine Region von mächtigen Städten eine ausgeprägte städtische Historiographie besaß (Martini, 1970). Es ist natürlich, daß keine Stadt des Mittelalters ein größeres Interesse an der eigenen Geschichte entwickelte als Venedig. Doch die Historiographie seiner selbst, die das mittelalterliche Venedig hervorbrachte, erlebte zahlreiche bezeichnende Wandlungen. In erster Linie fällt der Unterschied auf zur alten Historiographie, die stärker die Parteiungen und inneren Auseinandersetzungen der Stadt wiedergibt als die Einheit und den inneren Frieden, die schließlich erlangt wurden: »Die Historiographie gibt eine Wirklichkeit in Bewegung wieder, die Kämpfe und Teilerfolge, die für sie kennzeichnend sind, eine oder mehrere Kräfte, die hier wirken – und das nicht mit der zufriedenen Heiterkeit desjenigen, der einen abgeschlossenen Prozeß betrachtet« (G. Gracco, in: *Pertusi*, 1970, S. 45). Andererseits erwerben die Annalen des Dogen Andrea Dandolo in der Mitte des 14. Jhs. einen solchen Ruf, daß sie die frühere venezianische

Historiographie entwerten. Es ist der Beginn der »öffentlichen Historiographie« oder der »Auftragshistoriographie«, die zu Beginn des 16. Jhs. mit den *Diarii* von Marino Sanudo dem Jüngeren ihren Höhepunkt erreicht.

Die Renaissance ist eine wichtige Epoche für die historische Mentalität. Sie wird gekennzeichnet durch die Vorstellung einer neuen, globalen Geschichte, einer *vollkommenen* Geschichte und durch bedeutende Fortschritte in der Methode, der historischen Kritik. Aus ihren doppeldeutigen Beziehungen zur Antike (die zugleich lähmendes Vorbild und inspirierender Anlaß ist) bezieht die humanistische Geschichte der Renaissance eine doppelte und widersprüchliche Einstellung zur Geschichte. Auf der anderen Seite steht der Sinn für Unterschiede und für die Vergangenheit, für Relativität und Zivilisationen, aber auch die Suche nach dem Menschen, nach einem Humanismus und nach einer Ethik. In letzterer wird die Geschichte paradoxerweise zur *magistra vitae,* zur »Lehrerin des Lebens«, indem sie sich selbst verleugnet und Exempel und Lehren liefert, die zeitlos gültig sind (vgl. Landfester, 1972). Keiner hat diesen doppeldeutigen Gefallen an der Geschichte besser zum Ausdruck gebracht als Montaigne: »Die Historiker kommen mir gerade recht, sie sind unterhaltsam und gewandt ... der Mensch im allgemeinen, den ich zu ergründen suche, erscheint hier lebendiger und intakter als an irgendeinem anderen Ort, die Vielfalt und Wahrheit seiner inneren Dispositionen im Großen wie im Kleinen, die Verschiedenartigkeit der Mittel, derer er sich bedient, und der Unglücksfälle, die ihn bedrohen.«[16]

Unter diesen Voraussetzungen erstaunt es nicht, daß Montaigne erklärt, »sein Mann« sei Plutarch, der uns eher als Moralist denn als Historiker gilt. Andererseits verbindet sich Geschichte damals mit dem Recht, eine Entwicklung, die im Werk des Protestanten François Baudouin, eines Schülers des großen Juristen Dumoulin, ihren Höhepunkt findet: *De Institutione historiae universae et cum cumjurisprudentia coniunctione* (1561). Ziel dieser Verbindung ist es, das Wirkliche mit dem Idealen, die Gewohnheit mit der Moral zu vereinen. Baudouin fügt sich in die Reihe der Historiker ein, die von einer »integralen« Geschichte träumen, aber seine Vision von Geschichte bleibt »utilitaristisch« (Kelley, 1970).

An dieser Stelle möchte ich auf die Auswirkungen eines der wichtigsten Phänomene des 16. und beginnenden 17. Jhs. kommen: der Entdeckung und Kolonisierung der Neuen Welt. Ich will zwei Beispiele nennen, eines von der

[16] Montaigne, *Essais,* 11, 10, *Des livres,* Texte in: Ehrard/Palmade, 1964, S. 117–119

Seite der Kolonisierten, eines von der Seite der Kolonisatoren. In einem bahnbrechenden Buch hat Nathan Wachtel die Reaktionen der indianischen Erinnerung auf die spanische Eroberung von Peru untersucht. Wachtel weist zunächst darauf hin, daß die Eroberung keine geschichtslose Gesellschaft antrifft: »Es läßt sich kein böser Geist zur Hilfe nehmen, denn in der Geschichte ereignet sich alles in einem bereits bestehenden Umfeld, das aus vielfältigen Institutionen, Sitten, Praktiken, Bedeutungen und Spuren besteht, die zugleich dem menschlichen Handeln widerstehen und ihm einen Ansatzpunkt bieten.« (1971, S. 300) Das Ergebnis der Eroberung scheint der Identitätsverlust der indianischen Bevölkerung zu sein. Der Tod der Götter und des Inka, die Zerstörung ihrer Götterbilder bedeuten für die Indianer ein »kollektives Trauma« – ein Begriff, der in der Geschichte sehr wichtig ist und der, ich erinnere daran, zu den Hauptformen historischer Diskontinuität gehört: Die großen Ereignisse (Revolution, Eroberung, Niederlage) werden als »kollektive Traumata« erlebt. Auf der Destruktion ihrer Strukturen reagieren die Besiegten mit einer »restrukturierenden Praxis«, die in diesem Fall hauptsächlich im »Tanz der Eroberung« zum Ausdruck gebracht wird. Dies bedeutet eine »getanzte Restrukturierung imaginärer Art, denn die anderen Formen dieser Praxis versagen« (ebd. S. 305 f.). Hier stellt Nathan Wachtel eine wichtige Überlegung bezüglich historischer Rationalität an: »Wenn wir von einer Logik oder Rationalität der Geschichte sprechen, implizieren diese Begriffe nicht die Behauptung, mathematische Gesetze aufzustellen, die notwendig und für alle Gesellschaften gültig sind, als ob die Geschichte einem natürlichen Determinismus folgte. Doch die Kombination der Faktoren, die das Nichtereignishafte des Ereignisses ausmachen, bilden ein eigenes, von anderen verschiedenes Muster, auf dem eine Anzahl von Mechanismen und Regelmäßigkeiten aufbaut, d.h. einen Zusammenhang, der den Zeitgenossen häufig nicht bewußt ist, dessen Rekonstruktion sich jedoch als unabdingbar für das Verständnis des Ereignisses erweist« (ebd. S. 307). Diese Konzeption erlaubt Wachtel nun, das historische Bewußtsein von Siegern und Besiegten zu definieren: »Die Geschichte erscheint nur dem Sieger rational, während sie die Besiegten als irrational, als Entfremdung erleben« (ebd. S. 309). Doch hier macht sich noch eimal die Ironie des Schicksals bemerkbar. Die Besiegten schaffen sich statt einer wirklichen Geschichte eine »Tradition als Mittel der Verweigerung«. Die langsame Geschichte der Besiegten wird so zu einer Form der Opposition, des Widerstands gegen die schnelle Geschichte der Sieger. Und paradoxerweise »läßt sich sagen, daß in dem Maße, in dem Reste der alten Inka Zivilisation die Jahrhunderte bis auf unsere Tage überlebten, selbst diese Art von Revolte, diese verhinderte Praxis in gewisser Weise gesiegt hat« (ebd. S. 314). Dies stellt für den Historiker in zweifacher Hinsicht eine Lehre dar: Zum einen ist auch Tradition Geschichte, und häufig, selbst wenn sie Bruchstücke einer fernen Vergangenheit mitführt, ist sie eine relativ junge historische Konstruktion. Sie ist die Reaktion auf ein politisches oder kulturelles Trauma, meist auf beides zugleich. Zum anderen ist diese langsame Geschichte, die man häufig in der »Volkskunde« wiederfindet, tatsächlich eine Art von Anti-Geschichte in dem Maße, in dem sie sich der Geschichte entgegenstellt, die die Herrschenden feiert und von ihnen angeregt wird.

Bernadette Bucher hat im Zuge einer Untersuchung zur Ikonographie der Sammlung *Les Grandes Voyages*, welche die Familie de Bry zwischen 1590 und 1634 herausbrachte und illustrierte, die Beziehungen beschrieben, die die Europäer zwischen der Geschichte und dem rituellen Symbolismus herstellten, mit dem sie die von ihnen entdeckte indianische/amerikanische Gesellschaft darstellten und interpretierten. Sie übertrugen ihre europäischen und protestantischen Ideen und Wertvorstellungen auf die symbolischen Strukturen des jeweiligen Bildes von den Indianern. So erschienen der Familie de Bry die kulturellen Unterschiede zwischen Indianern und Europäern – insbesondere bei den Eßgewohnheiten – zu einem bestimmten Zeitpunkt »als Zeichen, daß der Indianer von Gott verworfen war« (Bucher, 1977, S. 227f.). Die Schlußfolgerung ist, daß »symbolische Strukturen das Ergebnis einer Kombinatorik sind, bei der die Adaptionen an das Umfeld, an die Ereignisse und mithin an das menschliche Handeln permanent über eine Dialektik zwischen Struktur und Ereignis ins Spiel kommen« (ebd. S. 229f.). So kommen die Europäer der Renaissance auf das Vorgehen Herodots zurück und lassen sich von den Indianern einen Spiegel vorhalten, in dem sie sich selbst betrachten. Auf diese Weise bringt das Zusammentreffen von Kulturen verschiedene historiographische Antworten auf das gleiche Ereignis hervor. Schließlich bleibt – trotz aller Bestrebungen zu einer neuen, unabhängigen und gelehrten Geschichte – die Geschichte der Renaissance von den herrschenden sozialen und politischen Interessen, in diesem Falle des Staates, bestimmt. Vom 12. bis 14. Jh. entstammte der Protagonist der historiographischen Produktion grundherrlichem oder königlichem Umfeld und wurde von den Großen protegiert. Beispiele sind Gottfried von Monmouth oder Wilhelm von Malmesbury, die ihre Werke Robert von Glouster widmeten, oder die Mönche von Saint Denis, die zur Ehre der Könige von Frankreich, der Schutzherren ihrer Abtei, arbeiteten, oder Froissart, der für Philippa von Hennegau, die Königin von England, schrieb usw., oder es gab in städtischem Umfeld Notare als Chronisten (Arnaldi, 1966).

Von nun an ist der Historiker in städtischem Umfeld ein Angehöriger des Großbürgertums an der Macht, so z.B. Leonardo Bruni, der von 1427-1444 Kanzler von Florenz war, oder ein hoher Beamter des Staates. Dafür sind die beiden berühmtesten Beispiele - immer noch aus Florenz - Machiavelli, Sekretär der florentinischen Kanzlei (obwohl er seine großen Werke nach 1512 schrieb, als er nach der Rückkehr der Medici aus der Kanzlei gejagt worden war) und Guicciardini, Botschafter der Republik Florenz, später in Diensten Papst Leos X. und dann des Herzogs Alexander von Toskana.

In Frankreich läßt sich das Bestreben der Monarchie, die Geschichte zu domestizieren, am besten verfolgen, und zwar insbesondere im 17. Jh., da die Verteidiger der katholischen Orthodoxie und die Anhänger des königlichen Absolutismus die historische Kritik der Historiker des 16. Jhs. und der Regierungszeit Heinrichs IV. als »Freigeisterei« verurteilten (Huppert, 1970, S. 178ff.). Dieses Bestreben schlug sich vom 16. Jh. bis zur Französischen Revolution in der Ernennung offizieller Historiographen nieder.

Als die Bezeichnung eines offiziellen Historiographen zum ersten Mal für Alain Chartier am Hofe Karls VII. verwendet wird, handelt es sich noch »eher um eine Auszeichnung als um ein bestimmtes Amt«. Der erste wirkliche königliche Historiograph ist Pierre de Paschal 1554. Von nun an ist der Historiograph Apologet. Er bekleidet übrigens nur eine bescheidene Stellung, auch wenn Charles Sorel 1646 im *Avertissement à l'Histoire du roi Louis XIII* von Charles Bernard versucht, das Amt eines Historiographen Frankreichs so zu definieren, daß ihm Bedeutung und Ansehen daraus erwachsen. Er hebt seine Nützlichkeit und seine Aufgaben hevor: Die Rechte des Königs und des Königreiches unter Beweis zu stellen, gute Taten zu preisen, der Nachwelt ein Beispiel zu übermitteln und das alles zum Ruhme von König und Königreich. Dennoch bleibt das Amt ziemlich im Schatten, und die Versuche Boileaus und Racines von 1677 scheitern. Die Philosophen üben heftige Kritik an der Institution, und das Reformprogramm für das Amt, das Nicolas Moreau in seinem Brief vom 22. August 1774 dem ersten Präsidenten der Cour des Comptes der Provence, J.B. Albertas, auseinandersetzt, kommt zu spät. In der Revolution geht das Amt des Historiographen unter (Fossier, 1977).

Der Geist der Aufklärung, demjenigen der Renaissance nicht ganz unähnlich, hat gegenüber der Geschichte eine zweideutige Einstellung. Gewiß trägt die philosophische Geschichte – insbesondere mit Voltaire (vor allem im *Essai sur les mœurs et l'esprit des nations*, der 1740 konzipiert wurde und dessen veröffentlichte Schlußfassung von 1769 datiert) – zur Entwicklung der Geschichte »ein beträchtliches Anwachsen der Neugier und vor allem die Fortschritte des kritischen Geistes« bei (Ehrard/Palmade, 1964, S. 37). Aber »der Rationalismus der Philosophen behindert die Entwicklung des Sinns für Geschichte. Ist es besser, das Irrationale zu rationalisieren, wie Montesquieu es versucht, oder es mit Sarkasmus zu überdecken wie Voltaire? In beiden Fällen ist die Geschichte durch das Raster einer zeitlosen Vernunft gegangen« (ebd. S. 36). Geschichte ist eine Waffe gegen den »Fanatismus«, und die Zeiten, insbesondere das Mittelalter, in denen dieser geherrscht hat, haben nur Verachtung und Vergessen verdient: »Man braucht die Geschichte dieser Zeiten nur zu kennen, um sie zu verachten« (Voltaire, *Essai sur les mœurs*, Kap. 44). Am Vorabend der Französischen Revolution erlebte die *Histoire philosophique des établissements et du commerce des Européens dans les deux Indes* (1770) des Abbé Raynal einen großen Erfolg: »Für Raynal wie für alle anderen Anhänger der ›philosophischen Partei‹ ist die Geschichte die Arena, in der sich Vernunft und Vorurteile gegenüberstehen« (Ehrard/Palmade, 1964).

Paradoxerweise hat die Französische Revolution die historische Reflexion zu ihrer eigenen Zeit nicht angeregt. Georges Lefebvre (1945/46, S. 154–160) sieht mehrere Gründe für diese Indifferenz: Die Revolutionäre interessierten sich nicht für Geschichte, sie machten sie; sie wollten eine verhaßte Vergangenheit zerstören und dachten nicht daran, ihr Zeit zu opfern, die sich besser für kreative Aufgaben einsetzen ließ. Desgleichen war die Jugend von Gegenwart und Zukunft angezogen und »das Publikum, das sich unter dem Ancien Régime für Geschichte interessiert hatte, hatte sich zerstreut, war verschwunden oder ruiniert«.

Dennoch haben Jean Ehrard und Guy Palmade zu Recht auf die Errungenschaften der Revolution für die Geschichte im Bereich der Institutionen, der Dokumentation und des Unterrichts verwiesen. Darauf komme ich noch zurück. Ebenso hat Napoleon bei dem Versuch, die Geschichte in seinen Dienst zu stellen, auch hier wie in so vielen anderen Bereichen das weitergeführt und entwickelt, was die Französische Revolution begonnen hatte.

Das wichtigste Werk dieser Revolution im Bereich der historischen Mentalität war, einen Bruch bewerkstelligt und vielen in Frankreich und Europa das Gefühl vermittelt zu haben, daß sie nicht nur den Anfang einer neuen Zeit darstellte, sondern daß die Geschichte mit ihr beginne, jedenfalls die Geschichte Frankreichs: »Eine Geschichte Frankreichs im eigentlichen Sinne haben wir erst seit der Revolution« schreibt im März/April 1801 die Zeitschrift *La Décade philosphique*. Bei Michelet heißt es später: »Wisset, daß Frankreich für Europa immer nur einen einzigen, unauslöschlichen Namen haben wird, der sein wahrer und ewiger Name ist: die Revolution.« So entsteht, positiv für die einen, negativ für die anderen (Konterrevolutionäre und Reaktionäre[17]) ein bedeutendes historisches Trauma: der Mythos der Französischen Revolution.

Weiter unten werde ich auf das ideologische Klima und die Atmosphäre romantischer Empfindsamkeit eingehen, in denen die Hypertrophie des Sinns für Geschichte entstand und sich entwickelte, die der Historismus darstellt.

An dieser Stelle will ich nur zwei Strömungen erwähnen, zwei Gedanken, die in erster Linie dazu beitrugen, die Begeisterung für Geschichte im 18. Jh. voranzutreiben: zum einen der bürgerliche Einfluß, mit dem die Begriffe der Klasse und der Demokratie verbunden sind, zum anderen das Nationalgefühl. Der große Historiker des Bürgertums ist Guizot. In der kommunalen Bewegung des 12. Jhs. sieht er bereits den Sieg der Bürger und das Entstehen des Bürgertums: »Die Herausbildung einer großen sozialen Klasse, des Bürgertums, war das unausweichliche Resultat der lokalen Befreiung der Bürger.«[18] Daher der Ursprung des Klassenkampfes, des Motors der Geschichte: »Das dritte große Ergebnis der Befreiung der Kommunen ist der Klassenkampf, ein Kampf, der die neue Geschichte erfüllt. Das moderne Europa ging aus dem Kampf der verschiedenen Gesellschaftsklassen hervor.« (Ehrard/Palmade, 1964, S. 212) Guizot und Augustin Thierry (insbesondere der Augustin Thierry des *Essai sur l'histoire de la formation et des progrès du Tiers Etat*, 1850) hatten einen aufmerksamen Leser, Karl Marx: »Bürgerliche Geschichtsschreiber hatten längst vor mir die historische Entwicklung dieses Kampfes der Klassen und bürgerliche Ökonomen die ökonomische Anatomie derselben dargestellt ...«[19] Die Demokratie, die aus den Siegen des Bürgertums hervorging, hat einen scharfen Beobachter in Gestalt des Grafen de Tocqueville: »Ich mag die demokratischen Einrichtungen vom Verstande her, aber mein Instinkt ist aristokratisch, d.h. ich verachte und fürchte die Menge.

[17] Vgl. Le Goff, *Progresso/reazione*, in: *Enciclopedia Einaudi* Bd. 10

[18] *Cours d'Histoire Moderne: Histoire de la civilisation en Europe depuis la chute de l'Empire romain jusqu'à la Revolution Française*, 1828, 7. Lektion (zit. n. Ehrard/Palmade, 1964, S. 211)

[19] Brief an J. Weydemayer vom 5. März 1852. Zit. n. MEW, Bd. 28, S. 507f.

Ich liebe die Freiheit, die Gesetzmäßigkeit und die Achtung der Rechte leidenschaftlich, aber nicht die Demokratie.« (Zit. n. Ehrard/Palmade, 1964, S. 61) Er untersucht die Fortschritte der Demokratie im Frankreich des Ancien Régime, wo sie ihren Weg nimmt, um in der Revolution zu erstrahlen, die mithin keine Katastrophe, keine umwälzende Neuerung mehr darstellt, sondern den Endpunkt einer langen Geschichte und der Demokratie im Amerika des beginnenden 19. Jhs. mit seiner Mischung aus Anziehungskraft und Ferne. Dabei erklingen Wendungen, die diejenigen Guizots fast noch hinter sich lassen: »Mehr noch als man durch seine Meinung bestimmt ist, gehört man seiner Klasse an«, oder »Natürlich kann man mir Individuen entgegenhalten, aber ich spreche von Klassen; sie allein dürfen die Geschichte beschäftigen.« (Ebd.)

Die andere Strömung ist das Nationalgefühl, das sich über das Europa des 19. Jh. ergießt und in starkem Maße dazu beiträgt, den Sinn für Geschichte zu verbreiten. Michelet ruft aus: »Franzosen jeglichen Standes, jeglicher Klasse und jeglicher Partei, eines merkt euch gut, auf dieser Welt habt ihr nur einen verläßlichen Freund und das ist Frankreich ...!« Federico Chabod (1943–47, S. 51) verweist darauf, daß, auch wenn die Idee der Nation ins Mittelalter zurückreicht, das Neue die Religion des Vaterlandes ist, die aus der Französischen Revolution stammt: »*Nation* wird zu *Vaterland:* und das Vaterland wird zur neuen Gottheit der modernen Welt.[20] Sie ist neue Gottheit und als solche *geheiligt,* die große Neuerung, die aus der Französischen Revolution und dem Empire hervorgeht. Als erster sagt es Rouget de Lisle in der vorletzten Strophe der *Marseillaise:*

«*Heilige Liebe des Vaterlandes*
Führe, stütze unseren rächenden Arm.«

Und unser Foscolo wiederholt fünfzehn Jahre später am Ende der Sepolcri:

«Wo das Blut, das für das Vaterland vergossen wurde, heilig und beklagt wird.«[21]

[20] Ich glaube genau das Gegenteil: Das Mittelalter hatte das Vaterland entdeckt, die Nation entstammt der Französischen Revolution.

[21] Ove fia santo e lacrimato il sangue/Per la patria versato.

Und Chabod fügt hinzu, daß dieses Gefühl bei den Nationen und Völkern besonders stark war, die ihre nationale Einheit noch nicht hatten verwirklichen können: »Es ist offensichtlich, daß die Idee der Nation den Völkern, die politisch noch nicht geeint waren, besonders teuer war ... So findet die nationale Idee vor allem in Italien und Deutschland leidenschaftliche und unermüdliche Anhänger; und nach ihnen, bei den anderen geteilten und zerstreuten Völkern, vor allem bei den Polen.« (Ebd. S. S5) Tatsächlich ist Frankreich nicht minder von diesem Einfluß des Nationalismus, auf die Geschichte betroffen. Das Nationalgefühl inspiriert am Vorabend des Ersten Weltkriegs das große klassische Werk: *L'Histoire de France*, das zwischen 1900 und 1912 von Ernest Lavisse herausgegeben wurde. Hier das Programm, das Ernest Lavisse dem Geschichtsunterricht zudachte:

> «Dem Geschichtsunterricht kommt die ehrenhafte Aufgabe zu, das Vaterland lieben und verstehen zu lehren ... unsere gallischen Vorfahren und die Wälder der Druiden, Karl Martell in Poitiers, Roland in Ronceval, Gottfried von Bouillon in Jerusalem, Jeanne d'Arc, alle unsere Helden der Vergangenheit, die selbst sagenumwoben sind ... Wenn der Schüler nicht das lebendige Andenken an unsere nationale Ehre mitnimmt, wenn er nicht weiß, daß unsere Vorfahren sich auf tausend Schlachtfeldern für edle Ziele geschlagen haben, wenn er nicht gelernt hat, was es für Blut und Mühen gekostet hat, die Einheit unseres Vaterlandes herzustellen, um dann aus dem Chaos unserer veralteten Institutionen die heiligen Gesetze zu gewinnen, die uns frei gemacht haben, wenn er kein Bürger wird, der von seiner Pflicht durchdrungen ist, und kein Soldat, der seine Fahne liebt, dann hat der Lehrer seine Zeit verschwendet.« (Vgl. Nora, 1962)

Ich habe noch nicht darauf hingewiesen, daß bis zum 19. Jh. ein wesentliches Element für die Herausbildung historischer Mentalität fehlt. Geschichte wird nicht gelehrt. Aristoteles hatte sie aus der Reihe der Wissenschaften ausgeschlossen. Die mittelalterlichen Universitäten nahmen sie nicht in die Reihe der Fächer auf, die gelehrt wurden (vgl. Grundmann, 1965). Die Jesuiten und die Oratorianer räumten ihr einen gewissen Platz an ihren Kollegien ein (vgl. Dainville, 1954). Aber die Französische Revolution gibt den Anstoß, und die Fortschritte des Schulunterrichts auf allen Ebenen im 19. Jh. stellen die Verbreitung einer historischen Kultur bei den Massen sicher. Seitdem sind Geschichtsbücher für den Schulunterricht eines der besten Beobachtungsfelder, um historische Mentalität zu untersuchen (Amalvi, 1979).

3. Geschichtsphilosophien

Wie ich bereits sagte, teile ich mit dem größeren Teil der Historiker ein Mißtrauen, das geboren ist aus dem Gefühl, daß die Mischung von Gattungen Schaden anrichtet. Dies gilt ebenso für alle Ideologien, die dazu angetan sind, die historische Reflexion auf dem dornigen Weg der Wissenschaftlichkeit an Boden verlieren zu lassen. Gerne sage ich mit Fustel de Coulanges: »Es gibt Philosophie, und es gibt Geschichte, aber es gibt keine Geschichtsphilosophie« und mit Lucien Febvre (1933, S. 433): »Philosophieren – das ist, aus dem Munde des Historikers, ein Kapitalverbrechen.« Aber ich will auch mit ihm sagen: »Zwei Geister, das ist klar: der philosophische und der historische. Zwei irreduzible Geister. Aber es geht eben gerade nicht darum, sie aufeinander zu ›reduzieren‹. Es geht darum, sich so zu verhalten, daß sie beide ihre Stellung behalten und den Nachbarn zumindest soweit kennen, daß sie sich nicht fremd oder feindlich bleiben« (ebd. S. 282).

Ich will noch weitergehen. In dem Maße, in dem die Doppeldeutigkeit (verstärkt durch das Vokabular) von Geschichte als Ablauf der Zeit der Menschen und der Gesellschaften einerseits sowie Geschichte als Wissenschaft dieses Ablaufs andererseits grundlegend bleibt, in dem Maße, in dem Geschichtsphilosophie nicht selten aus dem Bestreben bestand – vielleicht in unangemessener Weise –, das bedauerliche Desinteresse »positivistischer« Historiker an theoretischen Problemen, ebenso wie die Weigerung der im Selbstverständnis »reinen« Gelehrten, sich die latenten »philosophischen« Vorentscheidungen bewußt zu machen, die ihren angeblich rein wissenschaftlichen Arbeiten zugrunde liegen, auszugleichen,[22] solange macht das Studium von Geschichtsphilosophie nicht nur einen Teil des Nachdenkens über Geschichte aus, sondern es ist auch unerläßlich bei jeglicher Untersuchung zur Historiographie.

[22] „Den Historikern, die sich weigern zu urteilen, gelingt es nicht, sich eines Urteils zu enthalten. Es gelingt ihnen lediglich, sich die Grundsätze, auf die ihre Urteile aufbauen, zu verbergen" (Keith Hancock, zit. n. Barracleugh, 1955, S. 157).

Doch noch weniger als zuvor will ich hier Vollständigkeit anstreben. Ich befasse mich bewußt mit den Lehren in ihrer Diskontinuität, denn es sind die theoretischen Modelle und nicht die gedankliche Entwicklung, die mich hier interessieren. Dies gilt, auch wenn ich gelegentlich meine Aufmerksamkeit darauf verwende, ausgewählte Beispiele in ihr historisches Umfeld einzublenden. Meine Beispiele wähle ich aus unter den Gedanken von Individuen (Thukydides, Augustinus, Bossuet, Vico, Hegel, Marx, Croce, Gramsci), unter den Denkschulen (Augustinismus, Historischer Materialismus) oder den Strömungen (Historismus, Marxismus, Positivismus). Zwei Beispiele bilden Theoretiker, die zugleich Historiker und Geschichtsphilosophen waren, ohne dabei in einer der Disziplinen ein besonders hohes Niveau zu erreichen. Sie riefen jedoch Reaktionen hervor, welche bezeichnend für das 20.Jh. sind: Es handelt sich um Spengler und Toynbee. Für sich will ich den Fall eines großen Geistes behandeln, der nicht dem Abendland entstammt, Ibn Chaldun. Ebenso werde ich das Beispiel eines großen Intellektuellen unserer Zeit anführen, der zugleich ein großer Historiker und ein großer Philosoph ist und eine hervorragende Rolle für die Erneuerung der Geschichte gespielt hat, Michel Foucault.

Mir scheint, daß E.H. Carr (1961, S. 103–108) im wesentlichen recht hat, wenn er schreibt: »Die klassischen Zivilisationen Griechenlands und Roms waren zutiefst ahistorisch. Als Vater der Geschichte hat Herodot nicht viele Kinder gehabt, und die Schriftsteller des klassischen Altertums interessieren sich insgesamt für die Zukunft ebensowenig wie für die Vergangenheit. Thukydides glaubte, daß vor den von ihm beschriebenen Ereignissen nichts Bedeutendes geschehen war und daß es relativ unwahrscheinlich wäre, daß sich etwas Bedeutendes danach ereignen würde.« Vielleicht ist es sinnvoll, sich die Zusammenfassung der griechischen Geschichte (die *Archäologie)* und die wichtigsten Ereignisse seit den Perserkriegen (die *Pentecontraetie)*, die der *Geschichte des Peloponnesischen Krieges* vorausgeht, aus der Nähe anzusehen.

Thukydides (um 460 v. Chr. – 400 v. Chr.) hat eine Geschichte des Peloponnesischen Krieges von seinen Anfängen 431 bis um 411 geschrieben: »Er versteht sich als Positivist« (de Romilly, 1947; 1956) und führt »die Fakten der Reihe nach kommentarlos auf«. Mithin ist seine Philosophie unvollständig. »Der Peloponnesische Krieg ist aus sich heraus *stilisiert* und sozusagen *idealisiert«* (Aron, 1961, S. 164). Der große Motor der Geschichte ist die menschliche Natur. J. de Romilly hat zu Recht die Sätze hervorgehoben, in denen Thukydides angibt, daß sein Werk »eine Errungenschaft für alle Zeiten« sein wird, denn es wird seine Gültigkeit behalten, »solange die menschliche Natur dieselbe bleibt«. Denn das Werk erhellt nicht nur die Ereignisse im Griechenland des 5. Jhs., sondern auch »diejenigen, die in Zukunft aufgrund des menschlichen Charakters, der ihnen eigen ist, ähnlich oder analog sein werden«. So wäre Geschichte quasi unbeweglich, ewig oder eher noch hat sie Aussichten, die ewige Wiederkehr desselben Modells der Veränderung zu sein. Dieses Modell der Veränderung ist der Krieg: »Nach Thukydides besteht kein Zweifel, daß Kriege die offensichtlichste Ursache des Wandels darstellen« (Momigliano, 1977, S. 165). Krieg ist eine »Kategorie der Geschichte« (Châtelet, 1962, Bd. 1. S. 216 ff.). Er wird hervorgerufen durch die Angst oder den Neid der anderen Griechen, welche das Vormachtstreben Athens erweckt. Die Ereignisse sind Ergebnisse einer Rationalität, die der Historiker verständlich machen muß: »Thukydides entwickelt Schritt für Schritt das Verständnis für die Handlung, die ein Handelnder beabsichtigte, hin zum Ereignis, das so von niemandem gewollt war. Damit erhebt er das Ereignis, ob es nun konform zu den Intentionen der Handelnden war oder nicht, über den historischen Einzelfall hinaus, indem er es vermittels abstrakter soziologischer oder psychologischer Wendungen klärt« (ebd.). Thukydides ist wie fast alle Historiker der Antike der Ansicht, daß Geschichte in ihrer schriftlichen Fassung eng mit der Rhetorik verbunden ist. So spricht er dem *Diskurs* besondere Bedeutung zu (Grabrede Perikles', für die gefallenen Athener, Dialog der Athener und der Melier) Die Rolle, die Thukydides – mit angeborenem Pessimismus – dem Widerspruch zwischen individueller Moral und Politik zuerkennt, hat ihn zu einem Vorläufer Machiavellis, zu einem großen Denker der abendländischen Geschichtsphilosophie gemacht. Ranke widmete ihm seine erste historische Arbeit – seine »Doktorarbeit«.

Selbst wenn der Gegensatz zwischen einer heidnischen Geschichte, die sich um eine zirkuläre Geschichtsauffassung dreht, und einer christlichen Geschichte, die sich linear auf ein Ziel zuordnet, überbetont wird, so bewirkte doch die Hauptrichtung des jüdisch-christlichen Denkens einen radikalen Wandel im historischen Denken und in der Geschichtsschreibung. »Die Juden und nach ihnen die Christen führten ein vollkommen neues Element ein, indem sie ein Ziel annahmen, auf das sich der historische Prozeß zubewegte – die teleologische Geschichtsauffassung. Geschichte erlangte so eine Bedeutung und einen Plan, aber sie verlor ihren weltlichen Charakter. Geschichte wurde zur Theodizee« (Carr, 1961, S. 104). Mehr als die antiken christlichen Historiker und fast gegen seinen Willen war Augustinus der große Theoretiker der christlichen Geschichte. Augustinus kam durch die Pflichten seines Apostolats und durch die Ereignisse dazu, sich mit Geschichte zu befassen. Zunächst mußte er den neuplatonischen Philosophen Porphyrios (234–305) widerlegen, »den besten Gelehrten seiner Zeit«, der versichert hatte, daß der »universelle«, von den Christen proklamierte »Weg des Heils« »durch historisches Wissen nicht bestätigt wurde« (Brown, 1967, S. 374). Sodann wollte er die Vorwürfe entkräften, die von den Heiden nach der Plünderung Roms durch Alarich und seinen Goten im Jahre 410 gegen das Christentum erhoben wurden und denenzufolge das Christentum die Traditionen und die Kraft der römischen Welt, des Inbegriffs der Zivilisation, unterminiert hätte. Augustinus wies die Vorstellung zurück, daß das Ideal der Menschheit darin bestünde, sich dem Wandel zu widersetzen. Das Heil war nicht an die Ewigkeit Roms gebunden. Es gab historische Schemata, die in der Geschichte der Menschen am Werk waren. Ihre Prototypen waren Kain und Abel. Ersterer stand am Beginn einer Menschengeschichte, die dem Teufel diente, letzterer war der Ursprung einer Geschichte, die bestrebt ist, mit Gott eins zu werden, sie »seufzt zum Himmel«. Erstere ist Babylon, letztere Jerusalem und Zion. In der Geschichte der Menschen sind diese beiden Städte untrennbar miteinander verbunden; die Menschen sind dort Fremde, sie sind »Pilger« (Brown, 1967, Kap. 27, *civitas peragina)* bis zum Ende der Zeiten, wenn Gott die beiden Städte voneinander scheiden wird. Die menschliche Geschichte war zunächst eine bedeutungslose Reihung, »diese Zeit im Verlauf derer diejenigen, die sterben, denen Platz machen, die geboren werden, um ihnen zu folgen« *(De Civitate Dei,* IX *1,1),* bis die Fleischwerdung Christi ihr einen Sinn geben sollte: »Die vergangenen Jahrhunderte der Geschichte wären wie leere Krüge geblieben, wenn Christus nicht gekommen wäre, um sie zu füllen« *(Tractatus in Iohannem* 9,6). Die Geschichte der *Civitas Terrestris* läßt sich mit der Entwicklung eines einzelnen Organismus, eines menschlichen Körpers vergleichen. Er durchläuft sechs Lebensalter, und mit der Inkarnation ist er in das Greisenalter eingetreten. Die Welt wird alt *(mundus senescit),* aber die Menschheit hat den Sinn dieses gewaltigen Zusammenwirkens begriffen, das sie fortträgt, bis sich der »Glanz des Kreises der Zeiten« enthüllt. Die »Geschichte an sich« weist nur die traurige Folge der Ereignisse auf, während einige besondere Augenblicke in einer »prophetischen Vision« die Möglichkeit des Heils erkennen lassen. Dies ist das Bild, das der *Gottesstaat* letztlich entwirft (413–427) und dabei die freudige Erwartung des Heils mit dem tragischen Sinn des Lebens vermischt (Marrou, 1950).

Die Doppeldeutigkeiten des augustinischen historischen Denkens waren in der Folge, insbesondere im Mittelalter, Anlaß für eine ganze Reihe von Entstellungen und Vereinfachungen: »Von Jahrhundert zu Jahrhundert lassen sich Metamorphosen verfolgen, die meist nichts weiter mehr als eine Karikatur des augustinischen Schemas des *Gottesstaates* sind« (H.I. Marrou, 1961, S. 20). Die erste Karikatur war das Werk eines spanischen Priesters, Orosius, dessen *Historia adversum paganos* (415–417) von den Unterweisungen Augustinus', für seinen Schüler Hippo geprägt war und im Mittelalter großen Einfluß hatte. Daher rühren die Begriffsverwirrung von mystischer Ecclesia, einer Vorform des Gottesstaates, und Kirche als Institution, die sich die irdische Gesellschaft unterwerfen sollte. Ferner finden wir hier die Pseudo-Erklärung der Geschichte durch eine unvorhersehbare Vorsehung, die jedoch immer die richtige Richtung einschlägt, sodann die Überzeugung, daß die Menschheit in einem fortschreitenden Verfall begriffen ist und dabei unaufhaltsam ihrem gottgewollten Ende zusteuert, und schließlich die Pflicht, um jeden Preis Nichtchristen zu bekehren, um sie in die einzig den Christen vorbehaltene Heilsgeschichte eintreten zu lassen.

Während die abendländische Geschichte im Mittelalter die Pflichten des Historikerberufes im Schatten dieser »augustinischen« Geschichtstheorie langsam und ergeben erfüllte, entstand im Islam spät ein geniales Werk auf dem Gebiet der Geschichtsphilosophie, die *Mukkadima* Ibn Chalduns. Aber im Gegensatz zum *Gottesstaat* nahm die *Mukkadima,* die keinen unmittelbaren Einfluß hatte, einige Vorgehensweisen und die Geisteshaltung der neuzeitlichen wissenschaftlichen Geschichte vorweg.

Alle Fachleute sind sich darin einig, in Ibn Chaldun »einen für seine Zeit außerordentlich kritischen Geist« zu sehen, »ein Genie, d.h. ein Wesen mit einer Intuition ohnegleichen«, »in Gedanken und Methode seiner Zeit weit voraus« (V. Monteil im Vorwort zu Ibn Chaldun), und Arnold Toynbee sieht in *Al-Mukkadima* »zweifelsohne eines der größten Werke dieser Gattung, das jemals von wem auch immer, wann auch immer und wo auch immer geschaffen wurde.«

Obgleich ich nicht in der Lage bin, das Werk in seinem zeitlichen Kontext zu analysieren, führe ich es hier auf, weil es einerseits in den Kreis der Geschichtswerke der Menschheit gehört und weil es andererseits vermag, heute die historische Reflexion der islamischen Welt und der Dritten Welt direkt zu beeinflussen. Hier ist die Meinung eines algerischen Intellektuellen, eines Arztes, der während des Algerienkrieges von den Franzosen gefangen gesetzt wurde und im Gefängnis Ibn Chaldun las: »Besonders haben mich die Feinheiten und die Tiefgründigkeit seiner Gedanken über den Staat und dessen Rolle, über die Geschichte und ihre Bestimmung beeindruckt. Er hat ungeahnte Perspektiven für die Psychologie eröffnet ... ebenso für die politische Soziologie, indem er z.B. den Gegensatz zwischen Städtern und Landleuten oder die Rolle des Zusammengehörigkeitsgefühls bei der Gründung von Reichen und die Rolle des Luxus für ihren Verfall betonte« (Thaleb, 1966). Der französische Geograph Yves Lacoste (1966) sieht seinerseits in der *Mukkadima* »einen grundlegenden Beitrag zur Geschichte der Unterentwicklung. Sie stellt die Geburt der Geschichte als Wissenschaft dar, und sie eröffnet uns einen wesentlichen Abschnitt der Vergangenheit dessen, was man heute Dritte Welt nennt«.

Ibn Chaldun wurde 1332 in Tunis geboren und starb 1406 in Kairo. Er schrieb die *Mukkadima* auf seinem Landsitz in Algerien, in der Nähe von Biskra 1377, bevor er sein Leben in Kairo beschloß, wo er von 1382 bis 1406 Kadi (Richter) war. Sein Werk ist eine *Einführung (Mukkadima)* in die Universalgeschichte. In diesem Punkt stellt er sich in eine große islamische Tradition, eine Herkunft, die er offen für sich in Anspruch nimmt. Für ein modernes westliches Leserpublikum erinnert der Anfang der *Mukkadima* an die Werke, im Abendland zwei Jahrhunderte später, in der Renaissance und an diejenigen, bestimmter Historiker der Antike.

> «Die Geschichte ist eine edle Wissenschaft. Sie hat viele nützliche Aspekte. Sie nimmt sich ein edles Ziel. Sie lehrt uns die Eigenschaften kennen, die den alten Nationen eigen sind und sich in ihrem nationalen Charakter überliefert haben. Sie übermittelt uns die Biographie der Propheten, die Chronik der Könige, ihre Dynastien und ihre Politik. So kann derjenige, der es möchte, ein glückliches Ergebnis erreichen: indem er historischen Vorbildern in religiöser oder weltlicher Hinsicht nacheifert. Um historische Werke zu schreiben, muß man über zahlreiche Quellen und sehr breites Wissen verfügen. Auch bedarf es eines besonnenen und tiefgründigen Geistes, um den Forscher zur Wahrheit zu führen und ihn vor Irrtümern zu bewahren.«
> (Ibn Chaldun, 1967/68, Bd. 1, S. 13)

Ibn Chaldun stellt sein Werk als »Kommentar zur Zivilisation« *('umrāh)* dar. Er bezieht sich damit auf den Wandel und seine Erklärung. Er hebt sich von den Historikern ab, die sich damit begnügen, von Ereignissen und Dynastien zu sprechen, ohne sie zu erklären. Ibn Chaldun hingegen »zeigt die Gründe für die Ereignisse« und meint, daß er mithin die »Philosophie *(hikma)* der Geschichte« einschließt. Man hat in Ibn Chaldun den ersten Soziologen gesehen. Mir scheint, daß er eher eine Mischung aus historischem Anthropologen und Geschichtsphilosophen ist. Gegenüber der Tradition geht er auf Distanz: »Die historische Forschung verbindet den Irrtum und die Leichtfertigkeit aufs engste miteinander. Der blinde Glaube an die Tradition *(taqlíd)* ist angeboren ...« Dank seinem Buch »braucht man nicht mehr blind an die Tradition zu glauben«. An seinen Erklärungen ist besonders bemerkenswert, daß er sich auf die Gesellschaft und die Zivilisation bezieht, die für ihn die wesentlichen Strukturen und Gebiete ausmachen, obwohl er weder die Technik noch die Wirtschaft außer acht läßt. Hier geht es z.B. darum, welche Art von Zeugnis für den Historiker die Monumente darstellen, die von einer Dynastie errichtet wurden:

> «All diese Werke der Alten waren nur möglich durch die Technik und durch das vereinte Schaffen einer großen Zahl von Arbeitskräften ... man darf der verbreiteten Meinung keinen Glauben schenken, der zufolge die Alten größer und stärker waren als wir ... Der Irrtum der Erzähler beruht hier darauf, daß sie die ungeheuren Ausmaße der alten Bauten und Denkmäler bewundern, ohne die unterschiedlichen Voraussetzungen in der sozialen Organisation (*itgimã*) und in der Kooperationsweise zu begreifen. Sie sehen nicht, daß alles eine Frage der sozialen und technischen (h*indam*) Organisation war. Und infolgedessen stellen sie sich zu Unrecht vor, daß die Monumente aus alten Zeiten durch die Kraft und das Streben von Wesen größerer Gestalt hervorgebracht wurden.« (Ibn Chaldun, 1967/68, Bd. 1, S. 346ff.)

Wie es für einen Muslim naheliegt, mißt er angesichts dessen, was er von der Vergangenheit des Islams sieht und weiß, dem Gegensatz von Nomaden und Seßhaften sowie dem von Beduinen und Städtern große Bedeutung bei. Als Mann des urbanisierten Maghreb interessiert er sich insbesondere für die städtische Zivilisation. Das Phänomen der Dynastie und der Monarchie beschäftigt ihn ebenfalls, und er stellt fest, daß es nicht aus der Urbanisierung hervorgeht: »Dynastie geht der Stadt voraus«, ist aber aufs engste mit ihr verbunden: »Die Monarchie zieht die Stadt nach sich« (ebd. Bd. 2, Kap. 4). Ibn

Chaldun erscheint uns eher als Geschichtsphilosoph, was seine Theorie über den Einfluß des Klimas betrifft (die Montesquieu vorwegnimmt, die jedoch zu seiner Zeit bei den islamischen Historikern und Geographen bereits traditionell ist) und die nicht frei von Rassismus wirkt (gegenüber den Schwarzen). Als Geschichtsphilosoph erscheint er uns insbesondere aber in bezug auf seine Theorie des Verfalls (vgl. Le Goff, wie Anm. 6 und 17, IV. Kap.)Jede soziale und politische Organisation ist nur von einer bestimmten Dauer und nähert sich mehr oder weniger schnell dem Verfall: z.B. überdauert das Ansehen einer Familie nur vier Generationen. Dieser Mechanismus ist besonders auffällig bei den Monarchien: Von Natur aus strebt eine Monarchie nach Ruhm, Reichtum und Frieden, aber in dem Moment, da sie dies erreicht hat, befindet sie sich im Niedergang. Ibn Chaldun grenzt die moralischen und sozialen Aspekte dieses Prozesses nicht aus:

> «Eine Dynastie besteht im allgemeinen nicht länger als drei Generationen: Die erste bewahrt die Tugenden der Beduinen, die Härte und Wildheit der Wüste ... mithin bewahrt sie auch ihren Stammesgeist, seine Mitglieder sind hart, gefürchtet, und die Leute gehorchen ihnen ... Unter dem Einfluß der Monarchie und des Wohlergehens geht die zweite Generation vom Beduinenleben zur Seßhaftigkeit über, von der Kargheit zu Luxus und Überfluß, vom gemeinsamen, geteilten Ruhm zum Ruhm eines einzelnen. Die Kraft des Stammesgeistes ist leicht gebrochen. Die Menschen gewöhnen sich an Unterwürfigkeit und Gehorsam ... Die dritte Generation hat die Zeit des rauhen Beduinenlebens vollkommen vergessen ... Sie hat nichts mehr übrig für Ruhm und Blutsverwandtschaft, denn sie wird durch Gewalt beherrscht ... ihre Mitglieder hängen wie Frauen und Kinder von der Dynastie ab, die sie beschützt. Der Stammesgeist verschwindet vollkommen ... Mithin muß der Herrscher seine Klientel, sein Gefolge aufrufen. Aber eines Tages erlaubt Gott, daß die Monarchie zerstört wird.« (Ibn Chaldun, 1967/68, Bd. 1, Kap. 3, 22, S. 334f.)

Dieser Theorie liegt die Anpassung einer sozio-politischen Kraft an eine Person zugrunde, ein organistisches, biologisches Geschichtsmodell. Nichtsdestoweniger ist die *Mukkadima* eines der großen Werke des historischen Wissens. So stellte Jacques Berque (1970) fest: »Hier zeigt sich maghrebinisches, islamisches und universales Denken ... Die bittere Freude des Verstehens hat für diesen Mann in Ungnade die Geschichte ausgemacht, die sich in diesem Moment wendete und die er, das ist sein Verdienst, als erster in so großen Zusammenhängen sah.«

Kommen wir auf das Abendland zurück. Die griechisch-römische Antike hatte keinen wirklichen Geschichtssinn. An allgemeinen erklärenden Kategorien hatte sie nur die menschliche Natur (d.h. die Unwandelbarkeit), das Schicksal und das Glück (d.h. die Irrationalität) sowie die organische Entwicklung (d.h. den Biologismus) hervorgebracht. Sie hatte die historische Gattung bei der Literatur angesiedelt und ihr als Funktionen die Zerstreuung und den moralischen Nutzen zugesprochen. Doch zeigt sich hier der Vorläufer einer »wissenschaftlichen« Konzeption und Praxis von Geschichte, da das Zeugnis (Herodot) und die Verständlichkeit (Thukydides), die Suche nach den Ursachen (Polybios), die Suche nach Wahrheit und die Achtung vor ihr (alle und letztlich Cicero) entscheidend waren. Das Christentum gab der Geschichte einen Sinn, unterwarf sie aber der Theologie. Das 18. und insbesondere das 19. Jh. stellten den Triumph der Geschichte sicher, als sie ihr mit der Idee des *Fortschritts* einen säkularisierten Sinn gaben und ihre Funktionen von Wissen und Weisheit vermittels wissenschaftlicher Konzeptionen und Praktiken verschmolzen, sei es zur *Wirklichkeit* und nicht mehr bloß zur Wahrheit (Historismus), sei es zur *Praxis* (Marxismus).

Doch das Zwischenstück, das die mittelalterliche Theologie der Geschichte vom Triumph des Historismus im 19. Jh. trennt, ist in Hinblick auf die Geschichtsphilosophie nicht ohne Interesse.

Nach George Nadel (1964) war das Goldene Zeitalter der Geschichtsphilosophie etwa die Zeit zwischen 1550 und 1750. Den Ausgangspunkt bildete die Versicherung Polybios', (1, 2): »Die beste Erziehung und die beste Ausbildung für das aktive politische Leben ist das Studium der Geschichte.«

An dieser Stelle füge ich eine Bemerkung ein. Tatsächlich kann man hier den Einfluß Machiavellis und Guicciardinis sehen, jedoch unter der Voraussetzung, daß man bei jedem dieser beiden Denker die Eigenständigkeit seiner Auffassung über die Beziehung zwischen Geschichte und Politik anerkennt. Ich folge hier Felix Gilbert: Bei Machiavelli besteht der zentrale Gedanke darin, daß die Politik eine Spezifität besitzt, nach gesellschaftlicher Stabilität streben muß und daher notwendigerweise im Gegensatz zur Geschichte steht, die ewig im Fluß und den Launen der Fortuna unterworfen ist, wie es in der Tat auch Polybios und die Historiker der Antike sahen. Aus Machiavellis Sicht müssen sich die Menschen der Tatsache bewußt werden, daß es »unmöglich ist, eine beständige soziale Ordnung zu begründen, die den Willen Gottes achtet oder in der Gerechtigkeit in einem Maße walten würde, daß sie allen menschlichen Bedürfnissen entspräche«. Infolgedessen »ist Machiavelli fest davon überzeugt, daß die Politik ihre eigenen Gesetze hat und deshalb eine Wissenschaft ist oder es sein müßte; sein Ziel ist, die Gesellschaft im ewigen Fluß der Geschichte am Leben zu erhalten«. Die Folgen dieser Auffassung waren »die Erkenntnis der Notwendigkeit eines inneren Zusammenhangs in der Politik und die These von der Autonomie der Politik, die eine spätere Entwicklungsphase mit der Idee des Staates erlebten« (Gilbert, 1965, S. 171).

Im Gegensatz dazu erstrebt und verwirklicht Guicciardini die Eigenständigkeit der Geschichte, wobei er ebenfalls von der Feststellung des Wandels ausgeht (von dem im Scherz gesagt wurde, er sei das einzige erkennbare *Gesetz* der Geschichte). Als Fachmann für die Untersuchung des Wandels »würde der Historiker so seine spezifische Funktion und die Geschichte ein eigenständiges Dasein in der Welt des Wissens erlangen; die Bedeutung der Geschichte läge nicht darin, woanders als in der Geschichte selbst nachzuforschen. Der Historiker würde zugleich registrieren und interpretieren. Die *Storia d'Italia* Guicciardinis ist das letzte große historische Werk, das nach dem klassischen Schema aufgebaut ist, aber zugleich auch das erste große Werk der neuzeitlichen Historiographie« (ebd. S. 255).

Um auf Nadel zurückzukommen, so ist sein Gedanke, daß die herrschende Geschichtsauffassung von der Renaissance bis zur Aufklärung die Konzeption der exemplarischen Geschichte ist, welche didaktisch in ihrem Anspruch und induktiv in der Methode ist und auf den Gemeinplätzen von Stoikern, Rhetorikern und römischen Historikern aufbaut. Geschichte war wie zu Zeiten Polybios', wieder zum Lehrbuch für die Herrschenden geworden. Diese Auffassung der Geschichte als *magistra vitae* inspirierte sowohl Einzeluntersuchungen als auch Abhandlungen über die Geschichte, *Artes Historicae* (eine Sammlung dieser Abhandlungen, das *Artis Historicae Penus* in zwei Bänden, erschien 1579 in Basel). Die bedeutendsten dieser Schriften waren im 16. Jh. der *Methodus adfacilem historiarum cognitionem* von Jean Bodin (1560), im 17. Jh. die *Ars Historica* (1623) von Vossius, für den Geschichte die Kenntnis derjenigen Einzelheiten ist, an welche es nützlich ist, sich zu erinnern »*ad bene heateque vivendum*« («um gut und glücklich zu leben«), und im 18. Jh. die *Methode pour étudier l'Histoire* von Lenglet du Fresnoy, deren erste Auflage 1713 erschien und der dann weitere folgten.

Die Geschichte der Philosophen der Aufklärung, die diese rational und offen für die Ideen der Weltbürgerlichkeit und des Fortschritts zu machen bestrebt waren, hielt an der Konzeption der exemplarischen Geschichte fest und wurde von der großen wissenschaftlichen Revolution des 17. und 18. Jhs. nicht erfaßt. Sie lebte fort, bis sie vom Historismus abgelöst wurde. Diese neue, beherrschende Geschichtsauffassung entstand in Deutschland, genauer gesagt in Göttingen. Am Ende des 18. und zu Beginn des 19. Jhs. verwandelten Wissenschaftler der Universität, die sich keine Gedanken über ein Publikum machten, für das Geschichte eine ethische Wissenschaft war, Geschichte in eine Angelegenheit von Professionellen, von Fachleuten. Die Auseinandersetzung zwischen dem Historiker als Altertumsforscher und dem Historiker als Philosophen, zwischen dem peniblen Gelehrten und dem wohlerzogenen Herrn von Stande, endete mit dem Sieg des »*Gebildeten* über den *Philosophen*« (Nadel, 1964, S. 315). Bereits 1815 hatte Savigny (1815, S. 4) gesagt, Geschichte sei dann nicht mehr bloß eine Beispielsammlung, sondern der einzige Weg, zur wahren Erkenntnis unseres eigenen Zustands. Die deutlichste Erklärung, die berühmt geworden ist, stammt von Ranke: Man habe der Geschichte die Aufgabe zugesprochen, über die Vergangenheit zu urteilen und die Gegenwart zu lehren, um die Zukunft nützlich zu gestalten; er strebe nicht nach so hohen Zielen und wolle nur zeigen, wie die Dinge wirklich gewesen seien.

Bevor ich auf die neuen Konzeptionen von gelehrter Geschichte im Deutschland des 19. Jhs., d.h. auf den Historismus eingehe, möchte ich den interessanten Gedanken Nadels in zwei Punkten ergänzen: zum einen, daß die wichtigsten Gedanken der Historiker am Ende des 16.Jhs. nicht auf die Idee der exemplarischen Geschichte beschränkt waren, sondern daß die Theorie der *vollkommenen* oder *integralen* Geschichte weit darüber hinaus geht; zum anderen, worauf Nadel anspielt, daß die christliche Geschichtstheorie der Vorsehung sich bis ins 17. Jh. fortsetzt und ihren bedeutendsten Ausdruck im *Discours sur l'Histoire universelle* von Bossuet (1681) findet.

Eine Reihe von französischen Historikern hatte in der zweiten Hälfte des 16. Jhs. die ausgesprochen ehrgeizige Vision einer *integralen,* vollendeten oder *vollkommenen* Geschichte. Diese Konzeption findet sich bei Bodin, bei Nicolas Vignier, dem Verfasser eines *Sommaire de l'histoire des François* (1579) und einer *Bibliothèque historiale* (1588), bei Louis Roy *(De la vicissitude ou variété des choses del'univers …,* 1575) und insbesondere bei Lancelot de la Popelinière in seinem Buch mit den drei Abhandlungen: *L'Histoire des histoires, L'Ideè de l'histoire accomplie, Le Dessein de l'Histoire nouvelle des François* (1599). Bodin ist vor allem bekannt durch seine Idee vom Einfluß des Klimas auf die Geschichte, die ihn zu einem Vorläufer Montesquieus und der historischen Soziologie macht. Doch seine *Méthode* (1566) ist nur eine Einleitung zu seiner großen Abhandlung *La République* (1576). Er ist Geschichtsphilosoph und politischer Philosoph, kein Historiker. Seine Konzeption von Geschichte bleibt begründet auf der humanistischen Idee des *Nutzens.* All diesen Gelehrten sind drei Vorstellungen gemeinsam, die La Popelinière am klarsten zum Ausdruck bringt. Die erste ist, daß Geschichte keine reine Erzählung, kein literarisches Werk ist. Die zweite, die neueste und wichtigste unter den dreien ist, daß der Gegenstand von Geschichte *Zivilisationen* und *die Zivilisation* sind. Das beginnt bereits jenseits der Schriftlichkeit. Georges Huppert (1970, S. 143) schreibt: »In ihrer allerprimitivsten Form, so behauptet La Popelinière, findet sich Geschichte überall in Liedern und Tänzen, in Symbolen und anderen mnemotechnischen Verfahren.« Es geht um die Geschichte der Zeiten, als die Menschen noch »erdverbunden und nicht zivilisiert waren«. Die dritte Vorstellung ist, daß Geschichte universal im Sinne von ganz vollständig sein soll: »Geschichte, die dieses Namens würdig ist, muß *umfassend* sein.« Zu Recht hat Myriam Yardeni (1964) hervorgehoben, daß diese Geschichte ganz neu war und daß La Popelinière eben dies hervorhob. Doch wurde er von seiner pessimistischen christlichen Sehweise behindert.

Die augustinisch geprägte Geschichtsbetrachtung, in deren Bann La Popelinière noch steht, kommt im *Discours sur l'Histoire Universelle* von Bossuet (1681) zu ihrem letzten Meisterwerk. Bossuet, der einen *Abrégé de l'Histoire de France* für seinen Schüler, den Dauphin und Sohn Ludwigs XIV., geschrieben hatte, entwickelt seinen *Discours* zum selben Zweck: Der erste Teil, ein Geschichtspanorama bis zu Karl dem Großen, ist ein wirklicher *Diskurs,* der zweite, *»démonstration de la vérité de la religion catholique,* ist eine *Predigt«* (G. Lefebvre, 1945/46, S. 97). Der dritte Teil, eine Betrachtung über das Schicksal der Weltreiche, ist interessanter. Tatsächlich findet sich hier nach der allgemeinen Versicherung, daß eine unergründliche Vorsehung die Geschichte beherrscht, eine Rationalität der Geschichte. Diese beruht auf der Tatsache, daß die einzelnen Ereignisse sich in übergreifende Systeme einfügen, die ihrerseits global bestimmt sind und daß Gott nur vermittels sekundärer Ursachen eingreift (und das selten). Aber Bossuet, der immerhin gelehrte Werke gelesen hatte, schwankt meist nicht nur zwischen Apologetik und Polemik hin und her; die Vorstellung einer Wahrheit, die sich im Laufe der Zeiten herausbildet, ist ihm fremd. »Wandel ist für ihn immer das Zeichen für einen Fehler. Was diesem Historiker, der Gefangener einer bestimmten

Theologie ist, am meisten fehlt, ist der Sinn für Zeit und Evolution« (Ehrard/Palmade, 1964, S. 33).

Bleibt noch, eine eigenständige Geschichtsphilosophie zu erwähnen, die in ihrer Zeit isoliert war, jedoch später erstaunliche Nachwirkungen zeigte: diejenige von Giambattista Vico, Professor an der Universität von Neapel, dessen Hauptwerk *La scienza nuova* (oder genauer *Principi d'una scienza nuova d'intorno alla commune natura delle nazioni)* zwischen 1725 und 1740 mehrere Auflagen erlebte. Als Katholik ist Vico Anti-Rationalist. Er führt eine besondere Art von Dualismus heiliger Geschichte und profaner Geschichte ein. Moral und Vernunft schlägt er der heiligen Geschichte zu, während er in der profanen Geschichte »die Entwicklung dumpfer Instinkte, schillernder Phantasien und tiefster Rechtlosigkeit sah«[23]. Die menschlichen Leidenschaften führen Nationen und Völker in den Untergang. Eine Art Klassenkampf zwischen konservativen »eroi« («Helden«) und plebejischen »*bestioni*« («Wilden«), die Anhänger des Wandels sind, endet im allgemeinen mit dem Sieg der bestioni, dem Niedergang nach dem Aufstieg und dem Übergang zu einem anderen Volk, das seinerseits aufsteigt und fällt *(corso* und *ricorso)*. Der Mensch hat diese historische Welt gemacht.

Diese Geschichtsphilosophie fand die unterschiedlichsten Bewunderer. Michelet übersetzte 1826 die *Scienza nuova* ins Französische und stellte fest: »Das Motto der Scienza nuova ist folgendes: *Die Menschheit ist ihr eigenes Werk«*. Croce hat sein Geschichtsdenken u.a. beim Lesen und Kommentieren von Vico *(Filosofia di Giambattista Vico,* 1911) entwickelt. Es gibt eine marxistische Vico-Interpretation, die Marx Lasalle 1861 zum Lesen empfahl. Diese entwickelte sich über Georges Sorel[24], Antonio Labriola, Paul LaLargue sowie das Zitat Trotzkis auf der ersten Seite der Geschichte der Oktoberrevolution und regte die *Introduzione a G.B. Vico* (1961) von Nicola Baldoni an. Ernst Bloch schrieb: »Mit Vico gibt es zum ersten Mal seit der *Civitas Dei* von Augustinus eine Geschichtsphilosophie ohne Heilsgeschichte, die jedoch von der Gewißheit getragen wird, daß es keine menschliche Gemeinschaft ohne das Bindeglied der Religion gibt, was für die Geschichte im allgemeinen gilt« *(Vorlesungen zur Philosophie der Renaissance,* 1972).

Nadel (1964, S. 291) definiert Historismus folgendermaßen: »Er gründet sich auf die Erkenntnis, daß historische Ereignisse nicht als Illustrationen von

23 Momigliano, *Vico's Scienza Nuova,* in: ders., 1977, S. 255 ff.

24 Studie Über G.B. Vico, in: Sorel, 1926

Moral und Politik betrachtet werden dürfen, sondern als historische Phänomene. In der Praxis hatte dies zur Folge, daß Geschichte zur eigenständigen universitären Disziplin wurde, in Wort und Tat. Auf theoretischer Ebene kam es in zwei Feststellungen zum Ausdruck: 1. Was geschehen ist, muß im zeitlichen Kontext erklärt werden, 2. dafür gibt es eine besondere Wissenschaft, die auf logischen Prozessen basiert, die Geschichtswissenschaft. Keine dieser beiden Feststellungen war neu, neu war jedoch der Nachdruck, mit dem sie formuliert wurden; er führte dazu, daß die beiden Feststellungen zur Doktrin erhoben wurden. Dabei wurde aus der ersten Feststellung der Schluß gezogen, daß die Geschichte einer Sache zu betreiben soviel heißt wie, dafür eine hinreichende Erklärung zu geben, und diejenigen, die in der chronologischen Abfolge der Ereignisse eine logische Ordnung erblickten, meinten, daß die Geschichtswissenschaft in der Lage sei, die Zukunft vorherzusagen.«

Der Historismus ist in der Gesamtheit der philosophischen Strömungen des 19. Jhs. zu betrachten, so wie es Maurice Mandelbaum tat. Er stellt zwei verschiedene Ausgangspunkte fest, die möglicherweise zueinander im Gegensatz stehen. Der eine ist die romantische Auflehnung gegen die Aufklärung, während der andere in gewisser Weise eine Fortführung der aufklärerischen Tradition war. Die erste Strömung tauchte am Ende des 18. Jhs. insbesondere in Deutschland auf und betrachtete die historische Entwicklung analog zum Wachstum von Lebenwesen. Aus dieser Strömung ging Hegel hervor, der jedoch weit darüber hinaus reichte. Die zweite, die bestrebt war, eine Wissenschaft der Gesellschaft auf der Basis von Gesetzen der sozialen Entwicklung zu begründen, zählte Saint-Simon und Comte zu ihren Meistern, auch der Marxismus ist dieser Richtung zuzurechnen. Tatsächlich war der Historismus kennzeichnend für alle Denkschulen des 19. Jhs. Zum Sieg verhalf ihm schließlich die Theorie Darwins, *Der Ursprung der Arten* (1859), die Evolutionstheorie. Der zentrale Begriff ist derjenige der Entwicklung, der häufig über denjenigen des Fortschritts differenziert wird. Doch der Historismus geriet über die Frage, ob es in der Geschichte in sich schlüssige Gesetze gäbe, und über das Problem eines einzigen Modells historischer Entwicklung ins Wanken.

Angelehnt an Georg Iggers, will ich die theoretischen Grundlagen des deutschen Historismus bei Wilhelm von Humboldt und Leopold von Ranke, den Höhepunkt des historistischen Optimismus mit der preußischen Schule und die Krise des Historismus mit der kritischen Geschichtsphilosophie von Dilthey und Max Weber sowie mit dem historischen Relativismus von Troeltsch und Meinecke umreißen.

Wilhelm von Humboldt (1767–1835), Sprachphilosoph, Diplomat und Gründer der Universität Berlin im Jahre 1810, schrieb zahlreiche historische Werke und faßte sein historisches Denken zusammen in der Abhandlung *Über die Aufgabe des Geschichtsschreibers*, das 1821 entstand, aber erst 1882 erschien. Humboldt, der in vielem der Romantik nahestand und (sowohl positiv als auch negativ) von der Französischen Revolution beeinflußt war, wurde zum Schöpfer zahlreicher Theoreme: »Die Ideenlehre, die Wertung der Individualität, die Vorstellung von der zentralen Bedeutung der Politik in der Geschichte bildeten die Bausteine der Geschichtsphilosophie, die der deutschen Geschichtswissenschaft und dem historischen Denken von Ranke bis Meinecke zugrunde lag« (Iggers, 1971, S. 84f.). Seine Ideen sind keine metaphysischen, platonischen Ideen. Sie nehmen historische Gestalt an in einem Individuum, einem Volk *(Volksgeist)* oder einer Zeit *(Zeitgeist)*, aber sie bleiben unbestimmt. Obwohl er weder Nihilist noch Relativist ist, hat Humboldt eine vollkommen »irrationale« Geschichtsauffassung.

Der größte und bedeutendste unter den deutschen Historikern und Geschichtstheoretikern des 19. Jhs. ist Leopold Ranke (1795–1886, 1865 geadelt). Sein historisches Werk betrifft vor allem die europäische Geschichte des 16. und 17. Jhs. und die preußische Geschichte des 18. und 19. Jhs. Am Ende seines Lebens schrieb er eine *Weltgeschichte*, die unvollendet blieb. Ranke befaßte sich mehr mit der Methode als mit der Philosophie der Geschichte. Er war der »Meister der kritisch philologischen Methode« (Fueter, 1911, S. 173). Er kämpfte gegen den Anachronismus und wandte sich gegen das romaneske historische Trugbild der Romantik, etwa in den Romanen Walter Scotts. Ranke versicherte, die große Aufgabe des Historikers sei, »zu sagen, wie es wirklich gewesen«. Er machte das historische Denken ärmer, indem er der politischen Geschichte und der Diplomatiegeschichte unverhältnismäßig Bedeutung beimaß. Doch sein Denken wurde auf zweifache Weise entstellt: von positivistischer und idealistischer Seite. Französische (Langlois und Seignobos, s.u.) und besonders amerikanische Historiker sahen in ihm den »Vater der Geschichte«, einer Geschichte, die sich auf die reine Beobachtung der Tatsachen beschränkte, auf moralische Schlußfolgerungen und Ausschmückungen verzichtete und nichts als historische Wahrheit war (Adams, 1884, S. 104ff., vgl. Iggers, 1971, S. 86ff.).

Nun war Ranke im Gefolge Humboldts ein (vorsichtiger) Anhänger der historischen Ideenlehre, er glaubte an den Fortschritt der Kultur als Inhalt der Geschichte und maß der historischen Psychologie große Bedeutung bei, wie er mit seinem Werk *Die römischen Päpste in den letzten vier Jahrhunderten* (1834-1836) bewies. Doch obwohl das Bruchstück eines Satzes, in dem er sagt, daß »jedes Volk unmittelbar zu Gott ist«, viel benutzt worden ist, war er ein »Gegner nationaler historischer Theorien«.

Mit der preußischen Schule erreichte der historische Optimismus seinen Höhepunkt, dessen bemerkenswerteste Gestalten Johann Gustav Droysen (1808-1884), der seine Theorien im *Grundriß der Historik* (Leipzig 1868) niederlegte, und Heinrich von Sybel (1817-1895) waren. Droysen sieht keinen Konflikt zwischen Moral und Geschichte oder Politik. Wenn eine Herrschaft nicht nur auf reiner und primitiver Gewalt, sondern auch auf Ethik beruht, gelangt sie zum höchsten Grad ethisch-historischer Verwirklichung, zum Staat. Im 19. Jh. war der preußische Staat das Beispiel für einen solchen Durchbruch, der in der Antike bereits Alexander dem Großen gelungen war. Im Schoß des Staates gibt es keinen Konflikt mehr zwischen individueller Freiheit und gemeinem Wohl. Noch stärker verfocht Sybel die Sendung des Staates und die Existenz eines allgemeinen Fortschritts der Menschheit. Er fügte ferner den Vorrang der Staatsräson hinzu, den es im Fall eines Konfliktes mit dem Recht, mit Gewalt zu erhalten gälte.

Diese knappe Zusammenfassung wäre noch zu erweitern um eine Untersuchung der engen Verbindung zwischen dieser Sehweise von Geschichte und der deutschen und europäischen Geschichte des 19. Jhs. sowie um eine Untersuchung der anderen Gebiete der Wissenschaft, in denen der deutsche Historismus beherrschend wurde, z.B. in der Schule der historischen Rechtswissenschaft, der historischen Volkswirtschaft, in der historischen Linguistik usw. (Iggers, 1971, S. 173)

Das Ende des Jahrhunderts brachte den Rückgang des Historismus in Deutschland mit sich, während er in anderen Ländern positivistisch (Frankreich, Vereinigte Staaten) oder idealistisch (Italien: Croce) deformiert Erfolge feierte.

Wie Iggers zu Recht hervorhebt, entstand die Kritik des Historismus vor 1914-18. Sie bestand vor allem in einer Kritik des Idealismus, sodann in einer Kritik des Fortschrittsgedankens. Ich unterscheide hier grundlegend zwischen der Kritik der Philosophen und der Kritik der Historiker. Was erstere betrifft, so verweise ich auf das große Buch Raymond Arons, *La philosophie critique de l'histoire* (1938b) und auf Pietro Rossi (1956).

Ich nenne hier als die beiden wichtigsten Gestalten der philosophischen Kritik Dilthey und Max Weber. Dilthey (1833-1911) begann damit, die grundlegenden Gedanken des Historismus von Humboldt und Ranke zu kritisieren: die Volksseele, den Volksgeist, die Nation, den sozialen Organismus, die für ihn »mystische« Begriffe darstellen, welche für die Geschichte nutzlos sind (Iggers, 1971, S. 180). Ferner war er der Ansicht, daß Wissen in den Geisteswissenschaften – einschließlich der Geschichte – möglich wäre; denn das Leben »objektiviert sich« in Institutionen wie Familie, bürgerlicher Gesellschaft, Staat und Recht, Kunst, Religion und Philosophie (ebd. S. 182). Am Ende seines Lebens (1903) glaubte er das Ziel seiner Bestrebungen vor Augen zu haben, eine »Kritik der historischen Vernunft« zu begründen. Er glaubte, daß die »geschichtliche Weltanschauung den menschlichen Geist befreien und daß sie die letzten Fesseln abnehmen würde, die die Naturwissenschaften und die Philosophie noch nicht zerrissen hatten« (ebd. S. 188).

Die gesamte Kritik des Historismus am Ende des 19. Jhs. und zu Beginn des 20. Jhs. ist doppeldeutig. Wie wir an Dilthey sahen, versucht sie eher, über den Historismus hinauszugehen, als ihn zu widerlegen.

Max Weber (1864–1920) war ebensosehr ein Philosoph wie ein großer Historiker und Soziologe. Raymond Aron faßt die Geschichtstheorie Webers folgendermaßen zusammen:

> «Alle Polemik Webers hat zum Ziel, indirekt seine eigene Theorie zu beweisen, indem er die Konzeptionen eliminiert, die sie bedrohen könnten. *Geschichte ist eine positive Wissenschaft:* Diese Feststellung bezweifeln nun a) die Metaphysiker, die bewußt oder unbewußt, eingestandenermaßen oder verschämt, ein transzendentales Konzept (Freiheit) für die Logik der Geschichte verwenden, b) die Ästheten oder Positivisten, die von der Meinung ausgehen, daß es Wissenschaft und Theorie nur vom Allgemeinen gibt, während das Individuelle lediglich intuitiv erfaßt werden kann. *Geschichte ist immer partiell,* weil das Wirkliche unendlich ist, weil die Ausrichtung der historischen Forschung selbst der Geschichte unterworfen ist und sich wandelt. Diese Feststellungen werden in Frage gestellt von: a) den ›Naturalisten‹, die fordern, daß das Gesetz das einzige Ziel der Wissenschaft sei oder die meinen, den Gehalt der Wirklichkeit vermittels eines Systems von abstrakten Verknüpfungen zu fassen, b) naiven Historikern, die sich ihrer Werthaltung nicht bewußt sind und meinen, in der historischen Welt selbst die Scheidung des Wichtigen vom Belanglosen zu entdecken, c) alle Metaphysiker, die meinen, auf positive Weise das Wesen der Phänomene, die tiefen Kräfte, die Gesetze alles dessen, was die Zukunft bestimmt, über

die Köpfe der Menschen hinweg, die zu handeln glauben, begriffen zu haben.« (Aron, 1938b, S. 279)

Man sieht, daß Max Weber den Historismus sowohl auf der idealistischen als auch auf der positivistischen Seite bekämpfte, also in den beiden Richtungen des deutschen historischen Denkens im 19. Jh.

Das Kapitel des Historismus und seiner Kritik schließt mit den beiden letzten großen deutschen Historikern des 19. und 20. Jhs.: Ernst Troeltsch (1865–1922) und Friedrich Meinecke (1862–1954), die am Ende ihres Schaffens zwei Arbeiten über den Historismus herausbrachten: ersterer *Der Historismus und seine Probleme* (1922), letzterer *Der Historismus und seine Überwindung* (1924).

Die beiden sind zunächst die ersten, die die deutsche historische Bewegung des 19. Jhs., deren zentrale Gestalt Ranke war, Historismus nennen. Es folgt übrigens eine endlose Auseinandersetzung darüber, wie Historismus zu übersetzen sei und ob man eventuell zwischen Historismus und Historizismus unterscheiden müsse (Iggers 1973). Tatsächlich sind die beiden Werke eine Kritik des Historismus und zugleich ein Denkmal seines Ruhmes. Troeltsch, der wie Ranke der Ansicht war, daß es nicht *eine* Geschichte, sondern Geschicht*en* gäbe, wollte den grundlegenden Dualismus des Historismus überwinden. Den Konflikt zwischen Natur und Geist, zwischen Handeln unter dem Druck der Gewalt *(Kratos)* und Handeln aufgrund von Moral *(Ethos),* zwischen historischem Bewußtsein und Bedürfnis nach absoluten Werten.

Meinecke akzeptiert diesen Dualismus (Chabod, 1927a). Er definiert Historismus als »höchsten Grad, der im Verständnis der menschlichen Dinge erreicht wurde«. Wie Carlo Antoni erkannte, hält er inne vor der Auflösung der Vernunft und des Glaubens im Denken, dem Prinzip der Einheit der menschlichen Natur aufgrund eben des Humanismus, den Ranke vertreten hatte. Aber Delio Cantimori gibt Croce recht, der im Historismus Meineckes eine Art »irrationalen« Verrat am »wahren Historismus« sah. » ›Historismus‹ im wissenschaftlichen Sinn des Wortes ist die Behauptung, daß Leben und Wirklichkeit historisch und nichts als historisch sind. Aus dieser Behauptung leitet sich die Negation der Theorie ab, die davon ausgeht, daß die Wirklichkeit in Über-Geschichte und Geschichte geteilt ist, in eine Welt der Ideen und Werte und in eine niedere Welt, die diese auf flüchtige und unvollkommene Weise widerspiegelt oder bisher widergespiegelt hat. Diese niedere Welt muß ein für alle Mal beherrscht werden, indem man auf die unvollkommene Geschichte oder auf die reine und einfache Geschichte eine vernünftige und vollkommene Wirklichkeit folgen läßt ... Meinecke hingegen läßt den Historismus im Eingeständnis des Irrationalen im menschlichen Leben bestehen, und zwar in der Tatsache, daß er sich an das einzelne hält, ohne darum das Typische und das damit verbundene Allgemeine zu vernachlässigen, sowie in der Projektion dieser Sicht des einzelnen auf den Hintergrund des Glaubens oder des religiösen Mysteriums. Aber der wirkliche Historismus ist in dem Maße, in dem er den Rationalismus der Aufklärung kritisiert und über ihn hinausgeht, in weit tiefgreifenderem Maße rationalistisch als dieser.« (Croce, zit. n. Cantimori, 1945, S. 500)

Am Vorabend des Dritten Reiches stellen die Werke von Troeltsch und Meinecke ein Ehrenmal des Historismus dar.

Wir wollen jetzt wieder zurückgehen, um einen Blick auf die Ideen Georg Wilhelm Friedrich Hegels (1770–1831) zu werfen als den ersten Philosophen, welcher die Geschichte in den Mittelpunkt seines Denkens stellte. Unter dem Einfluß der Französischen Revolution war er der erste, der erkannte, »daß das Wesen der Realität im historischen Wandel und in der Entwicklung des menschlichen Bewußtseins liegt« (Carr, 1961, S. 131). Er behauptet, daß alles, was vernünftig ist, wirklich ist, und alles, was wirklich ist, vernünftig, und folgert daraus, daß die Geschichte von der Vernunft beherrscht wird:

> «Der einzige Gedanke, den die Philosophie mitbringt, ist aber der einfache Gedanke der *Vernunft*, daß die Vernunft die Welt beherrsche, daß es also auch in der Weltgeschichte vernünftig zugegangen sei.« *(Vorlesungen über die Geschichte der Philosophie*, Werke, Bd. 12, S. 20)

Die Geschichte selbst ist in einem System befangen, demjenigen des Geistes. Geschichte und Logik sind nicht identisch. Hélène Védrine hat die Aufmerksamkeit auf einen Text in der *Enzyklopädie der philosophischen Wissenschaften* (1817) gelenkt:

> «Der denkende Geist der Weltgeschichte aber, indem er zugleich jene Beschränktheiten der besonderen Volksgeister und seine eigene Weltlichkeit abstreift, erfaßt seine konkrete Allgemeinheit und erhebt sich zum Wissen des absoluten Geistes, als der ewig wirklichen Wahrheit, in welcher die wissende Vernunft frei für sich ist und die Notwendigkeit, Natur und Geschichte nur seiner Offenbarung dienend und Gefäße seiner Ehre sind.« (Werke, Bd. 10, S. 353)

H. Védrine bemerkt zu Recht, daß dieser Text den Idealismus Hegels unter Beweis stellt, daß sich in ihm aber vor allem »das Paradoxon aller Geschichtsphilosophien findet: Um den Sinn der Entwicklung zu fassen, muß man den Brennpunkt finden, in dem sich die Ereignisse in ihrer Singularität aufheben und in dem sie durch ein Raster Bedeutung gewinnen, das es erlaubt, sie zu interpretieren. In der Summe bringt das System eine Auffassung von seinem Gegenstand hervor, solcherart, daß der Gegenstand rational wird und damit dem Unvorhergesehenen und der Zeitlichkeit entgeht, in der der Zufall eine Rolle spielen könnte.« (Védrine, 1965, S. 21) In bezug auf den historischen Prozeß ist Hegel der Ansicht, daß nur die Völker, die einen Staat bilden, uns bekannt sein können, und in der *Rechtsphilosophie* stellt Hegel den modernen postrevolutionären Staat, der sich aus drei Klassen, der substantiellen oder bäuerlichen Klasse, der industriellen Klasse und der universellen (bürokratischen) Klasse zusammensetzt, als Vollendung in der Geschichte dar. Doch hat Hegel die Geschichte sicher nicht an diesem Punkt angehalten. Er ist der Ansicht, daß die Vorgeschichte am Ende angelangt und daß Geschichte nicht mehr dialektischer Wandel ist, sondern daß das rationale Wirken des Geistes beginnt.

Natürlich hat Ranke Hegel heftig kritisiert (Simon, 1928) ebenso wie sein Modell eines einzigen, linearen Entwicklungsprozesses. Aber es läßt sich behaupten, daß »Hegel, was das Wissen und den Wert betrifft, einen vollständigen und systematisch angewandten Historismus vertritt« (Mandelbaum, 1971, S. 60).

Der historische Materialismus läßt sich dem Historismus nur im weitesten Sinne zuordnen[25]. Für Marx (1818-1883)[26] hat die »materialistische Geschichtsauffassung« (ein Ausdruck, den er nie gebraucht hat) zweierlei Bedeutung: 1) als allgemeines Prinzip historischer Forschung in Gestalt eines lediglich skizzierten Konzepts, 2) als angewandte Theorie des realen historischen Prozesses: die Untersuchung der bürgerlichen Gesellschaft, die zu einer Skizze der Entwicklung des Kapitalismus in Westeuropa führt. Die wichtigsten Texte von Marx zur Geschichte stehen in *Die Deutsche Ideologie* (1845-1846), die den »historischen Materialismus in seiner Genese und seinen Nuancen faßbar macht« (P. Vilar) und, mit Vorbehalt gegenüber Zitaten

[25] Vgl. die Kritik dieser Konzeption durch Althusser

[26] Über die Konstituierung des historischen Denkens bei Marx im Laufe seines Lebens und seines Werkes, vgl. den Aufsatz von Pierre Vilar, *Marx* (Karl), 1978

ohne Kontext und gegenüber entstellenden oder vereinfachenden Kommentaren, in *Zur Kritik der politischen Ökonomie* sowie zuletzt im *Kapital* (1867-1899).

Die grundlegende These ist, daß die *Produktionsverhältnisse* des materiellen Lebens den sozialen, politischen und intellektuellen Prozeß im allgemeinen bedingen. Nicht das Bewußtsein der Menschen bestimmt ihre Existenz, sondern im Gegenteil bestimmt ihr soziales Dasein ihr Bewußtsein.

Im Gegensatz zu Hegel hat Marx jegliche an eine Theologie angenäherte Geschichtsphilosophie von sich gewiesen. Im *Kommunistischen Manifest*, das er 1848 zusammen mit Engels verfaßte, stellt er die Behauptung auf, daß die Geschichte jeder bestehenden Gesellschaft eine Geschichte des Klassenkampfes ist.

Bei einer gewissen Anzahl von Punkten des historischen Materialismus, die besonders anfechtbar oder gefährlich sind, hat Marx immer entweder übertreibende oder vereinfachende Formulierungen gewählt und wichtige Konzeptionen vage oder zweideutig gelassen. Für die mißbräuchlichen Interpretationen oder unrechtmäßigen Schlußfolgerungen, die andere zu seinen Lebzeiten oder nach seinem Tode daraus zogen, war er nicht verantwortlich.

Er hat keine allgemeinen Gesetze für die Geschichte formuliert, er hat lediglich den historischen Prozeß in Kategorien gefaßt. Dennoch hat er gelegentlich selbst den gefährlichen Terminus Gesetz verwandt oder hingenommen, daß seine Gedanken in solchen Termini formuliert wurden. Er hat z.B. die Verwendung des Wortes *Gesetz* in der Rezension von A. Sieber, Professor der Universität Kiew, akzeptiert, die sich auf die im ersten Band des »Kapitals« entwickelten Vorstellungen beziehen (Mandelbaum, 1971, S. 172-173). Er läßt Engels im *Anti-Dühring* (1878) eine plumpe Konzeption von Produktionsweise und Klassenkampf entwickeln. Wie bereits festgestellt wurde, war sein (und Engels) Quellenstudium unzureichend, und er schrieb keine wirklichen historischen Werke, sondern Pamphlete. Er ließ die gefährlichste seiner Konzeptionen, die Unterscheidung zwischen Basis und Überbau, im Vagen, obwohl er niemals eine plumpe wirtschaftliche Konzeption von Basis entwickelt und als Überbau niemals etwas anderes bezeichnet hat, als das politische System (den Staat - in vollkommenem Gegensatz zum größten Teil der deutschen Historiker seiner Zeit und zu mehreren Wortführern dessen, was später Historismus genannt wird) und die Ideologie, ein Begriff, den er pejorativ verwendet. Er präzisiert auch nicht, wie kritische Theorie und revolutionäre Praxis beim Historiker zusammenwirken sollten, weder im Leben noch im Werk. Er legte theoretische, aber keine praktischen Grundlagen hinsichtlich des Problems der Beziehungen zwischen Geschichte und Politik. Obwohl er von der Geschichte Asiens spricht, denkt er praktisch nur über die europäische Geschichte nach und kennt den Begriff der Zivilisation nicht. Bezüglich seiner Ablehnung mechanischer Gesetze in der Geschichte, läßt sich ein Brief von 1877 zitieren, in dem er erklärt, daß Ereignisse, die erstaunlich ähnlich sind, jedoch in einem unterschiedlichen historischen Umfeld stattfinden, zu vollkommen verschiedenen Ergebnissen führen. Wenn man jede dieser Entwicklungen für sich untersuche und sie miteinander vergleiche, sei es leicht, den Schlüssel zum Verständnis dieses Phänomens zu finden; aber es sei niemals möglich, zu diesem Verständnis zu gelangen, wenn man eine historische-philosophische Theorie als *Generalschlüssel* verwende, die den großen Vorzug haben soll, über der Geschichte zu stehen (zit. bei Carr, 1961, S. 59).

Er kritisierte die Orientierung der Geschichte am »Ereignis«: »Man sieht, wie unsinning die frühere Auffassung von Geschichte war, die die wirklichen Verhältnisse nicht beachtete und sich nur um die großen, widerhallenden politischen und historischen Ereignisse kümmerte« (zit. n. Vilar, 1978, S. 372).

So sagt Pierre Vilar: »Marx hat wenige Bücher über Geschichte geschrieben, immer Bücher über den Historiker, das ›Konzept von Geschichte‹ beruht auf seiner Praxis« (ebd. S. 374). Es ist bekannt, daß Benedetto Croce (1856–1952) sich in seiner Jugend vom Marxismus angezogen fühlte, und Gramsci (1974, S. 216) hat vermutet, daß Croce in der Folge vom historischen Materialismus besessen war. Für Croce wie für den historischen Materialismus ist »die Identität von Geschichte und Philosophie dem historischen Materialismus immanent« (ebd. S. 217). Aber Croce hätte sich geweigert, diese Gleichsetzung bis zur letzten Konsequenz aufrechtzuerhalten, d.h. sie »als historische Voraussicht einer kommenden Zeit« (ebd. S. 217) aufzufassen. Croce hätte vor allem abgelehnt, *Geschichte* und *Politik*, d.h. *Ideologie* und *Philosophie* gleichzusetzen (ebd. S. 217 f.). Croce hätte vergessen, daß »die Wirklichkeit in ihrer Bewegung und die Auffassung von Wirklichkeit, wenn sie sich denn logisch unterscheiden lassen, historisch als unauflösbare Einheit verstanden werden müssen« (ebd. S. 216). Croce sei so einem »idealistischen« *Soziologismus* verfallen, und sein *Historismus* sei lediglich eine Art von Reformismus, kein *»wirklicher« Historismus*, eine *Ideologie im pejorativen Sinne.* Mir scheint, daß Gramsci eher recht hat, wenn er die Geschichtsphilosophie Croces im

Gegensatz zu derjenigen des historischen Materialismus sieht. Wenn er bei ihnen gemeinsame Wurzeln erkennt, dann, so scheint mir, weil er selber (wie Croce) jenseits von Marx zu Hegel zurückgekehrt ist, weil er den historischen Materialismus als eine Form von Historismus interpretiert, was in jedem Fall nicht dem Denken von Marx entspricht, und weil es Gramsci selber vielleicht nicht gelingt, sich gänzlich vom Einfluß Croces frei zu machen, den er 1917 »den größten lebenden Denker Europas« nannte.

Am historischen Idealismus Croces besteht kein Zweifel. Er definiert die idealistische Konzeption folgendermaßen:

> «Es geht zunächst nicht darum, neben anderen eine abstrakte, individualistische und pragmatische Historiographie, eine abstrakte Geistesgeschichte, vom Universalen abstrahiert, zu etablieren. Es geht vielmehr darum, zu verstehen, daß Individuum und Idee, jedes für sich genommen, zwei gleichwertige Abstraktionen sind, die eins wie das andere nicht zum Thema von Geschichte werden können, und daß die wahre Geschichte die Geschichte des Individuums als Universales und diejenige des Universalen als Individuum ist. Es geht nicht darum, Perikles zugunsten der Politik abzuschaffen oder Platon zugunsten der Philosophie oder Sophokles zugunsten der Tragödie, sondern darum, die Politik, die Philosophie und die Tragödie in der Gestalt des Perikles, des Platon und des Sophokles darzustellen und jeden für sich in jeder von ihnen in einer ihrer besonderen Situationen. Denn wenn das Individuum ohne seinen Bezug zum Geist ein Schatten seiner selbst ist, so ist der Geist ohne seine Verwirklichung im Individuum der Schatten eines Traums. Universalität in der Konzeption von Geschichte zu erreichen heißt, zugleich Individualität zu erlangen und sie alle beide konsistent zu machen aufgrund der Konsistenz, die eines dem anderen verleiht. Wenn die Existenz von Perikles, Sophokles und Platon gleichgültig wäre, müßte man dann nicht beschließen, daß die Idee ebenfalls gleichgültig wäre?«[27]

Und in *La Storia come pensiero e come azione* (1938) geht er, nachdem er den positivistischen Rationalismus des »wie es wirklich gewesen« von Ranke kritisiert hat, soweit zu versichern, daß »es keine andere Einheit gibt als die-

[27] Croce, *Teoria e storia della storiografia*, S. 29f.

jenige des Denkens selbst, das unterscheidet und vereint«. So kommentiert F. Chabod (1943–47, S. 511): »Es gibt keine Einheit *an sich*, sondern nur im kritischen Denken.«

Arnaldo Momigliano hat unterstrichen, wie wenig Einfluß Croce auf die Philosophen hatte: »Niemand kann voraussehen, ob die Philosophie Croces ein Ausgangspunkt für spätere Philosophen sein wird. In Italien hat er heute wenige Schüler und im Ausland vielleicht gar keinen. Selbst Collingwood wandte sich vor seinem frühzeitigen Tod von ihm ab«.[28]

Delio Cantimori vermerkte, daß Fachhistoriker den größten Teil von Croces Werk nicht als Geschichte ansahen, selbst die Werke nicht, die den Titel Geschichte ... trugen. Auch Federico Chabod gehört dazu, den Croce dennoch zum Direktor des *Instituto pergli Studi Storici* (Institut für historische Studien) machte, das er in Neapel gegründet hatte.[29]

Ich gebe zu, daß ich die Einstellung Chabods teile, obwohl man betonen muß, daß Croce im Gegensatz zu vielen anderen Geschichtsphilosophen, die »reine« Philosophen waren, auch ein wirklicher Historiker war. Hingegen glaube ich, daß Cantimori zu Recht einen großen Fortschritt im Denken von Geschichte hervorhebt, der zum großen Teil Croce zu verdanken ist: die Unterscheidung zwischen Geschichte und Geschichtsschreibung: »Im Zuge seiner verschiedenen und zahlreichen historiographischen Versuche und im Zuge seiner Reflexionen über die historiographische Arbeit hat Croce mit der Unterscheidung zwischen *res gestue* und *historia rerum gestarum* das Ergebnis der großen, grundlegenden und in ihrem Wesen irreversiblen kritischen Erfahrung der modernen Philosophie, die eine Wissenschaft des Bekannten, nicht des Unbekannten ist, für historische Untersuchungen und historische Fragestellungen wiederentdeckt und auf sie übertragen. Dies bedeutet für Croce nicht, daß man keine Archivstudien treiben oder kein unveröffentlichtes Material untersuchen soll. Im Gegenteil, man soll sie betreiben, und nur beim direkten Studium der Quellen oder einer Serie von Quellen lassen sich Gewichtigkeit und Bedeutung dieser Materialien erkennen ...« Nachdem er die Gesamtheit der professionellen Vorgehensweisen des Historikers aufgezählt hat, schließt Cantimori in Hinblick auf Croce: »Man darf nicht auf die Kritik *(historia rerum)* verzichten in der Illusion, den Kern oder das Wesen der Dinge greifen zu können, so wie sie sich zugetragen haben, und sie

[28] Momigliano, *Reconsidering B. Croce* (1866–1952), in: ders., 1977, S. 355.

[29] Cantimori, *Storia e storiografia in Benedetto Croce*, in: ders., 1945, S. 402

ein für allemal erfassen zu können *(res gestue)*; denn nur eine solche kritische Unterscheidung erlaubt, eine Perspektive zu bewahren, aus der man die Bewegung und das Fortschreiten von Gesellschaften und Individuen, von Menschen und Dingen verfolgen kann – und im Lebendigen und Konkreten, nicht im Abstrakten und Generellen zu erkennen.« (1945, S.406)

Zu dieser grundlegenden Unterscheidung kommt die Tatsache hinzu, daß Croce auch die Bedeutung der Geschichte der Historiographie unterstrichen hat: »Indem er sich für die Geschichte der Historiographie interessierte, hat Croce auf die Notwendigkeit und Möglichkeit einer weiteren kritischen Vertiefung für die Historiker hingewiesen. Sie diene als Skala und Maßstab, um über die Kenntnis von Interpretationen und ihrem allgemeinen kulturellen und sozialen Umfeld zu einer gut fundierten eigenständigen Darlegung und einem Urteil zu gelangen, d.h. frei zu werden von Wiederholungen und Reverenzen an Metaphysiken und Vorgehensweisen, die nicht von Methode und Erfahrung bestimmt sind, sondern von philosophischen und scholastischen Prinzipien.« (Ebd. S. 407)

Antonio Gramsci (1891–1937) hat den Ruf, einem undogmatischen Marxismus gehuldigt zu haben, und es ist wahr, daß seine Schriften und sein politisches Handeln von großer Wendigkeit gekennzeichnet sind. Aber ich glaube nicht, daß seine Auffassungen von Geschichte einen Fortschritt des historischen Materialismus darstellen. Ich sehe in ihnen eher auf der einen Seite eine gewisse Rückkehr zum Hegelianertum und auf der anderen Seite eine Tendenz zum Vulgärmarxismus. Gewiß erkannte er, daß Geschichte nicht wie eine Naturwissenschaft funktioniert und sich nicht einem mechanischen Kausalitätsprinzip unterwerfen läßt. Doch seine berühmte Theorie des *historischen Blocks* erscheint mir sehr gefährlich für die Geschichtswissenschaft. Die Versicherung, daß Basis und Überbau einen historischen Block darstellen, anders ausgedrückt, daß »die komplexe, widersprüchliche und unstimmige Gesamtheit des Überbaus (...) eine Widerspiegelung der Gesamtheit der sozialen Beziehungen ist« (Gramsci, 1974, S. 39), wurde allgemein als eine Modifizierung der Lehre von den Beziehungen zwischen Basis und Überbau verstanden. Diese hatte Marx ziemlich im vagen belassen, und sie erscheint als der falscheste, schwächste und gefährlichste Teil des historischen Materialismus, selbst dann, wenn Marx die Basis nicht ausschließlich ökonomisch verstanden hat. Gramsci scheint von der abwertenden Auffassung von Ideologie abzugehen, doch wenn er Ideologie auf den Überbau beschränkt hält, so bedroht die Aufwertung der Ideologie nur um so mehr die Unabhängigkeit (ich spreche nicht von Autonomie, die es offensichtlich nicht gibt) des intellektuellen Bereichs. Nun unterstreicht Gramsci in doppelter Weise die Unterwerfung der intellektuellen Arbeit. Einerseits erkennt er bei den traditionellen und bei den staatstragenden Intellektuellen nur diejenigen als wirkliche Intellektuelle an, die Wissenschaft und Praxis in eins setzen, womit er über die von Marx skizzierten Verbindungen hinausgeht. Ferner siedelt er die Wissenschaft im Überbau an. Den Ausgangspunkt für diese Verlagerung bildet Gramscis Auffassung des historischen Materialismus als »absoluten Historismus«.

Louis Althusser hat heftig gegen diese »historistische« Interpretation des Marxismus protestiert, die er mit seiner »humanistischen« Interpretation in Verbindung bringt (Althusser/Balibar, 1972). Diese historistische und humanistische Auffasung (zwei Charakteristika, die nach Althusser durch historische Kontingenz, aber nicht notwendigerweise aus theoretischer Sicht verbunden sind), fand sich vor allem bei der deutschen Linken, bei Rosa Luxemburg und Mehring. Später, nach der Oktoberrevolution, treffen wir sie bei Lukács und insbesondere bei Gramsci, bevor sie in einer bestimmten Form von Sartre (in der *Kritik der dialektischen Vernunft,* Bd. 1, 1967) wieder aufgenommen wurde. In der italienischen marxistischen Tradition, in der Gramsci der Nachfolger von Labriola und Croce ist (Althusser neigt dazu, den Gegensatz Gramsci/Croce zu verkleinern), findet Althusser die bezeichnendsten Merkmale des Marxismus als »absoluten Historismus«. Er zitiert den berühmten Abschnitt aus Gramscis Beobachtungen zu Croce:

> «Bei der gängigsten Variante (des historischen Materialismus) wurde vergessen, daß man die Betonung auf das Wort ›historisch‹ legen muß, nicht auf den zweiten Teil, der metaphysischen Ursprungs ist. Die Philosophie der Praxis ist der absolute ›Historismus‹, die Verweltlichung und das absolute ›Irdischsein‹ des Denkens, ein absoluter Humanismus der Geschichte.« (Gramsci, 1974, S. 159)

Gewiß, Althusser übernimmt in diesem Text die Rolle des Polemikers, aber da er nicht den Ausschluß Gramscis fordert, dessen Aufrichtigkeit und revolutionäre Ehrbarkeit ihm über jeden Verdacht erhaben erscheinen, hat er lediglich das Ziel, dessen Gelegenheitsschriften jeglichen theoretischen Wert abzuerkennen. Für ihn ist es ein Fehler, die »spekulative Genese des Konzepts« mit der Genese des »konkreten Reellen«, d.h. mit dem »empirischen«

historischen Prozeß gleichzusetzen. Gramsci hatte unrecht, wenn er »eine regelrechte ›historistische‹ Konzeption von Marx« formuliert: eine »historistische« Konzeption der Theorie über die Beziehung der Theorie von Marx zur wirklichen Geschichte. Althusser ist der Ansicht, daß man unterscheiden muß zwischen dem *historischen Materialismus*, der als Geschichtstheorie angesehen werden kann, und dem dialektischen Materialismus, einer Philosophie, die sich der Historizität entzieht. Als Marx-Interpret hat Althusser sicher recht, diese Unterscheidung zu treffen. Wenn er aber an einer »historistischen« Konzeption des Marxismus kritisiert, daß sie die absolute Neuheit der »Zäsur« übersieht, den der Marxismus darstellt, weil er eine Wissenschaft ist, »eine Ideologie, die in diesem Fall auf einer Wissenschaft beruht – *was noch nie vorgekommen ist«*, so erkennt man nicht mehr genau, ob auch er vom historischen Materialismus, vom dialektischen Materialismus oder von beidem spricht.[30] Mir scheint, daß Althusser den Marxismus, in dem er ihn teilweise von der Geschichte löst, in die Nähe der Metaphysik und des Glaubens stellt und von der Wissenschaft abrückt. Nur durch ein ständiges Hin und Her zwischen Praxis und Wissenschaft, die sich gegenseitig nähren und dabei strikt getrennt bleiben, kann die wissenschaftliche Geschichte sich von der gelebten Geschichte lösen. Dies ist eine unabdingbare Voraussetzung dafür, daß Geschichte einen wissenschaftlichen Status erlangt. Die Kritik Althussers an Gramsci erscheint mir dort besonders überzeugend, wo er, als er sich mit »den erstaunlichen Passagen Gramscis über die Wissenschaft« («Auch die Wissenschaft ist ein Teil des Überbaus, eine Ideologie«, Gramsci, 1974, S. 56) auseinandersetzt, daran erinnert, daß Marx eine breite Anwendung des Überbau-Konzepts ablehnt; denn dies besitzt nur für den juristisch-politischen und für den ideologischen Überbau (die entsprechenden »Formen des sozialen Bewußtseins«) Gültigkeit. Althusser weist darauf hin, daß insbesondere Marx *niemals die wissenschaftliche Erkenntnis hierin einbezieht.* So wird das, was Gramscis Interpretation des historischen Materialismus als Historismus an Positivem enthalten könnte – trotz der Gefahr der verschiedenen Formen von Fetischbildung, die sie impliziert– zunichte gemacht durch seine Auffassung von Wissenschaft als Teil des Überbaus. Geschichte, in beiderlei Sinn des Wortes, wird ebenfalls »staatstragend«, Ausdruck und Instrument der herrschenden Klasse. Geschichtsphilosophie wird auf die Spitze getrieben: Geschichte

[30] *Der Marxismus ist kein Historismus*, in: Althusser/Balibar, 1972

und Philosophie werden vermengt und bilden ihrerseits eine weitere Form von »historischem Block«: »Die Philosophie einer historischen Epoche ist mithin nichts anderes als die ›Geschichte‹ dieser Epoche, als die Menge der Varianten, die die herrschende Klasse in der voraufgehenden Realität determinieren konnte: Geschichte und Philosophie sind in diesem Sinne nicht voneinander zu trennen, sie bilden einen ›Block‹ » (Gramsci, 1974, S.21).

Mir scheint, daß die »historische« und nicht »historistische« Interpretation der Marxschen und der Marxistischen Dialektik durch Galvano della Volpe den Beziehungen näher kommt, die Marx zwischen Geschichte und Theorie des historischen Prozesses sah: »Die einzigen Widersprüche (sagen wir lieber Gegensätze), die Marx insofern interessieren, als er sie lösen oder über sie als Einzelfälle hinauskommen möchte, sind *wirklich.* Es sind eben gerade historische, oder besser, historisch determinierte oder spezifisch historische Widersprüche.« (della Volpe, 1969, S. 317)

Ich will jetzt auf zwei Konzeptionen von Geschichte kommen, die ich lediglich wegen des Echos erwähne, das sie in jüngster Vergangenheit, insbesondere beim breiten Publikum, fanden.

Oswald Spengler (1880-1936) wendet sich gegen die Fortschrittsideologie und bietet mit seinem *Untergang des Abendlandes* (1916-1920) eine biologische Geschichtstheorie, wobei Geschichte sich aus Zivilisationen konstituiert, die »Lebewesen höchsten Ranges« darstellen. Individuen existieren in dieser Theorie nur in dem Maße, in dem sie an diesen Lebewesen teilhaben. Im Leben von Gesellschaften gibt es zwei Phasen: Die Phase der Kultur, die ihrem Aufstieg und Höhepunkt entspricht, die Phase der Zivilisation, die ihrem Niedergang und Verschwinden entspricht. Damit entdeckt Spengler die zyklischen Geschichtsmodelle wieder.

Arnold Toynbee ist Historiker (1889-1978). In *A Study of History* (12 Bde., 1934-1961) geht er von Spengler aus, in der Hoffnung, dort weiterzukommen, wo jener Schiffbruch erleidet. Er unterscheidet zwischen Zivilisationen - 21 an der Zahl, die im Laufe ihrer Geschichte zur vollen Entfaltung gelangten, und Kulturen, die nur ein gewisses Entwicklungsstadium erreichten. Alle Zivilisationen durchlaufen vier Phasen: eine kurze Genese, während derer die entstehende Zivilisation eine »*Herausforderung*« (meist von außen) erhält und darauf eine »Antwort« gibt, anschließend eine lange Periode des Wachstums, dann einen Stillstand, der in einem Unglück sichtbar wird, und schließlich eine Phase der Auflösung, die sehr lang sein kann. Dieses Schema ist »progressiv«, »offen« auf der Ebene der Menschheit. Es existiert nämlich neben dieser Geschichte, die aus einer Abfolge von Zyklen besteht, eine andere der »Vorsehung«. Die Menschheit im ganzen bewegt sich auf ihre *Verklärung* zu, die die »Theologie des Historikers« offenbart. So gehen spenglersche Theorie und augustinische Konzeption Seite an Seite. Außer dem »metaphysischen« Aspekt dieser Konzeption wurde zu Recht die willkürliche und verworrene Unterteilung in Zivilisationen und Kulturen kritisiert, die Tatsache, daß Toynbee einige von ihnen nur sehr oberflächlich kannte, und die Unzulässigkeit, sie miteinander zu vergleichen etc. Doch Raymond Aron unterstrich das wichtigste Verdienst dieser Unternehmung, das in dem Bestreben besteht, eine europazentrierte, abendländisch determinierte Geschichte zu vermeiden. »Toynbee wollte den rationalistischen Optimismus des Abendlandes vermittels einer biologischen Philosophie und einer von Nietzsche geprägten Konzeption des Heldentums widerlegen und dem provinziellen Stolz der Europäer die Grundlage entziehen.« (1961b, S. 76)

Michel Foucault hat in der Geschichte der Geschichte aus drei Gründen eine Ausnahmestellung inne. Zunächst gilt dies, weil er einer der größten Vertreter der *Nouvelle Histoire* ist: ein Historiker des Wahnsinns, des Krankenhauses, der Gefängniswelt und der Sexualität. Er hat einige der provozierendsten neuen Themen zum Gegenstand dieser Geschichte gemacht und eine der großen Wenden in der abendländischen Geschichte zwischen dem Ende des Mittelalters und dem 19. Jh. aufgezeigt: das Einsperren von Menschen mit abweichendem Verhalten.

Sodann zählen wir ihn zu einem der wichtigsten Vertreter der *Nouvelle Histoire*, weil er die subtilste Diagnose bezüglich dieser Erneuerung der Geschichte gestellt hat. Er sieht vier Formen der Erneuerung:

> 1) »Die Infragestellung der Quelle: Die Geschichte in ihrer traditionellen Form unternahm es, die Überreste (frz. monuments) der Vergangenheit zu ›memorieren‹, sie in Quellen (frz. documents) zu verwandeln und diese Spuren sprechen zu lassen, die von sich aus häufig gar nicht sprachlich sind oder im stillen anderes sagen, als sie explizit äußern. Heute besteht Geschichte darin, Quellen zu Überresten zu machen, und dort, wo man von Menschen hinterlassene Spuren entzifferte und wo man versuchte, im Leeren zu erkennen, was sie gewesen waren, eine Menge von Elementen aufzuweisen, die es zu isolieren, zu gruppieren und schlüssig zu machen gilt, zwischen denen Verbindungen herzustellen und Gruppierungen zu bilden sind« (Foucault, 1969, S. 13-15).

2) Der Begriff der Diskontinuität nimmt eine wichtige Position in den historischen Disziplinen ein (ebd. S. 16).
3) Das Thema der Möglichkeit einer globalen Geschichte beginnt, in den Hintergrund zu treten und der davon gänzlich verschiedene Entwurf dessen, was sich eine *umfassende* Geschichte nennen ließe, zeichnet sich ab. Er bestimmt, »welche Form von Beziehung sich legitimerweise zwischen den einzelnen Serien beschreiben läßt« (ebd. S. 17f.).
4) Neue Methoden: Die neue Geschichte trifft auf eine gewisse Anzahl methodologischer Probleme, von denen es mehrere, daran besteht kein Zweifel, im wesentlichen schon vorher gab, doch deren Zusammentreffen jetzt charakteristisch ist. Unter ihnen sind zu nennen:
- die Konstituierung eines kohärenten und homogenen Quellen*korpus* (geschlossener oder offener, begrenzter oder unbegrenzter Korpus);
- die Etablierung eines Auswahlprinzips (nach dem man die Quellenmenge erschöpfend behandeln will, sei es nun, daß man ein Muster von Beispielfällen auf statistischer Grundlage zusammenstellt, sei es der Versuch, im voraus die repräsentativsten Teile zu bestimmen);
- die Bestimmung der Untersuchungsebene und der Elemente, die dafür konstitutiv sind (beim untersuchten Material lassen sich dafür numerische Hinweise finden; explizite oder implizite Verweise auf Ereignisse, Institutionen und Gebräuche; die verwendeten Wörter und die Regeln, nach denen sie gebraucht werden sowie die semantischen Felder, die sie umreißen oder auch die formale Struktur der Aussagen und die Art und Weise ihrer Verknüpfung;
- die Spezifizierung einer Untersuchungsmethode (quantitative Behandlung der Vorgaben, Untergliederung aufgrund einer bestimmten Anzahl feststellbarer Charakteristika, deren Verknüpfungen untersucht werden, interpretierende Erklärungsweise, Untersuchung von Häufigkeit und Verteilung);
- die Abgrenzung von Gruppierungen und Untereinheiten, die das untersuchte Material verbinden (Religion, Perioden, zusammenhängende Prozesse);
- die Bestimmung der Relationen, die es gestatten, eine Gesamtheit zu charakterisieren (dabei kann es sich um numerische oder logische Relationen handeln, um funktionale, kausale oder analoge, es kann sich um die Relation von Signifikant und Signifikat handeln« (ebd. S. 19 ff.).

Zum Schluß stellt Foucault eine eigenständige Geschichtsphilosophie vor, die eng mit Praxis und Methode der historischen Disziplin verbunden ist. Ich überlasse Paul Veyne die Mühe, sie zu charakterisieren: »Für Foucault besteht das Interesse an der Geschichte nicht darin, Invarianten herauszuarbeiten, seien sie nun philosophischer Art oder humanwissenschaftlich gefaßt. Sein Interesse besteht darin, die Invarianten, welcher Art sie auch immer sein mögen, zu benutzen, um die immer wieder aufkommenden Wellen von Rationalismus aufzulösen. Geschichte ist eine Genealogie nietzschescher Prägung. Deshalb gilt Geschichte, Foucault zufolge, als etwas Philosophisches (was weder richtig noch falsch ist); in jedem Fall ist sie weit von der empirischen Berufung entfernt, die der Geschichte traditionellerweise zugeschrieben wird. ›Niemand soll hier eintreten, der nicht Philosoph ist oder es wird‹. Eine Geschichte, die eher in abstrakten Worten als in der Semantik einer Epoche geschrieben wird, welche noch ihr Lokalkolorit trägt; eine Geschichte, die überall partielle Analogien wiederzufinden, Typologien zu entwerfen scheint; denn Geschichte, die aus dem Vorrat von abstrakten Worten geschrieben ist, bietet weniger pittoreske Abwechslung als eine anekdotenhafte Erzählung« (Veyne, 1978, S. 378). Die genealogische Geschichte foucaultscher Prägung erfüllt das Programm der traditionellen Geschichte vollkommen; sie übergeht nicht die Gesellschaft, Wirtschaft usw., aber sie strukturiert diese Materie anders: nicht die Jahrhunderte, die Völker oder die Zivilisationen, sondern die Wechsel in der Praxis; die Intrigen, von denen sie erzählt, sind die Geschichte der jeweiligen Praxis, in der die Menschen die Wahrheit gesehen haben und ihre Kämpfe um diese jeweilige Wahrheit. Diese Geschichte neuer Art, diese »Archäologie«, wie sie ihr Erfinder nennt, »entfaltet sich in der Dimension einer umfassenden Geschichte« (Foucault, 1969, S. 215). »Sie spezialisiert sich nicht auf die Praxis; der Diskurs, der verborgene Teil des Eisbergs, oder besser der verborgene Teil des Diskurses und der Praxis, läßt sich nicht von der Spitze des Eisbergs trennen« (Veyne, 1978, S. 284–385). »Alle Geschichte ist Archäologie von Natur aus und nicht etwa, weil man sich dafür entschieden hätte: Geschichte zu erklären und zu verdeutlichen besteht darin, sie zunächst einmal im ganzen wahrzunehmen, die angeblich natürlichen Gegenstände der Geschichte mit datierten und seltenen Formen von Praxis in Verbindung zu bringen, die sie objektivieren, und diese Formen von Praxis nicht aufgrund einer einzigen Antriebskraft zu erklären, sondern in Zusammenhang mit allen benachbarten Formen von Praxis, auf denen sie aufbauen« (ebd. S. 385).

4. Geschichte als Wissenschaft: Der Beruf des Historikers

Der beste Beweis dafür, daß Geschichte eine Wissenschaft ist und es sein muß, liegt darin, daß sie der Techniken und Methoden bedarf und daß sie gelehrt wird. Lucien Febvre sah dies restriktiver: »Ich werte Geschichte als wissenschaftlich geführte Untersuchung, nicht als Wissenschaft.«

Die strengsten Theoretiker der sogenannten positivistischen Geschichte, Ch. V. Langlois und Ch. Seignobos, brachten in einer einprägsamen Formel, die eine Art Glaubensbekenntnis der Geschichte darstellt, zum Ausdruck, was die Grundlage der Geschichtswissenschaft ausmacht: »Ohne Quellen keine Geschichte« (Langlois/Seignobos, 1898, S. 2). Doch beginnen hier schon die Schwierigkeiten. Auch wenn die Quelle nicht so schwer zu definieren und auszumachen ist wie das historische Faktum, das niemals als solches gegeben, sondern konstruiert ist, so stellt sie den Historiker nicht minder vor Probleme.

Zunächst wird sie nur infolge einer Suche und einer Auswahl zur Quelle. Die Suche ist im allgemeinen nicht Angelegenheit des Historikers selbst, sie ist vielmehr vorgegeben durch die Hilfsmittel, die die Quellenbestände bilden, aus denen der Historiker seine Belege bezieht: Archive, archäologische Funde, Museen, Bibliotheken etc. Die Verluste und die Auswahl, die diejenigen trafen, die die Quellen zusammentrugen, sowie die Qualität der Belege sind objektive Gegebenheiten, doch Erschwernisse im Beruf des Historikers. Noch heikler sind die Probleme, vor die sich der Historiker selbst aufgrund dieser Belege gestellt sieht.

Zunächst geht es darum zu entscheiden, was er als Quelle ansehen will und was er verwirft. Lange Zeit waren Historiker der Ansicht, daß wirkliche historische Quellen diejenigen wären, die jene Bereiche der menschlichen Geschichte erhellen, welche als würdig galten, bewahrt, überliefert und erforscht zu werden. Zu diesen zählten die Geschichte der großen Ereignisse (das Leben großer Männer, militärische und diplomatische Ereignisse: Schlachten und Verträge), die politische Geschichte und die Institutionengeschichte. Außerdem führte die Auffassung, daß die Entstehung der Geschichte mit derjenigen der Schrift verbunden wäre, dazu, daß die schriftliche Quelle Vorrang hatte. Kein geringerer als Fustel de Coulanges hat den Text als historische Quelle verherrlicht. In *La monarchie franque,* dem dritten Band seiner *Histoire des institutions politiques de l'ancienne France* von 1888 schrieb er:

«Gesetze, Urkunden, Formulare, Chroniken und Geschichten, all diese Arten von Quellen muß man gelesen haben, ohne eine einzige auszulassen ... (Der Historiker) hat keinen anderen Ehrgeiz als denjenigen, die Fakten zu erkennen und sie genau zu verstehen. Er sucht sie nicht in seiner Phantasie und leitet sie nicht aus seinem Verstand ab; er sucht und gewinnt sie, indem er die Texte sorgfältig studiert, so wie der Chemiker seine Fakten aus sorgfältig durchgeführten Experimenten gewinnt. Seine einzige Kunstfertigkeit besteht darin, aus den Quellen alles herauszuziehen, was sie enthalten und nichts hinzuzufügen, was sie nicht enthalten. Der beste Historiker ist derjenige, der sich am genauesten an die Texte hält und mit der größten Exaktheit interpretiert, der nur aus ihnen heraus schreibt und sogar denkt.«

Dennoch hatte derselbe Fustel 1862 in einer Vorlesung an der Universität Straßburg erklärt:

«Wo die Geschichte der schriftlichen Quellen entbehrt, muß sie die toten Sprachen nach ihren Geheimnissen fragen und in ihren Formen, ja selbst in ihren Worten die Gedanken der Menschen erraten, die sie gesprochen haben. Sie muß die Märchen, die Mythen, die phantastischen Träume durchforsten, all diese alten Unwahrheiten, hinter denen sie etwas sehr Wirkliches, nämlich menschliche Glaubensvorstellungen entdecken wird. Wo jemals Menschen gewesen sind und eine Spur ihres Lebens und ihres Verstandes hinterlassen haben, da ist die Geschichte.«[31]

Die ganze Erneuerung der Geschichte, die wir durchleben, ist im Gegensatz zu den Ideen Fustels von 1888 entstanden. Ich spreche hier nicht von der gefährlichen Naivität, die zur Passivität gegenüber den Quellen führt. Sie antworten nur auf die Fragen des Historikers, und dieser muß sich ihnen gewiß nicht mit Vorurteilen und Grundsätzen, wohl aber mit Arbeitshypothesen nähern. Gott sei Dank hat Fustel als großer Historiker, der er war, nicht nach den Methoden gearbeitet, die er 1888 hochhielt. Ich will hier nicht noch einmal auf die Notwendigkeit historischer Phantasie zurückkommen.

[31] Veröffentlicht in der *Revue de Synthèse historique*, Mai/Juni 1901, zit. n. Ehrard/Palmade, 1964, S. 322; vgl. Herrick, 1954

Wovon ich hier sprechen möchte, ist der vielgestaltige Charakter historischer Belege. Lucien Febvre bezog sich auf Fustel de Coulanges, als er 1949 sagte: »Zweifelsohne macht man Geschichte aus schriftlichen Quellen. Wenn es welche gibt. Aber wenn keine schriftlichen Quellen vorhanden sind, läßt sie sich, muß sie sich auch ohne diese machen lassen mit allem, was dem Historiker sein Können bietet, um seinen Honig herzustellen, wenn es an den üblichen Blumen fehlt, d.h. aus Worten, Zeichen, Landschaften und Ziegeln, aus Feldformen und Unkräutern, aus Mondfinsternissen und Kummeten, aus geologischen Expertisen von Steinen und aus chemischen Analysen des Metalls von Degen – mit einem Wort, aus allem, was zum Menschen gehört, vom Menschen abhängt, dem Menschen dient, den Menschen ausdrückt, was Gegenwart, Wirken, Geschmack und Lebensweise des Menschen ausmacht« (Febvre, 1933, S. 428). Und auch Marc Bloch hatte erklärt: »Die Vielfalt der historischen Zeugnisse ist fast unbegrenzt. Alles, was der Mensch sagt oder schreibt, alles, was er herstellt, alles, was er berührt, kann und muß über ihn Auskunft geben« (Bloch, 1974, S. 63).

Auf das starke Zunehmen historischer Belege heute werde ich noch kommen, zu der insbesondere die Zunahme der audiovisuellen Dokumentation um ein vielfaches zählt, ebenso der Rückgriff auf die bildliche oder, genauer gesagt, auf die ikonographische Quelle etc. Auf zwei besondere Aspekte bei der Ausdehnung der Quellensuche möchte ich genauer eingehen.

Der erste betrifft die Archäologie. Es geht mir nicht darum zu wissen, ob sie eine Hilfswissenschaft der Geschichte oder eine Wissenschaft für sich ist. Ich stelle nur fest, wie sehr ihre Weiterentwicklung die Geschichte erneuert hat.

Als sie im 18. Jh. ihre ersten Schritte machte, gewann sie der Geschichte als bald das weite Feld der Vor- und Frühgeschichte ab und erneuerte die Alte Geschichte. Sie ist aufs engste mit Kunst- und Technikgeschichte verbunden und stellt so ein Kernstück in der Erweiterung der historischen Kultur dar, die in der *Encyclopédie* zum Ausdruck kommt. »In Frankreich widmen die Antikefreunde der archäologischen Quelle, dem Kunstgegenstand, dem Werkzeug oder dem Mauerrest zum ersten Mal ein ebenso lebhaftes wie objektives und uneigennütziges Interesse«, sagt P. M. Duval (1961), der die Rolle von Peiresc, Rat des Parlaments von Aix-en-Provence (1580–1637), hervorhebt; doch sind es die Engländer, die die erste wissenschaftliche Gesellschaft gründen, in der die Archäologie eine wesentliche Rolle spielt, die *Society of Antiquaries* in London (1707). In Italien beginnen die ersten Ausgrabungen, bei denen es um die archäologische Entdeckung der Vergangenheit geht, in Herculaneum (1738) und Pompeji (1748). Ein Deutscher und ein Franzose bringen die beiden wichtigsten Werke des 18. Jhs. für die Einführung der archäologischen Quelle in die Geschichte heraus: Winckelmann mit seiner *Geschichte derKunst des Altertums* (1764) und der Graf von Caylus mit seinem *Recueil d'antiquités égyptiennes, étrusques, grècques, romaines et gauloises* (1752–1767). In Frankreich weckte das *Musée des monuments Français,* dessen erster Konservator Alexandre Lenoir war, seit 1796 das Interesse an der Archäologie und trug dazu bei, das negative Bild vom Mittelalter zu verkehren. Die Archäologie ist einer der Bereiche der Geschichtswissenschaft, der sich in den letzten Jahrzehnten am stärksten erneuert hat. Das Interesse verlagerte sich vom Objekt und vom Monument weg auf die Fundstätte im ganzen, sei sie nun ländlicher oder städtischer Natur, und sodann auf die Landschaft, auf Agrararchäologie und Industriearchäologie, auf quantitative Methoden usw. (Schnapp, 1980; Finley, 1971): Die Archäologie hat sich zudem in eine Richtung entwickelt, die zur Konstituierung einer Geschichte der Sachkultur führte, die in erster Linie »eine Geschichte der großen Zahl und der Mehrheit der Menschen ist« (Pesez, 1978 und Bucaille/Pesez), welche bereits ein Meisterwerk der zeitgenössischen Geschichtsschreibung hervorgebracht hat: *Civilisation matérielle économique et capitalisme* von Fernand Braudel.

Auch stelle ich fest, daß die historische Reflexion sich heute ebenso an der Quellenlosigkeit, am Schweigen der Geschichte festmacht. Michel de Certeau (199I, S. 71 ff.) hat feinsinnig analysiert, wie der Historiker sich auf Abwege begibt, zu den »Zonen des Schweigens«, z.B. zu den Hexen, zum Wahnsinn, zum Fest, zur volkstümlichen Literatur, in die vergessene Welt der Bauern, nach Okzitanien etc. Doch spricht er hier vom Schweigen der traditionellen Geschichte, während man meiner Meinung nach weiter gehen sollte und die historischen Belege in bezug auf ihre Auslassungen untersuchen, sich nach dem Vergessen, den Löchern, den weißen Flecken der Geschichte fragen muß. Es gilt, ein Inventar der Archive des Schweigens zu erstellen und Geschichte auf der Grundlge von Quellen und fehlenden Quellen zu erarbeiten.

Geschichte ist dadurch wissenschaftlich geworden, daß sie jene Dokumente kritisierte, die man »Quellen« nennt. Paul Veyne sagte vollkommen richtig, daß Geschichte »ein Kampf gegen die Optik, die die Quellen okroyieren,« sein muß, daß die wirklichen Probleme historischer Erkenntnistheorie Probleme der Kritik sind und daß im Mittelpunkt jeder Reflexion über historisches Wissen die Frage stehen müßte, ob historische Erkenntnis das ist, was die Quellen daraus machen« (Veyne, 1971, S. 265f.). Veyne hängt übrigens an dieser Feststellung die Bemerkung auf, daß »man nicht ohne Ausbildung Historiker werden kann … Man muß wissen, welche Fragen man sich stellt, auch welche Fragestellungen überholt sind. Man schreibt Politik-, Sozial- oder Religionsgeschichte nicht aus den ehrenwerten, realistischen oder fortschrittlichen Ideen heraus, die man privat zu diesem Thema hat.«

Historiker haben, insbesondere im 17. und 19. Jh., eine Quellenkritik gefordert, die heute gegeben ist und notwendig bleibt, sich aber als unzureichend erweist.[32] Traditionellerweise unterscheidet man zwischen äußerer Kritik oder kritischer Authentizität und innerer Kritik oder Kritik der Glaubwürdigkeit.

Die äußere Kritik zielt darauf ab, das *Original* zu finden und zu bestimmen, ob das betrachtete Dokument authentisch oder falsch ist. Dies ist ein grundlegender Schritt. Er verlangt in jedem Fall nach zwei ergänzenden Feststellungen.

Die erste ist, daß auch ein »falsches« Dokument eine historische Quelle ist, die ein wertvolles Zeugnis für die Zeit sein kann, in der es hergestellt wurde, und für die Zeit, in der es als authentisch angesehen und auch so verwendet wurde.

Die zweite ist, daß ein Dokument, insbesondere ein Text, im Laufe der Zeiten verändert worden sein kann in einer scheinbar wissenschaftlichen Art und Weise, die das Original jedoch verfälscht. z.B. wurde auf brilliante Weise gezeigt, daß der Brief von Epikur an Herodot, der in *Leben und Meinungen berühmter Philosophen* des Diogenes Laertios erhalten geblieben ist, in einer hundert Jahre alten Überlieferung überarbeitet wurde, die den Wortlaut des Textes mit Anmerkungen und Korrekturen überhäufte, welche, absichtlich oder nicht, dazu führten, daß der Wortlaut des Textes durch »eine verständnislose, gleichgültige oder voreingenommene Lesart« (Bollack, 1971) erstickt oder entstellt wurde.

Die innere Kritik soll die Bedeutung des Dokuments erschließen, die Sachkenntnis seines Autors einschätzen, seine Ehrlichkeit bestimmen, seine Genauigkeit ermessen und es anhand anderer Zeugnisse überprüfen. Auch hier, gerade hier, ist das Programm unzureichend.

[32] Vgl. Salmon, *La méthode critique*, in: ders., 1969, Bd. 2., S. 85–140

Ob es nun um *bewußte* oder *unbewußte* Quellen geht (Spuren, die Menschen hinterließen ohne jede Absicht, der Nachwelt ein Zeugnis zu übermitteln), die Bedingungen, unter denen eine Quelle entstand, ihre *Produktions*bedingungen, müssen in jedem Fall genau untersucht werden. Tatsächlich umfassen die Machtstrukturen in einer Gesellschaft auch die Macht der sozialen Klassen oder herrschenden Gruppe, absichtlich oder unabsichtlich Zeugnisse zu hinterlassen, die dazu angetan sind, die Historiographie in diese oder jene Richtung zu lenken. Die Macht über die künftige Erinnerung, die Macht der Verewigung muß vom Historiker erkannt und ausgeschaltet werden. Keine Quelle ist unschuldig, sie muß beurteilt werden. Jede Quelle ist ein *Monument,* das es zu destruieren und zu demontieren gilt. Der Historiker muß nicht nur in der Lage sein, einen Fehler zu erkennen und die Glaubwürdigkeit eines Dokuments einzuschätzen, er muß es entmystifizieren. Dokumente werden nur dann zu historischen Quellen, wenn sie einer Behandlung mit dem Zweck unterzogen worden sind, die Funktion der Lüge in ein Geständnis der Wahrheit umzuwandeln.[33]

Jean Bazin untersucht die Produktion eines »historischen Berichts«, der Erzählung von der Ankunft des berühmten Königs von Segou (Mali) zu Beginn des 19. Jhs., der von einem gelehrten Muslim, der sich für Geschichte begeisterte, 1970 in Segou abgefaßt wurde. Bazin warnt: »Weil er sich für etwas anderes als Fiktion ausgibt, ist ein historischer Bericht immer eine Falle: Nur zu leicht läßt er glauben, daß sein Gegenstand ihm den Sinn ersetzt und daß er nichts anderes sagt, als was er erzählt«, während in Wirklichkeit »die Lehre der Geschichte eine andere politische oder ethische verbirgt, die sozusagen noch daraus gezogen werden muß« (Bazin, 1979, S. 446). Man muß also mit Hilfe einer »Soziologie der narrativen Produktion« die »Bedingungen der Historisierung« untersuchen. Einerseits muß man den Status derjenigen kennen, die die Geschichte erzählen (und dies gilt für die verschiedenen Arten von Produzenten von Quellen und für die Historiker selbst in den verschiedenen Arten von Gesellschaft), und andererseits muß man die Zeichen der Macht erkennen, denn »diese Art von Bericht gehört eher in den Bereich einer Metaphysik der Macht«. Zum ersten Aspekt bemerkt Jean Bazin, »daß die Spezialisten des Berichts eine Art dritte Position von vermeintlicher Neutralität zwischen dem Herrscher und seinen Untertanen einnehmen: Sie sind von beiden Seiten jederzeit eingeladen, das Bild der Untertanen von ihrem

33 Vgl. Le Goff, *Documento/Monumento,* in: *Enciclopedia Einaudi,* Bd. 4; Immerwahr, 1960

Herrscher festzuhalten, ebenso wie dasjenige, das der Herrscher von seinen Untertanen hat« (ebd. S. 446). Jean Bazin stellt seine Analyse neben diejenige, die Louis Marin erarbeitet hat, wobei sich dieser auf das *Projet de l'Histoire de Louis XIV* bezog, mit dem Pellison das Amt des Hofhistoriographen erlangen wollte: »Der König braucht einen Historiker, denn die politische Macht kann ihre Vollendung, ihren Gipfel nur erreichen, wenn ein gewisser Teil dieser Macht dazu dient, die Macht des erzählenden Wortes auszuüben« (Marin, 1979, S. 76; Vgl. Marin, 1978).

Die Herausbildung von Methoden, durch die die Geschichte zum Beruf und zur Wissenschaft wurde, hat lange gedauert und setzt sich noch fort. In Europa erlebte sie Stillstand, Verlangsamung und Beschleunigung, manchmal auch Rückschritte, sie ist nicht immer in all ihren Bereichen gleichermaßen schnell vorangekommen. Sie hat nicht immer den Worten, mit denen sie ihre Ziele bestimmte, dieselbe Bedeutung gegeben, selbst für das nicht, was als das »objektivste« erscheint, die Wahrheit. Ich werde diese Entwicklung in großen Zügen nachzeichnen und zwar unter dem doppelten Gesichtspunkt der Konzeptionen und Methoden einerseits und der Arbeitsinstrumente andererseits. Die wesentlichen Phasen scheinen mir zu sein: – die griechisch-römische Periode vom fünften bis zum ersten vorchristlichen Jahrhundert, in der der »historische Diskurs«, der Begriff des Zeugnisses sowie die Logik der Geschichte erfunden werden und in der die Geschichte auf der Wahrheit begründet wird; – das vierte nachchristliche Jahrhundert, in dem das Christentum die Vorstellung des blinden Zufalls aus der Geschichte ausblendet und der Geschichte einen Sinn gibt sowie einen Zeitbegriff und eine Periodisierung verbreitet; – die Renaissance, die damit beginnt, eine Quellenkritik auf philologischen Grundlagen zu entwickeln und zur Konzeption einer vollkommenen Geschichte gelangt; – das 17. Jh., das mit den Bollandisten und den Benediktinern von St. Maur die Grundlagen für die moderne Gelehrsamkeit legt; – das 18. Jh., das die ersten Institutionen erschafft, die der Geschichte gewidmet sind und das Feld der historischen Neugier ausweitet; – das 19. Jh. bildet die Methoden der historischen Gelehrsamkeit heraus, legt die Grundlagen für die historische Dokumentation und trägt die Geschichte in alle Lebensbereiche; – die zweite Hälfte des 20. Jhs. erlebt seit den 30er Jahren zugleich eine Krise der Geschichte und Geschichte als Mode, die Erneuerung und beträchtliche Erweiterung des »Territoriums des Historikers« und eine Revolution im Bereich der Quellen. Den letzten Teil dieses Kapitels will ich dieser jüngsten Phase der Geschichtswissenschaft widmen.

Man darf übrigens nicht denken, daß die ausgedehnten Zeitläufe, in denen die Geschichtswissenschaft keinen qualitativen Sprung machte, keinen Fortschritt für den Beruf des Historikers mit sich brachten, wie Bernard Guenée so brilliant für das Mittelalter zeigte (1980). Mit Herodot ist das, was in den historischen Bericht eingeht, die Bedeutung des Zeugnisses. Für ihn ist das Zeugnis par excellence das historische Zeugnis, dasjenige, bei dem der Historiker sagen kann: Ich habe gesehen, ich habe gehört. Dies trifft insbesondere für den Teil seiner Nachforschungen zu, die den Barbaren gewidmet sind, deren Land er auf seinen Reisen durchzog (vgl. Hartog, 1980). Es trifft auch noch zu für den Bericht von den Perserkriegen, für die Ereignisse in der Generation, die Herodot vorausging und über die er die Zeugnisse direkt nach dem Hörensagen zusammenträgt. Dieser Vorrang, der dem mündlichen Zeugnis und dem Zeugnis des selbst Erlebten eingeräumt wird, bleibt in der Geschichte bestehen. Er wird allerdings geringer, als die Kritik an den schriftlichen Quellen, die jener fernen Zeit entstammen, in den Vordergrund tritt, erlebt jedoch bedeutende Neuauflagen. So bevorzugen im 13. Jh. die Mitglieder der Bettelorden, Dominikaner und Franziskaner, in ihrem Bestreben, der neuen Gesellschaft »anzuhaften«, das persönliche, mündliche Zeugnis. Dieses ist zeitgenössisch oder sehr zeitnah, und die Mönche liebenes, in ihre Predigten *exempla* einzuflechten, deren Stoff eher der Erfahrung entstammt *(audivi,* ich habe sagen hören) als ihrem Bücherwissen *(legimus,* wir lesen). Die *Memoiren,* die Erinnerungen, sind in jedem Fall allmählich eher zu einer Randerscheinung der Geschichte, denn zur Geschichte selbst geworden, wobei die Selbstgefälligkeit der Autoren, das Streben nach literarischem Effekt, der Gefallen am reinen Erzählen sie von der Geschichte gelöst hat, um aus ihnen ein ziemlich suspektes, historisches Material zu machen. »Historiker und Memoirenschreiber lassen sich nur aus rein literarischer Perspektive in eins setzen«, haben Jean Ehrard und Guy Palmade (1964) betont, die die Gattung der Memoiren aus ihrer hervorragenden Studie und Textansammlung *Histoire* (S. 7) ausschlossen. Das Zeugnis zeigt die Tendenz, wieder in das Gebiet der Geschichte zurückzukehren und stellt in jedem Fall den Historiker mit der Ausbreitung der *Medien,* der Entwicklung des Journalismus, dem Aufkommen der »unmittelbaren« Geschichte und der »Rückkehr zum Ereignis« vor Probleme (vgl. Lacouture, 1978; Nora, 1974).

Arnaldo Momigliano betonte, daß die »großen« Historiker der griechisch-römischen Antike sich ausschließlich oder vorzugsweise mit der nahen Vergangenheit befaßten. Nach Herodot schreibt Thukydides die Geschichte des

Peloponnesischen Krieges, eines zeitgenössischen Ereignisses, Xenophon behandelt die Hegemonien Spartas und Thebens, deren Zeuge er war (404-362 v. Chr.), Polybios widmet seine Geschichte im wesentlichen der Zeit zwischen dem Zweiten Punischen Krieg (218 v. Chr.) und seiner eigenen Zeit (um 145 v. Chr.). Ebenso haben es Sallust und Titus Livius gemacht. Tacitus bezog das Jahrhundert, das seiner Zeit vorausging, mit ein, und Ammianus Marcellinus hat sich vor allem für die zweite Hälfte des 4. Jhs. n. Chr. interessiert. Dennoch waren die antiken Historiker seit dem fünften vorchristlichen Jahrhundert in der Lage, eine gute Quellengrundlage für die Vergangenheit zu erstellen, doch hinderte das diese Historiker nicht daran, sich vor allem für zeitgenössische oder jüngst vergangene Ereignisse zu interessieren.[34]

Der Vorrang, der den Zeugnissen von Selbsterlebtem oder unmittelbar Erfragtem eingeräumt wurde, hinderte die antiken Historiker nicht daran, sich um die Kritik dieser Zeugnisse zu bemühen. So sagt Thukydides: »Was den Bericht von Kriegsereignissen betrifft, so bin ich nicht davon ausgegangen, daß ich mich für die Niederschrift auf die Auskünfte des ersten besten verlassen kann und auch nicht auf meine eigenen Vermutungen. Ich spreche nur als Augenzeuge oder nachdem ich meine Informationen einer Kritik unterzogen habe, die so aufmerksam und vollständig wie möglich ist. Dies geschieht nicht ohne Mühe, denn bei jedem Ereignis weichen die Zeugnisse, je nach Sympathien und Erinnerung des Betreffenden, voneinander ab. Wenn man mich hört, mag man dem Mythos und seinem Zauber nachtrauern. Aber es genügt mir, daß, wer auch immer die Geschichte der Vergangenheit ans Licht bringen und in der Zukunft Ähnlichkeiten und Analogien des menschlichen Daseins erkennen will, zum Schluß kommt, daß er daraus seinen Vorteil zieht. Es handelt sich eher um eine Errungenschaft für die Dauer als um ein pompöses Werk für eine momentane Zuhörerschaft« (Thukydides, Peloponnesischer Krieg, Bd. 1, 22).

Bei Polybios geht es um mehr als um die Logik der Geschichte als Bestreben des Historikers. Es geht um die Erforschung der Ursachen. In Sorge um die Methode verwendet Polybios das ganze 12. Buch seiner Geschichte darauf, die Arbeit des Historikers über eine Kritik des Timaios zu definieren. Zunächst setzt er sein Ziel fest. An Stelle einer monographischen Geschichte will er eine allgemeine, synthetische und vergleichende Geschichte schreiben: »Soweit ich weiß, hat niemand versucht, die umfassende, totale Struk-

[34] Momigliano, *Tradition and the Classical Historian,* in: ders., 1977, S. 161 ff.

tur der vergangenen Tatsachen zu erkennen ... Erst wenn man alle Fakten miteinander verbindet und vergleicht und von ihren Ähnlichkeiten und Unterschieden ausgeht, kann man Nutzen und Zerstreuung aus der Geschichte ziehen« (Polybios 1, 4). Wesentlich ist vor allem die Versicherung:

> «Wenn man Geschichte liest oder schreibt, muß man dem Bericht der Fakten selbst weniger Bedeutung beimessen als dem, was den Fakten vorausging, sie begleitete oder ihnen folgte; denn wenn man das Warum und das Wie, das in Hinblick auf eine Handlung erfolgte, aus der Geschichte ausgliedert, so ist das, was übrigbleibt, nichts weiter als ein Bravourstück und kann nicht Gegenstand einer Untersuchung werden; es zerstreut im Augenblick, ist aber in der Zukunft zu absolut nichts nütze ... Ich versichere, daß die unverzichtbaren Elemente der Geschichte die jeweilige Abfolge, die Begleiterscheinungen der Fakten und insbesondere ihre Ursachen sind.« (Polybios III, 31, 11–13 und 32, 6)

Dabei darf man nicht vergessen, daß Polybios dem Begriff der Fortuna bei den historischen Kausalitäten einen Vorrang einräumt, daß sein Hauptkriterium in Hinblick auf ein Zeugnis oder eine Quelle moralischer Art ist und daß der Diskurs in seinem Werk breiten Raum einnimmt (vgl. Pedech, 1964). Vor allem haben die antiken Historiker die Geschichte auf der Wahrheit begründet. »Eigentümlich ist der Geschichte vor allem, Geschichte wahrheitsgemäß zu berichten«, versichert Polybios. Und Cicero erstellt die Definitionen, die während des Mittelalters und der Renaissance ihre Gültigkeit bewahren sollten. Insbesondere die folgende: »Wer wüßte nicht, daß das erste Gesetz der Geschichte ist, nicht zu wagen, auch nur irgend etwas Falsches zu sagen? Und sodann zu wagen, alles, was wahr ist, zu erzählen?«[35] Und bei der berühmten Apostrophe, in der er für den Redner das Vorrecht in Anspruch nimmt, der beste Übermittler von Geschichte zu sein, der ihr Unsterblichkeit verleiht, und in der er die berühmte Definition der Geschichte als »*magistra vitae*« aufstellt, vergißt man, daß Cicero in diesem Text, der selten im ganzen zitiert wird, die Geschichte »das Licht der Wahrheit"[36] nennt.

[35] „Nam quis nescit primam esse historiae legem, ne quid falsi audeat? Deinde ne quid veri audeat?" (Cicero, *De Oratore*, II, 62).

[36] „Historia vero testis temporum, lux veritatis, vita memoriae, magistra vitae, nuntia vetustatis qua voce alia nisi oratoris immortalitati commendatur?" (Cicero, *De Oratore*, II, 36, zit. n. Koselleck 1967)

Obwohl Momigliano zu Recht auf die Vorliebe der antiken Historiker für die jüngste Geschichte verwiesen hat, sollte man doch nicht übertreiben und mit Collingwood (1932, S. 32) sagen: »Sie sind der mündlichen Überlieferung dermaßen verbunden, daß es ihnen lediglich gelingt, die Geschichte der unmittelbar voraufgehenden Generation zu schreiben.« Tacitus z. B. singt in seinem *Dialogus de Oratoribus XV* das Loblied der Modernen – was der römischen Tradition entgegensteht–, zeigt aber seine Kenntnis und Meisterschaft in der Chronologie der Vergangenheit, einer Vergangenheit, die er, um die Wahrheit zu sagen, abflacht und an die Gegenwart annähert.

> «Wenn ich von den Alten reden höre, denke ich an Menschen einer fernen Vergangenheit, die lange Zeit vor uns geboren wurden. Vor meinen Augen erscheinen Odysseus und Nestor, deren Zeit 1300 Jahre vor unserem Jahrhundert war; ihr, das sind Demosthenes und Hypereides, die ihr mir zitiert; nun steht fest, daß sie Zeitgenossen von Philipp von Makedonien und Alexander dem Großen waren, die sie sogar beide überlebten. Daraus geht hervor, daß nicht mehr als 300 Jahre zwischen unserer Zeit und derjenigen von Demosthenes verflossen sind. Dieser Abstand mag im Vergleich zur Vergänglicheit unseres Leibes zweifelsohne lang erscheinen; verglichen mit der wirklichen Dauer der Jahrhunderte und in Anbetracht dessen, daß die Zeit keine Grenzen kennt, ist sie sehr kurz und stellt Demosthenes ganz in unsere Nähe. In der Tat, wenn, wie Cicero in seinem *Hortensius* schreibt, das große, wirkliche Jahr dasjenige ist, in dem die gegenwärtige Position des Himmels und der Sterne genau stehen, und dieses Jahr 12954 Unterabschnitte umfaßt, die wir Jahre nennen, so folgt daraus, daß euer Demosthenes, den ihr in die Vergangenheit neben die Alten stellt, im selben Jahr, ja, ich möchte sagen, im selben Monat gelebt hat wie wir.«

Wichtiger noch als das Ziel, das der Geschichte mit der christlichen Historiographie gegeben wird, scheinen mir für Werkzeug und Methoden des Historikers die Folgen im Bereich der Chronologie zu sein. Gewiß, diese erhielt ihre erste Ausformung bereits durch die antiken Historiker – meist von denen, die nicht zu den großen zählen –, und die christlichen Historiker verwendeten sie weiter. Diodorus Siculus (1. Jh. v. Chr.) erstellte eine Konkordanz von Konsulatsjahren und Olympiaden. Pompeius Trogus (1. Jh. n. Chr.), bekannt durch eine Zusammenfassung von Justin (2. oder 3. Jh. n. Chr.), brachte das Thema der vier aufeinanderfolgenden Reiche auf. Doch die ersten christlichen Historiker hatten entscheidenden Einfluß auf die historische Arbeit und auf die chronologische Fassung der Geschichte.

Eusebios von Cäsarea schrieb zu Beginn des 4. Jh. seine *Chronik*, gefolgt von einer *Kirchengeschichte*, und war der erste antike Historiker, der dieselbe Aufmerksamkeit wie ein moderner Historiker darauf verwandte, sein Material getreu der Vorlage zu zitieren und seine Quellen korrekt anzugeben« (Chesnut, 978, S. 245). Diese kritische Verwendung der Quellen hat es Eusebios und seinen Nachfolgern gestattet, auf sicherem Wege über die Erinnerung von lebenden Zeugen hinauszugelangen. Ganz allgemein versuchte Eusebios, dessen Werk ein geduldiger, gewissenhafter und vor allem zutiefst menschlicher Versuch ist, die Beziehungen zwischen dem Christentum und der Welt zu ordnen (Sirinelli, 1961, S. 495), nicht, einer im engeren Sinne christlichen Chronologie den Vorrang zu geben. Die jüdisch-christliche Geschichte, die bei ihm mit Moses beginnt, war für ihn lediglich eine Geschichte unter anderen (ebd. S. 59–61). Und »sein etwas schillerndes Projekt einer synchronen Geschichte geht zum einen Teil auf eine ökumenische Sehweise, zum anderen Teil auf schlichtes Bildungsstreben zurück« (ebd. S. 63).

Die christlichen Historiker übernahmen vom Alten Testament (Traum Daniels) und von Justin das Thema der Abfolge der vier Reiche, des babylonischen, des persischen, des makedonischen und des römischen. Eusebios, dessen Chronik von Hieronymus und Augustinus überarbeitet und vervollkommnet wurde, stellte eine Periodisierung der Geschichte auf heilsgeschichtlicher Grundlage vor, die sechs Zeitalter unterscheidet (bis Noah, bis Abraham, bis David, bis zur Babylonischen Gefangenschaft, bis Christus, nach Christus). Diese versuchten Isidor von Sevilla zu Beginn des 7. Jhs.[37] und Beda zu Beginn des 8. Jhs. zu berechnen.

Probleme der Datierung und der Chronologie sind für den Historiker zentral. Auch hier haben die antiken Historiker und Gesellschaften die Grundlagen geschaffen. Die Königslisten von Babylon und Ägypten stellten einen ersten chronologischen Rahmen dar. Die Gliederung nach Herrschaftsjahren taucht zum ersten Mal um 2000 v. Chr. in Babylon auf. 776 v. Chr. beginnt die Zeitrechnung nach Olympiaden, 754 v. Chr. die Liste der Ephoren von Sparta, 686/685 v. Chr. die Liste der Archontenjahre in Athen, 508 v. Chr. die Berechnung nach Konsulaten in Rom. 45 v. Chr. führte Caesar in Rom den Juliani-

[37] *Chronicon*, 426, 428, 429, 432, 439, 445, 454

schen Kalender ein. Die kirchliche christliche Zeitrechnung macht sich vor allem an der Datierung des Osterfestes fest. Lange Zeit war man im Zweifel, wo der Beginn der Chronologie und der Beginn des Jahres festzusetzen seien. Die Akten des Konzils von Nizäa sind zugleich nach Konsulatsjahren und nach den Herrschaftsjahren der Seleuziden datiert (312–311 v. Chr.). Die lateinische Christenheit ging zunächst vor allem vom Zeitalter Diokletians oder der Märtyrer (284) aus. Doch im 6. Jh. schlug der römische Mönch Dionysus Exiguus vor, das Zeitalter der Inkarnation zugrunde zu legen und den Beginn der Chronologie auf Christi Geburt festzusetzen. Erst im 9. Jh. wurde dies allgemein gebräuchlich. Doch alle Bemühungen um eine kirchliche Zeitrechnung, die ihren bemerkenswertesten Ausdruck in Bedas Abhandlung *De temporum ratione* (725) fand, stellen trotz der Verzögerungen und Fehlschläge eine wichtige Etappe auf dem Weg zur Beherrschung der Zeit dar.[38]

Bernard Guenée hat gezeigt, daß das mittelalterliche Abendland »Historiker besaß, die versessen darauf waren, ihre Vergangenheit zu rekonstruieren und über große Bildung verfügten«. Diese Historiker, die bis zum 13. Jh. in erster Linie Mönche waren, profitierten vor allem von einer Zunahme der Quellen. Wir sahen, daß Archive ein sehr altes Phänomen sind. Das Mittelalter aber häufte Urkunden an in Klöstern, Kirchen und königlicher Verwaltung, es vermehrte die Bibliotheken. Quellensammlungen wurden angelegt sowie ein Verweissystem, das Buch und Kapitel angab, wurde insbesondere verbreitet unter dem Einfluß des Mönchs Gratian, der Autor einer Kompilation kanonischen Rechts, des *Decretum,* zu Bologna war (1140), und unter dem Einfluß des Theologen Petrus Lombardus, Bischof von Paris, gestorben 1160. Das Ende des 11.Jhs. und der größte Teil des 12. Jhs. lassen sich als »die Zeit des Triumphs der Gelehrsamkeit« ansehen. Die Scholastik und die Universitäten, die der Geschichte, die dort nicht gelehrt wurde (Borst, 1969), ablehnend, wenn nicht feindlich gegenüberstanden, stellen einen gewissen Rückschritt für die historische Kultur dar. Dennoch »liebte das breite Laienpublikum Geschichte auch weiterhin«, und am Ende des Mittelalters mehrten sich diese Liebhaber, die Ritter oder Kaufleute waren. Die Vorliebe für die nationale Geschichte trat zur selben Zeit in den Vordergrund, in der sich die Staaten und Nationen zu festigen begannen. Dennoch nahm die Geschichte unter den Wissensbereichen einen bescheidenen Platz ein, bis zum 15.Jh. blieb

[38] Vgl. Le Goff, *Calendario,* in: *Enciclopedia Einaudi,* Bd. 2; Cordoliani, 1961; Guenée, 1980, S. 147–165

sie Hilfswissenschaft der Moral, des Rechts und insbesondere der Theologie (vgl. Lammers, 1965), obwohl Hugo von St. Viktor in der ersten Hälfte des 12. Jhs. in einer bemerkenswerten Schrift *Fundamentum omuis doctrina* gesagt hatte, daß sie »die Grundlage aller Wissenschaft« sei. Doch das Mittelalter stellt keinen Einbruch in der Entwicklung der Geschichtswissenschaft dar, es erlebt im Gegenteil »die Fortsetzung des historischen Bemühens« (Guenée, 1980, S. 367).

Die Historiker der Renaissance haben der Geschichtswissenschaft große Dienste erwiesen: Sie öffneten der Quellenkritik mit Hilfe der Philologie den Weg, sie begannen, die Geschichte zu »laisieren«, die Mythen und Märchen daraus zu verjagen, die Grundlagen für die Hilfswissenschaften der Geschichte zu legen und eine Verbindung zwischen Geschichte und Gelehrsamkeit herzustellen.

Es wird die Ansicht vertreten, daß die Anfänge der wissenschaftlichen Quellenkritik auf Lorenzo Valla (1405-1457) zurückgehen; in seiner *De falso credita e emenentia Constantini donatione desclaratio* (1440) beweist er im Auftrag des aragonesischen Königs von Neapel, der sich in Auseinandersetzungen mit dem Heiligen Stuhl befindet, daß dieser Text eine Fälschung ist, da die Sprache nicht aus dem 4. Jh. stammen kann, sondern vier- oder fünfhundert Jahre jünger ist. Damit führt er den Beweis, daß die Ansprüche des Papstes auf den Kirchenstaat, der auf dieser angeblichen Konstantinischen Schenkung an Papst Sylvester begründet ist, auf einer karolingischen Fälschung beruht. »So entstand die Geschichte als Philologie oder als kritisches Bewußtsein ihrer selbst und der anderen« (Garin, 1951, S. 115). Valla wandte die Quellenkritik auch auf Historiker der Antike an: auf Titus Livius, Herodot, Thukydides, Sallust und sogar auf das Neue Testament in seinen *Annotationes*, für die Erasmus ein Vorwort anläßlich der Pariser Ausgabe von 1505 schrieb. Doch seine *Geschichte Ferdinands I.*, König von Aragon, des Vaters seines Gönners, ist nichts anderes als eine Anekdotensammlung, die im wesentlichen das Privatleben des Herrschers betrifft (Gaeta).

Es ist zu lesen: »So wie Biondo der erste Gelehrte unter den humanistischen Historikern war, so war Valla der erste Kritiker.« Ich weiß nicht - nach den Arbeiten von Bernard Guenée -, ob sich eine solch pointierte Behauptung aufrechterhalten läßt. Biondo war mit seinen Handbüchern über das antike Rom *(Roma instaurata 1446*, erschienen 1471 und *Roma triumphans 1459*, erschienen um 1472) und mit seinen *Dekaden*, die eine Geschichte des Mittelalters von 412 bis 1440 darstellen, ein großer Sammler von Quellen. Doch finden sich in seinen Werken weder Quellenkritik noch Sinn für Geschichte; die Quellen sind eine neben der anderen abgedruckt, im besten Falle wie in den Dekaden in chronologischer Abfolge. Doch Biondo, der Sekretär des Papstes, war der erste, der die Archäologie für historische Belege heranzog.

Seit dem 15. Jh. beginnen die Humanisten mit einer weltlichen Geschichtswissenschaft, die frei von Märchen und übernatürlichen Interventionen ist. Hier zählt Leonardo Bruni (1369–1444), Kanzler von Florenz, zu den großen Namen, dessen *Geschichte der Stadt Florenz* (bis 1404) die Legenden über ihre Gründung ignoriert und niemals vom Eingreifen der Vorsehung spricht. »Mit ihm wird ein neuer Weg zur natürlichen Erklärung von Geschichte beschritten« (Fueter, 1911, I, 20), und Hans Baron sprach hier von der Profanisierung der Geschichte.

Die Ablehnung pseudo-historischer Mythen war der Ausgangspunkt einer endlosen Polemik über die angeblichen trojanischen Ursprünge der Franken. Schritt für Schritt stellen Etienne Pasquier in seinen *Recherches de la France* (erster Band von 1560, 10 Bände in der posthumen Ausgabe von 1621), François Hotman in seiner *Franco-Gallia* (1573), Claude Fauchet in seinen *Antiquités gauloises et françaises jusqu'à Clovis* (1599) und Lancelot de la Popeliniere in seinem *Dessein de l'histoire nouvelle des François* (1599) diesen trojanischen Ursprung in Frage, und Hotman leitet in überzeugender Weise den germanischen Ursprung der Franken ab.

Im Zusammenhang mit diesen Fortschritten der historischen Methode ist die Rolle der Reformation zu unterstreichen. Dadurch, daß ihre Anhänger Auseinandersetzungen über die Geschichte des Christentums entfachten und dadurch, daß sie unabhängig von der autoritären kirchlichen Tradition waren, trugen sie dazu bei, daß sich die Geschichtswissenschaft weiterentwickelte.

Schließlich setzten die Historiker des 16. Jhs., insbesondere die französischen aus der zweiten Hälfte des Jahrhunderts, das Streben nach Gelehrsamkeit der italienischen Humanisten des 15. Jhs., fort. Guillaume Budé leistet mit seiner Abhandlung über römische Münzen *De asse* (1514) einen entscheidenden Beitrag zur Numismatik. Joseph Justus Scaliger (1540–1609) befaßt sich in *De emendatione temporum* (1583) mit der Chronologie. Der Protestant Isaac Casaubon (1599-1614), »der Phönix unter den Gelehrten« widersprach mit seinen *Emendationes* (1612) den *Annales ecclésiastiques* des allerkatholischsten Kardinals Cäsar Baronius. Auch der Flame Juste Lipse (1547–1606) bereicherte die historische Gelehrsamkeit insbesondere im philologischen und numismatischen Bereich. Die Lexika häufen sich, so der *The-*

saurus linguae latinae von Robert Estienne (1513) und der *Thesaurus linguae grecae* seines Sohnes Henri (1572); der Flame Grüter (1560–1627) gibt das erste *corpus inscriptionum* heraus, zu dem Scaliger den Index erstellt. Schließlich darf man nicht vergessen, daß das 16. Jh. der historischen Periodenbildung den Begriff des *Jahrhunderts* schenkt (vgl. Le Goff, wie Anm. 38, Kap. IV).

Während die Humanisten, indem sie die Antike imitierten, die Geschichte trotz aller Fortschritte der Gelehrsamkeit im Bereich der Literatur belassen hatten, setzten sich einige der großen Historiker des 16. und des beginnenden 17. Jhs. entschieden von den Philologen ab. Viele von ihnen sind Juristen (Bodin, Vignier, Hotman usw.), und diese »Gelehrten der Robe« kündigen die Geschichte der »Philosophen« des 18. Jhs. an (Huppert, 1970, S. 188). Donald Kelley (1964) hat gezeigt, daß die Geschichte von Ursprung und Wesen des Feudalismus nicht auf Montesquieu zurückgeht, sondern auf Auseinandersetzungen unter Gelehrten des 16. Jhs.

Die neue Geschichte, die die großen Humanisten am Ende des 16. und zu Beginn des 17. Jhs. verbreiten wollten, wurde in der ersten Hälfte des 17. heftig bekämpft und den Manifestationen des Freigeistes zugerechnet. Das Ergebnis war, daß sich Geschichte (im Sinne von Geschichtsschreibung) und Gelehrsamkeit immer weiter voneinander entfernten, wie Paul Hazard (1925, Bd. 1, S. 66) feststellt. Im Jahrhundert Ludwigs XIV. machte die Gelehrsamkeit entscheidende Fortschritte, während die Geschichte einen Tiefpunkt erlebte. »Die Gelehrten des 17. Jhs. waren an den großen Fragen der allgemeinen Geschichte nicht interessiert. Sie kompilierten Wörterbücher wie du Cange (1610–1688), der große Mann der Robe. Sie schrieben Heiligenviten wie Mabillon. Sie gaben Quellen zur mittelalterlichen Geschichte heraus wie Baluze (1630–1718). Sie studierten Münzen wie Vaillant (1632–1706). Kurz, sie neigten weit mehr zu den Nachforschungen des Antiquars als zu denjenigen des Historikers« (Huppert, 1970, S. 185).

Zwei Unternehmungen gewannen besondere Bedeutung. Sie gingen aus *kollektiver* Forschung hervor: »Die große Neuerung besteht darin, daß man sich in der Zeit Ludwigs XIV. daran macht, Gelehrsamkeit kollektiv zu betreiben« (G. Lefebvre, 1945/46, S. 101). Tatsächlich ist dies eine Voraussetzung, die die Gelehrsamkeit erfordert.

Das erste ist das Werk von Jesuiten, dessen Initiator Pater Heribert Rosewey (Roseweyde) war, gest. 1629 in Antwerpen, und der eine Art Repertorium der Manuskripte von Heiligenviten erstellte, die in belgischen Bibliotheken aufbewahrt wurden. Mit diesen Vorarbeiten gelang es Pater Jean Bolland, seine Vorgesetzten zu bewegen, dem Projekt einer Publikation von Heiligenviten und hagiographischen Quellen zuzustimmen, die nach dem Kalender geordnet präsentiert werden sollten. So entstand jene Gruppe von Jesuiten, die Spezialisten für Hagiographie wurden, denen man den Namen Bollandisten gab und die 1643 die beiden ersten Bände des Monats Januar der *Acta Sanctorum* herausbrachten. Die Bollandisten sind noch heute sehr aktiv in einem Gebiet, das immer noch an der Spitze der Gelehrsamkeit und der historischen Forschung steht. 1675 brachte ein Bollandist, Pater Daniel van Papenbroeck (Papebroch), zu Beginn des zweiten Bandes für den Monat April der *Acta Sanctorum* eine Dissertation heraus *Über die Unterscheidung von Original und Fälschung in alten Urkunden.* Papenbroeck hatte kein Glück mit der Anwendung seiner Methode. Es blieb einem französischen Benediktiner, Dom Mabillon, vorbehalten, der wirkliche Begründer der Diplomatik zu werden.

Jean Mabillon gehörte zu der anderen Mannschaft, die der Gelehrsamkeit ihre Adelspatente verlieh. Gemeint sind die Benediktiner der reformierten Kongregation von St. Maur, die damals aus St. Germain-de-Pres in Paris »eine Hochburg französischer Gelehrsamkeit« machten. Ihr Arbeitsprogramm war 1648 von Luc d'Achery aufgestellt worden. Ihr Forschungsgebiet umfaßte die griechischen und lateinischen Kirchenväter, die Kirchengeschichte und die Geschichte des Benediktinerordens. 1681 brachte Mabillon, um Papenbroeck zu widerlegen, *De re diplomatica* heraus, in dem er Regeln für die Diplomatik (das Studium der *Diplomata)* aufstellte und Kriterien festlegte, nach denen sich die Authentizität von öffentlichen oder privaten Urkunden feststellen läßt. Marc Bloch (7. Aufl. 1974, S. 77) sah, nicht ohne eine gewisse Übertreibung, »im Jahr 1681, dem Jahr, in dem *De re diplomatica* erschien, eines der großen Daten der Geschichte des menschlichen Geistes«. Das Werk lehrt insbesondere, daß die Übereinstimmung von zwei unabhängigen Quellen die Wahrheit ans Licht bringt, und wendet, inspiriert von Descartes, das Prinzip an, »überall so vollständige Aufzählungen und so allgemeine Übersichten zu erstellen«, daß man »sicher sein konnte, nichts ausgelassen zu haben« (Tessier, 1961).

Es sind zwei Anekdoten überliefert, die zeigen, wie weit die Trennung von Geschichte und Gelehrsamkeit um die Wende vom 17. zum 18. Jh. gekommen war. Pater Daniel, Hofhistoriograph Ludwigs XIV., den Fueter dennoch »einen gewissenhaften Arbeiter« nennt, traf Vorbereitungen, um seine *Histoire de la milice française* (1721) zu schreiben; man führte ihn in die königliche

Bibliothek und zeigte ihm 1200 Werke, die ihm nützlich sein könnten. Er überflog einige von ihnen im Verlauf einer Stunde und erklärte dann, »daß all diese Stücke nutzloser Papierkram wären, dessen er nicht bedurfte, um seine Geschichte zu schreiben«. Abt de Vertot (1655–1735) hatte gerade sein Werk über die Belagerung von Rhodos durch die Türken fertiggestellt, als man ihm dafür neue Dokumente brachte. Er wies sie zurück und sagte: »Meine Belagerung ist abgeschlossen.«

Das gelehrte Schaffen setzte sich im 18. Jh. fort und weitete sich aus. Die historische Arbeit, die darniedergelegen hatte, kam wieder zu sich, insbesondere in Zusammenhang mit der Auseinandersetzung über die germanischen oder römischen Ursprünge der französischen Gesellschaft und der französischen Institutionen. Historiker machten sich wieder daran, nach den Ursachen zu suchen, doch sie verbanden das Streben nach Gelehrsamkeit mit intellektueller Reflexion. Diese Verbindung rechtfertigt – obwohl sie einige Ungerechtigkeit bezüglich des 16. Jhs. enthält – die Meinung R. Collingwoods: »In jenem engeren Sinne, in dem Gibbon und Mommsen Historiker sind, gibt es vor dem 16. Jh. keinen Historiker«, d.h. keinen Autor einer »Untersuchung, die zugleich kritisch und konstruktiv ist, die sich auf die menschliche Vergangenheit im ganzen bezieht und deren Methode darin besteht, die Vergangenheit auf der Grundlage von schriftlichen und nicht-schriftlichen Quellen zu rekonstruieren, die kritisch analysiert und interpretiert werden« *(Encyclopaedia Universalis,* Bd. 8, S. 432). Henri Marrou (1961, S. 27) betont seinerseits: »Was den Wert Gibbons ausmacht (des berühmten englischen Autors der *Geschichte des Verfalls und Untergangs des Römischen Reiches,* 1776–1788), ist eben das, daß ihm die Synthese gelungen ist zwischen dem Erbe klassischer Gelehrsamkeit, wie sie sich allmählich von den ersten Humanisten bis zu den Benediktinern von Saint-Maur und ihresgleichen herausgebildet hatte, und zwischen dem Gespür für die großen menschlichen Probleme aus übergreifender Sicht, wie es sich bei ihm dank seiner Auseinandersetzung mit den Philosophen entwickeln konnte.«

Mit dem philosophischen Rationalismus – der, wie wir sahen, keine besonders glücklichen Konsequenzen für die Geschichte hatte –, mit der endgültigen Ablehnung der Vorsehung und der Suche nach natürlichen Gründen öffnete sich der Horizont der Geschichte für alle Aspekte der Gesellschaft und alle Zivilisationen. Fénelon fordert in einem *Projet d'un Traité sur L'Histoire* (1714), »Sitten und Verfassung aller Teile der Nation zu studieren«, ihre Wahrheit und Originalität zu zeigen – das, was die Maler *il costume* (ital.) nennen – ebenso wie den Wandel: »Jede Nation hat ihre Sitten, die von denen der Nachbarn sehr verschieden sind, jedes Volk ändert häufig seine eigenen Sitten.« Voltaire hatte 1744 in seinen *Nouvelles considérations sur l'histoire* eine Geschichte der Wirtschaft und der Demographie, eine Geschichte der Technik und der Sitten gefordert, nicht nur eine politische, militärische und diplomatische Geschichte, sondern eine Geschichte der Menschen, aller Menschen und nicht nur der Könige und der Großen, eine Geschichte der Strukturen und nicht nur der Ereignisse, eine Geschichte in Bewegung, eine Geschichte der Entwicklung und des Wandels, keine statische Geschichte, keine Geschichte als Bild, eine erklärende und nicht nur rein narrative, deskriptive oder dogmatische Geschichte, eine totale Geschichte eben.

In den Dienst dieses Programmes oder weniger ehrgeiziger Programme stellt der Historiker von nun an sein Streben nach Gelehrsamkeit, dem immer mehr Vorhaben zu dienen bestrebt sind, ebenso wie, und das ist neu, Institutionen. In diesem Jahrhundert der Akademien und gelehrten Gesellschaften wird auch die Geschichte, oder was mit ihr zu tun hat, nicht vergessen.

Auf der Ebene der Institutionen wähle ich die Académie des Inscriptions et Belles Lettres in Frankreich aus. Die »kleine Académie«, die 1663 von Colbert gegründet wurde, umfaßte damals nur vier Mitglieder, und ihre Aufgabe war rein praktischer Art: die Aufschriften der Medaillen und die Inschriften der Denkmäler zu verfassen, die den Ruhm des Sonnenkönigs verewigen sollten. 1701 wird die Zahl ihrer Mitglieder auf 40 erhöht, und sie wird eine selbständige Einrichtung. Ihren heutigen Namen erhielt sie 1716, und seit 1717 veröffentlicht sie regelmäßig Denkschriften, die der Geschichte, der Archäologie und der Linguistik gewidmet sind. Ferner übernimmt sie die Edition des *Recueil des Ordonnances des Rois des France.*

Aus dem Bereich der Arbeitsinstrumente nenne ich einerseits *L'Art de vérifier les dates,* dessen erste Ausgabe die Mauristen 1750 vorlegen, andererseits die Einrichtung der Königlichen Archive von Turin um 1717-1720, in deren Reglements die Archivlehre der Zeit am besten zum Ausdruck kommt, und ferner die Drucklegung des Katalogs der Königlichen Bibliothek von Paris 1739-1753.

Als Repräsentanten gelehrten Strebens im Dienste der Geschichte will ich Antonio Muratori nennen, der 1672 geboren wurde, seit 1694 Bibliothekar der *Ambrosiana* in Mailand war, 1700 Bibliothekar und Archivar des Herzogs von Este in Modena wurde und 1750 starb. Er veröffentlichte von 1744-1749 die *Annali d'Italia,* denen 1738–1742 die *Antiquitates Italiae Medii Aevi* vorausgingen. Auch stand er insbesondere mit Leibniz in Verbindung (Campori, 1982).

Muratori hat Mabillon zum Vorbild, doch befreit er nach Art der Humanisten der Renaissance die Geschichte von Wundern und Weissagungen. Die Quellenkritik treibt er noch weiter als der Maurist, doch ist auch er kein wirklicher Historiker. Die Quellen werden nicht historisch aufgearbeitet, und Geschichte ist bei ihm auf politische Geschichte beschränkt. Das, was Institutionen, Sitten und Mentalitäten betrifft, wurde aus den *Antiquitates* ausgeschlossen. »Seine *Annali* sind eher Studien zur italienischen Geschichte in chronologischer Reihenfolge als ein historisches Werk« (Fueter, 1911, I, S. 384).

Unter dem Gesichtspunkt, der mich hier interessiert, ist das 19. Jh. entscheidend, denn es macht endgültig die Methode der Quellenkritik verfügbar, die den Historiker seit der Renaissance beschäftigt hatte; es verbreitet diese Methode und ihre Ergebnisse über die Lehre und durch Publikationen; es vereint Geschichte und Gelehrsamkeit.

Frankreich wähle ich als Beispiel für die gelehrte Ausrüstung der Geschichte. Die Revolution und das Kaiserreich schufen die Archives Nationales, die 1800 dem Innenministerium unterstellt wurden und 1883 in das Ressort des Unterrichtsministeriums übergingen. Die Restauration schuf 1821 die École des Chartes, um einen Stamm von Facharchivaren auszubilden, die eher Historiker als Vewaltungsleute sein sollten und denen seit 1850 die Leitung der Archives départementales vorbehalten blieb. Die archäologische Forschung an der Hauptschauplätzen der Antike wurde durch die Gründung der École d'Athènes (1840 und der École de Rome (1874) gefördert, die Gesamtheit historischer Gelehrsamkeit durch die Gründung der École Pratique des Hautes Études (1868). 1804 war in Paris die Académie Celtique entstanden, die die nationale französische Vergangenheit untersuchen sollte. Sie wurde 1884 in die Société des Antiquaires de France umgewandelt. 1834 richtet der Historiker Guizot, der Minister geworden ist, ein Comité des Travaux historiques ein, das die Aufgabe hat, eine Sammlung von *Documents inédits sur l'histoire de France* herauszugeben. 1835 hält die Société française d'Archeologie, die 1833 gegründet wurde, ihren ersten Kongreß ab. Die Commission des Monuments historiques wird 1837 gegründet. Die Société de l'Histoire de France entsteht 1835. In Zukunft gibt es ein »Gerüst« für die Geschichte: Lehrstühle, Forschungszentren, gelehrte Gesellschaften, Quellensammlungen, Bibliotheken, Zeitschriften. Nach den Mönchen des Mittelalters, nach den Humanisten und Juristen der Renaissance, nach den Philosophen des 18. Jhs. schufen bürgerliche Professoren der Geschichte einen Platz im Herzen Europas und in seiner Fortsetzung, den Vereinigten Staaten, wo die Library of Congress 1800 gegründet wurde.

Die Bewegung war europäisch und stark von nationalem Geist, wo nicht von Nationalismus gefärbt. Ein auffälliges Zeichen dafür ist die Gründung von (nationalen) historischen Zeitschriften in den meisten europäischen Ländern. In Dänemark die *Historisk Tidsskrift* (1840), in Italien das *Archivio storico italiano* (1842), der die *Rivista storica italiana* (1884) folgt, in Deutschland die *Historische Zeitschrift*, in Ungarn *Szazadok (Jahrhunderte)* (1867), in Norwegen die *Historisk Tidsskrift* (1870), in Frankreich *La Revue historique* (1876), der bereits seit 1839 die *Bibliothèque de l'École des Chartes* vorausgegangen war, in Schweden die *Historisk Tidsskrift* (1881), in England die *English Historical Review* (1886), in den Niederlanden die *Tijdschrift voor Geschiedenis* (1886), in Polen der *Kwartalnik Historyczny* (1887), in den Vereinigten Staaten *The American Historical Review* (1895).

Doch der Mittelpunkt, die Fackel, das Vorbild der gelehrten Geschichte im 19. Jh. war Preußen. Nicht allein, daß die Gelehrsamkeit dort angesehene Institutionen und Reihen schuf wie die *Monumenta Germaniae Historica* (seit 1826), sondern die historische Produktion verband hier besser als andernorts historisches Denken und Gelehrsamkeit. Die Lehre in Gestalt des Seminars gewährleistete hier die Kontinuität des Strebens nach Gelehrsamkeit historischer Forschung. Hier tauchen einige große Namen auf: der Deutsch-Däne Niebuhr (1776-1831) für die römische Geschichte *(Römische Geschichte*, 1811-1832), der Gelehrte Waitz (1813-1886), ein Schüler Rankes, Autor einer *Deutschen Verfassungsgeschichte* (1844-1878) und seit 1875 Leiter der *Monumenta Germanina Historica*, Mommsen (1817-1903), der die Alte Geschichte beherrschte und die Epigraphik in den Dienst der politischen Geschichte und der Rechtsgeschichte stellte *(Römische Geschichte*, seit 1849), Droysen (1808-1884), der Begründer der preußischen Schule, Spezialist für griechische Geschichte und Autor eines Handbuchs der Historiographie: *Grundriß der Historik* (geschrieben 1858, erschienen 1868), die sogenannte »nationalliberale« Schule mit Sybel (1817-1895), dem Begründer der *Historischen Zeitschrift* (1859), Häusser, dem Autor einer *Deutschen Geschichte im 19. Jh.*, Treitschke (1834-1896) etc. Der größte Name in der großen deutschen Historischen Schule des 19. Jhs. ist Ranke (1795-1880), dessen ideologische Bedeutung für den Historismus wir gesehen haben. Hier erwähne ich ihn als

Gründer des ersten Historischen *Seminars* 1840, in dem der Lehrer und seine Schüler sich gemeinsam der Quellenkritik widmeten.

Die deutsche Gelehrsamkeit übte eine starke Anziehungskraft auf die europäischen Historiker des 19. Jhs. aus, einschließlich der Franzosen, die nahe daran waren zu glauben, daß der Krieg von 1870/71 von preußischen Lehrern und deutschen Gelehrten gewonnen worden war. Ein Monod, ein Jullian, ein Seignobos z.B. vervollkommneten ihre Ausbildung in den Seminaren auf der anderen Seite des Rheins. Auch Marc Bloch sollte etwas deutsche Gelehrsamkeit in Leipzig mitbekommen. Ein Schüler Rankes, Godefroid Kurth (1847–1916), gründete an der Universität Lüttich ein Seminar, an dem der große belgische Historiker Henri Pirenne (1862–1935) seine Lehrjahre verbrachte, der im 20. Jh. zum Mitbegründer der Wirtschaftsgeschichte werden sollte.

Dennoch wurden, vor allem außerhalb Deutschlands, seit dem Ende des 19. Jhs. die Gefahren der deutschen Gelehrsamkeit offenbar. Camille Jullian stellte 1896 fest: »Die Geschichte in Deutschland zerfällt immer weiter«, manchmal »verliert sie sich Schritt für Schritt in einer Art philologischer Scholastik: Die großen Namen verschwinden einer nach dem anderen; wir müssen fürchten, die Epigonen Alexanders oder die Enkel Karls des Großen emporkommen zu sehen ...« Der gelehrte deutsche Historismus reduzierte sich in Deutschland und andernorts in Europa auf zwei entgegengesetzte Strömungen: eine idealistische Geschichtsphilosophie und ein gelehrtes »positivistisches« Ideal, das den Ideen aus dem Weg ging und die Suche nach den Ursachen aus der Geschichte verbannte.

Es blieb französischen Professoren vorbehalten, dieser positivistischen Geschichte Brief und Siegel zu verleihen. Die *Introduction aux Études historiques* (1898) von Ch. V. Langlois und Ch. Seignobos verstand sich als »Lehrbuch der neuen Methoden« und sollte die Segnungen einer fortschrittlichen und notwendigen Gelehrsamkeit sowie die Ansätze zu einer geistigen und methodologischen Sterilität in der Geschichte gleichermaßen verbreiten.

Doch ist aus dieser gelehrten Geschichte des 19. Jhs. eine positive Bilanz zu ziehen, wie es Marc Bloch (1974, S. 80–83) tat. »Das gewissenhafte Streben des 19. Jhs.« hat es ermöglicht, daß »die Techniken der Kritik« nicht länger das Vorrecht »einer Handvoll Gelehrter, Exegeten und Neugieriger« sind, und »der Historiker kam auf das Bewährte zurück«. »Unsere bescheidenen Anmerkungen, unsere pedantischen Verweise, über die sich heute, ohne sie zu verstehen, so viele schöne Geister lustig machen, dienen dazu, ... den elementarsten Regeln einer Moral der Intelligenz« und »den Kräften der Vernunft zum Sieg zu verhelfen« (Ehrard/Palmade, 1964, S. 78).

So hatte die Geschichte, sicher gestützt auf ihre Dienerinnen, die Hilfswissenschaften (Archäologie, Numismatik, Sphragistik, Philologie, Epigraphik Papyrologie, Paläographie, Diplomatik, Onomastik, Genealogie, Heraldik), den Thron der Gelehrsamkeit bestiegen.

5. Geschichte heute

Was die Geschichte heute betrifft, so möchte ich einerseits ihre Erneuerung in der wissenschaftlichen Praxis skizzieren und andererseits ihre Rolle in den Gesellschaften vor Augen führen.

Bezüglich des ersten Punktes möge man mir gestatten, die Sache eher kurz abzuhandeln und auf eine andere Studie (Le Goff, 1978) zu verweisen, in der ich die Genese der wichtigsten Aspekte dieser Erneuerung der Geschichtswissenschaft im vergangenen halben Jahrhundert dargestellt habe.

Die Tendenz scheint mir vor allem französisch zu sein, aber sie hat sich auch andernorts gezeigt, insbesondere in Großbritannien und Italien, vor allem im Umfeld der Zeitschriften *Past and Present* (seit 1952) und *Quaderni Storici* (seit 1966).

Da sie zuerst in Gestalt der Wirtschafts- und Sozialgeschichte in Erscheinung trat, ist hier die Rolle der deutschen Geschichtswissenschaft im Umfeld der im Jahre 1903 gegründeten *Vierteljahresschrift für Sozial- und Wirtschaftsgeschichte* zu erwähnen und diejenige des großen belgischen Historikers Henri Pirenne, der die Theorie vom wirtschaftlichen Ursprung der Städte im mittelalterlichen Europa entwickelte (1862–1935). Für das Ausmaß, in dem Soziologie und Anthropologie die Verwandlung der Geschichte im 20. Jh. mitbestimmen, ist der Einfluß eines so großen Geistes wie Max Weber sowie der angelsächsischen Soziologen und Anthropologen maßgeblich.

Der Erfolg der »oral history« war in den angelsächsischen Ländern groß und frühzeitig. Die quantitative Geschichte war fast überall in Mode, außer vielleicht in den Mittelmeerländern.

Ruggiero Romano hat dank seinem Verständnis und seiner Überzeugung ein einprägsames Bild von der *storiografia italiana oggi* (1978) – Italienische Historiographie heute – entworfen und auf eine Anzahl von Ländern verwiesen, in denen Geschichte und Historiker im sozialen und politischen, nicht nur im kulturellen Leben einen festen Platz haben: Italien, Frankreich, Spanien, die südamerikanischen Länder und Polen, während dieses Phänomen in den angelsächsischen, russischen und germanischen Ländern nicht anzutreffen ist.

Die historische Arbeit und das Nachdenken über Geschichte heute entwickeln sich in einer Atmosphäre der Kritik und der Ernüchterung bezüglich des Fortschrittsglaubens. Seit nicht allzu langer Zeit läßt sich auch eine Tendenz zur Abwendung vom Marxismus, zumindest vom Vulgärmarxismus, in Europa verzeichnen. Eine ganze Produktion ohne wissenschaftlichen Wert, die nur unter dem Druck der Mode und eines gewissen politisch-intellektuellen Terrorismus Illusionen hervorbrachte, wurde unglaubwürdig. Wir wollen darauf hinweisen, daß die anti-marxistische Pseudo-Geschichte blüht, die offenbar das überholte Thema des Irrationalen auf ihr Banner geschrieben hat.

Da der Marxismus jenseits von Max Weber das einzige kohärente Gedankensystem der Geschichte im 20. Jh. darstellt, ist es wichtig zu sehen, was in Zusammenhang mit der Loslösung von der marxistischen Theorie einerseits und mit der seit langem nicht gegen den Marxismus, sondern außerhalb von ihm begonnenen Erneuerung der historischen Praxis andererseits in Europa vor sich geht, wenn man mit Michel Foucault davon ausgeht, daß bestimmte, zentrale Probleme, die sich dem Historiker stellen, bis jetzt nur über den Marxismus formuliert werden können. In Europa bemüht sich eine Anzahl namhafter Historiker zu zeigen, daß der Marxismus sich nicht nur gut mit der »neuen Geschichte« vertrug, sondern daß jener, ihrer Vorliebe für Strukturen, ihrer Konzeption der »totalen« Geschichte, ihrem Interesse für den Bereich der Technik und des materiellen Lebens zufolge, einer ihrer Väter war.

Ich habe einige große Historiker der Vergangenheit die Väter der neuen Geschichte genannt, und zwar wegen ihrer Vorliebe für die Suche nach den Ursachen, wegen ihrer Neugier bezüglich der Zivilisationen, wegen ihres Interesses am Materiellen, Alltäglichen und an der Psychologie. Von de La Popelinière am Ende des 16. Jhs. über Fénelon, Montesquieu, Voltaire, Châteaubriand, Guizot bis hin zu Michelet bilden sie eine Reihe, die eindrucksvoll in ihrer Vielfalt ist. Hinzuzufügen ist der Niederländer Huizinga (gest. 1945), dessen Hauptwerk, *Der Herbst des Mittelalters* (1919), das Augenmerk für kollektive Psychologie in die Geschichte einbrachte.

Die Gründung der Zeitschrift *Annales (Annales d'histoire économique et sociale* 1929, *Annales, Economies. Sociétés. Civilisations* seit 1945) durch

Marc Bloch und Lucien Febvre 1929 wird als Geburtsstunde der neuen Geschichte angesehen. Die Ideen, die dieser Zeitschrift zugrunde lagen, standen Pate bei der Gründung einer Einrichtung für Lehre und Forschung in den Human- und Sozialwissenschaften 1947 durch Lucien Febvre (gest. 1956; Marc Bloch war in der Resistance 1944 von den Deutschen erschossen worden): Gemeint ist die VI. Sektion (Wirtschafts- und Sozialwissenschaften) der École Pratique des Hautes Études, welche von Victor Duruy bereits bei der Gründung der Schule 1868 vorgesehen, aber bislang nicht verwirklicht worden war. Nachdem sie zur École de Hautes Études en Sciences Sociales geworden war, sorgte diese Einrichtung, in der die Geschichte neben der Geographie, der Wirtschaftswissenschaft, der Soziologie, der Anthropologie, der Psychologie, der Linguistik und der Semiologie einen bedeutenden Platz einnimmt, für die Verbreitung der Ideen, die am Anfang der *Annales* gestanden hatten, sowohl in Frankreich als auch im Ausland.

Diese Ideen lassen sich als Kritik des historischen Faktums der Ereignisgeschichte, insbesondere der politischen Geschichte zusammenfassen, als Streben nach Zusammenarbeit mit den anderen Sozialwissenschaften (der Wirtschaftswissenschaftler François Simiand hatte 1903 in der *Revue de synthèse historique*[39] einen Aufsatz »Méthode historique et science sociale« veröffentlicht, in welchem er die ›falschen Idole‹ »politisch«, »individuell« und »chronologisch« verurteilte, und der das Programm der *Annales* inspirierte; der Soziologe Émile Durkheim, der Soziologe und Anthropologe Marcel Mauss gaben Anstöße für den »Geist« der *Annales);* ferner lassen sich die Ideen zusammenfassen als Ablösung der erzählenden Geschichte durch eine problemorientierte Geschichte und als Problembewußtsein für die Gegenwart der Geschichte.

Fernand Braudel, (1902–1985) war Autor einer revolutionären Studie, seiner *»these«, La méditerranée et le monde méditerranéen à l'époque de Philippe II.* (1949), in der die Geschichte in drei Ebenen unterteilt wird: in die »geographische Zeit«, die »soziale Zeit« und die »individuelle Zeit«, wobei die Ereignisgeschichte in den dritten Teil verwiesen wird; 1958 erschien in den *Annales* sein Aufsatz über die *longue durée,* der seitdem einem beträchtlichen Teil der historischen Forschung als Anregung gedient hat. Fast überall gab es in den 70er Jahren Kolloquien und Arbeiten, meist kollektiven Ursprungs, die den neuen Schwerpunkten der Geschichte gewidmet waren. Eine

39 Eine Vorreiterin der neuen Geschichte unter dem maßgeblichen Einfluß von Henri Berr (1863–1954)

Gruppe stellte unter dem Titel *Faire de l'Histoire* (Le Goff/Nora, 1974) die »neuen Probleme«, die »neuen Ansätze« und die »neuen Gegenstände« der Geschichte vor. Unter ersteren fanden sich das Quantitative in der Geschichte, die konzeptionelle Geschichte der geschichtslosen Völker, die Akkulturation, die Ideengeschichte, die marxistische Geschichte und die neue Ereignisgeschichte. Der zweite Band betraf die Archäologie, die Wirtschaft, die Demographie, die Religionsanthropologie, die neuen Methoden der Literaturgeschichte, der Kunstgeschichte, der Wissenschaftsgeschichte und der politischen Geschichte. Die Auswahl neuer Gegenstände schließlich umfaßte das Klima, das Unbewußte, den Mythos, die Mentalitäten, die Sprache, das Buch, die Jugend, den Körper, die Küche, die öffentliche Meinung, den Film und das Fest.

Vier Jahre später, 1978, legte ein *Dictionnaire de la Nouvelle Histoire* (hg. v. Le Goff/Chartier/Revel), das sich an ein noch breiteres Publikum wandte, Zeugnis davon ab, daß die neue Geschichte in wachsendem Maße Gemeingut wurde, daß sich das Interesse schnell in das Zentrum ihres Untersuchungsfeldes verlagerte und daß es sich auf einige Themen konzentrierte, auf die Historische Anthropologie, die Sachkultur, das Imaginäre, die unmittelbare Geschichte, die »longue durée«, die lange Dauer, auf Außenseiter, Mentalitäten und Strukturen.

Der Dialog der Geschichte mit den anderen Wissenschaften setzte sich fort, vertiefte sich, konzentrierte sich und weitete sich zugleich aus.

Er konzentrierte sich. Während die Beziehungen zwischen Geschichte und Wirtschaftswissenschaft ihren Fortgang nahmen (wie es z.B. die Arbeit von Jean Lhomme belegt) ebenso wie diejenigen zwischen Geschichte und Soziologie (unter anderem belegt durch den Soziologen Alain Touraine, der in *Un désir d'histoire*, Paris 1977, auf S. 274 erklärt: »Ich trenne die Arbeit der Soziologie nicht von der Geschichte einer Gesellschaft«), entstand eine besondere Beziehung zwischen Geschichte und Anthropologie: Auf seiten der Anthropologen wurde diese von E.E. Evans-Pritchard *(Anthropology and History*, Manchester 1961) gefordert und mit größerer Umsicht von I.M. Lewis *(History and Social Anthropology*, London 1968) angestrebt, der auf den unterschiedlichen Interessen beider Wissenschaften besteht (die Geschichte ist laut Lewis der Vergangenheit zugewandt, die Anthropologie der Gegenwart, erstere den Quellen, letztere der unmittelbaren Nachforschung, erstere der Erklärung von Ereignissen, letztere den Grundzügen von sozialen Institutionen). Doch schreibt ein Historiker wie E.H. Carr (1961, S. 66): »Je mehr die

Geschichte zur Soziologie und die Soziologie zur Geschichte wird, desto besser für die beiden.« Und ein Anthropologe wie Marc Augé (1979, S. 170) bekräftigt: »Der Gegenstand der Soziologie besteht nicht darin, verschwundene Gesellschaften zu rekonstruieren, sondern darin, soziale Zusammenhänge und historische Zusammenhänge offenzulegen.«

Bei diesem Zusammentreffen von Geschichte und Anthropologie gab der Historiker bestimmten Gebieten und Problemstellungen den Vorzug, z.B. jenen des Wilden, des Menschen im Alltag (Furet, Le Goff, 1972) oder den Beziehungen zwischen Gelehrtenkultur und Volkskultur. Für den Bereich der mündlichen Geschichte möchte ich auf das kleine Buch von Jean Claude Bouvier und einer Gruppe von Anthropologen, Historikern und Linguisten hinweisen: *Tradition orale et identité culturelle, problèmes et méthodes* (Paris 1980), das die Beziehungen zwischen Mündlichkeit und Diskurs über die Vergangenheit herausarbeitet und *Ethnotexte* samt einer Methode, sie zu sammeln und zu gebrauchen, definiert, und schließlich sei der Bericht von Dominique Aron-Schnapper und Danièle Hanet *Histoire orale ou archives orales* (Paris 1980) erwähnt, in dem es um die Einrichtung von Archiven für die mündliche Überlieferung zur Erforschung der Geschichte der Sozialversicherung geht und in dem das Problem der Beziehungen zwischen einem neuen Quellentyp und einer neuen Art von Geschichte herausgearbeitet wird.

Eine Anzahl Historiker - zu denen auch ich gehöre - möchte, daß aus diesen Erfahrungen, Kontakten und Errungenschaften eine neue historische Disziplin entsteht, die eng mit der Anthropologie verbunden ist: die historische Anthropologie. Die *Encyclopaedia Universalis* widmet der historischen Anthropologie einen langen Artikel in dem Ergänzungsband von 1980 *(Organum. Corpus,* Bd. I, Paris 1980, S. 157-170). André Burguière zeigt hier, daß es sich bei diesem neuen Thema, das aus dem Zusammentreffen von Ethnologie und Geschichte entstanden ist, eher um eine Wiederentdeckung als um ein gänzlich neues Phänomen handelt. Sie ist einzuordnen in die Tradition einer Geschichtsauffassung, deren Vater zweifelsohne Herodot ist und in der französischen Tradition des 16. Jhs. bei Pasquier, La Popelinière oder Bodin zum Ausdruck kommt, im 18. Jh. in den wichtigsten historischen Arbeiten der Aufklärung erscheint und die romantische Historiographie beherrscht. Sie ist »eher analytisch, bestrebt, das Fortschreiten und die Fortschritte der Zivilisation nachzuvollziehen, interessiert sich mehr für das kollektive als für das individuelle Schicksal, für die Entwicklung der Gesellschaften mehr als für Institutionen, für Gebräuche mehr als für Ereignisse«. Sie steht einer anderen Tradition gegenüber, die »eher narrativ und den Stätten politischer Macht« näher ist, einer Tradition, die von den großen Chronisten des Mittelalters über die Gelehrten des 17. Jhs. zu der positivistischen Geschichte und der Ereignisgeschichte führt, die am Ende des 19. Jhs. beherrschend ist. Es handelt sich hier um eine Erweiterung des Gebiets der Geschichte im Geiste der Gründer der *Annales* »am Schnittpunkt der drei Hauptachsen, die Marc Bloch und Lucien Febvre den Historikern aufwiesen: Wirtschafts- und Sozialgeschichte, Mentalitätsgeschichte und interdisziplinäre Forschung«. Ihr Vorbild sind die *Rois thaumaturges* von Marc Bloch (1924). Eines ihrer Ergebnisse ist das Werk von Fernand Braudel *Civilisation matérielle et capitalisme*, in dem der Historiker »beschreibt, wie die großen Wirtschaftsräume und -kreisläufe das Geflecht des biologischen und sozialen Lebens schufen und veränderten, z.B. die Art und Weise, wie der Geschmack sich an ein neues Nahrungsmittel gewöhnte«. André Burguière wählt aus einem Gebiet, das die historische Anthropologie zu erschließen bemüht ist, das Beispiel der Geschichte des Körpers aus, zu der der deutsche Historiker Norbert Elias in einem Buch von 1938 *(Über den Prozeß der Zivilisation)*, das erst in den 70er Jahren ein breiteres Echo fand (frz. Übers. 1970), eine Hypothese lieferte, die die Entwicklung der Beziehungen zum Körper in der europäischen Zivilisation erklärt.

Die vier Beispiele, die in der *Encyclopaedia Universalis* ausgewählt werden, um die historische Anthropologie zu veranschaulichen, sind 1. die Geschichte der Ernährung, die »damit befaßt ist, das aufzuspüren, zu untersuchen und gegebenenfalls auch zu quantifizieren, was mit dieser zentralen biologischen Funktion zur Erhaltung des Lebens, der Ernährung, zu tun hat«; 2. die Geschichte der Sexualität und der Familie, die die historische Demographie in eine neue Phase eintreten ließ dank der Auswertung von Massenquellen (Kirchenbücher) und dank einer Fragestellung, die die Mentalitäten mit einbezieht, z.B. die Einstellung gegenüber Empfängnisverhütung; 3. die Geschichte der Kindheit (Ariès, 1960; de Mause, 1974), die gezeigt hat, daß die Einstellungen gegenüber dem Kind sich nicht in einer hypothetischen Elternliebe erschöpften, sondern von komplexen kulturellen Bedingungen abhingen, z.B. ist Kindheit im Mittelalter nichts Spezifisches; 4. die Geschichte des Todes, d.h. der Einstellungen gegenüber dem Tod, die sich als fruchtbarstes Gebiet der Mentalitätsgeschichte erwiesen hat.

So neigt der Dialog zwischen Geschichte und Sozialwissenschaften dazu, die Anthropologie zu bevorzugen, obwohl z.B. meiner Ansicht nach die historische Anthropologie die Soziologie mit einschließt. Doch ist die Geschichte in noch weit kühnerer Weise bestrebt, ihr Territorium zu verlassen, sei es in Richtung auf die Naturwissenschaften (vgl. Le Roy Ladurie, 1967), sei es in Richtung aufdie Wissenschaften vom Leben, insbesondere die Biologie.

Da gibt es zunächst den Wunsch der Wissenschaftler nach einer Geschichte ihres Faches, aber nicht nach irgendeiner Geschichte. Ein großer Biologe und Nobelpreisträger, François Jacob, schreibt dazu folgendes:

»Für einen Biologen gibt es zwei Wege, die Geschichte seiner Wissenschaft anzugehen: Es läßt sich darin zunächst eine Abfolge von Ideen samt ihrer Herkunft sehen. Dann verfolgt man den roten Faden, der das Denken geleitet hat, bis hin zu den Theorien, die heute Gültigkeit haben. Diese Geschichte wird sozusagen gegen den Strich gemacht, indem die Gegenwart in die Vergangenheit verlängert wird. Schritt für Schritt wählt man die der gerade gültigen Hypothese vorhergehende aus, dann wieder die vorhergehende Hypothese usw. Bei dieserVorgehensweise gewinnen die Ideen ein Eigenleben … Damit gibt es eine Evolution der Ideen, die bald der natürlichen Selektion unterworfen ist, welche aufgrund einer theoretischen Interpretation, d.h. aufgrund praktischer Wiederverwendung, besteht, bald einzig einer Theologie der Vernunft folgt …
Es gibt noch einen anderen Weg, die Geschichte der Biologie anzugehen. Dieser besteht darin zu erforschen, wie Objekte für die Analyse zugänglich wurden und wie es damit möglich wurde, daß sich neue Gebiete als Wissenschaft konstituierten. Es geht also darum, die Beschaffenheit dieser Objekte genau zu bestimmen, ebenso wie die Einstellung derjenigen, die sie untersuchten, ihre Art und Weise zu beobachten, die Hindernisse, die ihre Kultur vor ihnen errichtet … Es gibt dann keine mehr oder weniger lineare Filiation von Ideen mehr, die eine aus der anderen hervorgehen. Es gibt ein Gebiet, das das Denken zu erforschen bemüht ist, in welchem es eine Ordnung zu errichten trachtet. Es geht darum, eine Welt von abstrakten Verbindungen zu konstituieren, die nicht nur mit den technischen Beobachtungen übereinstimmen, sondern auch mit der Praxis, den Werten und den Interpretationen, die gültig sind.« (1970, S. 18f.)

Man sieht, worum es hier geht. Um die Ablehnung einer Ideengeschichte, bei der die Ideen aus einer Art Parthenogenese entstehen, einer Geschichte, die von einem linearen Fortschrittsgedanken geleitet wird und die die Vergangenheit an den Maßstäben der Gegenwart mißt. Im Gegenteil, François Jacob schlägt die Geschichte einer Wissenschaft vor, die sich über die Voraussetzungen (materielle, soziale, mentale) ihrer Produktion Rechenschaft ablegt und die die Etappen ihres Wissens in der ganzen Komplexität darlegt. Doch muß man noch weiter gehen. Ruggiero Romano, der sich auf die suggestiven und solide fundierten Arbeiten von J. Ruffié (1977) oder auf die eher anfechtbaren von E.O. Wilson (1977) stützt, versichert: »Da, wo die Geschichte versucht hatte, sich der Biologie aufzudrängen und sich ihrer (in gemeiner und übler Weise) für die Demographiegeschichte zu bedienen, kann und will die Biologie die Geschichte heute etwas lehren.«

August Nitschke (1974; 1981) hat die Aufmerksamkeit darauf gelenkt, daß eine Zusammenarbeit zwischen Historikern und Verhaltensforschern von Interesse sein könnte. »Zahlreiche Anstöße für die historische Forschung entstehen durch eine Gegenüberstellung mit der Verhaltensforschung der Biologen. Es ist zu wünschen, daß das Zusammentreffen dieser beiden Disziplinen für beide Partner fruchtbar wird in Hinblick auf eine historische Verhaltensforschung.«

Jeder tiefgreifende Wandel in der Methodologie der Geschichte ist begleitet von einer bedeutenden Veränderung in der Quellenlage. In dieser Hinsicht erlebt unsere Zeit eine regelrechte Quellenrevolution: das Einbrechen des Quantitativen und der Rückgriff auf die Informatik. Herbeigerufen vom Interesse der neuen Geschichte an sehr großen Zahlen, erforderlich durch den Gebrauch von Quellen, die es ermöglichen, die Massen greifbar zu machen – Beispiele sind hier die *Kirchenbücher* in Frankreich, die die Grundlage der neuen Demographie (vgl. Goubert, 1968) darstellen –, notwendig geworden durch die Entwicklung der *seriellen* Geschichte, so ist der Computer zum Werkzeug des Historikers geworden. Das Quantitative war mit der Wirtschaftsgeschichte in der Geschichte aufgetaucht, insbesondere mit der Geschichte der Preise, deren großer Vorreiter Ernest Labrousse (1933) unter dem Einfluß François Simiands war, und drang dann in die Demographiegeschichte und in die Kulturgeschichte ein. Nach einer Phase naiver Begeisterung hat man einzuschätzen gelernt, daß der Computer bei bestimmten Arten von historischer Forschung unabdingbar ist, und erkannt, wo seine Grenzen liegen (vgl. Furet, 1971; Shorter, 1971). Selbst in der Wirtschaftsgeschichte schrieb einer der größten Anhänger der quantitativen Geschichte, Marczewski (1965, S. 48): »Die quantitative Geschichte ist nur eine von verschiedenen Forschungsmethoden im Bereich der Wirtschaftsgeschichte. Sie schließt in keiner Weise den Rückgriff auf die qualitative Geschichte aus, da diese ihr eine unverzichtbare Ergänzung bringt.« Ein Vorbild innovatorischer historischer Forschung, die auf einer sinnvollen Verwendung des Computers begründet ist, stellt die Arbeit von Herlihy/Klapisch (1978) dar.

Der Blick des Historikers für die Geschichte seiner eigenen Disziplin führte vor nicht allzu langer Zeit zu einem neuen, besonders ergiebigen Schwerpunkt der Historiographie, zur Geschichte der Geschichte.

Die Geschichte der Geschichte hat der polnische Philosoph und Historiker Krzysztof Pomian (1975, S. 936) besonders aufmerksam betrachtet. Er rief ins Gedächtnis, unter welchen historischen Bedingungen diese Geschichte am Ende des 19. Jhs. aus der Kritik an der Herrschaft der Geschichte entstand: »Philosophen, Soziologen und selbst Historiker machten sich daran zu zeigen, daß die Objektivität, die Fakten, die ein für allemal etabliert worden waren, sowie die Gesetze der Entwicklung, der Fortschritt und damit alle Begriffe, die bis dahin für evident gehalten worden waren und die den Anspruch der Geschichte auf Wissenschaftlichkeit begründeten, nichts anderes als Trugbilder waren … Die Historiker … wurden im günstigsten Fall als naiv und von den Illusionen geblendet gezeigt, die sie selbst geschaffen hatten, im schlimmsten Fall als Scharlatane.« Die Geschichte der Historiographie nahm sich die Worte Croces zum Motto: Alle Geschichte ist Zeitgeschichte, und der Historiker wurde vom Gelehrten, für den er sich hielt, zum Schöpfer von Mythen, zum unbewußten Politiker. Doch, setzt Pomian hinzu, diese Infragestellung betrifft nicht nur die Geschichte, sondern »die gesamte Wissenschaft, insbesondere ihren Kern, die Physik«. Die Wissenschaftsgeschichte entwickelte sich aus demselben kritischen Geist heraus wie die Geschichte der Historiographie. Für Pomian ist diese Art von Geschichte heute überholt, weil sie den kognitiven Aspekt der Geschichte und insbesondere der Wissenschaft vergißt. Sie müßte zu einer Wissenschaft der Gesamtheit der Vorgehensweisen des Historikers, eher sogar zu einer Erkenntnisgeschichte werden: »Die Geschichte der Historiographie hat ihre Zeit gehabt. Was wir dagegen heute brauchen, ist eine Geschichte der Geschichte, die die Interaktionen zwischen Wissen, Ideologien, Erfordernissen der Schriftlichkeit, kurz zwischen den verschiedenen und bisweilen widersprüchlichen Aspekten historischer Arbeit in den Mittelpunkt ihrer Nachforschungen stellt und es damit ermöglicht, eine Brücke zwischen der Wissenschaftsgeschichte, der Philosophiegeschichte, der Literaturgeschichte und vielleicht der Kunstgeschichte zu schlagen; oder besser, zwischen der Geschichte der Erkenntnis und dem unterschiedlichen Gebrauch, der davon gemacht wird« (ebd. S. 152). Von der Erweiterung des Gebiets der Geschichte legt die Gründung neuer Zeitschriften – unter thematischen Aspekten – Zeugnis ab, während die große Entstehungsbewegung der historischen Zeitschriften im 19. Jh. vor allem nationalen Aspekten folgte.

Es findet eine Erweiterung des historischen Horizonts statt, die zu einer regelrechten Umwälzung in der Geschichtswissenschaft führen muß. Sie besteht in der Notwendigkeit, den Ethnozentrismus zu beenden und die Geschichte zu enteuropäisieren.

Die Ausdrucksformen des historischen Ethnozentrismus wurden von Roy Preiswerk und Dominique Perrot (1975) erfaßt. Sie haben zehn Arten dieser Kolonisierung von Geschichte durch die Europäer festgestellt: 1. die Doppeldeutigkeit des Begriffs der Zivilisation: Gibt es davon eine oder mehrere? 2. der soziale Evolutionismus, d.h. die Konzeption einer einzigen, linearen Evolution von Geschichte nach europäischem Vorbild. In dieser Hinsicht ist die Erklärung eines Anthropologen aus dem 19. Jh. typisch: »Da die Menschheit seit ihren Anfängen eins ist, war ihr Gang im wesentlichen derselbe, der aufunterschiedlichen, aber gleichartigen Bahnen in allen Kontinenten verlief und sich auf sehr ähnliche Weise bei allen Stämmen und Nationen der Menschheit bis zum selben Entwicklungsstadium abspielte. Daraus folgt, daß Geschichte und Erfahrung der Indianerstämme mehr oder weniger die Geschichte und Erfahrung unserer eigenen fernen Vorfahren widerspiegeln, zu einer Zeit, als sie unter denselben Bedingungen lebten« (L.H. Morgan, 1877); 3. die Alphabetisierung als Unterscheidungskriterium zwischen höherwertig und minderwertig; 4. die Vorstellung, daß der Kontakt mit Europa die Historizität der anderen Kulturen begründet; 5. die Bestätigung der kausalen Rolle von Werten in der Geschichte, die aus der Überlegenheit des europäischen Wertsystems hergeleitet wird: Einheit, Recht und Ordnung, Monotheismus, Demokratie, Seßhaftigkeit, Industrialisierung; 6. die einseitige Legitimation europäischen Handelns (Sklavenhaltung, Missionierung, Notwendigkeit von Interventionen etc.); 7. die Übertragung von europäischen Begriffen (Feudalismus, Demokratie, Revolution, Klasse, Staat etc.) auf andere Kulturen; 8. die Verwendung von Stereotypen wie »die Barbaren«, »der islamische Fanatismus« etc.; 9. die selbstbezogene Auswahl von Daten und »wichtigen« Ereignissen der Geschichte, die der gesamten Weltgeschichte eine Periodisierung aufzwingt, die für Europa erarbeitet worden war; 10. die Auswahl von Illustrationen, die Verweise auf Rasse, Blut und Hautfarbe.

Auch Marc Ferro ist über eine Untersuchung von Schulbüchern (1981) noch weiter zu »einer Infragestellung der traditionellen Konzeption der ›Universalgeschichte‹ » gelangt. Nachdem er die Fälle Südafrika, Schwarzafrika, Antillen (Trinidad), Indien, den Islam, Westeuropa (Spanien, Nazi-Deutschland, Frankreich), die Sowjetunion, Armenien, Polen, China, Japan und die Vereinigten Staaten, mit einem Blick auf die »verbotene« Geschichte (Mexikaner-Amerikaner, Ureinwohner Australiens), untersucht hat, stellt er fest: »Es ist höchste Zeit, heute all diese Vorstellungen einander gegenüberzustellen, denn mit der Ausdehnung der Welt, mit ihrer wirtschaftlichen Vereinigung bei gleichzeitigem politischen Auseinanderbrechen geht es bei den Auseinandersetzungen zwischen Staaten, Nationen, Kulturen und Ethnien mehr denn je auch um die Vergangenheit der Gesellschaften ... Die Revolte bricht bei denjenigen aus, deren Geschichte ›verboten‹ ist« (ebd. S. 7).

Wie eine wirklich universale Geschichte sein wird, weiß niemand. Vielleicht ist es sogar etwas, das sich radikal von dem unterscheidet, was wir Geschichte nennen. Zunächst muß sie die Streitpunkte und Konflikte auflisten. Sie auf eine abgemilderte, süßlich ökumenische Geschichte zu reduzieren, die allen gefallen möchte, ist nicht der richtige Weg. Daher die relative Erfolglosigkeit der fünf Bände der *Histoire du développement scientifique et culturel de l'humanité,* die 1969 von der UNESCO herausgegeben wurde und voller guter Absichten steckt.

Seit dem Zweiten Weltkrieg sieht sich die Geschichte mit neuen Herausforderungen konfrontiert, von denen ich drei nennen möchte:

Die erste ist, daß sie sich mehr denn je auf die Forderungen der Völker, Nationen und Staaten einstellen muß, die von ihr erwarten, daß sie, mehr noch als eine *Magistra Vitae* und ein Spiegel ihrer Eigenheiten, ein wesentliches Element der individuellen und kollektiven Identität ist, die diese Länder so angsterfüllt suchen: die alten Kolonialmächte, die ihr Reich verloren haben und sich in ihren kleinen europäischen Dimensionen wiederfinden (Großbritannien, Frankreich, Portugal), die alten Nationen, die aus ihrem nazistischen oder faschistischen Alptraum erwachen (Deutschland, Italien), die Länder des Ostens, in denen die Geschichte nicht mit dem übereinstimmt, was die sowjetische Herrschaft sie glauben machte, die Sowjetunion, die sich im Spannungsfeld zwischen der kurzen Geschichte ihrer Einigung und der langen Geschichte ihrer Nationalitäten befindet, die Vereinigten Staaten, die geglaubt hatten, Weltgeschichte zu machen und sich nun am Scheideweg zwischen Imperialismus und Menschenrechten befinden, die unterdrückten Länder, die um ihre Geschichte wie um ihr Leben kämpfen (Lateinamerika), die neuen Länder, die tastend versuchen, sich ihre eigene Geschichte zu bilden.

Muß oder kann man zwischen einer objektiven Geschichte des Wissens und einer militanten Geschichte wählen? Muß man die wissenschaftlichen Schemata, die in Europa gemacht wurden, übernehmen, oder muß man eine eigene historische Methodologie zugleich mit der eigenen Geschichte entwickeln?

Europa seinerseits hat sich in seinen schweren Zeiten (Zweiter Weltkrieg, Dekolonisierung) gefragt, ob es nicht klüger wäre, auf Geschichte zu verzichten. Stellte sie nicht einen Teil der Werte dar, die zur Entfremdung und ins Unglück geführt hatten?

Jenen, die sich nach einem Leben ohne Vergangenheit sehnen, hat Jean Chesneaux geantwortet und auf die Notwendigkeit hingewiesen, Geschichte zu beherrschen. Jedoch hat er vorgeschlagen, daraus »eine Geschichte für die Revolution« zu machen. Dies ist eine Möglichkeit, die marxistische Theorie der Einheit von Theorie und Praxis umzusetzen. Wenn Geschichte, wie ich meine, mit ihrer Besonderheit und ihren Gefahren eine Wissenschaft ist, so muß sie sich der Gleichsetzung von Geschichte und Politik entziehen – der alte Traum der Geschichtsschreibung, die der historischen Arbeit helfen muß, ihre gesellschaftliche Bedingtheit zu beherrschen. Andernfalls wäre Geschichte das schlimmste Instrument gleich welcher Macht.

Subtiler war die intellektuelle Ablehnung, die mit dem Strukturalismus gegeben schien. Ich möchte zunächst feststellen, daß mir die Gefahr von einem gewissen Soziologismus herzurühren schien und z.T. immer noch besteht. Gordon Leff (1969, S. 2) hat zu Recht festgestellt: »Die Angriffe Karl Poppers auf das, was er zu Unrecht Historizismus in den Sozialwissenschaften nennt, scheint eine ganze Generation eingeschüchtert zu haben. Da sie mit dem Einfluß Talcott Parsons zusammentrafen, haben sie die soziale Theorie, mit Sicherheit zumindest in Amerika, in einem Maße ahistorisch gemacht, daß sie keine Beziehung mehr zur Welt der Menschen zu haben scheint.«

Mir scheint dagegen, daß nur eine Deformierung des Strukturalismus ihn zum Ahistorismus machen kann. Es ist hier nicht der Ort, den Beitrag von Claude Lévi-Strauss im Detail zu untersuchen. Es ist bekannt, daß er komplex ist. Man muß die großen Arbeiten der *Antropologie structurale* (I, S. 3–33), *La pensée sauvage, Du miel aux cendres* in diesem Lichte lesen. Es ist klar, daß Claude Lévi-Strauss oft dachte: »Wir können Tränen vergießen über die Tatsache, daß es Geschichte gibt« und damit eher die historische Disziplin als die gelebte Geschichte meinte. Doch sehe ich den überzeugendsten Ausdruck seines Denkens zu diesem Thema in einigen Zeilen aus der *Anthropologie structruale* (I, S. 32):

»Auf einem Weg, den der Ethnologe und der Historiker in derselben Richtung und im selben Gelände zurücklegen, ist nur ihre Orientierung unterschiedlich. Der Ethnologe schreitet nach vorn und versucht über ein Bewußtsein, daß er niemals verlassen kann, immer mehr vom Unbewußten zu erreichen, auf das er sich zubewegt. Während dessen schreitet der Historiker sozusagen rückwärts und hält die Augen auf konkrete und einzelne Handlungen geheftet, von denen er sich nur entfernt, um sie aus einer vielseitigeren und vollständigeren Perspektive zu betrachten. Die wechselseitige Abhängigkeit der beiden Disziplinen gleicht einem regelrechten Januskopf mit zweifacher Ausrichtung und ermöglicht es, das ganze Gelände im Auge zu behalten.«

Es gibt in jedem Fall einen Strukturalismus, mit dem die Historiker einen Dialog führen können: den genetischen und dynamischen Strukturalismus des Schweizer Erkenntnistheoretikers und Psychologen Jean Piaget, nach dessen Auffassung die Strukturen ihrem Wesen nach die Evolution beinhalten. Doch ebensowenig wie die Diachronie der Linguisten identisch ist mit der Zeit der Geschichte, ist diese Entwicklung der Strukturen nicht dasselbe wie die Bewegung der Geschichte. Dennoch kann der Historiker hier auf dem Wege über den Vergleich zu Erkenntnissen über seinen eigenen Gegenstand gelangen.

Auch wenn die Geschichte diese Herausforderung siegreich besteht, so sieht sie sich heute nichtsdestoweniger ernsthaften Problemen gegenübergestellt. Auf zwei von ihnen möchte ich hinweisen, auf ein allgemeines und ein besonderes.

Das große Problem ist dasjenige einer globalen, umfassenden Geschichte, dasjenige des säkularen Strebens nach einer Geschichte, die nicht nur universal und synthetisch sein soll – ein altes Vorhaben, das sich vom antiken Christentum bis zum deutschen Historismus des 19. Jhs. fortsetzt und weiter zu den unzähligen Universalgeschichten führt, die die Verbreitung, die Vulgarisierung der Geschichte im 20. Jh. hervorgebracht hat. Vielmehr soll die Geschichte integral und vollkommen sein, wie La Popelinière sagte, oder global, respektive total, wie die *Annales* von Lucien Febvre und Marc Bloch sie wollten.

Es gibt heute eine »Panhistorisierung«, die Paul Veyne (1968, S. 424) als den zweiten großen Wandel des historischen Denkens seit der Antike ansieht. Nach einem ersten Wandel, den die Geschichte in der griechischen Antike vom kollektiven Mythos zur Suche nach unvoreingenommener Erkenntnis der reinen Wahrheit führte, vollzieht sich gegenwärtig ein weiterer Wandel. Dies ist in dem »zunehmenden Bewußtsein« der Historiker begründet, »daß *alles der Geschichte würdig ist:* Jeglicher Stamm und sei er noch so klein, jegliche menschliche Geste und mag sie noch so unbedeutend erscheinen, ist der historischen Neugier würdig«.

Doch ist diese alles verschlingende Geschichte in der Lage, Totalität zu denken und zu strukturieren? Einige meinen, daß die Zeit einer Geschichte in Bruchstücken angebrochen ist. »Wir erleben das Zerbersten der Geschichte«, schrieb Pierre Nora, als er 1971 die Reihe »Bibliothèque des Histoires« gründete. Es ließen sich Geschicht*en*, doch nicht Geschicht*e* schreiben. Was mich betrifft, so habe ich über Legitimität und Grenzen der »multiplen Ansätze in der Geschichte« nachgedacht und darüber, von welchem Interesse es sein könnte, in Ermangelung der Globalität umfassende Gegenstände zum Thema historischer Forschung und Reflexion zu machen (vgl. Le Goff/Toubert, 1975).

Das besondere Problem besteht in der Notwendigkeit, zur politischen Geschichte zurückzukehren, die viele Produzenten und Konsumenten von Geschichte empfinden. Ich glaube an diese Notwendigkeit, vorausgesetzt, daß die neue politische Geschichte um die neue Problemstellung der Geschichte bereichert ist und es sich um eine politische historische Anthropologie handelt (Le Goff, 1971).

Alain Dufour (1966, S. 20), der die Arbeiten Federico Chabods über den mailändischen Staat zur Zeit Karls V. als vorbildlich ansieht, plädierte »für eine modernere politische Geschichte«. Deren Programm müßte darin bestehen, »die Entstehung der modernen Staaten – oder des modernen Staates – im 16. und 17. Jh. zu verstehen und dabei die Aufmerksamkeit vom Fürsten zu lösen, um sie auf das politische Personal, die entstehende Klasse der Beamten mit ihrer neuartigen Ethik zu lenken sowie auf die politischen Eliten im allgemeinen. Denn deren mehr oder weniger implizite Bestrebungen kommen in jener Politik zum Ausdruck, der man traditionell den Namen des Fürsten gibt, der ihr Bannerträger ist«.

Wenn man die Frage einer neuen politischen Geschichte angeht, stellt sich das Problem, welcher Stellenwert dem Ereignis in der Geschichte in beiderlei Sinn des Wortes beizumessen ist. Pierre Nora hat gezeigt, daß die zeitgenössischen *Medien* ein neues Ereignis geschaffen und dem Ereignis in der Geschichte einen neuen Status verliehen haben: Es gibt die »Rückkehr zum Ereignis«.

Doch dieses neue Ereignis entgeht der Konstruktion nicht, die jede historische Quelle bedingt. Mehr noch, die Probleme, die sich daraus ergeben, sind heute schwerer. In einer bemerkenswerten Studie analysiert Eliseo Veron, wie die Medien heute »ein Ereignis konstruieren«. Anhand des Unfalls im amerikanischen Atomkraftwerk von Three Miles Island (März/April 1979) zeigt er, wie es in diesem für technologische Ereignisse (die immer zahlreicher und immer wichtiger werden) charakteristischen Fall »schwierig ist, ein aktuelles Ereignis aus Pumpen, Ventilen, Turbinen und insbesondere aus Strahlungen, die man nicht sieht, zu konstruieren«. Daraus ergibt sich für die Medien die Notwendigkeit einer Transskription: »Der didaktische Diskurs hat es insbesondere im Fernsehen übernommen, die Sprache der Technologien in diejenige der Nachrichten zu übertragen«. Doch der Diskurs der Nachrichten in den zahlreichen Medien birgt wachsende Gefahren für die Konstituierung der Erinnerung, die die Grundlage der Geschichte bildet: »Während die (schriftliche) Presse der Ort für eine Vielfalt von Konstruktionsweisen ist, während das Radio dem Ereignis folgt und den Ton festlegt, liefert das Fernsehen Bilder, die in der Erinnerung bleiben und für eine Homogenisierung des sozialen Imaginären sorgen.« Man findet, was schon immer »das Ereignis in der Geschichte« war, sowohl in Hinblick auf eine gelebte und memorierte Geschichte als auch in Hinblick auf eine wissenschaftliche Geschichte auf der Grundlage von Quellen (wobei, ich wiederhole es, das Ereignis als Quelle einen wesentlichen Platz einnimmt). Das Produkt einer Konstruktion, die das historische Schicksal von Gesellschaften und die Gültigkeit der historischen Wahrheit verbindet, bildet die Grundlage der historischen Arbeit: »In dem Maße, in dem unsere Entscheidungen und alltäglichen Kämpfe im wesentlichen durch den Diskurs der Nachrichten bestimmt sind, wird deutlich, daß nichts anderes als die Zukunft unserer Gesellschaften auf dem Spiel steht« (Veron, 1981, S. 170).

Vor diesem Hintergrund von Herausforderungen und Infragestellungen wurde kürzlich eine Krise in der Welt der Historiker erkennbar, die in der Diskussion der beiden angelsächsischen Historiker Lawrence Stone und Eric Hobsbawm, veröffentlicht in *Past and Present,* exemplarisch zum Ausdruck kommt.

In seinem Aufsatz »The Revival of Narrative« (1979) konstatiert Lawrence Stone die Rückkehr zur erzählenden Geschichte, die begründet ist im Versagen des deterministischen historischen Erklärungsmodells und in der Enttäuschung über die mageren Resultate der quantitativen Geschichte. Sie ist ferner begründet in der Enttäuschung über die Desillusionen bezüglich der Strukturanalyse und über den traditionellen, d.h. »reaktionären« Charakter des Begriffs der »Mentalität«. Am Schluß, der den Gipfel der Doppeldeutigkeit in dieser Begriffsanalyse darstellt, deren Gegenstand selber doppeldeutig ist, will Lawrence Stone die »neuen Historiker« zu den Verursachern der Verschiebungen und Veränderungen in der Geschichte machen, die von einer deterministischen Form zur traditionellen Geschichte zurückgekehrt sein soll: »Die erzählende Geschichte und die persönliche Biographie scheinen von den Toten auferstanden zu sein.«

Eric Hobsbawm (1980) antwortete ihm, daß die Methoden, Orientierungen und Arbeiten der »neuen« Geschichte in keiner Weise eine Absage an die »großen Fragen und auch kein Verzicht auf die Suche nach den Ursachen zugunsten eines Bündnisses mit dem ›Prinzip der Unbestimmtheit‹ » darstellen. Sie bilden »die Fortsetzung der historischen Unterfangen der Vergangenheit mit anderen Mitteln«.

Eric Hobsbawm hat zu Recht unterstrichen, daß die neue Geschichte eine Erweiterung und Vertiefung der wissenschaftlichen Geschichte zum Ziel hat. Zweifelsohne ist sie auf Probleme und Grenzen gestoßen und vielleicht auch in eine Sackgasse geraten. Doch sie fährt fort, das Gebiet und die Methoden der Geschichte zu erweitern. Vor allem hat Stone nicht erkannt, was in dieser gegenwärtigen Orientierung der Geschichte an wirklich Neuem, ja »Revolutionärem« steckt: die Quellenkritik, die neue Art von Zeitauffassung, die neuen Beziehungen zwischen dem »Materiellen« und dem »Geistigen«, die Analyse des Phänomens der Macht in all ihren Formen und nicht nur aus einem engen politischen Blickwinkel heraus.

Mit seinem Vorschlag, die neue Orientierung der Geschichte als Mode anzusehen, die im Aussterben begriffen und selbst von ihren Anhängern verlassen ist, bleibt Stone nicht nur an der Oberfläche des Phänomens. Es gelingt ihm auch noch, sich in zweifelhafter Weise denen anzuschließen, die die Geschichte zum Aktionismus und zum engen Positivismus der Vergangenheit zurückführen möchten. Daß diese sich unter den Historikern und in ihrer Umgebung erheben, darin besteht das eigentliche Problem der Krise. Es handelt sich um ein gesellschaftliches Problem, um ein historisches Problem im »objektiven« Sinne des Wortes.

Ich möchte mit einem Glaubensbekenntnis und der Feststellung eines Paradoxons schließen. Die Forderung der Historiker – trotz der Verschiedenartigkeit ihrer Konzeptionen und ihrer jeweiligen Praxis – ist zugleich bescheiden und immens. Sie fordern, daß jegliches Phänomen menschlichen Handelns unter Berücksichtigung der historischen Bedingungen, unter denen es existiert, betrachtet oder in die Praxis umgesetzt wird. Unter historischen Bedingungen ist die Ausformung von Wissen über die konkrete Geschichte zu verstehen, eine Erkenntnis der wissenschaftlichen Zusammenhänge, aus der sich ein hinreichender Konsens innerhalb des Kreises professioneller Historiker ergäbe (selbst wenn es Meinungsverschiedenheiten über die Konsequenzen gibt, die daraus zu ziehen sind). Es geht keineswegs darum, das betreffende Phänomen *durch* historische Bedingungen zu *erklären* und eine reine historische Kausalität zu beschwören. Genau darin muß die Selbstbeschränkung historischen Vorgehens bestehen. Doch hat dieses Vorgehen auch zum Ziel, die Gültigkeit jeglicher Erklärung und jeglicher Praxis abzustreiten, die historische Bedingungen außer acht läßt. So ist jede imperialistische Form von Historismus zurückzuweisen, ob sie sich nun idealistisch, positivistisch oder materialistisch gibt oder als solche ausgegeben wird. Aber mit Nachdruck ist die Notwendigkeit der Präsenz von historischem Wissen bei jeglicher wissenschaftlicher Tätigkeit oder jeglicher Praxis zu fordern. Im Bereich der Wissenschaft, des sozialen Handelns, der Politik, der Religion oder der Kunst, um einige wesentliche Bereiche zu nennen, ist diese Präsenz historischen Wissens unabdingbar, in unterschiedlichen Formen, gewiß. Jede Wissenschaft hat ihren Wahrheitshorizont, den die Geschichte respektieren muß. Das soziale oder politische Handeln darf in seiner Spontaneität und seiner Freiheit nicht von der Geschichte gebremst werden, die nicht weniger unvereinbar mit dem Anspruch der Ewigkeit und der Transzendenz in der Religion oder mit dem Trieb künstlerischen Schaffens ist. Doch als Wissenschaft der Zeit ist Geschichte eine unabdingbare Komponente jeglichen Tuns in der Zeit. Aber ist es nicht besser, daß sie dies in Gestalt eines fehlbaren, unvollkommenen, diskutablen, niemals vollkommen unschuldigen Wissens ist, dessen Wahrheitsanspruch und dessen Voraussetzungen professioneller Aufarbeitung und Ausübung gestatten, es wissenschaftlich zu nennen, als es unbewußt in Gestalt einer manipulierten und deformierten Erinnerung zu sein?

Sie stellt in jedem Fall, so scheint mir, ein Erfordernis für die Menschheit von heute dar, entsprechend den verschiedenen Arten von Gesellschaft, Kultur, Bezug zur Vergangenheit und Orientierung auf die Zukunft, die sie aufweist. Vielleicht ist dies in einer mehr oder weniger fernen Zukunft nicht mehr so. Nicht weil das Bedürfnis, eine Wissenschaft der Zeit, ein wirkliches Wissen über die Zeit zu haben, weniger spürbar wäre, sondern weil dieses Wissen andere Formen annehmen könnte als diejenigen, denen der Terminus entspricht. Das historische Wissen ist selbst der Zeit unterworfen, d.h. dem Unvorhersehbaren. Es ist darum nicht weniger wirklich und wahr.

Girolamo Arnaldi greift einen Gedanken Croces auf und versichert, daß er auf die Historiographie als »Mittel zur Befreiung von der Vergangenheit« vertraut, auf die Tatsache, daß »die Historiographie den Weg zu einer wirklichen und authentischen Befreiung von der Geschichte eröffnet« (Arnaldi, 1974). Obwohl ich nicht so optimistisch bin wie er, glaube ich, daß es die Aufgabe des Historikers ist, die Geschichte *(res gestue)* von einer Last – wie Hegel es nannte – in eine *historia rerum gestarum* zu verwandeln, die aus der Kenntnis der Vergangenheit ein Instrument der Befreiung macht. Ich erhebe hier keinen imperialistischen Anspruch für das historische Wissen. Wenn ich den Rückgriff auf die Geschichte in der Gesamtheit der Praxis menschlicher Erkenntnis und des Bewußtseins der Gesellschaften für unabdingbar halte, so bin ich auch der Ansicht, daß dieses Wissen keine Religion und keine Absolution sein darf. »Der integristische Kultus der Geschichte« (Bourdieu, 1979, S. 124) ist abzulehnen. Ich mache die Worte des großen polnischen Historikers Witold Kula (1961, S. 173) zu den meinen: »Der Historiker ist es sich – paradoxerweise – schuldig, dagegen zu kämpfen, daß die Geschichte zum Fetisch gemacht wird … Die Vergöttlichung der historischen Kräfte, die zu einem allgemeinen Gefühl von Ohnmacht und Gleichgültigkeit führt, wird zu einer regelrechten sozialen Gefahr; der Historiker muß darauf reagieren, indem er zeigt, daß in der Wirklichkeit nichts jemals vorherbestimmt ist und daß der Mensch die Bedingungen, die sich ihm stellen, verändern kann.«

Das Paradoxon rührt vom Gegensatz zwischen dem Erfolg der Geschichte in der Gesellschaft und der Krise in der Welt der Historiker her. Der Erfolg erklärt sich aus dem Bedürfnis der Gesellschaften, ihrer Suche nach Identität Nahrung zu geben und aus einem reellen Imaginären zu schöpfen. Die Erfordernisse der Medien haben die historische Produktion in die Bewegung der Konsumgesellschaft hineingezogen. Es wäre übrigens wichtig, die Bedingungen und Konsequenzen dessen zu untersuchen, was Arthur Marwick (1970, S. 140–143) zu Recht »Geschichtsindustrie« genannt hat.

Die Krise in der Welt der Historiker rührt zugleich von den Grenzen und den Ungewißheiten der jüngeren Geschichte her, von der Desillusionierung der Menschen angesichts der Härten der gelebten Geschichte. Alle Bemühungen, Geschichte zu rationalisieren, ihr einen stärkeren Zugriff auf die eigene Entwicklung zu ermöglichen, stoßen sich an den Unstimmigkeiten und an der Tragik der Ereignisse, der Situationen und der offenkundigen Entwicklung. Diese interne und externe Krise wird, wohlgemerkt, von denen ausgenutzt, die sich nach einer Geschichte und einer Gesellschaft sehnen, die sich mit wenigem, mit einigen lächerlichen und illusorischen Gewißheiten zufrieden gibt. Man muß mit Lucien Febvre wiederholen: »Die historisierende Geschichte verlangt wenig. Sehr wenig. Zu wenig für mich und für viele andere mit mir.« Es gehört zur eigentlichen Natur der Geschichtswissenschaft, mit der gelebten Natur der Geschichtswissenschaft, mit der gelebten Geschichte, deren Bestandteil sie ist, eng verbunden zu sein. Aber man kann, man muß, und allen voran muß dies der Historiker, dafür arbeiten und kämpfen, daß Geschichte in beiderlei Sinn des Wortes eine *andere* wird.

NACHWORT

VON JULIANE KÜMMELL

Geschichte und Gedächtnis, der Titel dieses Buches, ruft, Wort für Wort betrachtet, zunächst eher bedingtes Interesse hervor: *Geschichte* – noch ein Buch über Geschichte ... ? *Gedächtnis bzw. Erinnerung* – modische Ausflüge in Psychoanalyse und Anthropologie ...? Jedoch aus der Nähe betrachtet, und das heißt hier: im Gefolge Jacques Le Goffs, erweist sich das, was als eine Folge von Lexikon-Artikeln begonnen hatte, als Reflexion, Selbstkritik, historische Standortbestimmung und indirekte Programmschrift der Nouvelle Histoire ebenso wie als ein Kapitel europäischer Kultur- und Mentalitätsgeschichte, als kritische Historiographiegeschichte (von Le Goff selbst lieber Geschichte der Geschichte genannt) mit systematischer Orientierung.

In diesem Zusammenhang klingt eine andere Geschichte an, die in den Texten jedoch nur am Rande explizit wird und deshalb hier kurz zusammengefaßt werden soll: die Geschichte der Beziehungen zwischen deutscher und französischer Geschichtswissenschaft.

Abgesehen davon, daß die Geschichtswissenschaften beider Länder in die selben übergreifenden europäischen Strömungen eingebettet sind, wie etwa in den romantischen Nationalismus des frühen 19. Jh. und in die positivistische Richtung des späten 19. und frühen 20. Jh., entwickelten sich die beiden Zweige der Disziplin weitgehend getrennt von einander. An Stelle eines regen Austausches, der aus geographischen und historischen Gründen denkbar gewesen wäre (auch wenn er während des späten 19. und in weiten Teilen des 20. Jh. aus politischen Gründen problematisch war), entstanden hüben und drüben Geschichtswissenschaften, die sich überwiegend selbst genügten, sich in weiten Teilen national zentriert entwickelten und heute geradezu komplementär erscheinen.

Zu bemerken ist in diesem Zusammenhang, daß Le Goff, trotz seiner unkonventionellen Sehweise, Preußen eine zentrale Rolle für die Entwicklung der Geschichtswissenschaft im 19. Jh. zuschreibt, beginnend mit den *Monu-*

menta Germaniae Historica des Freiherrn von Stein bis hin zur preußischen Historik des späten 19. Jhs. Er bewundert, welche Grundlagen hier für das gelegt wurden, was er historische »Gelehrsamkeit« nennt und was im Verständnis der Zeit möglicherweise als neue Form von Wissenschaftlichkeit galt. Zugleich mißtraut er der gedanklichen Untermauerung der Fachgeschichte durch den Historismus Rankes und seiner Schüler, welchen er als Geschichtsphilosophie, die gleichwohl eher eine Methode ist, einstuft und sie zugunsten der später in Frankreich und England entwickelten problemorientierten Geschichte ablehnt.

Die Ausstrahlung der preußischen Schule hat die Entwicklung der französischen Geschichtswissenschaft insofern beeinflußt, als die Vorreiter der französischen positivistischen Schule des späten 19. Jh. (Seignobos, Langlois, Jullian) in Deutschland ihre Studien ergänzten und selbst Marc Bloch und Henri Pirenne von ihr Impulse empfingen.

Rückblickend scheint das große Gewicht der preußischen historischen Schule nicht nur erdrückend für andere Ansätze in der deutschen Geschichtswissenschaft gewesen zu sein, sondern auch für die weiteren Beziehungen zwischen deutscher und französischer Geschichtswissenschaft eher eine lastende Hypothek als ein Stimulans gebildet zu haben. Links des Rheins sah man sich aus Gründen der Identität gedrängt, eigene, betont nationale Wege zu suchen, zumal die innovative Kraft der Berliner Historik zurückging und die Kriege von 1870/71 und von 1914-18 das politische und geistige Klima begreiflicherweise wenig empfänglich für weitere Aspekte vermeintlicher teutonischer Überlegenheit oder gar für einen wechselseitigen Austausch machten. Rechts des Rheins zehrte die Historik vom Ruhm der Väter, von dem Forschungsfeld, das sie abgesteckt hatten, und vom Selbstbewußtsein, für das sie die Grundlagen gelegt hatten. - Sie tut es zum Teil heute noch.

Mit der Entstehung der *Annales*-Schule seit den 20er Jahren dieses Jahrhunderts und mit ihrem Einzug in die Institutionen nach 1945 wurde Frankreich und später vor allem Paris zu einem Zentrum und einem Vorreiter für Innovationen in der Geschichtswissenschaft. Die Entwicklung scheint sich in letzter Zeit verkehrt zu haben: Deutsche Historiker ziehen bisweilen nach Frankreich, um ihre Ausbildung zu vervollkommnen, Fragestellungen und Themenbereiche werden übernommen, wenn auch meist in abgewandelter Form. Im wesentlichen allerdings bleibt der Austausch zwischen deutscher und französischer Geschichtswissenschaft beschränkt, fruchtbare gegenseitige Anregung oder gar Zusammenarbeit, die über vereinzelte Institutionen hinausgehen, lassen sich in breiterem Maße nach wie vor nicht eigentlich finden.

Indes hat die französische *Nouvelle Histoire* ihr (immenses) Territorium abgesteckt, ihre zahlreichen und umfänglichen Fragen formuliert, und der nachfolgenden Generation von Historikern in Frankreich obliegt vor allem die ehrenvolle Aufgabe, die Antworten zu erarbeiten, das Bild in den Details auszumalen. Überspitzt formuliert ließe sich sagen, daß es in Frankreich fast nur noch eine historische Schule gibt und in Deutschland keine mehr (oder noch keine wieder), wenn man von verschiedenen lokalen Schwerpunkten einmal absieht.

Folgt man nun weiter Le Goff, und nicht nur ihm, so hat, das führt er überzeugend aus, jede Zeit, jede Generation und jede Gesellschaft ihre eigenen Fragen an die Geschichte. Steht jetzt, da die beiden Geschichtswissenschaften hier an die Grenzen ihrer Antworten, dort an die Grenzen ihrer Fragen stoßen, in der deutschen und französischen Geschichtsforschung ein Paradigmenwechsel bevor? Die Antwort läßt sich nicht vorweg nehmen, auch nicht diejenige auf die Frage, wie dieser wohl aussehen könnte.

Einen möglichen Aspekt der zukünftigen Entwicklung in der Geschichtswissenschaft führt Le Goff in seinem jüngsten Vorwort, demjenigen zur deutschen Ausgabe, dennoch an: Das Zusammenwachsen zu einem vereinten Europa über die Bewältigung alter Konflikte und die Wahrung der jeweiligen Identität.

Es ist kein Zufall, daß gerade Jacques Le Goff zu einer europäischen Geschichte im Zeichen der Konfliktbewältigung und der Befreiung aufruft. Auch wenn wir, wie es legitim ist und wie es insbesondere Le Goff immer wieder fordert, den Historiker und das Mitglied seiner zeitgenössischen Gesellschaft nicht in eins setzen wollen, so stehen doch Le Goffs Nähe zur undogmatischen Linken, sein soziales Interesse und Engagement und der liberale Katholik, der es sich nicht leicht macht, nicht im Widerspruch zu den Fragen, denen er sich als Historiker stellt.

Beim Historiker Le Goff hat die europäische Perspektive eine lange Tradition, auch wenn sie erst durch die heutigen Zeitumstände in dieser aktuellen Weise zu benennen ist: Das Hochmittelalter, die Zivilisation oder Kultur des Abendlandes, die Intellektuellen, die Bankiers, das Fegefeuer und die Arbeit – die Forschungsschwerpunkte Le Goffs – sind allesamt Themen, die sich zumindest für das Mittelalter nur im europäischen Kontext erarbeiten und abhandeln lassen, so wie das Mittelalter selbst über die längste Zeit hinweg als Zeitalter mit einem umfassenden europäischen Horizont zu verstehen ist.

Darüber hinaus ist Le Goff nicht nur durch die Thematik seiner Arbeiten sowohl zum Vermittler von europäischer Geschichte als auch zum Vermittler zwischen den europäischen Geschichten und Geschichtswissenschaften prädestiniert. Seit langem stellt er wöchentlich in einer Radiosendung von *France Culture, Les lundis de l'histoire,* neuere Arbeiten zur Geschichte einem breiteren Publikum vor. Ferner ist er Mitglied in einer Kommission zur Revision des Lehrplans für den Geschichtsunterricht in Frankreich. Kurz, er interessiert sich nicht nur für die Produktion von Geschichte, sondern auch für ihre Rezeption und für ihre Konsumenten. Darüber hinaus pflegt er regen Kontakt zu auswärtigen Wissenschaftlern, insbesondere in Italien, Großbritannien, Polen und der Tschechoslowakei. Über die EHESS (École des Hautes Études en Sciences Sociales), die er einst mitbegründete und deren erster Direktor er war, steht er in ständigem Austausch mit den anderen Sozialwissenschaften. Er ist Mitglied zahlreicher Gremien und leitet eine Reihe von Arbeitsgruppen. Seine Arbeiten wurden in mehrere Sprachen übersetzt und fanden im In- und Ausland ein begeistertes Publikum.

Deutschsprachigen Lesern, und nicht zuletzt den historisch fachkundigen, bieten diese Aufsätze vor allem dreierlei:

– Eine methodologische Diskussion, die nicht zur Theorie-Diskussion erstarrt ist.

– Den Versuch und das Wagnis einer europäischen Synthese der Geschichtswissenschaft unter methodologischen, systematischen und historischen Aspekten. Dies geschieht angesichts einer Unzahl von Einzelstudien sowie vor dem Hintergrund einer Zeit, die sich eher auf der Suche nach großen Perspektiven befindet, als daß sie die Fluchtpunkte für umfassende Synthesen bereits formulieren könnte, wie sich gerade auch in Geschichte und Geschichtswissenschaft zeigt.

– Das Vertraute der eigenen Geschichte sowie das Wiedererkennen von bekannten Entwicklungen und Strukturen in den Geschichten der anderen einerseits, andererseits eine anziehende Andersartigkeit. Diese ist einesteils durch die ungewohnte und neuartige Sehweise des Altvertrauten, andernteils durch die Konfrontation mit den unbekannten Aspekten der Geschichten der anderen bedingt. D.h.: Eine lehrreiche und spannende Lektüre ist geboten.

Zusammengenommen sollten diese drei Faktoren dazu provozieren, aus dem Zuwachs an Wissen und aus der erwachsenden Faszination heraus, neue

Fragen an die eigene Geschichte, an die Geschichte der anderen und an die gemeinsame Geschichte zu stellen, in den Dialog mit der Vergangenheit ebenso wie in denjenigen mit der französischen Geschichtswissenschaft einzutreten und darüber nachzudenken, wie Geschichte »gemacht« wird, wozu sie hier und heute dienen könnte und welches unsere zukünftige Geschichte (in beiderlei Sinn des Wortes – als gelebte Zeit und als Wissenschaft) sein könnte.

LITERATUR

Das Erscheinungsjahr in Klammern hinter Autorin/nen oder Autor/en gibt in der Regel die erste Ausgabe eines Werkes oder Artikels in Originalsprache an. Da in der franz. Version nicht differenziert wird zwischen Originalausgabe und der vom Autor verwendeten Ausgabe, wurde das zuerst angegebene Erscheinungsjahr als Zitatnachweis herangezogen. Am Ende jeder Literaturangabe sind ggf. die Erscheinungsjahre weiterer Auflagen, Neuausgaben, Übersetzungen vermerkt.

Abrams, Ph. (1971a) »Sociology and History«, in: *Past and Present*, Nr. 52, S. 118-125

- (1971b) »The Sense of Past and the Origine of Sociology«, in: *Past and Present*, Nr. 55, S. 18-22
- (1980) »History, Sociology, Historical Sociology«, in: *Past and Present*, Nr. 87, S. 3-16

L'Acte historique et son sujet (1985) Sondernummer von *Mi-Dit, Cahiers meridionaux de psychanalyse*, Nr. 10 f.

Adams, H.B. (1884) »New Methods of Study in History«, in: *Johns Hopkins University Studies in History and Political Science*, Bd. 2

Agulhon, M. (1978) »La statuomanie et l'histoire«, in: *Ethnologie Française*

Althusser, L./Balibar, E. (1972) *Das Kapital lesen*, 2 Bde., Reinbek

Amalvi, C. (1979) *Les héros de l'histoire de France*, Paris

Andreano, A. (1977) *La Nouvelle Histoire économique. Exposés de méthodologie*, Paris

Antoni, C. (1957) *Lo storicismo*, Turin

Ariès, Ph. (1954/2) *Le temps de l'histoire*, Paris, 2. Aufl. 1986 (Vorwort v. R. Chartier) (dt. *Zeit und Geschichte*, 1988)

- (1960) *L'enfant et la vie familiale sous l'Ancien Régime*, Paris (dt . *Geschichte der Kindheit*, 1977, Neuaufl. 1985)
- (1977) *L'homme devant la mort*, Paris (dt. *Geschichte des Todes*, 1980)
- (1980) *Un historien du dimanche*, Paris (dt. *Ein Sonntagshistoriker: Philippe Ariès über sich*, 1990)
- /Duby, G. (Hg.) (1985-87) *Histoire de la vie privée*, 5 Bde., Paris (dt. *Geschichte des Privatlebens*, 1990 ff.)

Arnaldi, G. (1963) *Studi sulli cronisti della marca trevioiana nell'età di Ezzelino da Romano,* Rom
- (1966) »Il notaio-cronista e le cronache cittadine in Italia«, in: *La storia del diritto nel quadro delle scienze storiche.* Atti del I. Congresso Internazionale della Società Italiana di Storia del Diritto, Florenz, S. 293–309
- (1974) »La storiografia come mezzo di liberazione dal passato«, in: Cavazza, F.L./ Graubard, S.R. (Hg.), *Il caso italiano, Italia anni'*70, Mailand, S. 553–562

Aron, R. (1938a) *Introduction à la philosophie de l'histoire: essai sur les limites de l'obgectivité historique*
- (1938b) *La philosophie critique de l'histoire. Essai sur une théorie allemande de l'histoire,* Paris, Neuaufl. 1987
- (1961a) *Dimensions de la conscience historique,* Paris, 1985
- (Hg.) (1961b) *L'Histoire et ses interprétations,* Paris
- (1969) *Les désillusions du progrès. Essai sur la dialectique de la modernité,* Paris (dt. *Fortschritt ohne Ende? Über die Zukunft der Industriegesellschaft,* 1973)

Atlan, H. (1974) »Conscience et désirs dans des systèmes autoorganisateurs«, in: Morin/Piattelli-Palmarini 1974, S. 449–465

Augé, M. (1979) *Symbole, Fonction, Histoire. Les interrogations de l'anthropologie,* Paris

Aymard, M. (1972) »The ›Annales‹ and French Historiography« in: *The Journal of European Economic History,* I, S. 491–511

Bâ, A.H. (1965) *Tradition et modernisme en Afrique noire.*

Backes, Clément, C. (1974) *Cl. Lévi-Strauss ou la structure et le malheur,* 2. Aufl.

Balandier, G. *La vie quotidienne au royaume de Kongo*
- (1974) *Anthropo-logiques,* Paris

Bali, G. (1974) »La storiografia genovese fino al secolo XV«, in: *Studi sul Medioevo cristiano offerti a Raffaelo Morghen,* Rom

Baron, H. (1932) »Das Erwachen des historischen Denkens im Humanismus des Quattrocento«, in: *Historische Zeitschrift,* CXLVII, I, S. 5–20

Barraclough, G. (1955) *History in a Changing World,* Oxford
- (1980) *Tendances actuelles de l'histoire,* Paris

Barthes, R. (1967) »Le discours de l'histoire«, in: *Informations sur les sciences sociales,* VI, 4, S. 65–75
- (1970) »L'ancienne rhétorique, aide-mémoire«, in: *Communications,* Nr. 16, S. 172–229 (zuerst 1964/65)

Basadre, J. (1973) *El azar en la historia y sus limites,* Lima

Baudelaire, Ch. (1863) »Le peintre de la vie moderne«, in: *Le Figaro,* 26. und 29. November, 3. Dezember

Bautier, A.M. (1977) »Typologie des ex-votos mentionnés dans les textes antérieurs à 1200«, in: *Actes du 99e Congrès National des Sociétés Savantes,* Bd. 1, Paris

Bautier, R.H. (1961) »Les archives«, in: Samaran (Hg.), S. 1120–1166

Bazin, J. (1979) »La production d'un récit historique«, in: *Cabiers d'études africaines*, XIX, 73-76, S. 435-483
Beer, S.H. (1963) »Causal Explanation and Imaginative Re-enactment«, in: *History and Theory*, III
Beglar, P. (1975) »Historia del mundo y Reino de Dios«, in: *Scripta Theologica*, Bd. 7
Benveniste, E. (1959) »Les relations de temps dans le verbe français«, in: *Bulletin de la Société de Linguistique*, LIV. fasc. I, Nachdruck in: ders., 1966, S. 237-250
- (1966) *Problèmes de linguistique générale*, 2 Bde., Paris (dt. *Probleme der allgemeinen Sprachwissenschaft*, 1977, zuerst 1974)
- (1969) *Le vocabulaire des institutions indo-européennes*, 2 Bde., Paris (dt. *Indoeuropäische Institutionen*, Frankfurt/M., New York 1992)
Berdjajew, N. (1923) *Le sens de l'histoire humaine*, Paris, 1948 (dt. *Der Sinn der Geschichte*, Tübingen 1955)
Berger, G. (1964) *Phénoménologie du temps et prospective*, Paris
Berlin, I. (1954) »Historical Inevitability«, in: *Four Essays on Liberty*, Oxford, 1969
- (1960) »The Concept of Scientific History«, in: *History and Theory*, I
Berque, J. (1970) *L'Orient second*, Paris
- (1974) *Langages arabes du présent*, Paris
Berr, H. (1910) *La synthèse en histoire. Son rapport avec la synthèse générale*, Neuaufl. Paris, 1953
Beneiller, M. (1971) »Modernismo«, in: *Encyclopaedia Universalis*, Bd. XI, Paris, S. 138 f.
Besançon, A. (1967) *Le tsarévitch immolé*, Paris
- (Hg.) (1974) *L'histoire psychanalytique. Une anthologie*, Paris
Blake, C. (1959) »Can History be Objective?, in: P. Gardiner (Hg.), *Theories of History*, Glencoe, III.
Bloch, M. (1963) *Mélanges historiques*, 2 Bde., Paris
- (1974) *Apologie pour l'histoire ou métier d'historien*, 7. Aufl., Paris, zuerst 1941/42; 1949 (dt. *Apologie der Geschichte oder der Beruf des Historikers*, Stuttgart 1974)
Bogart, L. (1968) *The Age of Television*, 3. Aufl., New York
Bois, G. (1978) »Marxisme et histoire nouvelle«, in: Le Goff et al. 1978, S. 375-393
Bollack, J. (1971) *La lettre d'Epicure*, Paris
Bonaparte, M. (1939) »L'inconscient et le temps«, in: *Revue Française de Psychanalyse*, XI, S. 61-105
Boncompagno (1841) *Rhetorica Novissima*, hg. v. A. Gaudenzi, Bologna
Borst, A. (1969) *Geschichte an mittelalterlichen Universitäten*, Konstanz
Bourdé, G./Martin, H. (1983) *Les écoles historiques*, Paris
Bourdieu, P. (1965) *Un art moyen. Essai sur les usages sociaux de la photographie*, Paris (dt. *Eine illegitime Kunst. Die sozialen Gebrauchsweisen der Photographie*, 1981)

- (1979) *La distinction. Critique sociale du jugement,* Paris (dt. *Die feinen Unterschiede,* Frankfurt 1982)
Bousquet, G.H. (1967) »Le hasard. Son rôle dans l'histoire des sociétés«, in: *Annales, E.S.C.,* XXII, 1-3, S. 419-428
Brassloff (1901) »Damnatio Memoriae«, in: *Pauly's Realenzyklopädie der classischen Altertumswissenschaften,* Bd. 8/2, N.F., Spalte 2059-2062
Braudel, F. (1949) *La Méditerranée et le monde méditerranéen à l'époque de Philippe II.,* Paris, 4. Aufl. 1979 (dt. *Das Mittelmeer und die mediterrane Welt in der Epoche Philippe II.,* Frankfurt 1990)
- (1958) »Histoire et sciences sociales. La longue durée«, in: *Annales, E.S.C.,* XIII, 4, S. 725-753
- (1967) *La Civilisation matérielle, economique et capitalisme,* 3 Bde., Paris, 2. Aufl. 1979 (dt. *Sozialgeschichte des 15. bis 18. Jahrhunderts,* 3 Bde, 1985 f.)
Braudel dans tous ses états (1986) La vie quotidienne des sciences sociales sous l'empire de l'histoire, Sondernummer von *Espaces Temps,* Nr. 34/35
Bringuier, J.C. (1977) *Conversations libres avec Piaget*
Brown, P. (1967) *La vie de saint Augustin,* a.d. Engl., Paris, 1971 (dt. *Der heilige Augustinus. Lehrer der Kirche und Erneuerer der Geistesgeschichte,* München 1975)
Brunot, F. (1905) *Histoire et la langue française des origines à 1900,* Paris
Bucaille, R./Pesez, J.M. (1977 ff.) »Cultura materiale«, in: *Enciclopedia Einaudi*
Bucher, B. (1977) *La sauvage aux seins pendants,* Paris
Budge, E./King, L.W. (1902) *Annals of the Kings of Assyria,* London
Bullock,A. (1976) *Is History becoming a Social Science ? The Case of Contemporary History,* Cambridge
Burckhardt, J. (1905) *Weltgeschichtliche Betrachtungen*
Burguière, A. (1980) »Anthropologie historique«, in: *Encyclopaedia Universalis,* Organum-Corpus, Bd. I, Paris, S. 157-170
- (1979) »Histoire d'une histoire: naissance des Annales«, in: *Annales, E.S.C.*
- (1983) »La notion de mentalités chez Marc Bloch et Lucien Febvre: deux conceptions, deux filiations«, in: *Revue de Synthèse,* Nr. 111-112
- (Hg.) (1986) *Dictionnaire des Sciences Historiques,* Paris, siehe insbesondere die Artikel *Annales* (École des) (A. Burguière), *Anthropologie historique* (A. Burguière), *Biographique* (Histoire) (G. Chaussinand-Nogaret), *Fait historique* (O. Dumoulin), *Immédiate* (Histoire) (B. Paillard), *Intellectuelle* (Histoire) (R. Chartier), *Marxiste* (Histoire) (R. Paris), *Mémoire collective* (Ph. Joutard), *Politique* (Histoire) (P. Lévêque), *Psychanalyse et Histoire* (E. Roudinesco), *Quantitative* (Histoire) (F. Mendels), *Rurale* (Histoire) (J. Goy), *Sociale* (Histoire) (Y. Lequin), *Temps présent* (J.P. Azema), *Théories de l'Histoire* (M. Crubellier), *Urbaine* (Histoire) (O. Zunz).
Burke, P. (1969) *The Renaissance Sense of the Past,* London (dt. *Die Renaissance in Italien,* Berlin 1984)

Butterfield, H. (1955) *Man on his Past: the Study of the History of Historical Writing,* Cambridge
- (1973) »Historiography«, in: Wiener (Hg.), Bd. 2, S. 464–498

Callot, E. (1962) *Ambiguitiés et antinomies de l'histoire et la philosophie,* Paris
Campori, M. (Hg.) (1982) *Correspondenza tra Muratori e Leibniz*
Cantimori, D. (1945) *Storici e storia. Metodo, caratteristiche, significato del lavoro storiografico,* Turin, 2. Aufl. 1978, S. 495–535
Capitani, O. (1979) *Medioevo passato prossimo,* Bologna
Caponigre, A.R. (1953) »*Time and Idea: the Theory of History*«, in: G.B. Vico, Chicago
Carbonell, Ch.O. (1976a) *Histoire et historiens* 1865–1885, Toulouse
- (1976b) »La Naissance de la Revue Historique: une revue de combat 1876–1885«, in: *Revue Historique,* 518, 1976, S. 331–351
- (1978) »L'histoire dite positiviste en France«, in: *Romantisme,* Nr. 21/22
- (1981) *L'historiographie,* Paris
- /Livet, G. (1983) *Au berceau des Annales* (colloque de Strasbourg, 1979), Toulouse
Carr, E.H. (1961) *What is history?* London (dt. *Was ist Geschichte?,* Stuttgart 1963)
Cedronio, M. et al. (1977) *Storiografia francese di ieri e di oggi,* Neapel
Certeau, M.de (1970) »Faire de l'histoire«, in: *Recherches de science religieuse,* LVIII, S. 481–520 (dt. in: Certeau 1991, S. 31–70)
- (1974) »L'opération historique«, in: Le Goff/Nora 1974, Bd. 1, S. 3–41 (dt. in: Certeau 1991, S. 71 ff.)
- (1991) *Das Schreiben der Geschichte,* Frankfurt/M. (Orig.: *L'écriture de l'histoire,* Paris 1975)
Chabod, F. (1927a) »Uno storico tedesco contemporaneo: Federico Meinecke«, in: *Nuova Rivista storica,* Nr. 11
- (1927b) *Lezioni di metodo storico,* Bari, 2. Aufl. 1972, S. 257–278
- (1943–47) *L'idea di nazione,* Bari, 4. Aufl. 1974
Chailley, J. (1969) *Histoire musicale du Moyen Âge,* 2. Aufl., Paris
Changeux, J.-P. (1974) Discussion – J.P. Changeux – A. Danchin. »Apprendre par stabilisation selective de synapses en cours de développement«, in: Morin/Piattelli-Palmarini 1974, S. 351–357
Charbonnier, J. (1980) *L'interprétation de l'histoire en Chine contemporaine,* Dissertation, Universität Lille III, 2 Bde.
Chartier, R. (1978) »Revolution«, in: Le Goff et al. (1978), S. 497
Chatelet, F. (1962) *La naissance de l'histoire. La formation de la pensée historienne en Grèce,* Paris
Chaunu, P. (1974) *Histoire, Science Sociale. La durée, l'espace et l'homme à l'époque moderne,* Paris
- (1978) *Histoire quantitative, Histoire sérielle,* Cahier des Annales, Nr. 37

Chesneaux,J. (1976) *Du passé faisons table rase? À propos de l'histoire et des historiens,* Paris
Chesnut, G.F. (1978) *The First Christian Histories: Eusebius, Socrates, Sozames, Theodoret, and Evagrius,* Paris
Childe, V.G. (1953) *What is History?* New York
Childs, B.S. (1962) *Memory and Tradition in Israel,* London
Christensen, A. (1936) *Les gestes des rois dans les trachitiers de l'Iran antique,* Paris
Clanchy, M.T. (1979) *From Memory to Written Record, England 1066-1307,* London
Cohen, G.A. (1978) *Karl Marx's Theory of History,* Oxford
Collingwood, R.G. (1932) *The Idea of History* Oxford, 1946
Condominas, G. (1965) *L'exotique est quotidien,* Paris
Conze, W. (Hg.) (1972) *Theorie der Geschichtswissenschaft und Praxis des Geschichtsunterrichts,* Stuttgart
Cordoliani, A. (1961) »Comput, chronologie, calendriers«, in: Samaran 1961 S. 37-41
Coutau-Bégarie (1983) »*Le phénomène »Nouvelle Histoire«. Stratégie et idéologie des nouveaux historiens,* Paris
Croce, B . (1938) *La Storia come pensiero e come azione,* Bari (dt. *Die Geschichte als Gedanke und als Tat,* Hamburg 1949)
Curtius, E.R. (1967) *Europäische Literatur und lateinisches Mittelalter,* 6. Aufl., Bern

Dahl, N.A. (1948) »Anamnesis. Mémoire et commémoration dans le christianisme primitif«, in: *Studia Theologica,* I, 4, S. 69-95
Dainville, F. de (1954) »L'enseignement de l'histoire et da la geographie et la ›ratio studiorum'«, in: *Studi sulla Chiesa antica e sull'Umanesimo. Analecta gregoriana,* LXX, S. 427-454
Daumas, F. (1965) *La civilisation de l'Egypte pharaonique,* Paris
Debbins (1965) *Essays in the Philosopby of History,* Austin
Delevoy, R.L. (1965) *Dimensions du XXe siècle,* Genf
Della Volpe, G. (1969) *Logica come scienza storica,* Rom
Del Monte, A. (1950) »Storiografia fiorentina dei secoli XII-XIII«, in: *Bollettino dell'Istituto Storico Italiano per il Medioevo,* Nr. 62, S. 175-282
Del Treppo, M. (1976) »La libertà della memoria«, in: *Clio,* XII, Nr. 3, Juli - Sept., 1976, S. 189-233
Demarne, P./Rouquerol, M. (1959) *Ordinateurs électroniques,* Paris
Den Boer, P. (1987) *Geschiedenis als Beroep,* (franz. Übers. *Le métier d'historien, la professionnalisation de l'histoire en France* 1818-1914), Nimwegen
De Rosa, G. (1987) *Tempo religioso e tempo storico. Saggi e note di storia sociale e religiosa del Medioevo all'età contemporanea,* Rom
Deshayes, J. (1969) *Les civilisations de l'Orient ancien,* Paris

Detienne, M. (1967) *Les maîtres de la vérité dans la Grèce archaïque,* Paris
- (1974) »Le mythe«, in: Le Goff/Nora 1974, Bd. 3
Diaz, F. (1958) *Voltaire storico,* Turin
Dibble, V.K. »Four Types of Inference from Documents to Events«, in: *History and Theory,* XXXIV, S. 203-221
Dosse, F. (1987) *L'histoire en miettes. Des »Annales« à la »nouvelle histoire«,* Paris
Dray, W.H. (1957) *Law and Explanation in History,* London
Driver, R.F. (1960) *The Sense of History in Greek and Shakespearian Drama,* New York
Duby, G. (1967) »Remarques sur la litterature généalogique en France des XIe et XIIe siècles«, Neudruck in: *Hommes et structure du Moyen Age,* Paris, 1979, S. 287-298
- (1973) *Le dimanche de Bouvines,* 27. Juli 1214, Paris
- /Lardreau, G. (1980) *Dialogues,* Paris
Dürig, W. (1954) *Geburtstag und Namenstag, eine liturgiegeschichtliche Studie,* München
Dufour, A. (1966) *Histoire politique et psychologie historique,* Genf
Dumont, L. (1964) *La Civilisation indienne et nous,* Paris
- (1966) *Homo hierarchicus,* Paris
Dupront, A. (1972) »Du sentiment national«, in: M. François (Hg.), *La France et les Français,* Paris, S. 1423-1474
Duval, P.M. (1961) »Archéologie antique«, in: Samaran 1961, S. 255

Ebeling, E./Meissner, B./Weidner, E. (Hg.) (1926) *Die Inschriften der altassyrischen Könige,* Leipzig
Ehrard, J./Palmade, G. (1964) *L'histoire,* Paris
Eickelmann, D. F. (1978) »The Art of Memory: Islamic Education and its Social Reproduction«, in: *Comparative Studies in Society and History,* XX, S. 485-516
Eisenstadt, S.N. (Hg.) (1968) *The Protestant Ethic and Modernization: A Comparative View,* New York
Eisenstein, E.L. (1966) »Clio and Chronos: An Essay on the Making and Breaking of History-Booktime«, in: *History and Theory,* V, Beiheft 6 *(History and the Concept of Time),* S. 36-64
Eliade, M. (1978) *De Gautama Bonddha au triomphe du christianisme,* Bd. II, aus: *Histoire des croyances et des idées religieuses,* 3 Bde., Paris, 1976 ff. (dt. *Von Gautama Buddha bis zu den Anfängen des Christentums,* 1979, Bd. II, aus: *Die Geschichte der religiösen Ideen,* Bd. I ff., 1978 ff.)
Elias, N. (1939) *Über den Prozeß der Zivilisation, Soziogenetische und psychogenetische Untersuchungen,* 2 Bde, Bd. I. *Wandlungen des Verhaltens in den weltlichen Oberschichten des Abendlandes.* Bd. II. *Wandlungen der Gesellschaft; Entwurf zu einer Tbeorie der Zivilisation,* 2. Aufl. 1969, Bern, 13. Aufl. 1988, Frankfurt/M.

Elisseeff, D./Elisseeff, E. (1979) *La civilisation de la Chine classique,* Paris
Erasmus, D. (1540) *Opera,* hg. v. Froben
Erdmann, K.D. (1964) »Die Zukunft als Kategorie der Geschichte«, in: *Historische Zeitschrift,* CXCVII, I, S. 44-61
Erikson, E.H. (1962) *Young Man Luther: A Study in Psychoanalysis and History,* New York (dt. *Der junge Mann Luther. Eine psychoanalytische und historische Studie,* München 1964)
Ethnologie et Histoire (1975) Forces productives et problèmes de transition, Paris
Evans, G.R. (1977) »,Interior homo‹. Two Great Monastic Scholars of the Soul: St. Anselm and Ailred of Rievaulx«, in: *Studia Monastica*
Evans-Pritchard, E. E. (1940) *The Nuer. A Description of the Modes of Livelihood and Political Institutions of the Nilotic People,* Oxford
- (1961) *Anthropology and History,* Manchester
Ey, H. (1956) »Les troubles de la mémoire«, in: *Études Psychiatriques,* Bd. 2, Nr. 9, Paris

Faber, K.G. (1978) »The use of history in political debate«, in: *History and Theory,* XVII, 4, Beiheft 17 *(Historical Consciousness and Political Action),* S. 19-35
Fabre, D. (1978) »Mythe«, in: Le Goff et al. 1978
Falco, G. (1942) *La Santa romana repubblica. Profilo storico del Medioevo,* Neapel
Favier, J. (1958) *Les archives,* Paris
Febvre, L. (1944) *Combats pour l'histoire,* Paris
Ferro, M. (1977) *Cinéma et histoire,* Paris, 1980
- (1981) *Comment on raconte l'histoire aux enfants à travers le monde entier,* Paris (dt. Geschichtsbilder, Frankfurt 199I)
- (1985) *L'histoire sous surveillance,* Paris
Finley, M.I. (1966) »Thucydide et l'idée de progrès«, in: *Annali della Scuola Normale Superiore di Pisa,* Jg. 35, Nr. 2, S. 143-19I
- (1971) »Archaeology and History«, in: *Daedalus,* C, I, S. 168-186
- (1981) *Mythe, Mémoire, Histoire,* Paris
- (1987) *Ancient History: Evidence and Models* (dt. *Quellen und Modelle in der Alten Geschichte,* Frankfurt 1987)
Flores, C. »Mémoire«, in: *Encyclopaedia Universalis* III, S. 2, 4
Fogel, R.W./Elton, G.R. (1983) *Which Road to the Past? Two Views of History,* New Haven, London
Folz, R. (1950) *Le souvenir et la légende de Charlemagne dans l'Empire germanique médiéval,* Paris
Fossier, F. (1977) »La charge d'historiographe du XVIe au XIXe siècle«, in: *Revue Historique,* CCLVIII, S. 73-92
Foucault, M. (1966) *Les mots et les choses* (dt. Die Ordnung der Dinge, 1971) Paris

- (1969) *L'archéologie du savoir,* Paris (dt. Archäologie des Wissens, 1973)
Fouquet, J. (1981) *Les dossiers du département des peintures du Musée du Louvre,* Nr. 22, Paris
Fraisse, P. (1967) *Psychologie du temps,* 2. erw. Aufl., Paris
Freud, S. (1982) [1899] *Die Traumdeutung,* Studienausgabe, Frankfurt
Friedlander, S. (1975) *Histoire et Psychanalyse. Essai sur les possibilités et les limites de la psychohistoire,* Paris
Fueter, E. (1911) *Geschichte der neueren Historiographie,* Oldenburg, München, Berlin
Furet, F. *L'histoire et l'«homme sauvage«,* in: Le Goff 1972, S. 231 ff.
- (1971) »L'histoire quantitative et la construction du fait historique«, in: *Annales, E.S.C., XXVI, I,* S. 63-75
- (1982) *L'atelier de l'histoire,* Paris
Fustel de Coulanges, N.D. (186z) »Leçon faite à l'université de Strasbourg«, in: *Une leçon d'ouverture et quelques fragments inédits, in: Revue de synthèse historique,* II/3 (1901), 6, S. 241-263

Gabrieli, F. (1966) *L'Islam nella storia. Saggi di storia e storiografia musulmana,* Bari
Gadamer, H.G. (1963) *Le problème de la conscience historique,* Löwen (dt. »Das Problem des historischen Bewußtseins«, in: *Kleine Schriften* IV, Tübingen 1977)
Gadoffre, G. (Hg.) (1987) *Certitudes et incertitudes de l'histoire,* Paris
Gaeta, F. (1955) *Lorenzo Valla. Filologia e storia nell Umanesimo italiano,* Istituto Italiano per gli studi storici, Neapel
Galeo, F. (1942) *La Santa Romana Repubblica*
Gallais, P./Riou, Y.-J. (Hg.) (1966) *Mélanges offerts à René Crozet,* Poitiers
Gallie, W.B. (1963) »The Historical Understanding«, in: *History and Theory,* III, 2, S. 149-202
Gardiner, A.M. (1947) *Ancient Egyptian Onomastica,* London
Gardiner, P. (1952) *The Nature of Historical Explanations,* London
Gardner, C.S. (1938) *Chinese Traditional Historiography,* Cambridge, Mass.
Garin, E. (1951) »Il concetto della storia nel pensiero del Rinascimento«, in: *Revista critica di storia della filosofia,* VI, 2, S. 108-118
Gauchet, M. (1985) *Le désenchantement du monde. Une histoire politique de la religion,* Paris
Geis, R.R. (1955) »Das Geschichtsbild des Talmud«, in: *Saeculum,* VI, 2, S. 119-124
Genicot, L. (1975) *Les généalogies,* Paris, Turnhout
- (1980) »Simples observations sur la façon d'écrire l'histoire«, in: *Travaux de la Faculté de Philosophie et Lettres de l'Université catholique de Louvain,* XXIII, Section d'histoire, 4
Germani, G. (1968) »Secularization, Modernisation, and Economic Development«, in: Eisenstadt 1968, S. 343 ff.

Gernet, J. (1959) »Écrit et histoire en Chine«, in: *Journal de Psychologie*, S. 31-40
Gernet, L. (1947) *Anthropologie de la Grèce antique*, Paris
Gibert, P. (1979) *La Bible à la naissance de l'histoire*, Paris
Gilbert, F. (1965) *Machiavelli and Guicciardini. Politics and History in Sixteenth-Century Florence*, Princeton, New York
- Graubard, St.R. (Hg.) (1971) *Historical Studies Today*, New York
Gille, B. (1978) *Histoire des techniques*, Bd. 8ff., Paris
Ginzburg, C. (1979), *Der Käse und die Würmer. Das Weltbild eines Müllers im 16. Jh.*, a.d. Ital. (zuerst 1976), Frankfurt/M.
Glasser, R. (1936) *Studien zur Geschichte des französischen Zeitbegriffs*, München
Glenisson, J. (1965) »L'historiographie française contemporaine: tendances et réalisations«, in: *Vingt-cinq ans de recherche historique en France* (1940-1965), C.N.R.S., Paris
Goody, J.R. (1977 a) »Mémoire et apprentissage dans les sociétés avec et sans écriture: la transmission du Bagre«, in: *L'Homme*, XVII, S. 29-52
- (1977b) *La raison graphique. La domestication de pensée sauvage.* Paris (a.d. Engl), 1979 (dt. *Literalität in traditionalen Gesellschaften*, 1981)
Goubert, P. (1968) *Cent mille provinciaux au XVIIe siècle*, Neuaufl., Paris (vorher u.d. Titel: *Beauvais et le Beauvaisis de 1600 à 1730)*
Goy, J. (1978) »Orale (Histoire)«, in: Le Goff et al. 1978
Graf, A. (1915) *Roma nella memoria e nelle immaginazioni del Medioevo*, Turin
Gramsci, A (1931/32) *Appunti di filosofia. Materialismo e idealismo*, Turin
- (1931-35) *Cahiers de prison*, a.d. Ital., Bd. 2 und 3, Paris, 1983, 1978 (dt. *Gefängnishefte*, Bd. 2 und 3, Berlin, Hamburg 1991)
- (1974) *Il materialismo storico e la filosofia di Benedetto Croce*, Turin
Graus, F. (1975) *Lebendige Vergangenheit. Überlieferung im Mittelalter und in den Vorstellungen vom Mittelalter*, Köln, Wien
Grossi, P. (Hg.) (1986) *Storia sociale e dimensione giuridica*, Atti dell'incontro di studio, Florenz, April 1985, Mailand
Grünebaum, G. von (1962) *L'identité culturelle de l'Islam*, a.d. Engl., Paris 1973
Grundmann, H. (1965) *Geschichtsschreibung im Mittelalter. Gattungen - Epochen - Eigenart*, Göttingen
Guenée, B. (1976/77) »Temps de l'histoire et temps de la mémoire au Moyen Âge«, in: *Bulletin de la Société de l'Histoire de France*, Nr. 487, S. 25-36
- (1978) »Les généalogies entre l'histoire et la politique: La fierté d'être Capétien, en France, au Moyen Âge«, in: *Annales, E.S.C.*, XXXIII, 3, S. 450-477
- (1980) *Histoire et culture historique dans l'Occident médiéval*, Paris
- (1987) *Entre l'Eglise et l'Etat. Quatre vies de prélats français à la fin du Moyen Âge*, Paris, Einführung S. 7-16
- (Hg.) (1977) *Le métier d'historien au Moyen Âge. Études sur l'historiographie médiévale*, Paris
Guerrand, R.H. (1965) *L'art nouveau en Europe*, Paris

Guillaume, G. (1929) *Temps et verbe. Théorie des aspects, des modes et des temps* Paris
Guizot, F.P.G. (1829) *Cours d'histoire moderne I. Histoire générale de la civilisation en Europe,* Paris
Gumbrecht, H.U./Link-Heer, U./Spangenberg, P.M. (Hg.) *Grundriß der romanischen Literaturen,* Bd. XI/1, *La littérature historiographique des origines à 1500,* Heidelberg

Halbwachs, M. (1925) *Les cadres sociaux de la mémoire,* Paris, (dt. *Das Gedächtnis und seine sozialen Bedingungen,* 1966)
- (1950) *Mémoires collective,* Paris (dt. *Das kollektive Gedächtnis,* 1967)
Halkin, L.E. (1963) *Initiation à la critique historique,* 3. Aufl., Paris
Halevy, F.D. (1948) *Essai sur l'accélération de l'histoire,* Paris
Harsin, P. (1963) *Comment on écrit l'histoire,* 7. Aufl., Lüttich
Hartog, F. (1980) *Le miroir d'Hérodote. Essai sur la représentation de l'autre,* Paris
Haskell, F. (1971) »The Manufacture of the Past in XIXth Century Painting«, in: *Past and Present,* Nr. 53, S. 109-120
Hauser, H. (1930) *La modernité du XVIe siècle,* Paris
Hazard, P. (19Z5) *La crise de la conscience européenne (1680-1715),* 2 Bde., Paris
Hempel, C.G. (1942) *The Function of General Laws in History*
Héritier, F. (1977) »L'identité samo«, in: *L'Identité.* Seminar unter der Leitung von Claude Lévi-Strauss, Paris, S. 51-71
Herlihy, D./Klapisch, Ch. (1978) *Les Toscans et leurs familles. Une étude du catasto florentin de* 1427, Fondation Nationale des Sciences Politiques, Paris
Herrick, J. (1954) *The Historical Thought of Fustel de Coulanges,* Washington
Hexter, J.H. (1962) *Reappraisals in History,* London, New York
- (1985) *Histoire sociale, sensibilités collectives et mentalités. Mélanges Robert Mandrou,* Paris
Hincker, F./Casanova, A. (Hg.) (1974) *Aujourd'hui l'histoire,* Paris
Histoire des Sciences et Mentalités (1983) *Revue de Synthèse,* Nr. 111-112, Juli - Dez.
L'Histoire, science humaine du temps présent (1965) Sondernummer von *Revue de Synthèse,* Bd. LXXXV, Paris, 1965
L'Histoire Sociale. Sources et Méthodes (1967) Colloque de l'École Normale Supérieure de Saint-Claud (1965), Paris
L'historien entre l'éthnologue et le futurologue (1972) Séminaire international de Venise 197I, Paris, La Haye
Hobsbawm, E.J. (1972) »The Social Function of the Past: Some Questions«, in: *Past and Present,* Nr. 55, S. 3-17
- (1980) »The Revival of Narrative: Some Comments«, in: *Past and Present,* Nr. 86, S. 3-8

Hölscher, G. (1942) *Die Anfänge der Hebräischen Geschichtsschreibung*, Heidelberg
Hollinger, D.A. (1973) »T.S. Kuhn's Theory of Science and Its Implications for History«, in: *American Historical Review*, 78, S. 370-393
Huizinga, J. (1919) *Herbst des Mittelalters*, 1924
- (1936) »A Definition of the Concept of History«, in: R. Klibansky/H.J. Platon, *Philosophy and History, Essays presented to Ernst Cassirer*, Oxford
Huppert, G. (1968) »Naissance de l'histoire de France: les Recherches d'Estienne Pasquier«, in: *Annales, E.S.C.*, S. 69-105
-(1970) *L'idée de l'histoire parfaite*, a.d. Engl., Paris, 1973
Huyghebaert, H. (1972) *Les documents nécrologiques*, Turnhout, Paris

Ibn Khaldun (1967/68) *Al-Muqqaddima*, frz. Übers. V. Monteil, *Discours sur l'histoire universelle*, 3 Bde., Beirut
Iggers, G. G. (1971) *Deutsche Geschichtswissenschaft. Eine Kritik der traditionellen Geschichtsauffassung von Herder bis zur Gegenwart*, München
- (1973) »Historicism«, in: Wiener 1973, Bd. 2, S. 456-464
- (1974) »Die ›Annales‹ und ihre Kritiker. Probleme moderner französischer Sozialgeschichte«, in: *Historische Zeitschrift*, CCXIX, S. 578-608
- (1978) *Neue Geschichtswissenschaft*, Stuttgart
- (1980) »Introduction: The Transformation of Historical Studies in Historical Perspective«, in: Iggers/Parker (Hg.), 1980, S. 1-14
- Parker, H.T. (Hg.) (1979) *International Handhook of Historical Studies. Contemporary Research and History*, Westport, 1980
Imbs, P. (1956) *Les propositions temporelles en Ancien Français.* La determination du moment. Contribution à l'étude du temps grammatical français, Straßburg
Immerwahr, H.R. (1960) »‚Ergon‹ - History as a Monument in Herodotus and Thucydides«, in: *American Journal of Philology*, Nr. 81, S. 261-290

Jacob, F. (1970) *La logique du vivant. Une histoire de l'hérédité*, Paris
Jockel, S. (1985) *»Nouvelle histoire« und Literaturwissenschaft*, 2 Bde., Rheinfelden
Joutard, P. (1977) *La légende des Camisards: une sensitilité au passé*, Paris
- (1983) *Ces voix qui nous viennent du passé*, Paris
Junker, D./Reisinger, P. (1974) »Was kann Objektivität in der Geschichtswissenschaft heißen und wie ist sie möglich?« in: Schieder 1974, S. 1-46

Kelley, D.R. (1964) »De origine feudorum. The Beginnings of a Historical Problem«, in: *Speculum*, 39, S. 207-228
- (1970) *Foundations of Modern Historical Scholarship. Language, Law and History in the French Renaissance*, New York

Kende, P. *L'avènement de la société moderne.*
Keuck, K. (1934) *Historia: Geschichte des Wortes und seiner Bedeutung in der Antike und in den romanischen Sprachen,* Emsdetten
Keylor, W. (1975) *Academy and Community: The Foundation of the French Historical Profession,* New York
Koselleck, R. (1967) »Historia magistra vitae. Über die Auflösung des Topos im Horizont neuzeitlich bewegter Geschichte«, in: *Natur und Geschichte. Festschrift für K. Löwith,* Stuttgart, S. 196-219
- (1979) *Vergangene Zukunft. Zur Semantik geschichtlicher Zeiten,* Frankfurt/M.
- /Stempel, W.D. (Hg.) (1973) *Geschichte, Ereignis und Erzählung,* München
Kracauer, S. (1966) »Time and History«, in: *History and Theory,* V, Beiheft 6, *History and the Concept of Time,* S. 65-78
Kruger, K.H. (1976) *Die Universalchroniken,* Turnhout, Paris
Kuhn, Th. S. (1957) *Copernican Revolution: Planetary Astronomy in the Development of Western Thought* (dt. *Die kopernikanische Revolution,* Braunschweig 1980)
Kula, W. (1958) *Réflexions sur l'histoire,* (a.d. Poln.) Warschau
- (1961) »L'objectivité historique et les valeurs«, in: Aron 1961 b, S. 172-174

Labrousse, E. (1933) *Exquisse du mouvement des prix et des revenues en France au XVIIIe siècle,* Paris
- (Hg.) (1973) *Ordres et classes. Colloque d'histoire sociale, Saint Cloud,* 20.-25. Mai 1967, Paris
Lacoste, Y. (1966) *Ibn Khaldoun: naissance de l'histoire, passé du Tiers Monde,* Paris
Lacouture, J. (1978) »L'Histoire immédiate«. in: Le Goff et al. 1978, S. 270-293
Lacroix, B. (1971) *L'historien au Moyen Âge,* Montreal, Paris
Lammers, W. (Hg.) (1965) *Geschichtsdenken und Geschichtsbild im Mittelalter,* Darmstadt
Landfester, R. (1972) *Historia magistra vitae. Untersuchungen zur humanistischen Geschichtstheorie des 14. bis 16. Jahrhunderts,* Genf
Langlois, Ch.V./Seignobos, Ch. (1898) *Introduction aux études historiques,* Paris, 3. Aufl. 1902
Leclercq, H. (1933) »Memoria«, in: *Dictionaire d'archéologie chrétienne et de liturgie,* XI/I, Paris, Spalte 296-324
Lecuir, J. (1981) »Enquête sur les héros de l'histoire de France«, in: *L'Histoire,* Nr. 33, April, S. 102-112
Leeuw, G. van der, *L'homme primitif et la religion, Etude anthropologique,* frz. Übers., Paris 1940
Lefebvre, G. (1945/46) *La naissance de l'historiographie moderne,* Paris, 1971
Lefebvre, H. (1962) *Introduction à Modernité. Préludes,* Paris (dt. *Einführung in die Modernität. Zwölf Präludien,* 1978)

- (1970) *La fin de l'histoire,* Paris
Leff, G. (1969) *History and Social Theory,* London
Lefort, C. (1952) »*Société ›sans histoire‹«, in: Cahiers internationaux de sociologie,* XII, Nachdruck in: *Les formes de l'histoire, essai d'anthropologie politique,* Paris, 1978, S. 30-48
- (1961) » ›Société sans histoire‹ et ›historicité‹ «, in: Aron 1961b, S. 30ff.
Le Goff, J. (1972) »L'historien et l'homme quotidien«, in: *L'historien entre l'ethnologue et le futurologue,* Paris-La Haye, S. 231-250
- (1978) »L'histoire nouvelle«, in: Le Goff et al. 1978, S. 210-241
- (1978) et al. (Hg.) *La Nouvelle Histoire,* Paris
- (1981) *La naissance du purgatoire,* Paris (dt. Die Geburt des Fegefeuers, 1983)
- (1985) *L'Imaginaire médiéval,* Paris
- /Chartier, R./Revel, J. (Hg.) (1978) *La nouvelle histoire,* Paris (Neuaufl. Brüssel 1988)
- /Nora, P. (Hg.) (1974) *Faire de l'histoire,* Paris, Bd. 1
- /Toubert, P. (1975) »Une histoire totale du Moyen Âge est-elle possible?« in: *Actes du 100e Congrès national des Sociétés savantes,* Paris, 1975, I. *Tendances, perspectives et méthodes de l'histoire mediévale,* Paris, 1977, S. 31-44
Leroi-Gourhan, A. (1964/65) *Le geste et la parole,* 2 Bde., Bd. 1. *Technique et langage,* 1964, Bd. II. *La mémoire et les rythmes,* 1965, Paris (dt. *Hand und Wort: die Evolution von Technik Sprache und Kunst,* 1980)
- (1974) »Les voies de l'histoire avant l'écriture«, in: Le Goff/Nora 1974, Bd. 1, S. 93-105
Le Roy Ladurie, E. (1967) *Histoire du climat depuis L'An Mil,* Paris, 2. Aufl., 1983
- (1973, 1978) *Le territoire de l'historien,* 2. Bde., Paris
Lévi-Strauss, C. (1962) *La pensée sauvage,* Paris (dt. *Das wilde Denken,* Frankfurt/M. 1968)
- *Du miel aux cendres* (dt. *Vom Honig zur Asche,* 1976)
- /Augé, M./Godelier, M. (1975) »Anthropologie, histoire, ideologie«, in: *L'Homme,* XV, 3-4, S. 177-188
Lewis, I.M. (Hg.) (1968) *History and Social Anthropology,* London, New York
Lhomme, J. (1967) *Economie et histoire,* Genf
Lichtheim, G. (1973) »Historiography: Historical and Dialectical Materialism«, in: Wiener 1973, Bd. 2, S. 450-456
Lieury, A. (1971) in: *Enyclopaedia Universalis*
Loraux, N. (1980a) »L'oubli dans la cité«, in: *Le temps de la réflexion,* 1, S. 213-242
- (1980b) »Thucydide n'est pas un collègue«, in: *Quaderni di Storia, XII, Juli - Dezember,* S. 55-81
- /Vidal Naquet, P. (1979) »La formation de l'Athènes bourgeoise. Essai d'historiographie 1750-1850«, in: Bolgar, R.R. (Hg.), *Classical Influences on Western Thought,* London, S. 162-222
Lorenzo il Magnifico (1913/14) *Opere,* hg. v. A. Simoni, Bari

Lubasz, H. (Hg.) (1964) Symposium: Uses of Theory in the study of History (Harvard, 1961), in: *History and Theory*, III, 1
Lübbe, H. (1977) *Geschichtsbegriff und Geschichtsinteresse. Analytik und Pragmatik der Historie,* Basel
Luckenbill, D.D. (1924) *The Annals of Sennacherib,* Chicago
Lukács, G. (1923) *Geschichte und Klassenbewußtsein,* Berlin
Lyons, J. (1968) *Introduction to Theoretical Linguistics,* London

Mairet, G. (1974) *Le discours et l'historique. Essai sur la représentation historienne du temps,* Paris
Malrieu, Ph. (1953) *Les origines de la conscience du temps. Les attitudes temporelles de l'enfant,* Paris
Mandelbaum, M. (1971) *History, Man and Reason. A study in XIXth Century Thought, Baltimore,* London
- (1977) *The Anatomy of Historical Knowledge,* Baltimore
Mandrou, R. »Art. Histoire.« in »*Histoire des mentalités*«, *Enyclopaedia Universalis,* Bd. VIII, S. 436–438
Mansuelli, G. (1967) *Les civilisations de l'Europe ancienne,* Paris
Marczewski, J. v. (1965) *Introduction à l'histoire quantitative,* Genf, Paris
Marin, L. (1978) *Le récit est un piège,* Paris
- (1979) »Pouvoir du récit et récit du pouvoir«, in: *Actes de la recherche en sciences sociales,* Nr. 25, S. 23–43
Marrou, H. I. (1950) *L'ambivalence du temps de l'histoire chez Augustin,* Institut d'études médiévales, Montreal
- (1961) »Qu'est-ce que l'histoire?« in: Samaran 1961, S. 1–23
- (1968) *Théologie de l'histoire,* Paris
Martini, G. (1970) »Lo spirito cittadino e le origini della storiografia communale lombarda«, in: *Nuova rivista Storica,* Nr. 54, S. 1–22
Marwick, A. (1970) *The Nature of History,* London
Marx, K. (1857/58) *Grundrisse der Kritik der politischen Ökonomie (Rohentwurf),* Berlin, 1953
- (1867) *Das Kapital. Kritik der politischen Ökonomie,* 3 Bde., 1. Bd. 1867, 2. Bd. 1885, 3. Bd. 1894
Massicotte, G. (1981) *L'histoire problème. La méthode de Lucien Febvre,* Paris, Maloines
Mause, L. de (Hg.) (1974) *The History of Childhood,* New York
Mazzarino, S. (1966) *Il pensiero storico classico,* Bari
McLennan, G. (1981) *Marxism and the Methodologies of History,* London
McLuhan, M. (1962) *La galaxie Gutenberg,* a.d. Engl., Tours, Paris, 1967 (dt. *Die Gutenberg Galaxis)*
Meier, C. (1975) »Vergessen. Erinnern. Gedächtnis im Gott-Mensch-Bezug«, in: H. Fromin (Hg.), *Verbum et Signum,* Bd. 1, München, S. 193–194

Meinecke, F. (1936) *Die Entstehung des Historismus,* Oldenburg, München, Berlin
Mélanges René Van Santbergen (1984) Sondernummer von *Cahiers de Clio*
Meyerson, J. (1956) »Le temps, la mémoire, l'histoire«, in: *Journal de psychologie,* LIII, S. 333–354
Mitre Fernandez, E. (1982) *Historiografia y mentalidades historicas en la Europa medieval,* Madrid
Miquel, A. (1968) *L'Islam et sa civilisation,* VII.–XX. *siècles,* Paris
– (1977) *Un conte des »Mille et une nuits«: »Ajîb et Gharib«,* Paris
– /Gabrieli, F. (1967) »L'Islam nella storia. Saggi di storia e storiografia musulmana«, in: *Revue Historique,* Nr. 238, S. 460 ff.
Momigliano, A. (1967) Reszension von Mazzarino 1966, in: *Rivista Storica Italiana,* Nr. 79, S. 206–219
– (1977) *Essays in Ancient and Modern Historiography,* Oxford
– (1986) *Problèmes d'historiographie ancienne et moderne,* Paris
Mommsen, W. J. (1975) »Gesellschaftliche Bedingtheit und gesellschaftliche Relevanz historischer Aussagen« in: E. Jäckel/E. Weymar (Hgs.) *Die Funktion der Geschichte in unserer Zeit,* Stuttgart, S. 208–224
Moniot, H. (1974) »L'histoire des peuples sans histoire«, in: Le Goff/Nora 1974, Bd. 1, S. 106–123
– (1983) *Enseigner l'histoire. Des mannels à la mémoire*
Moraze, Ch. (1968) »L'Histoire et l'unité des sciences de l'homme«, in: *Annales. E.S.C.,* S. 233–240
– (1967) *La logique de l'histoire,* Paris
Morgan, J. S. (1966) »Le temps et l'intemporel dans le décor mural de deux églises romanes«, in: Gallais/Riou (1966), Bd. 1, S. 531–548
Morgan, L. H. (1877) *Ancient Society: or Research in the Lines of Human Progress from Savagery through Barbarism to Civilization,* Chicago
Morin, E. (1962) *L'esprit du temps. Une mythologie moderne,* Paris, 1975 (dt. *Der Geist der Zeit. Versuch über die Massenkultur* 1965)
– /Piattelli-Palmarini, M. (Hg.) (1974) *L'unité de l'homme. Invariants biologiques et universaux culturels,* Paris

Nadel, G. H. (1964) »Philosophy of History before Historicism«, in: *History and Theory,* Bd. 3, S. 291–315
Nadel, S. F. (1971) *Byzance noire,* a. d. Engl., Paris
Namer, G. (1983) *Batailles pour la mémoire, la commémoration en France, de 1945 à nos jours,* Paris
– (1987) *Mémoire et Société,* Paris
Nitschke, A. (1974) »Ziele und Methoden historischer Verhaltensforschung«, in: Schieder 1974, S. 74–97
– (1981) *Historische Verhaltensforschung,* Stuttgart

Nora, P. (1962) »Ernest Lavisse: son rôle dans la formation du sentiment national«, in: *Revue Historique,* CCXXVIII, S. 73-106

- (1966) »Le ›fardeau de l'histoire‹ aux Etats-Unis«, in: *Mélanges Pierre Renouvin, Études d'Histoire des Relations Internationales,* Paris, S. 51-74
- (1974) »Le retour a l'événement«, in: Le Goff/Nora 1974, Bd. 1, S. 210-228
- (1978 a) »Mémoire collective«, in: Le Goff et al. 1978
- (1978 b) »Present«, in: Le Goff et al. 1978, S. 467-472
- (Hg.) (1984 ff.) *Les lieux de mémoire,* 3 Bde., Paris

Notopoulos, J. A. (1938) »Mnemosyne in Oral Literature«, in: *Transactions and Proceedings of the American Philological Association.* LXIX, S. 465-493

Oexle, O. G. (1976) »Memoria und Memorialüberlieferung im frühen Mittelalter«

Orsi, P.L. (1983) »La storia delle mentalita in Bloch e Febvre«, in: *Rivista di storia contemporanea,* S. 370-395

Ouvrage collectif (1984) *Film et Histoire,* hg. v. EHESS, C. I. D, Paris

Ouvrage collectif (1980) *Les philosophies de l'histoire,* Ellipses

Ozouf, M. (1976) *La Fête révolutionaire: 1789-1799,* Paris

Paravicini-Bagliani, A. »La storiografia pontifica del secolo XIII«, in: *Römische Historische Mitteilungen*

Passmore, J.A. (1958) »The objectivity of History«, in: *Philosophy,* XXXIII, S. 97-110

- /Blake, Ch. (1959) »Can History be Objective?« in: P. Gardiner (Hg.), *Theories of History*

Pauly's Real-Enzyklopädie der classischen Altertumswissenschaften (1932) begonnen v. G. Wissowa u.a., hg. v. W. Kroll, Bd. 15, N.F., Stuttgart

Pedech, P. (1964) *La méthode historique de Polybe,* Paris

Perelman, Ch. (1969) *Les catégories en histoire,* Brüssel

Périodisation en Histoire des Sciences et de la Philosophie. Sondernummer von *Revue de Synthèse,* 3-4

Pertusi, A. (Hg.) (1970) *La storiografia veneziana fino al secolo XVI,* Florenz

Pesez, J. M. (1978) »Histoire de la culture matérielle«, in: Le Goff et al. 1978, S. 130

Petrarca, F. (1554) »Apologia contra cuiusdam anonymi Galli calumnias«, in: ders., *Opera omnia,* Basel, S. 1178-1199

Piaget, J. (1946) *Le développement de la notion de temps chez l'enfant.* Paris (dt. *Die Bildung des Zeitbegriffs beim Kinde,* Stuttgart 1982)

- (1970) in: *La mémoire. Symposium de l'Association de Psychologie scientifique de langue française,* Paris
- /Inhelder, B. (1968) *Mémoire et intelligence,* Paris (dt. *Gedächtnis und Intelligenz,* Olten 1974)

Pillorget R. (1982) »La biographie comme genre historique: sa situation actuelle en France«, in: *Revue d'histoire diplomatique.* Januar - Juni

Plumb, J.H. (1969) *The Death of the Past,* London

Pomian, K. (1975) »L'histoire de la science et l'histoire de l'histoire«, in: *Annales. E.S.C.*, XXX, 5, S. 935–952
– (1984) *L'ordre du temps*, Paris
Popper, K.R. (1960) *Misère de l'historicisme*, a.d. Engl., Paris, 1960 (dt. *Über das Elend des Historizismus*, 1964)
Posner, E. (1972) *Archives in the ancient World*, Cambridge, Mass.
Poulat, E. (1971) »Modernisme«, in: *Encyclopaedia Universalis*, Bd. XI, S. 135–137
Poulet, G. (1950) *Études sur le temps humain*, Paris
Prawer, J. (1972) *The Latin Kingdom of Jerusalem: European Colonialism in the Middle Ages*, London
Preiswerk, R./Perrot, D. (1975) *Ethnocentrisme et histoire. L'Afrique, l'Amerique indienne et l'Asie dans les manuels occidentaux*, Paris
Problèmes et méthodes de la biographie (1985) Actes du Colloque Sorbonne, Mai 1985, Paris
Psychopathology of Memory (1967) Symposium, hg. v. Tallard, Boston
Pulleyblank (1955) *Chinese History and World History*

Rabb, T.K./Rotbarg, R.I. (1982) *The New History, the 1980s and Beyond*, Princeton
Ranger, T.O. (1977) »Memorie personali ed esperienza popolare nell'Africa centro orientale«, in: *Quaderni Storici*, XII, 35, S. 359–402
«Reappraisals: A New Look at History: The Social Sciences and History« (1968), in: *Journal of Contemporary History*, III, 2
Redoni, P. (Hg.) (1987) Science: *The Rennissance of a History* (Proceedings of the International Conference Alexandre Koyré, Paris, College de France, Juni 1986), Sondernummer von *History and Technology*, 4, S. 1–4
Revel, J. (1979) »Histoire et sciences sociales: le paradigme des Annales«, in: *Annales E.S.C.*, 1979
– /Chartier, R. (1978) »Annales«, in: Le Goff et al. 1978, S. 26–33
Riche, P. (1979) *Les écoles et l'enseignement dans l'Occident chrétien de la fin du Ve siècle au milieu du XIe*, Paris
Ricœur, P. (1955) *Histoire et vérité*, Paris, 2. Aufl. (dt. *Geschichte und Wahrheit*, 1974)
– (1961) »Histoire de la philosophie et historicité«. in: Aron 1961b, S. 214–227
– (1983) *Temps et récit*, Paris
Robert, L. (1961) »Epigraphie«, in: Samaran 1961, S. 453–497
Le roman historique (1972) Sondernummer von *Nouvelle Revue Française*, Nr. 238, Oktober
Romano, R. (1978) *La storiografia italiana oggi*, Mailand
Romilly, J. de (1947) *Thucydide et l'impérialisme athénien*, Paris
– (1956) *Histoire et raison chez Thucydide*, Paris
Rosenberg, H. (1959) *The Tradition of the New*, New York

Rosenthal, F. (1952) *A History of Muslim Historiography*, Leiden
Rossi, P. (1956) *Lo storicismo tedesco contemporaneo*, Turin, 3. Aufl. 1979
- (Hg.) (1983) *La storia della storiografia oggi*, Mailand
Rousset, P. (1951) »La conception de l'histoire à l'époque féodale«, in: *Melanges d'histoire du Moyen Âge, dédiés à la mémoire de Louis Halphen*, Paris, S. 623-633
- (1966) »Un problème de méthode: l'événement et sa perception«, in: Gallais/Riou 1966, S. 315-321
Roy, B./Zumthor, P. (1985) *Jeux de mémoire, Aspects de la mnémotechnie médiévale*, Paris, Montréal
Rubinstein, N. (1942) »The Beginnings of Political Thought in Florence«, in: *Journal of the Warburg and Courtauld Institutes*, Bd. 5, S. 198-227
Rüsen, J./Süssmuth, H. (1980) *Theorien in der Geschichtswissenschaft*, Düsseldorf
Ruffié, J. (1977) *De la biologie à la culture*, Paris
Runciman, W. C. (1970) *Sociology in it's Place and Other Essays*, London

Salmon, P. (1969) *Histoire et critique*, Brüssel, 2. Aufl. 1976
Samaran, Ch. (Hg.) (1961) »L'histoire et ses méthodes«, in: *Encyclopédie de la Pléiade*, XI, Paris
Sanson, R. (1976) Le 14 juillet (1789-1975). *Fête et conscience nationale*, Paris
Saussure, F. de (1906-11) *Cours de linguistique générale*, Paris, 1916 (dt. *Grundfragen der allgemeinen Sprachwissenschaft*, 2. Aufl. 1967)
Schaff, A. (1970) *Histoire et vérité. Essai sur l'objectivité de la connaissance historique*, a.d. Poln., Paris, 1971 (dt. *Geschichte und Wahrheit*, Wien, Frankfurt, Zürich 1970)
Schenkel, Lambert (1593) *De memoria*, Douai
- (1610) *Gazophylacium*, Straßburg; frz. Übers., Paris 1623
Schieder, Th. (1978) »The role of historical conciousness in political action«, in: *History and Theory*, XVIII, 4, Beiheft 17 *(Historical Consciousness and Political Action)*, S. 1-18
- (Hg.) (1974) Methodenprobleme der Geschichtswissenschaft, in: *Historische Zeitschrift*, Beiheft 3
Schmid, K./Wollasch, J. (Hg.) (1984) *Memoria. Der geschichtliche Zeugniswert des liturgischen Gedenkens im Mittelalter*, München
Schmidt, R. (1955/56) »Aetates Mundi. Die Weltalter als Gliederungsprinzip der Geschichte«, in: *Zeitschrift für Kirchengeschichte*, 67, S. 288-317
Schnapp, A. (1980) *L'archéologie aujourd'hui*, Paris
Schonen, S. de (1974) *La mémoire: connaissance active du passé*, Paris, La Haye
Schulin, E. (1973) *Die Frage nach der Zukunft in der Geschichte heute. Positionen, Tendenzen und Probleme*, Göttingen
Seckler, M. (1967) *Le salut et l'histoire. La pensée de saint Thomas d'Aquin sur la théologie de l'histoire*, Paris

Sherrill, K.S. (1969) in: *Comparative Politics*, Januar
Shorter, E. (1971) *The Historian and the Computer. A Practical Guide*, Englewood Cliff, N.J.
Silvestre, H. (1965) »Quanto iuniores, tanto perspicaciores«. Antécédents à la querelle des anciens et des modernes«, in: *Publications de l'Université Lovanium de Kinshasa. Recueil commémoratif du Xe Anniversaire de la Faculté de Philosophie et Lettres*, Löwen, Paris, S. 231, 255
Simmel, G. (1892) *Die Probleme der Geschichtsphilosophie*, Frankfurt 1988
Simon, E. (1928) »Ranke und Hegel«, in: *Historische Zeitschrift*, Beiheft 15
Sirinelli, J. (1961) *Les vues historiques d'Eusèbe de Césarée durant la période prénicéenne*, Université de Dakar, Fac. des lettres et sciences humaines, Dakar
Sorel, G. (1896) *Le devenir social*
Sous l'histoire la mémoire (1980) Sondernummer von *Dialectiques*, Nr. 30
Spengler, O. (1918-22) *Der Untergang des Abendlandes*, 1918-22
Spuler, B. (1955) »Islamische und abendländische Geschichtsschreibung«, in: *Saeculum*, VI, 2, S. 125-137
Stadler, P. (1789–1871) *Geschichtsschreibung und historisches Denken in Frankreich*, Zürich, 1958
Starr, C.G. (1966) »Historical and Philosphical Time«, in: *History and Theory*, V, Beiheft 6 *(History and the Concept of Time)*, S. 24-35
Stelling-Michaud, J. (1959) »Quelques problèmes du temps au Moyen Âge«, in: *Études suisses d'histoire générale*, XVII
Stern, F. (Hg.) (1956) *The Varieties of History: Voltaire to the Present*, Cleveland
Stoianovich, T. (1976) *French Historical Method. The Annales Paradigm*, Ithaca, London
Stone, L. (1979) »The Revival of Narrative«, in: *Past and Present*, Nr. 21, (frz. Übers.: Retour au récit ou réflexions sur une nouvelle vieille histoire, in: *Le Débat*, Nr. 4, Sept. 1980, S. 116-142)
- (1981) *The Past and the Present*, Boston, London
Struever, N. S. (1970) *The Language of History in the Renaissance. Rhetoric and Historical Consciousness in Florentine Humanism*, Princeton
Svenbro, J. (1976) *La parole et le marbre. Aux origines de la poétique grecque*, Lund
Swiezawski, St. (1974) »Le problème de la »via antiqua« et al »via moderna« au XVe siècle et ses fondations idéologiques«: in: *Antiqui und moderni. Traditionsbewußtsein und Fortschrittsbewußtsein im späten Mittelalter*, hg. v. A. Zimmermann, Miscellanea Mediaevalia, Berlin, New York, S. 484-493

Tagliacozzo, G. (Hg.) (1969) *Giambattista Vico*. An International Symposium, Baltimore, 1983
Temps et Développement (1959) Quatre sociétés en Côte d'Ivoire. *Cahiers de l'ORSTOM, série Sciences Humaines*. V, Nr. 3

Temps, mémoire, tradition au Moyen Âge (1982) (Congrès de la Société des Historiens Médiévistes, Aix-en-Provence, 1982)
Tenenti, A. (1957) *Sens de la mort et amour de la vie à la Renaissance en Italie et en France,* a.d. Ital., Paris, 1983
- (1963) »La storiografia in Europa dal Quattro al Seicento«. in: *Nuove Questioni di storia Moderna,* Mailand, S. 1-51
Tessier, G. (1961) »Diplomatique«: in: Samaran 1961, S. 641
Thaleb, A. (1966) *Lettres de prison,* Fresnes, 13.12.1959, Algier
Thomas, L. (1963) »History and Anthropology«, in: *Past and Present,* Nr. 24, April
Thompson, J. Westfall (1942) *A History of Historical Writing,* 2 Bde., New York
Thompson, P. (1978) *The Voice of the Past: Oral History,* Oxford
Thuillier, G. /Tulard, J. (1986) *La méthode en histoire,* Paris
Tilly, Ch. (1984) »The Old New Social History and the New Old Social History«, in: *Review,* VII, 2, S. 363-406
Tocqueville, Alexis de (1836-39) *De la Démocratie en Amérique,* Brüssel (dt. *Über die Demokratie in Amerika,* 1987 ff.)
- (1856) *L'Ancien Régime et la Révolution,* 2. Aufl., Paris (dt. *Der alte Staat und die Revolution,* 1959)
Topolski, J. (1973) *Methodology of History,* a.d. Poln., Boston, Neuaufl. 1976
Touraine, A. (1977) *Un désir d'histoire,* Paris
Trigger, B. J. (1968) »Major Concepts of Archaeology in Historical Perspective«, in: *Man,* 3
Triulzi, A. (1977) »Storia dell'Africa e fonti orali«, in: *Quaderni Storici,* XII, 35, S. 470-480
Troeltsch, E. (1924) *Der Historismus und seine Überwindung,* Berlin
Tulard, J. (1971) *Le mythe de Napoléon,* Paris

Valéry, P. (1931) *Regard sur le monde actuel,* Paris
Védrine, H. (1975) *Les philosphies de l'histoire. Déclin ou crise?,* Paris
Vendryés, J. (1921) *Le langage, introduction linquistique à l'histoire. La Renaissance du Livre,* Paris, Neuaufl. Paris, 1968
Vendryès, P. (1952) *De la probabilité en histoire. L'exemple de l'expédition d'Egypte,* Paris
Vernant, J.-P. (1965) *Mythe et pensée chez les Grecs. Études de psychologie historique,* Paris, Neuaufl. 1985 (dt. *Mythos und Gesellschaft im alten Griechenland,* Frankfurt 1986)
- /Vidal-Naquet, P. (1972) *Mythe et tragédie en Grèce ancienne,* Paris, Neuaufl. 1986
Veron, E. (1981) *Construire l'événement. Les médias et l'accident de Three Miles Island,* Paris
Veyne, P. (1968) »Histoire«, in: *Encyclopaedia Universalis,* VIII, S. 423 f.

- (1971) *Comment on écrit l'histoire. Essai d'épistémologie,* Paris (dt. *Der Eisberg der Geschichte,* Berlin 1981)
- (1973) *Le pain et le cirque,* Paris (dt. *Brot und Spiele,* Frankfurt/M. 1989)
- (1976) *L'inventaire des différences,* Paris

Vico, G. B. (1971) »De l'antique sagesse de l'Italie«: (ersch. 1835), übers. v. J. Michelet, in: J. Michelet, *œuvres Complètes.* Bd. 1, Paris

Vidal-Naquet, P. (1960) »Temps des dieux et temps des hommes«, in: *Revue d'histoire des religions,* CLVII, S. 55–80
- (1987) *Les assassins de la mémoire,* Paris

Vierhaus, R. (1972) »Was ist Geschichte?« in: Alföldy, G. (Hg.), *Probleme der Geschichtswissenschaft,* Düsseldorf

Vilar, P. (1973) »Histoire marxiste, histoire en construction. Essai de dialogue avec Althusser«, in: *Annales. E.S.C.,* XXVIII, I, S. 165–198
- (1978) »Marx (Karl)«, in: Le Goff et al. 1978, S. 370–374
- (1982) *Une histoire en construction. Approche marxiste et problématiques conjoncturelles,* Paris

Violante, C. (Hg.) *La storia locale. Temi, fonti e metodi della ricerca,* Bologna

Vivanti, C. (1g62) »Alle origini dell'idea di civiltà: le scoperte geografiche e gli scritti di Henri de La Popelinière«, in: *Rivista storica italiana,* LXXIX, S. 1–25

Voltaire, F. M. Arouet (1957) *Œuvres historiques,* hg. v. R. Pomeau, Paris

Von den Brincken, A.D. (1957) *Studien zur lateinischen Weltchronistik bis in das Zeitalter Ottos von Freising,* Düsseldorf

Vovelle, M. (Hg.) (1974) *Mourir autrefois. Attitudes devant la mort aux XVIIe et XVIIIe siècles,* Paris
- (1978) »L'histoire et la longue durée«, in: Le Goff et al. 1978, S. 316–343

Wachtel, N. (1971) *La vision des vaincus. Les Indiens du Pérou devant la conquête espagnole,* Paris

Ward-Perkins, J.B. (1965) »Memoria, Martyr's Tomb and Church« in: *Akten des VII. Internationalen Kongresses für christliche Archäologie,* Trier, 5.–11. Sept., Pontificio Istituto di archeologia cristiana, Vatikanstadt, 1969

Weber, M. (1922) *Gesammelte Aufsätze zur Wissenschaftslehre,* 3. Aufl., 1958

Weinrich, H. (1971) *Le Temps: le récit et le commentaire,* a.d. Dt., Paris, 1973 (dt. *Tempus. Besprochene und erzählte Welt,* Stuttgart 1964)

White H.V. (1966) »The Burden of History« in: *History and Theory,* V, S. 111–134
- (1973) *Metahistory: the Historical Imagination in Nineteenth Century Europe,* Baltimore (dt. *Metahistory,* Frankfurt/M. 1991)

Wiener, Ph.P. (Hg.) (1973) *Dictionary of the History of Ideas, Studies of Selected Pivotal Ideas,* 4 Bde., New York

Wilcox, D.J. (1969) *The Development of Florentine Humanist Historiography,* Cambridge, Mass.

Wilson, E.O. (1977) *Sociobiology,* Cambridge/Mass.

Wolman, B.B. (Hg.) (1971) *The Psychoanalytic Interpretation of History*, New York

Yardeni, M. (1964) »La conception de l'histoire dans l'œuvre de La Popelinière«, in: *Revue d'histoire moderne et contemporaine*, XI, S. 109-126

Yates, F.A. (1955) »The Ciceronian Art of memory«, in: *Medioevo e rinascimento. Studi in onore di Bruno Nardi*, Bd. 2, Florenz, S. 871-903

- (1966) *L'Art de la Mémoire*, a.d. Engl., Paris, 1975, (dt. *Gedächtnis und Erinnern*, 1990)

Yavetz, Z. (1976) »Why Rome? Zeitgeist and Ancient History in Early 19th Century Germany«, in: *American Journal of Philology*, XCVII, 3, S. 276-296

Yerushalmi, Y.H. (1982) *Zakhor, histoire juive et mémoire juive*, a.d. Engl., Paris, 1984

Zimmermann, A. (Hg.) (1974) s.u.: *Antiqui und Moderni, Traditionsbewußtsein und Fortschrittsbewußtsein im späten Mittelalter*, Berlin/New York

Zonabend, F. (1980) *La mémoire longue. Temps et histoires au village*, Paris

Zumthor, P. (1972) Essay de poétique médiévale, Paris

PERSONENREGISTER